中级财务会计学

郭雪萌　李远慧　孙　敏　主编

扫描二维码，申请样书，
了解北交大最新书讯

清华大学出版社
北京交通大学出版社
·北京·

内 容 简 介

本书是基础会计学的接续教材，主要适用于会计专业的财务会计课程教学，以我国企业会计准则为依据，理论联系实际，全面阐述了资产、负债、所有者权益、收入（含利得）、费用（含损失）和利润等会计要素的确认、计量和列报。针对教学内容的需要，每一章后都附有练习题及案例与专题，能够为读者提供检验学习效果及进一步思考相关问题的平台。此外，在每一章的正文论述中，根据所述内容，穿插了一定数量的"想一想"环节，能够引发读者对所述内容进行更深一步的思考，从而提高运用相关理论和方法解决会计问题的能力。

图书在版编目（CIP）数据

中级财务会计学／郭雪萌，李远慧，孙敏主编. —北京：北京交通大学出版社：清华大学出版社，2020.7

高等学校经济与工商管理系列教材

ISBN 978-7-5121-4178-0

Ⅰ. ①中… Ⅱ. ①郭… ②李… ③孙… Ⅲ. ①财务会计-高等学校-教材

Ⅳ. ①F234.4

中国版本图书馆 CIP 数据核字（2020）第 039745 号

中级财务会计学

ZHONGJI CAIWU KUAIJIXUE

责任编辑：赵彩云

出版发行：清 华 大 学 出 版 社　　邮编：100084　　电话：010-62776969　　http://www.tup.com.cn

　　　　　北京交通大学出版社　　邮编：100044　　电话：010-51686414　　http://www.bjtup.com.cn

印 刷 者：北京鑫海金澳胶印有限公司

经　　销：全国新华书店

开　　本：185 mm×260 mm　　印张：20.5　　字数：525 千字

版 印 次：2020 年 7 月第 1 版　　2020 年 7 月第 1 次印刷

印　　数：1～2 000 册　　定价：59.00 元

前言

2006 年颁布的企业会计准则体系，分别于 2014 年和 2017 年进行了两次比较大规模的修订，为了适应不断修订的会计准则，我们按照最新的会计准则出版了本书。除此之外，本书还具有以下特色：

（1）在每一章中根据例题或论述内容的实际情况，设置了多个"想一想"专栏，启发学生对不同条件、情况下的相关问题做进一步的思考。每个"想一想"都可以作为一个课堂即时讨论的小问题，既能够引发学生对刚刚讲述的内容进行更深入的思考，也能够活跃课堂气氛。

（2）在每一章最后都附有大量的练习题，并根据各章的学习目标，设计了相应的案例与专题，使其更加适合本科会计研究型教学的需要。

（3）配备了配套的电子资料包，包括电子课件，各章后的练习题答案，案例与专题的分析提示，以及正文中的每一个"想一想"环节的参考答案。这些资料由出版社予以赠送，如果您需要"想一想"和练习题参考答案、案例专题分析提示及 PPT 课件请与出版社编辑联系，联系邮箱为 cbszcy@ jg. bjtu. edu. cn。

本书共 12 章，第 1 章至第 8 章由孙敏主笔，第 9 章至第 12 章由李远慧主笔。全书框架内容由郭雪萌统筹。

由于作者水平所限，书中难免存在不足之处，恳请本书的读者，以及使用本书的同行批评指正。针对本书存在问题所提的宝贵建议请发送到 yhli@ bjtu. edu. cn 邮箱，以便在修订再版时予以完善。

编　　者

2020 年 3 月于北京

目录

总 论

第1章

学习目标

学习本章后，应当能够：

☑ 清楚财务会计的内涵及财务报告目标；

☑ 理解会计基本假设和会计基础的深刻内涵；

☑ 明确会计准则对会计信息质量的要求；

☑ 正确确认会计要素并合理使用各种计量属性对其进行计量。

1.1 会计与会计目标

1. 财务报告及其目标

葛家澍 2013 年对被国际上广泛应用过的会计定义进行了总结，主要有以下几个：① 会计是通过货币，对至少具有部分财务性质的交易和事项进行记录和分类与汇总，使之成为有特定意义的状态（即把数据转变为有用的信息），并可解释其结果的内在含义的一种艺术；② 会计是为使信息使用者能做出有根据的判断和决策的、确认和传递经济信息的程序，从根本上说会计是一个信息系统；③ 会计是一种服务活动，其功能在于提供有关一个主体主要具有财务性质的量化信息，旨在有助于做出经济决策——在各种可能的备选方案中做出决策。

葛家澍在上述定义的基础上，提出了财务会计的定义：财务会计是会计的一个主要分支，它继承并发展了传统会计的记录、计量、列报等方法与技术，立足主体（主要是企业）、面向市场（主要是资本市场），向市场提供（通过表内确认和表外披露）一个企业整体的、以财务信息为主的经济信息系统。

可以说，会计是一个经济信息系统，通过一系列特定的程序和科学方法，向信息使用者提供各种对决策有用的会计信息。会计信息通常表现为各种财务数据或财务指标，其含义有广义和狭义之分。广义的会计信息是指由会计人员或会计部门收集、加工、整理和传递的所有经济信息，包括在会计核算和会计分析中形成的所有会计凭证上的原始数据和由这些数据经会计处理而产生的账簿、报表的全部内容，以及从这些凭证、账簿、报表所得到的其他资料和信息。而狭义的会计信息即我们通常所说的财务报告。

财务报告是企业提供会计信息的最基本和最主要的方式。财务报告是指企业对外提供的反映企业某一特定日期财务状况和某一会计期间的经营成果、现金流量等会计信息的文件。

基本准则对财务报告目标进行了明确定位，将保护投资者利益、满足投资者进行投资决策的信息需求放在了突出位置。根据基本准则的规定，财务报告的目标是向财务报告使用者提供与企业财务状况、经营成果和现金流量等有关的会计信息，反映企业管理层受托责任履行情况，有助于财务报告使用者做出经济决策。

首先，我国财务报告的目标是满足投资者等财务报告使用者决策的需要，体现为财务报告的决策有用观。

财务报告使用者主要包括投资者、债权人、政府及其有关部门和公众等。满足投资者的信息需要是企业财务报告编制的首要出发点。随着我国资本市场的快速发展，投资者更加关心其投资的风险和报酬，需要根据会计信息决定是否向某一企业进行投资或者是否保留其在某一企业的投资。企业贷款人、供应商等债权人通常十分关心企业的偿债能力和财务风险，他们需要信息来评估企业能否如期支付贷款本金及其利息，能否如期支付所欠购货款等；政府及其有关部门作为经济管理和经济监管部门，通常关心经济资源分配的公平、合理，市场经济秩序的公正、有序，宏观决策所依据信息的真实可靠等，他们需要信息来监管企业的有关活动（尤其是经济活动）、制定税收政策、进行税收征管和国民经济统计等；社会公众也关心企业的生产经营活动，包括对所在地经济做出的贡献，如增加就业、刺激消费、提供社区服务等，因此，在财务报告中提供有关企业发展前景及其能力、经营效益及其效率等方面的信息，可以满足社会公众的信息需要。

其次，我国财务报告目标还要求反映企业管理层受托责任的履行情况，体现为财务报告的受托责任观。

现代企业制度强调企业所有权和经营权相分离，企业管理层是受委托人之托经营管理企业及其各项资产，负有受托责任。即企业管理层所经营管理的企业各项资产基本上均为投资者投入的资本（或者留存收益作为再投资）或者向债权人借入的资金所形成的，企业管理层有责任妥善保管并合理、有效运用这些资产。企业投资者和债权人等也需要及时或者经常性地了解企业管理层保管、使用资产的情况，以便评价企业管理层的责任情况和业绩，并决定是否需要调整投资或者信贷政策，是否需要加强企业内部控制和其他制度建设，是否需要更换管理层等。因此，财务报告应当反映企业管理层受托责任的履行情况，以有助于外部投资者和债权人等评价企业的经营管理责任和资源使用的有效性。

财务报告的决策有用观和其受托责任观是有机统一的，投资者出资委托企业管理层经营，希望获得更多的投资回报，实现股东财富的最大化，从而进行可持续投资；企业管理层接受投资者的委托从事生产经营活动，努力实现资产安全完整，保值增值，防范风险，促进企业可持续发展，就能够更好地持续履行受托责任，为投资者提供回报，为社会创造价值，从而构成企业经营者的目标。

2. 财务报告的构成

财务报告分为年度、半年度、季度和月度财务报告，其中半年度、季度和月度财务报告统称为中期报告。

财务报告包括财务报表和其他应当在财务报告中披露的相关信息和资料。财务报表又由报表本身及其附注两部分构成。

目前，我国财务报表主表包括资产负债表、利润表、现金流量表及所有者权益变动表四大会计报表。无论企业组织形式如何，无论企业经营规模是大是小，无论企业处于什么行业，从事什么业务，都必须编制这四张表①。

1）资产负债表

资产负债表反映一个企业某一时点的财务状况，即企业在某一时点所拥有的资源（资产）、所承担的债务（负债）和所有者对净资产的要求权（所有者权益）。

资产负债表是关于一个企业财务状况构成的记录，它表明企业拥有什么（即资产），企业欠别人什么（即负债），企业所拥有的减去企业所欠的，为企业的所有者或股东留下什么（即所有者权益或股东权益）。这一报表反映了最基本的会计等式：资产＝负债+所有者权益。

2）利润表

利润表反映一个企业某一时期的赚钱能力，即企业在特定时期内形成利润或出现亏损的状况。

一般来说，利润表反映企业在一段时期内所创造的全部收入，减去这一时期中企业所发生的所有费用，就得到这一时期的净收入或利润，如果总的费用超过了总的收入，企业得到的是一个净亏损②。

3）现金流量表

现金流量表反映一个企业一定时期内获取现金的能力，即企业在一定时期内现金和现金等价物的流入和流出状况。

现金流量表揭示了企业在一段时期中所创造的现金数额，同一时期的现金流入量减去现金流出量就得出该时期的现金净额。即现金流量表告诉我们在满足了同一时期的所有现金支出后，企业究竟创造了多少超额的现金。这一现金净额可以用于追加现金支出，比如，偿还债务，进行投资等。如果一定时期中现金净额为负值，则说明企业为满足本期现金支出的需要，而动用了以前各期创造的超额现金，如果这一趋势持续下去，而无法扭转的话，企业的现金最终将被耗尽，企业将面临破产的危险。

> 想一想

你能举例说明利润表、现金流量表与资产负债表之间的钩稽关系吗？

4）所有者权益变动表

所有者权益变动表是指反映所有者权益各部分当期增减变动情况的报表。所有者权益变动表不仅要反映所有者权益总量的增减变动，还应该反映所有者权益各部分结构性的增减变动，使得报表使用者能够准确了解所有者权益增减变动的根源，包括引起所有者权益变动的没有计入当期损益而直接计入所有者权益的利得和损失③。

5）附注

尽管财务报表能够全面反映一个企业的财务状况、经营成果和现金流量的信息，但财务报表显示的仅仅是一个个的数据，没有任何注释。为了让报表使用者更好地理解各数据的来

---

① 目前我国《企业会计准则第 32 号——中期财务报告》规定，中期财务报告至少包括资产负债表、利润表和现金流量表以及报表附注。

② 利润表的构成要素还有利得和损失概念，详见 1.4 节内容以及 12.3 节的利润表相关部分内容。

③ 关于所有者权益变动表的内容详见 12.5 节所有者权益变动表部分。

源及可比性，必须给予一定的解释，这就是附注。附注是财务报告不可缺少的组成部分，是为便于财务报表使用者理解财务报表的内容对财务报表的编制基础、编制依据、编制原则和方法及主要项目所做的解释。

1.2 会计基本假设与会计基础

会计信息的提供是基于一定的假设前提的，会计人员在会计假设的基础上，按照权责发生制这一会计基础，根据一定的核算程序，向会计信息使用者提供有用的决策信息。

1. 会计基本假设

会计基本假设也称会计基本前提或基本假定，是会计确认、计量和报告的前提，是对会计核算所处时间、空间环境等所做的合理设定。会计基本假设共有 4 个，分别为会计主体、持续经营、会计分期和货币计量。

1）会计主体

会计主体又称会计实体或会计个体，是指会计信息所反映的特定单位，是会计确认、计量和报告的空间范围。会计的目标是提供会计信息，反映的是某一会计主体的财务状况、经营成果和现金流量，会计必须严格划清其所要反映的对象（会计主体）与其他经济实体的界线，才能保证会计工作的正常进行，实现会计目标。

会计主体的确定，可以避免混淆各会计主体之间的交易事项，即会计所反映的是一个特定会计主体的交易事项，而不是其他经济组织或个体的交易事项，会计只核算会计主体本身发生的交易事项。

会计主体的确定，将企业所有者的个体主体发生的事项同企业主体发生的交易事项区别开来。当企业所有者与经营者为同一个人时，为正确反映企业主体的财务状况、经营成果和现金流量，必须将业主的个人消费与企业开支分开。例如，购入存货是企业这一会计主体的交易事项，而企业的所有者购买个人家用电器则属于个人交易，二者不可混淆。

另外，会计主体不同于法律主体。会计主体可以是法人，如按照会计制度的要求，具有法人资格的企业，应当建立会计核算体系，以反映其财务状况、经营成果和现金流量。会计主体也可以是非法人主体，如企业为了内部管理的需要，对企业内部的某个部门单独加以核算，作为一个会计主体编制内部财务报表。

⟳ **想一想**

你能举例说明如何运用会计主体这一会计假设吗？

2）持续经营

持续经营是指会计主体在可以预见的未来，将长期地以现在的规模和状态继续经营下去，即假设会计主体的经营活动不会停止，进行清算。

持续经营假设为会计主体选择会计处理方法奠定了基础。根据这一假设，企业现有的资产将按持续经营主体的原来目的去使用，而不是明天拿到市场上去出卖，因此，一般情况下，企业资产取得的价值应以历史成本计价。

3）会计分期

会计分期又称会计期间，是指将会计主体持续经营的生产经营活动划分为一个个连续的、长短相同的期间，并据以结算账目和编制报表，从而及时提供有关财务状况、经营成果和现金流量的会计信息。

根据持续经营假设，一个企业的经营活动将无限期地持续下去，从理论上讲，必须等到这个企业的经营活动全部结束时，才能通过收入和费用的归集与比较，核算其盈亏，这显然是不现实的，也是不可能的。所以有必要将持续不断的经营活动，人为地划分为一个个相等的期间。

会计分期假设对于确定会计核算程序和方法具有重要的作用。正是由于有了会计分期，才产生了本期与非本期的区别，由于有了本期与非本期的区别，才产生了对权责发生制和收付实现制的选择，进而出现了应收、应付、递延、待摊等会计处理方法。

会计分期一般以年为单位，即以一年为一个会计期间，称为会计年度。我国会计制度规定，以日历年作为企业的会计年度，即从 1 月 1 日至 12 月 31 日为一个会计年度①。

4）货币计量

货币计量是指企业采用货币作为计量单位，记录和反映企业的生产经营情况。企业在日常的经营活动中所涉及的大量资产表现为一定的实物形态，这些实物形态资产的计量单位多种多样，为了正确反映企业的财务状况、经营成果和现金流量，客观上需要一种统一的计量单位作为会计核算的计量尺度，而货币是一般等价物，因此会计上选择了以货币作为计量各种交易的通用单位。

我国会计准则规定，企业应采用人民币作为记账本位币。如果企业交易事项以人民币以外的某一货币为主，也可以选择某一种外币作为记账本位币，但是提供给境内的财务报告应折算为人民币。

2. 会计基础

我国会计准则规定，企业会计的确认、计量和报告应当以权责发生制为基础。凡是当期已经实现的收入和已经发生或应当负担的费用，不论款项是否收付，都应当作为当期的收入和费用；凡是不属于当期的收入和费用，即使款项已在当期收付，也不应当作为当期的收入和费用。

与权责发生制相对应的是收付实现制。收付实现制是按照现金的收入或支出确认收入和费用。

对大多数商业零售企业来说，收入的确认是直接的。如商场在售出服装的同时，获得现金并实现收入。但对其他企业来说，收入的实现与现金的取得有时并不在同一时刻，如当赊销发生时，按照权责发生制，应当确认收入，同时确认应收债权，而不能按照收付实现制因还没有收回现金而推迟记录收入。

⇨ **想一想**

你能从资产、负债、收入、费用角度举例说明权责发生制的运用吗？

---

① 并不是所有国家都是这样。由于不同行业的经营周期不同，某些国家允许企业按照自己的经营周期选择会计年度，如食品零售业的经营业务活动周期一般为一周，这些企业可能选择 52 周作为一个会计年度（5 到 6 年有一个 53 周的会计年度），也有企业选择 9 月 1 日至次年 8 月 31 日为一个会计年度。

1.3　会计信息质量要求

会计信息质量要求是对企业财务报告中所提供的会计信息质量方面的基本要求，是使财务报告所提供的会计信息对投资者等使用者决策有用应具备的基本特征，也是会计人员进行会计核算应遵循的基本原则。主要包括可靠性、相关性、可理解性、可比性、实质重于形式、重要性、谨慎性和及时性。

1. 可靠性

可靠性要求企业应当以实际发生的交易或事项为依据进行会计确认、计量和报告，如实反映符合确认和计量要求的各项会计要素及其他相关信息，保证会计信息真实可靠、内容完整。

根据可靠性要求，会计核算，无论是原始凭证、会计记录，还是最终的财务报告都不允许作假，会计过程应如实地记录影响会计主体的交易事项，使会计信息使用者确信所提供的会计信息正确表达了企业所发生的交易事项的结果。

2. 相关性

相关性要求企业提供的会计信息应当与会计信息使用者的经济决策需要相关，有助于会计信息使用者对企业过去、现在或者未来的情况做出评价或者预测。

会计信息必须对会计信息的使用者有用，才能有助于会计信息使用者进行决策，而只有企业所提供的会计信息与会计信息使用者的要求相关联，才能使会计信息具有使用价值。因此，会计信息的质量是否符合要求，除了要看其是否真实可靠，还要看所提供的信息是否能够满足会计信息使用者的需要。

3. 可理解性

可理解性要求企业提供的会计信息应当清晰明了，便于会计信息使用者理解和使用。只有企业所提供的会计信息清晰易懂，能够简单明了地反映企业的财务状况、经营成果和现金流量，才能为会计信息使用者所理解，并做出正确的决策。

4. 可比性

可比性要求企业提供的会计信息应当相互可比，既包括不同企业相同会计期间的横向可比，也包括同一企业不同时期的纵向可比。

企业可能处于不同行业、不同地区，为了保证会计信息能够满足决策的需要，便于比较不同企业的财务状况和经营成果，需要对同样或类似的交易或事项，采用同样的会计处理方法和程序，这样，最终所提供的会计信息才能具有可比性。即企业不得随意改变会计政策，以便制约和防止企业通过会计处理方法和会计程序的变更，调节利润，粉饰财务报表。只有遵循可比性，保持会计政策的一致性，才能提供前后各期和不同企业之间一致的会计信息，会计信息使用者才能对会计信息进行比较、分析和利用，最终做出正确的决策。

5. 实质重于形式

实质重于形式要求企业应当按照交易或事项的经济实质进行会计确认、计量和报告，而不应当仅仅将它们的法律形式作为会计核算的依据。

有时企业发生的交易事项，其外在的法律形式与真实的经济实质不相吻合，为了真实反映企业的财务状况和经营成果，就不能仅仅根据交易事项的外在表现形式进行核算，而要反映其经济实质。如企业对联营企业和合营企业的股权投资采用权益法时，期末按投资比例计算应享有被投资单位实现的净利润，作为投资收益入账，而不管形式上被投资单位是否分派股利或利润。

想一想

为什么要有实质重于形式的要求？你能举出多少按照实质重于形式要求进行会计处理的例子？

6. 重要性

重要性要求企业提供的会计信息应当反映与企业财务状况、经营成果和现金流量有关的所有重要交易或者事项。即在会计核算过程中对交易或事项应当区别其重要程度，采用不同的核算方式。

对资产、负债、损益等有较大影响，并进而影响财务报告使用者据以做出合理判断的重要会计事项，必须按照规定的会计方法和程序予以处理，并在财务报告中予以充分、准确的披露；对于次要的会计事项，在不影响会计信息真实性和不会导致财务报告使用者做出错误判断的前提下，可适当简化处理。

7. 谨慎性

谨慎性要求企业对交易或者事项进行会计确认、计量和报告时应当保持必要的谨慎，不得多计资产或收益，不得少计负债或费用，避免采用能够导致企业虚增盈利的做法。

按照谨慎性要求，一是企业在进行会计核算时，应当不预计可能发生的收益，而适当估计可能发生的费用和损失；二是对期末资产的估价宁低勿高。但使用谨慎性要求时，不能违背可比性要求，以确保会计信息的真实可靠；也不能歪曲、任意使用谨慎性要求，即不能计提秘密准备，不得以此调节利润。

8. 及时性

及时性要求企业对已经发生的交易或者事项，应当及时进行确认、计量和报告，不得提前或延后，即会计信息应当及时处理，及时提供。会计信息具有时效性，过时的信息对决策没有任何意义，尤其在竞争日趋激烈的今天，显得尤为重要。

及时性包括 3 方面内容：① 及时收集会计信息，在交易或者事项发生后，及时取得有关凭据；② 及时对会计信息进行加工处理，根据有关单据，对会计数据及时进行处理，及时编制财务报告；③ 及时传递会计信息，将会计信息按规定的时限提供给会计信息使用者。

1.4 会计要素

会计要素是会计对象的具体化，是根据交易或事项的经济特征对会计对象的基本分类。传统会计要素分为资产、负债、所有者权益、收入、费用和利润，其中，资产、负债和所有者权益要素侧重于反映企业的财务状况，收入、费用和利润要素侧重于反映企业的经营成果。但随着会计准则对反映经营成果的利润表的改革，除了收入和费用，还存在利得和损失概念。

1. 资产

1）资产及其特征

资产是指过去的交易或者事项形成的，由企业拥有或者控制的，预期会给企业带来经济利益的资源。资产一般具有以下特征。

（1）资产预期能够给企业带来经济利益。

资产预期会给企业带来经济利益，是指直接或者间接导致现金和现金等价物流入企业的潜力。只有能够为企业带来经济利益的资源，才能作为企业的一项资产反映在资产负债表上，如果某项经济资源存在于企业，但由于陈旧毁损，已不能为企业创造收益，则不能作为企业的资产进行记录和报告。

（2）资产应当为企业所拥有或控制。

拥有是指企业拥有该项资产的所有权，控制是指企业虽然没有取得该项资产的所有权，但在一定时期或一定条件下可以自主支配该项资产。企业拥有某项经济资源，说明这项经济资源产生的经济利益只属于该企业，即其他企业不能因为该项经济资源而取得利益，那么这项经济资源即为该企业的一项资产。有些资产虽然不为企业所拥有，但是企业能够支配这些资产，而且同样能够排他性地从该项资产的使用中获得经济利益，如融资租入的固定资产，那么这项资产应作为企业的一项资产体现在资产负债表上。

（3）资产是过去交易或事项形成的。

只有过去的交易或事项，才能影响企业资产的增加或减少，未来的、尚未发生的交易或事项所可能形成的资产，在没有确定之前，不能作为企业的资产入账。

2）资产的确认条件

企业要将一项资源确认为资产，除了要符合资产的定义外，还要符合以下两个条件。

（1）与资源有关的经济利益很可能流入企业。

一般来说，企业取得一项资产，其目的都是希望由此能够给企业带来经济利益的流入，但由于经济环境不是一成不变的，这种预期的经济利益的流入具有一定的不确定性。因此，企业确认一项资产，并将其填报在资产负债表里，必须能够确定该项资源所带来的经济利益很可能流入企业，否则，不应确认为企业的资产。企业计提资产减值准备即基于该项条件的要求。

（2）该资源的成本或者价值能够可靠地计量。

一项资源，如果无法获取其成本或价值数据，则无法记录入账，因此，企业确认一项资源为资产，必须符合成本或者价值能够可靠地计量这一条件。

2. 负债

1）负债及其特征

负债是指过去的交易或者事项形成的，预期会导致经济利益流出企业的现时义务。负债具有以下基本特征。

（1）负债是企业的现时义务。

负债作为企业的一项义务，是由企业过去的交易或事项形成的，并需要企业现在承担，如应付账款是由于企业已经发生的购买物资或接受劳务这种行为所形成的，这笔应付的金额是企业当前所承担的义务。

（2）负债的偿还预期会导致经济利益流出企业。

企业所承担的负债需要在未来某个时日加以清偿，为了清偿债务，企业可以通过转移资产来履行义务，如用现金偿还应付账款，也可以通过提供劳务进行清偿，或同时转移资产和提供劳务等偿还债务。

（3）负债是由企业过去的交易或者事项形成的。

负债应当由企业过去的交易或者事项所形成，未来发生的承诺或者签订的合同等交易或者事项不形成企业的负债。

2）负债的确认条件

企业确认一项负债，除了要符合负债的定义外，还要符合以下两个条件。

（1）与该义务有关的经济利益很可能流出企业。

预期会导致经济利益流出企业是负债确认的一个本质特征，由过去的交易或者事项形成的现时义务是否构成企业的一项负债，填报在资产负债表上，需要判断其是否可能会导致经济利益流出企业，如果偿还该项负债很可能导致经济利益流出企业，则应确认为企业的负债，否则不确认负债。

（2）未来流出的经济利益的金额能够可靠地计量。

与资产的确认条件一样，负债的确认也依赖于企业是否能够可靠地确定流出企业的经济利益的金额。如果偿还期限较长，还要考虑货币时间价值因素对负债金额的影响；如果确认预计负债，还需要对负债金额进行估计。

3. 所有者权益

所有者权益是指所有者在企业资产中享有的经济利益，是指全部资产扣除负债后由所有者享有的剩余权益，其金额为资产减去负债后的余额。所有者权益和负债都是对企业资产的要求权，负债是债权人对企业资产的要求权，而所有者权益是所有者对企业净资产的要求权。

我国所有者权益由股本（实收资本）、资本公积、其他综合收益、盈余公积和未分配利润等构成。商业银行等金融企业在税后利润中提取的一般风险准备，也构成所有者权益。

由于所有者权益的金额为企业的全部资产减去全部负债后的金额，因此，所有者权益的计量取决于资产和负债的计量。

4. 收入与费用

1）收入

收入是指企业在日常活动中形成的、会导致所有者权益增加的、与所有者投入资本无关的经济利益的总流入。

收入是企业在日常活动中形成的经济利益的流入。日常活动是指企业为完成其经营目标而从事的所有活动，以及与之相关的其他活动。我国收入会计准则界定的收入属于企业主要的、经常性的业务收入，而不是从偶发的交易事项中取得的收入。那些从偶发的交易事项中取得，属于不经过经营过程就能取得或不曾期望获得的收益，是企业的利得，而不是收入。如企业收取的罚款收入、接受捐赠等。

收入会导致所有者权益增加。收入会增加企业经济利益的流入，会增加企业的利润，从而增加企业的所有者权益。但企业所有者权益的增加，除通过生产经营取得利润实现外，也可以通过投资者追加投资实现。因此，同样能够导致所有者权益增加的所有者投入资本及非日常活动产生的利得不属于收入的范畴。

收入只有在经济利益很可能流入企业，从而导致企业资产增加或者负债减少，其经济利益流入额能够可靠计量时才能予以确认。收入的具体确认应遵循收入准则的规定。

　　2）费用

　　费用是指企业在日常活动中发生的、会导致所有者权益减少的、与向所有者分配利润无关的经济利益的总流出。

　　费用只有在经济利益很可能流出从而导致企业资产减少或者负债增加且经济利益流出额能够可靠计量时才能予以确认。

　　企业为生产产品等发生的可归属于产品成本的生产费用需要先确认存货资产，并在确认产品销售收入时，作为费用计入当期损益。

　　企业发生的支出不产生经济利益的，或者即使能够产生经济利益但不符合或者不再符合资产确认条件的，应当在发生时确认为费用，计入当期损益。

　　企业发生的交易或者事项导致其承担了一项负债而又不确认为一项资产的，应当在发生时确认为费用，计入当期损益。如企业应负担的管理人员薪酬，在确认一项负债的同时计入管理费用。

5. 利得与损失

　　企业所有者权益即净资产的增加表现为经济利益的流入，而这种导致所有者权益增加的经济利益流入可以划分为三大类：投资者投入资本会导致经济利益流入企业从而增加所有者权益；日常活动产生经济利益流入导致所有者权益增加；非日常活动产生经济利益流入导致所有者权益增加。

　　相对于收入是日常活动产生的经济利益的流入，利得是非日常活动产生的经济利益的流入。准则规范的利得是指由企业非日常活动所形成的、会导致所有者权益增加的、与所有者投入资本无关的经济利益的流入，利得包括直接计入所有者权益的利得和直接计入当期利润的利得。

　　同理，损失是指由企业非日常活动所发生的、会导致所有者权益减少的、与向所有者分配利润无关的经济利益的流出，损失也包括直接计入所有者权益的损失和直接计入当期利润的损失。

　　直接计入所有者权益的利得和损失，是指不应计入当期损益、会导致所有者权益发生增减变动的、与所有者投入资本或者向所有者分配利润无关的利得或者损失。直接计入所有者权益的利得和损失主要包括以公允价值计量且其变动计入其他综合收益的金融资产的公允价值变动额、现金流量套期中套期工具公允价值变动额（有效套期部分）等。

　　直接计入当期利润的利得和损失，是指应当计入当期损益、最终会引起所有者权益发生增减变动的、与所有者投入资本或者向所有者分配利润无关的利得或者损失。

6. 利润

　　利润是指企业在一定会计期间的经营成果。通常情况下，如果企业实现了利润，表明企业的所有者权益将增加，业绩得到了提升；反之，如果企业发生了亏损（即利润为负数），表明企业的所有者权益将减少，业绩下降。

　　利润由两大部分构成：收入减去费用后的净额以及直接计入当期利润的利得和损失。其中收入减去费用后的净额反映企业日常活动的经营业绩，直接计入当期利润的利得和损失反映企业非日常活动的业绩。现行准则要求企业严格区分收入和利得、费用和损失，以便全面地反映企业的经营业绩。

由于利润反映的是收入减去费用、利得减去损失后的净额，因此，利润的确认依赖于收入和费用的确认以及利得和损失的确认，其金额也取决于收入、费用、利得和损失金额的计量。

▶ 想一想

1. 净资产和净利润是一回事吗？
2. 对照本书第 12 章的完整利润表，你能描述一下会计要素之间的关系吗？

1.5 会计计量属性

企业在将符合确认条件的会计要素登记入账并列报于财务报表及其附注时，应当按照规定的会计计量属性进行计量，确定其报表金额。

我国企业会计基本准则将会计要素计量属性归纳为 5 种：历史成本、重置成本、可变现净值、现值和公允价值。

1. 历史成本

在历史成本计量下，资产按照购置时支付的现金或者现金等价物的金额，或者按照购置资产时所付出的对价的公允价值计量。负债按照因承担现时义务而实际收到的款项或者资产的金额，或者承担现时义务的合同金额，或者按照日常活动中为偿还负债预期需要支付的现金或者现金等价物的金额计量。资产和负债的初始计量一般都按照历史成本即实际成本计量。

2. 重置成本

在重置成本计量下，资产按照现在购买相同或者相似资产所需支付的现金或者现金等价物的金额计量。负债按照现在偿付该项债务所需支付的现金或者现金等价物的金额计量。一般盘盈的资产按照重置成本计量。

3. 可变现净值

在可变现净值计量下，资产按照其正常对外销售所能收到现金或者现金等价物的金额扣减该资产至完工时估计将要发生的成本、估计的销售费用以及相关税费后的金额计量。

4. 现值

在现值计量下，资产按照预计从其持续使用和最终处置中所产生的未来净现金流入量的折现金额计量。负债按照预计期限内需要偿还的未来净现金流出量的折现金额计量。

5. 公允价值

在公允价值计量下，资产和负债按照市场参与者在计量日发生的有序交易中，出售一项资产所能收到或者转移一项负债所需支付的价格计量。

企业在对会计要素进行计量时，一般应当采用历史成本，采用重置成本、可变现净值、现值、公允价值计量的，应当保证所确定的会计要素金额能够取得并可靠计量。

▶ 想一想

学完本书后，对上述各种计量属性的具体使用情况进行讨论，并解释为什么在该种情况下需要使用某种计量属性。

练习题

1. 指出下列交易事项对资产负债表及利润表项目的影响（假设不考虑相关税费等其他因素）。

（1）从银行提取现金。

（2）用银行存款采购原材料。

（3）购买原材料，一部分支付银行存款，一部分约定 30 天后付款。

（4）用银行存款支付广告费。

（5）现销产品。

（6）赊销产品。

（7）生产领用材料。

（8）产品入库。

（9）计提管理用固定资产折旧。

（10）用银行存款购买 3 年的保险。

2. 家和公司的 6 项交易总结如表 1-1 所示，请对每项交易的性质进行解释。如交易（1）的解释为：用银行存款购买固定资产，价格为 10 000 元（假设不考虑相关税费）。

表 1-1　家和公司的 6 项交易　　　　　　　　　　　　　单位：元

	资　产					负债	所有者权益
	银行存款	应收账款	存货	固定资产	长期待摊费用	应付账款	实收资本
期初	30 000	40 000	46 000	100 000	36 000	42 000	210 000
交易（1）	-10 000			+10 000			
交易（2）	+9 000	-9 000					
交易（3）	-3 500		+13 500			+10 000	
交易（4）	-14 000					-14 000	
交易（5）	+50 000						+50 000
交易（6）	-3 500				+3 500		
期末	58 000	31 000	59 500	110 000	39 500	38 000	260 000

3. 甲公司 2×19 年 7 月发生下列交易事项。

（1）销售产品 4 000 元，货款存入银行；

（2）销售产品 10 000 元，货款尚未收到；

（3）支付 7—12 月的租金 6 000 元；

（4）本月应计提短期借款利息 1 000 元；

（5）收到上月应收的销售款 4 000 元；

（6）收到乙公司预付下月货款 8 000 元。

要求：按权责发生制和收付实现制分别计算甲公司本月的收入和费用（假设不考虑相关税费）。

案例与专题

王先生从厨艺学校毕业后，一直在一家小饭店作厨师工作，月薪为 2 000 元。随着年龄的增长，王先生对他每月 2 000 元的厨师打工工作开始感到不满意，觉得这份工作无法为他日后成家立业奠定坚实的基础。

经过反复的思考，王先生决定自己开办一家小型的快餐公司。经过一段时间的考察，王先生决定租下某大型百货商场顶层的一个餐饮柜台，作为自己事业的开始。

这个餐饮柜台在王先生决定租下之前，是由李先生经营的。由于李先生要移居他处，而决定转让他与商场的租约，在转让租约的同时，李先生还希望将餐饮柜台已购置的设备一同转让。

王先生与李先生就此进行了多次谈判，最终达成了协议，李先生将餐饮柜台的租约和设备同时转让给王先生，协议执行日为 2×19 年 1 月 1 日，王先生需支付给李先生 40 000 元，这其中包含 24 000 元的租金（租约于 2×20 年 12 月 31 日到期，如果百货商场同意的话，可以继续租用此餐饮柜台，租期一般为 3 年），以及设备的公允价值 10 000 元。

根据租约的规定，百货商场负责提供场地、取暖、灯光和用水（包括冷饮机及冷水），而经营者必须遵守商场的相关规定。

王先生除了支付 40 000 元之外，还将 10 000 元转入了快餐公司的存款账户中，并着手开始经营。王先生准备对这个快餐公司倾注他全部的精力，为了让自己的事业有个好的开端，王先生根据自己的经营宗旨：让自己的餐饮能够快速、洁净地满足顾客的需求，王先生给自己的快餐公司起了个快洁快餐公司的名字。

在开始营业不久，烹饪炉灶出现了故障，因此，王先生决定卖掉烹饪炉灶，同烹饪炉灶一起出售的还有其他相关的设备（李先生转让的全部设备），出售这些设备共获得 1 000 元。为了继续经营，王先生重新购买了新的烹饪炉灶和相关设备，共花费 8 000 元，同时支付了 100 元的安装费（固定资产折旧按 12 个月一整年考虑）。

不巧的是，冷饮机也出现了问题，但是，王先生和朋友用 10 个小时把它修好了。

2×20 年年初，王先生请来一位会计师，请他为快餐公司编制结束于 2×19 年 12 月 31 日的会计期间的财务报告。

会计师通过与王先生交谈，同时查阅收银机、银行对账单和其他票据，了解到与现金收支相关的资料，即快洁快餐公司 2×19 年现金收入和支出如表 1-2 所示。

表 1-2　快洁快餐公司 2×19 年现金收入和支出　　　　　　　　单位：元

现金收入：	金　　额
销售餐饮取得现金	107 800
出售烹饪炉灶及相关设备	1 000
王先生存入	10 000
现金收入小计	118 800

续表

现金支出：	金　额
协议价款	40 000
原料等	25 200
购买新烹饪炉灶及相关设备	8 000
安装烹饪炉灶	100
其他营业费用	1 000
王先生提取现金	12 000
现金支出小计	86 300

其他资料主要有：

（1）现金收入 107 800 元中包括以每张 8 元价格出售的 500 张"优惠券"获得的 4 000 元。每张优惠券面值为 10 元，可以用来支付餐费。到 12 月 31 日，面值为 3 000 元的优惠券已经被使用支付了餐费，因此，还有面值为 2 000 元的优惠券流通在外。

（2）烹饪炉灶及相关设备预计使用年限为 10 年，没有残值。

请分析：

如果你是会计师（假设不考虑相关税费）：

（1）请你对发生的交易进行简化会计处理。

（2）你是如何处理优惠券的，依据是什么？

（3）你是如何处理转让协议支付价款的，为什么？

（4）请你为快洁快餐公司编制 2×19 年 12 月 31 日的资产负债表。

（5）请你为快洁快餐公司编制 2×19 年度的利润表和现金流量表。

（6）通过快洁快餐公司这个案例，总结你所使用的会计方法和原则，并谈谈你的感想。

金融资产

📖 学习目标

学习本章后，应当能够：

☑ 对金融资产进行正确的初始确认及分类；

☑ 清楚各种银行结算方式的特点；

☑ 对各类金融资产进行正确的会计处理；

☑ 对金融资产的重分类进行正确的会计处理；

☑ 对金融资产减值损失的确认及转回进行正确的会计处理。

2.1 金融资产概述

2.1.1 金融资产的概念

企业成为金融工具合同的一方时，应当确认一项金融资产或金融负债。金融工具是指形成一方的金融资产并形成其他方的金融负债或权益工具的合同。合同的形式多种多样，可以采用书面形式，也可以不采用书面形式。按照新修订的《企业会计准则第 22 号——金融工具确认和计量》（以下简称新金融工具准则），金融资产，是指企业持有的现金、其他方的权益工具以及符合下列条件之一的资产。

（1）从其他方收取现金或其他金融资产的合同权利。例如，企业的银行存款、应收账款、应收票据和发放的贷款等均属于金融资产。需要注意的是，预付账款因其不体现为收取现金或其他金融资产的权利而不属于金融资产。

（2）在潜在有利条件下，与其他方交换金融资产或金融负债的合同权利。如 2×19 年 1 月 1 日，甲企业与乙企业签订 6 个月后结算的期权合同。合同规定：甲企业以每股 4 元的期权费买入 6 个月后执行价格为 45 元的 A 公司股票的看涨期权。当日 A 上市公司的股票价格为 40 元。2×19 年 7 月 1 日，如果 A 公司股票的价格高于 45 元，则行权对甲企业有利，甲企业将选择执行该期权。因此，甲企业享有在潜在有利条件下与乙企业交换金融资产的合同权利，应当将支付的期权费确认为一项衍生金融资产。

（3）将来须用或可用企业自身权益工具进行结算的非衍生工具合同，且企业根据该合同将收到可变数量的自身权益工具。如 2×19 年 2 月 1 日，上市公司甲企业为回购其普通股股份，与乙企业签订合同，并向其支付 100 万现金。根据合同，乙企业将于 2×19 年 9 月 30 日向甲企业交付与 100 万元等值的甲企业普通股。甲企业可获取的普通股的具体数量以 2×19 年 9 月 30 日甲企业的股价确定。甲企业收到的自身普通股的数量随着其普通股市场价格的变动而变动，在这种情况下，甲企业应当将 100 万元确认为一项金融资产。

（4）将来须用或可用企业自身权益工具进行结算的衍生工具合同，但以固定数量的自身权益工具交换固定金额的现金或其他金融资产的衍生工具合同除外。如甲企业于 2×19 年 1 月 1 日向乙企业支付 6 000 元购入以自身普通股为标的的看涨期权。根据该期权合同，甲企业有权以每股 50 元的价格向乙企业购入甲企业普通股 5 000 股，在行权日，期权将以甲企业普通股净额结算。由于合同约定以甲企业的普通股净额结算期权的公允价值，而非按照每股 50 元的价格全额结算 5 000 股甲企业股票，因此不属于"以固定数量的自身权益工具交换固定金额的现金"。在这种情况下，甲企业应当将该看涨期权确认为一项衍生金融资产。

本章所讲述的金融资产仅包括非金融企业的常规金融资产，如货币资金、各类应收债权、债权投资及除了长期股权投资之外的股权投资。

2.1.2 金融资产的分类

企业应当根据其管理金融资产的业务模式和金融资产的合同现金流量特征，将金融资产划分为以下三类：以摊余成本计量的金融资产、以公允价值计量且其变动计入其他综合收益的金融资产、以公允价值计量且其变动计入当期损益的金融资产。

1. 企业管理金融资产的业务模式

1）企业管理金融资产业务模式的概念

企业管理金融资产的业务模式，是指企业如何管理其金融资产以产生现金流量。业务模式决定企业所管理金融资产现金流量的来源是收取合同现金流量、出售金融资产还是两者兼有。企业确定其管理金融资产的业务模式时，应当注意以下方面。

（1）企业应当在金融资产组合的层次上确定管理金融资产的业务模式，而不必按照单个金融资产逐项确定业务模式。

（2）一个企业可能会采用多个业务模式管理其金融资产。例如，企业持有一组以收取合同现金流量为目标的投资组合，同时还持有另一组既以收取合同现金流量为目标又以出售该金融资产为目标的投资组合。

（3）企业应当以企业关键管理人员决定的对金融资产进行管理的特定业务目标为基础，确定管理金融资产的业务模式。其中，"关键管理人员"是指《企业会计准则第 36 号——关联方披露》中定义的关键管理人员。

（4）企业的业务模式并非企业自愿指定，而是一种客观事实，通常可以从企业为实现其目标而开展的特定活动中得以反映。企业应当考虑在业务模式评估日可获得的所有相关证据，包括企业评价和向关键管理人员报告金融资产业绩的方式、影响金融资产业绩的风险及其管理方式以及相关业务管理人员获得报酬的方式等。

（5）企业不得以按照合理预期不会发生的情形为基础确定管理金融资产的业务模式。例如，对于某金融资产组合，如果企业预期仅会在压力情形下将其出售，且企业合理预期该压力情形不会发生，则该压力情形不得影响企业对该类金融资产的业务模式的评估。

此外，如果金融资产实际现金流量的实现方式不同于评估业务模式时的预期，只要企业在评估业务模式时已经考虑了当时所有可获得的相关信息，这一差异不构成企业财务报表的前期差错，也不改变企业在该业务模式下持有的剩余金融资产的分类。但是，企业在评估新的金融资产的业务模式时，应当考虑这些信息。

2）以收取合同现金流量为目标的业务模式

在以收取合同现金流量为目标的业务模式下，企业管理金融资产旨在通过在金融资产存续期内收取合同付款来实现现金流量，而不是通过持有并出售金融资产产生整体回报。

尽管企业持有金融资产是以收取合同现金流量为目标，但是企业无须将所有此类金融资产持有至到期。因此，即使企业出售金融资产或者预计未来会出售金融资产，此类金融资产的业务模式仍然可能是以收取合同现金流量为目标。企业在评估金融资产是否属于该业务模式时，应当考虑此前出售此类资产的原因、时间、频率和出售的价值，以及对未来出售的预期。但是，此前出售资产的事实只是为企业提供相关依据，而不能决定业务模式。

在以收取合同现金流量为目标的业务模式下，金融资产的信用质量影响着企业收取合同现金流量的能力。为减少因信用恶化所导致的潜在信用损失而进行的风险管理活动与以收取合同现金流量为目标的业务模式并不矛盾。因此，即使企业在金融资产的信用风险增加时为减少信用损失而将其出售，金融资产的业务模式仍然可能是以收取合同现金流量为目标的业务模式。

如果企业在金融资产到期日前出售金融资产，即使与信用风险管理活动无关，在出售只是偶然发生（即使价值重大），或者单独及汇总而言出售的价值非常小（即使频繁发生）的情况下，金融资产的业务模式仍然可能是以收取合同现金流量为目标。此外，如果出售发生在金融资产临近到期时，且出售所得接近待收取的剩余合同现金流量，金融资产的业务模式仍然可能是以收取合同现金流量为目标。

3）以收取合同现金流量和出售金融资产为目标的业务模式

在同时以收取合同现金流量和出售金融资产为目标的业务模式下，企业的关键管理人员认为收取合同现金流量和出售金融资产对于实现其管理目标而言都是不可或缺的。与以收取合同现金流量为目标的业务模式相比，此业务模式涉及的出售通常频率更高、金额更大。因为出售金融资产是此业务模式的目标之一，在该业务模式下不存在出售金融资产的频率或者价值的明确界限。

4）其他业务模式

如果企业管理金融资产的业务模式不是以收取合同现金流量为目标，也不是以收取合同现金流量和出售金融资产为目标，则该企业管理金融资产的业务模式是其他业务模式。例如，企业持有金融资产的目的是交易性的或者基于金融资产的公允价值作出决策并对其进行管理。在这种情况下，企业管理金融资产的目标是通过出售金融资产以实现现金流量。即使企业在持有金融资产的过程中会收取合同现金流量，企业管理金融资产的业务模式也不是以收取合同现金流量和出售金融资产为目标，因为收取合同现金流量对实现该业务模式目标来说只是附带性质的活动。

2. 金融资产的合同现金流量特征

金融资产的合同现金流量特征，是指金融工具合同约定的、反映相关金融资产经济特征的现金流量属性。分类为以摊余成本计量的金融资产以及以公允价值计量且其变动计入其他综合收益的金融资产的，其合同现金流量特征一般表现为在特定日期产生的合同现金流量仅为对本金和以未偿付本金金额为基础的利息的支付（一般简称"本金加利息的合同现金流量特征"）。

本金是指金融资产在初始确认时的公允价值，本金金额可能因提前还款等原因在金融资产的存续期内发生变动；利息包括对货币时间价值、与特定时期未偿付本金金额相关的信用风险以及其他基本借贷风险、成本和利润的对价。企业应当使用金融资产的计价货币来评估金融资产的合同现金流量特征。

3. 金融资产的具体分类

1）以摊余成本计量的金融资产

金融资产同时符合下列条件的，应当分类为以摊余成本计量的金融资产：

（1）企业管理该金融资产的业务模式是以收取合同现金流量为目标；

（2）该金融资产的合同条款规定，在特定日期产生的现金流量，仅为对本金和以未偿付本金金额为基础的利息的支付。

金融资产的摊余成本，应当以该金融资产的初始确认金额经下列调整确定：

（1）扣除已偿还的本金；

（2）加上或减去采用实际利率法将该初始确认金额与到期日金额之间的差额进行摊销形成的累计摊销额；

（3）扣除计提的累计信用减值准备。

2）以公允价值计量且其变动计入其他综合收益的金融资产

金融资产同时符合下列条件的，应当分类为以公允价值计量且其变动计入其他综合收益的金融资产：

（1）企业管理该金融资产的业务模式既以收取合同现金流量为目标又以出售该金融资产为目标；

（2）该金融资产的合同条款规定，在特定日期产生的现金流量，仅为对本金和以未偿付本金金额为基础的利息的支付。

3）以公允价值计量且其变动计入当期损益的金融资产

企业分类为以摊余成本计量的金融资产和以公允价值计量且其变动计入其他综合收益的金融资产之外的金融资产，应当分类为以公允价值计量且其变动计入当期损益的金融资产。企业常见的股票、基金、可转换债券等投资资产通常应当分类为以公允价值计量且其变动计入当期损益的金融资产。此外，在初始确认时，如果能够消除或显著减少会计错配，企业可以将金融资产指定为以公允价值计量且其变动计入当期损益的金融资产。该指定一经作出，不得撤销。

4. 金融资产分类的特殊规定

1）企业可以将非交易性权益工具投资指定为以公允价值计量且其变动计入其他综合收益的金融资产

权益工具投资一般不符合本金加利息的合同现金流量特征，因此应当分类为以公允价值计量且其变动计入当期损益的金融资产。然而在初始确认时，企业可以将非交易性权益工具投资指定为以公允价值计量且其变动计入其他综合收益的金融资产，并按照新金融工具准则的规定确认股利收入。该指定一经作出，不得撤销。

2）"非交易性"的界定

不符合交易性条件的即为非交易性。新金融工具准则规定，金融资产满足下列条件之一的，表明企业持有该金融资产的目的是交易性的。

（1）取得相关金融资产的目的，主要是近期出售。例如，企业以赚取差价为目的从二级市场购入的股票、债券和基金等。

（2）相关金融资产在初始确认时属于集中管理的可辨认金融工具组合的一部分，且有客观证据表明近期实际存在短期获利模式。在这种情况下，即使组合中有某个组成项目持有的期限稍长也不受影响。

（3）相关金融资产属于衍生金融资产。但符合财务担保合同定义的衍生工具以及被指定为有效套期工具的衍生工具除外。

只有不符合上述条件的非交易性权益工具投资才可以指定为以公允价值计量且其变动计入其他综合收益的金融资产。

2.1.3　金融资产的计量原则

1. 金融资产的初始计量原则

企业初始确认金融资产，应当按照公允价值计量。对于以公允价值计量且其变动计入当期损益的金融资产，相关交易费用应当直接计入当期损益；对于其他类别的金融资产，相关交易费用应当计入初始确认金额。

交易费用，是指可直接归属于购买金融资产的增量费用。增量费用是指企业没有发生购买金融资产的情形就不会发生的费用，包括支付给代理机构、咨询公司、券商、证券交易所、政府有关部门等的手续费、佣金、相关税费以及其他必要支出。

金融资产初始确认时的公允价值通常指交易价格（即所支付对价的公允价值），但是，如果支付的对价的一部分并非针对该金融资产，该金融资产的公允价值应根据《企业会计准则第 39 号——公允价值计量》规定的估值技术进行估计。金融资产公允价值与交易价格存在差异的，企业应当区别下列情况进行处理。

（1）在初始确认时，金融资产的公允价值依据相同资产或负债在活跃市场上的报价或者以仅使用可观察市场数据的估值技术确定的，企业应当将该公允价值与交易价格之间的差额确认为一项利得或损失。

（2）在初始确认时，金融资产的公允价值以其他方式确定的，企业应当将该公允价值与交易价格之间的差额递延，确认为相应会计期间的利得或损失。

企业取得金融资产所支付的价款中包含的已宣告但尚未发放的利息或现金股利，应当单独确认为应收项目处理。

2. 金融资产的后续计量原则

金融资产的后续计量与金融资产的分类密切相关。企业应当对不同类别的金融资产，分别以摊余成本、以公允价值计量且其变动计入其他综合收益或以公允价值计量且其变动计入当期损益进行后续计量。

2.2　以摊余成本计量的金融资产

2.2.1　货币资金

货币资金是资产负债表的第一项资产，是企业拥有的资产中流动性最强的一项资产，属于金融资产的一部分。企业进行生产经营活动，必须拥有一定数量的货币资金。但企业拥有货币资金绝不是越多越好，货币资金只有投入使用，进入循环，才能产生更大的增值，所以，很多企业会说货币资金"越少越好"。如果企业存在短期内不需要使用的货币资金，通常会投资于流动性很强的短期证券，以便企业在需要现金时，很容易将其转换为现金。

货币资金除了股东直接投入和借贷而来外，一般与企业的经营业务紧密相连。企业对外销售产品或提供劳务是取得货币资金的主要途径，所以会计上对货币资金的处理往往与收入的处理相联系。

我国根据货币资金的存放地点及其用途的不同，将货币资金划分为库存现金、银行存款及其他货币资金。与此相对应，会计上一般设置"库存现金""银行存款""其他货币资金"三个总账账户对货币资金进行核算，期末，将"库存现金""银行存款""其他货币资金"科目的借方余额汇总列示于资产负债表的第一项"货币资金"项目。

1. 库存现金

一般国家的现金概念包括库存现金、银行存款和支票、汇票等票证。我国的现金有狭义和广义之分。狭义的现金仅指库存现金；广义的现金同一般国家的概念。目前会计上所称现金一般指企业的库存现金。所设置的现金账户也是用来核算库存现金，包括人民币现金和外币现金。

"库存现金"账户是资产类账户，借方登记企业现金的增加数，贷方登记现金的减少数，余额在借方，表示库存现金的实有数。企业收到现金时，借记"库存现金"科目，贷记有关科目；支出现金时，借记有关科目，贷记"库存现金"科目。

例 2-1　甲公司发生以下有关现金收付业务，会计处理如下。

① 从银行提取现金 1 000 元备用。

借：库存现金　　　　　　　　　　　　　　　　　　　　　1 000

　　贷：银行存款　　　　　　　　　　　　　　　　　　　　　　1 000

② 以现金支付本月报刊费 200 元。

借：管理费用　　　　　　　　　　　　　　　　　　　　　　200

　　贷：库存现金　　　　　　　　　　　　　　　　　　　　　　　200

上述第 1 笔交易对财务报表项目没有影响。第 2 笔交易，对资产负债表项目的影响是：货币资金减少 200 元，留存收益减少 200 元。对利润表的影响是：管理费用增加 200 元，利润减少 200 元。

⮞ **想一想**

如果用现金支付全年的报刊费，你会如何处理，为什么？

企业内部各部门、各单位周转使用的备用金，应在"其他应收款"科目核算，或单独设置"备用金"科目核算，不在"库存现金"科目核算。

对于现金的核算，不仅要按照会计准则进行规范的核算，而且还要按照中国人民银行规定的现金管理办法和财政部关于各单位货币资金管理和控制的规定，对现金进行管理。如企业现金收入应于当日送存开户银行；企业支付现金，可以从本企业库存现金限额中支付或者从开户银行提取，不得从本企业的现金收入中直接支付（即坐支）；企业从开户银行提取现金，应当写明用途，由本单位财会部门负责人签字盖章，经开户银行审核后，予以支付现金；不准用不符合财务制度的凭证顶替库存现金，即不得"白条顶库"；不准企业之间相互借用现金；不准谎报用途套取现金；不准利用银行账户代其他单位和个人存入或支取现金；不准用单位收入的现金以个人名义存储；不准保留账外公款，即设置"小金库"；禁止发行变相货币，不准以任何票券代替人民币在市场上流通等。

由于现金的重要性，为了加强对库存现金的管理和核算，了解企业库存现金收付的动态和结存情况，企业每日都要结算和清查现金。如果发现现金出现短缺或溢余，必须及时处理，将短缺或溢余金额记入"待处理财产损溢——待处理流动资产损溢"科目。

我国会计准则要求，资产清查的结果与账面价值不符时，在没有查明原因，批准处理之前，暂时记入"待处理财产损溢"科目中，等到查明原因，批准后进行转账处理。但如果企业于期末报表时仍然没有查明原因，也必须进行转账处理，不可以将资产损失挂账。

清查结果如果属于现金短缺，应按实际短缺的金额，借记"待处理财产损溢——待处理流动资产损溢"科目，贷记"库存现金"科目；如果属于现金溢余，按实际溢余的金额，借记"库存现金"科目，贷记"待处理财产损溢——待处理流动资产损溢"科目。这样处理后，现金即可账实相符。查明原因后作如下处理。

（1）如为现金短缺，属于应由责任人赔偿的部分，应分别责任人是否已赔偿，借记"其他应收款——应收现金短缺款（××个人）"或直接借记"库存现金"科目，贷记"待处理财产损溢——待处理流动资产损溢"科目；属于应由保险公司赔偿的部分，借记"其他应收款——应收保险赔款"科目，贷记"待处理财产损溢——待处理流动资产损溢"科目；属于无法查明的其他原因，根据管理权限，经批准后作为当期管理费用，借记"管理费用——现金短缺"科目，贷记"待处理财产损溢——待处理流动资产损溢"科目。

（2）如为现金溢余，属于应支付给有关人员或单位的，应借记"待处理财产损溢——待处理流动资产损溢"科目，贷记"其他应付款——应付现金溢余（××个人或单位）"科目；属于无法查明原因的现金溢余，经批准后，作为营业外收入，借记"待处理财产损溢——待处理流动资产损溢"科目，贷记"营业外收入——现金溢余"科目。

例 2-2　甲公司 1 月 30 日，清查现金时发现现金短少 100 元，经查系出纳员工作失误造成，由其赔偿。会计处理如下。

① 清查时，发现现金短少。

借：待处理财产损溢——待处理流动资产损溢　　　　　　　　　　　　100

　　贷：库存现金　　　　　　　　　　　　　　　　　　　　　　　　　　100

② 1 月 31 日，收到出纳员赔偿。

借：库存现金　　　　　　　　　　　　　　　　　　　　　　　　　　100

　　贷：待处理财产损溢——待处理流动资产损溢　　　　　　　　　　　　100

1. 你能说明上述交易事项对报表项目有何影响吗？

2. 你能说明为什么无法查明原因的现金短缺计入管理费用，而无法查明原因的现金溢余计入营业外收入的原因吗？

3. 如果 1 月 31 日没有收到出纳员赔偿的 100 元，又如何处理？

2. 银行存款

银行存款是企业存放在银行或其他金融机构的货币资金。按照国家有关规定，凡是独立核算的单位都必须在当地银行开设账户，超过库存现金限额以上的现金必须存入银行。

在我国，企业在银行开设的存款账户，必须接受银行的监督和检查。按照《银行账户管理办法》的规定，我国企业的存款账户共有四类，第一类是基本存款账户，是企业办理日常结算及现金支取的账户。按照规定，企业只能开立一个基本存款户。第二类是一般存款账户，是企业为了业务方便，在银行或金融机构开立的基本存款户以外的账户，与基本存款账户的区别是该账户不得支取现金。第三类是临时存款账户，是因企业的临时业务活动需要而开立的暂时性账户。第四类是专用存款账户，是根据企业的特定需要开立的具有特定用途的账户等。

会计上设置"银行存款"账户，用以反映银行存款的收付及结存情况，包括人民币存款和外币存款。"银行存款"账户是资产类账户，借方登记银行存款的增加，贷方登记银行存款的减少，余额在借方，表示银行存款结余数。

如果有证据表明存在银行或其他金融机构的款项已经部分或者全部不能收回，则应当作为当期损失，减少银行存款，并计入"营业外支出"科目。

按照我国相关规定，企业除了在规定的范围内可以用现金直接支付的款项外，在经营过程中所发生的一切货币收支业务，都必须通过银行存款账户进行结算。结算的方式有多种选择，根据中国人民银行有关支付结算办法的规定，目前我国企业可以选择的结算方式主要有九种：支票、银行汇票、银行本票、商业汇票、信用卡、汇兑、委托收款、托收承付、信用证。

各种结算方式的运用，需要遵守中国人民银行发布的《支付结算办法》中规定的结算纪律，保证结算业务的正常进行。即不准签发没有资金保证的票据或远期支票，套取银行信用；不准签发、取得和转让没有真实交易和债权债务的票据，套取银行和他人资金；不准无理拒绝付款，任意占用他人资金；不准违反规定开立和使用账户等。

1）支票

支票是单位或个人签发的，委托办理支票存款业务的银行在见票时无条件支付确定的金额给收款人或者持票人的票据。

由于在同一票据交换区域的各种款项的结算，无论单位还是个人均可以使用支票，所以支票结算方式是同城结算中应用最为广泛的一种结算方式。但支票的提示付款期限比较短，除中国人民银行另有规定外，一般为 10 天。对超过提示付款期限的支票，持票人开户银行将不予受理，付款人不予付款。

支票一般由银行统一印制，印有"现金"字样的为现金支票，印有"转账"字样的为转账支票，未印有"现金"或"转账"字样的为普通支票，在普通支票左上角划两条平行线的，为划线支票。现金支票只能用于支取现金，转账支票只能用于转账，普通支票可以用于支取现金，也可以用于转账，划线支票相当于转账支票只能用于转账，不得支取现金。转账支票可以根据需要在票据交换区域内背书转让。

存款人使用支票，必须先向银行领购，领购时必须填写"票据和结算凭证领用单"并加盖预留银行印鉴，预留的银行印鉴是银行审核支票付款的依据，银行也可以与出票人约定使用支付密码，作为银行审核支付支票金额的条件。存款账户结清时，必须将全部剩余空白支票交回银行注销。

2）银行汇票

银行汇票是汇款人将款项交存当地出票银行，由出票银行签发的，由其在见票时，按照实际结算金额无条件支付给收款人或持票人的票据。

同支票一样，银行汇票具有使用灵活、票随人到、兑现性强等特点，适用于先收款后发货或钱货两清的商品交易。单位和个人的各种款项结算，均可使用银行汇票。同支票不同的是，银行汇票的付款期限为自出票日起 1 个月内，而且，银行汇票不受地区限制，适用于异地购销双方的款项结算。

付款人使用银行汇票进行结算，首先应向出票银行填写"银行汇票申请书"，填明收款人名称、支付金额、申请人、申请日期等事项并签章，签章为其预留银行的印鉴，并将款项交存银行。银行受理银行汇票申请书，收妥款项后签发银行汇票，并用压数机压印出票金额，然后将银行汇票和解讫通知一并交给付款人。付款人即可持银行汇票向填明的收款单位办理结算。

收款人收到付款单位送来的银行汇票时，应填写进账单并在汇票背面"持票人向银行提示付款签章"处签章，签章应与其预留银行的印鉴相同，然后将银行汇票和解讫通知单、进账单一并交开户银行办理结算，银行审核无误后，办理转账。银行汇票的实际结算金额低于出票金额的，其多余金额由出票银行退交申请人。

收款人可以将银行汇票背书转让给他人。背书转让以不超过出票金额的实际结算金额为限，未填写实际结算金额或实际结算金额超过出票金额的，银行汇票不得背书转让。

3）银行本票

银行本票是银行签发的，承诺自己在见票时无条件支付确定的金额给收款人或者持票人的票据。

银行本票由银行签发并保证兑付，而且见票即付，具有信誉高、支付功能强等特点。同支票一样，无论单位或个人，在同一票据交换区域支付各种款项，都可以使用银行本票。但二者的付款期限不同，银行本票的付款期限为自出票日起最长不超过 2 个月，要比支票长，但由于其只能同城使用，所以，一般企业使用得较少，而往往由支票代替。

银行本票与银行汇票一样，付款人使用其进行结算，也需要向银行提交"银行本票申请书"，填明收款人名称、申请人名称，支付金额、申请日期等事项并签章。出票银行受理银行本票申请书后，收妥款项签发银行本票。收款企业在收到银行本票时，应该在提示付款时在本票背面"持票人向银行提示付款签章"处加盖预留银行印鉴，同时填写进账单，连同银行本票一并交开户银行转账。收款单位可以根据需要在票据交换区域内背书转让银行本票。

4）商业汇票

商业汇票是出票人签发的，委托付款人在指定日期无条件支付确定的金额给收款人或持票人的票据。

与支票、银行汇票和银行本票一样，存款人领购商业汇票，必须填写"票据和结算凭证领用单"并加盖预留银行印鉴，存款账户结清时，必须将全部剩余空白商业汇票交回银行注销。

与支票、银行汇票和银行本票不同的是，商业汇票的使用有一定的限制，在银行开立存款账户的法人以及其他组织必须具有真实的交易关系或债权债务关系，才能使用商业汇票。其次，商业汇票必须进行承兑，可以由付款人签发并承兑，也可以由收款人签发交由付款人承兑。定日付款或者出票后定期付款的商业汇票，持票人应当在汇票到期日前向付款人提示承兑；见票后定期付款的汇票，持票人应当自出票日起 1 个月内向付款人提示承兑。汇票未按规定期限提示承兑的，持票人丧失对其前手的追索权。付款人应当自收到提示承兑的汇票之日起 3 日内承兑，汇票拒绝承兑的，必须出具拒绝承兑的证明。

另外，商业汇票除提示付款期限自汇票到期日起 10 日内外，商业汇票还有一个付款期。商业汇票的付款期限由交易双方商定，但最长不得超过 6 个月。

商业汇票可以背书转让，也可以向银行申请贴现，提前使用汇票款项。

商业汇票按承兑人不同分为商业承兑汇票和银行承兑汇票两种。

（1）商业承兑汇票。商业承兑汇票是由销货企业或购货企业签发，但由购货企业承兑的商业汇票。承兑时，购货企业应在汇票正面记载"承兑"字样和承兑日期并签章。承兑不得附有条件，否则视为拒绝承兑。

汇票到期时，销货企业应在提示付款期限内通过开户银行委托收款或直接向付款人提示付款。对异地委托收款的，销货企业可匡算邮程，提前通过开户银行委托收款。购货企业的开户银行凭票将票款划给销货企业或贴现银行。如果购货企业的存款不足支付票款，开户银行应将汇票退还销货企业，银行不负责付款，由购销双方自行处理。

（2）银行承兑汇票。银行承兑汇票由在承兑银行开立存款账户的存款人签发，是由银行承兑的商业汇票。承兑银行按票面金额向出票人收取一定的手续费。

购货企业应于汇票到期前将票款足额交存其开户银行，以备承兑银行在汇票到期日或到期日后的见票当日支付票款。销货企业应在汇票到期时将汇票连同进账单送交开户银行以便转账收款。承兑银行凭汇票将承兑款项无条件转给销货企业，如果购货企业于汇票到期日未足额交存票款时，承兑银行除凭票向持票人无条件付款外，对出票人尚未支付的汇票金额按日计收罚息。

5）信用卡

信用卡是指商业银行向个人和单位发行的，凭以向特约单位购物、消费和向银行存取现金，且具有消费信用的特制载体卡片。

随着我国经济的快速发展，无论是单位还是个人，信用卡的使用越来越普遍。信用卡按使用对象分为单位卡和个人卡；按信誉等级分为金卡和普通卡。

凡在中国境内金融机构开立基本存款账户的单位都可申领单位卡。单位卡可申领若干张，持卡人资格由申领单位法定代表人或其委托的代理人书面指定和注销。持卡人不得出租或转借信用卡。单位卡账户的资金一律从其基本存款账户转账存入。在使用过程中，需要续存资金的，也一律从其基本存款账户转账存入，不得交存现金，不得将销货取得的款项直接存入卡中。单位卡一律不得用于 10 万元以上的商品交易、劳务供应款项的结算，不得支取现金。

6）汇兑

汇兑是汇款人委托银行将其款项支付给收款人的结算方式，适用于异地之间的各种款项的结算。单位和个人的各种款项的结算，均可使用汇兑结算方式。

汇兑分为信汇、电汇两种。信汇是指汇款人委托银行通过邮寄方式将款项划转给收款人。电汇是指汇款人委托银行通过电报将款项划转给收款人。这两种汇兑方式由汇款人根据需要选择使用。

企业采用汇兑结算方式，付款单位汇出款项时，应填写银行印发的汇款凭证，列明收款单位名称、汇款金额及汇款的用途等项目，送达开户银行，委托银行将款项汇往收汇银行。收汇银行将汇款收进收款单位存款账户后，向收款单位发出收款通知。

7）委托收款

委托收款是收款人委托银行向付款人收取款项的结算方式。

企业委托开户银行收款时，应填写银行印制的委托收款凭证和有关的债务证明，并注明付款单位的名称、收款单位的名称、账号及开户银行，委托收款金额的大小写、款项内容、委托收款凭据名称及附寄单证张数等。企业的开户银行受理委托收款后，将委托收款凭证寄交付款单位开户银行，由付款单位开户银行审核，并通知付款单位。

付款单位收到银行交给的委托收款凭证及债务证明，应签收并在 3 天之内审查债务证明是否真实，是否是本单位的债务，确认之后通知银行付款。如果认为债务证明或相关的事项符合拒绝付款的规定，应出具拒绝付款理由书和委托收款凭证第五联及持有的债务证明，向银行提出拒绝付款。如果不通知银行，银行视同企业同意付款，并在第 4 日从企业账户中付出此笔委托收款款项。

8）托收承付

托收承付是根据购销合同由收款人发货后委托银行向异地付款人收取款项，由付款人向银行承认付款的结算方式。

销货企业按照购销合同发货后，填写托收承付凭证，盖章后连同发运单据（包括铁路、航空、公路等运输部门签发的运单、运单副本和邮局包裹回执等）或其他符合托收承付结算的有关证明和交易单证送交开户银行办理托收手续。销货企业开户银行接受委托后，将托收结算凭证回联退给企业，作为企业进行账务处理的依据，并将其他结算凭证寄往购货单位开户银行，由购货单位开户银行通知购货单位承认付款。

购货企业收到托收承付结算凭证和所附单据后，应立即审核是否符合订货合同的规定。按照《支付结算办法》的规定，承付货款分为验单付款与验货付款两种，在双方签订合同时约定。

验单付款是购货企业根据经济合同对银行转来的托收结算凭证、发票账单、托运单及代垫运杂费等单据进行审查无误后，即可承认付款。验货付款是购货企业待货物运达企业，对其进行检验与合同完全相符后才承认付款。

9）信用证

信用证结算方式是国际结算的一种主要方式。经中国人民银行批准经营结算业务的商业银行总行以及经商业银行总行批准开办信用证结算业务的分支机构，也可以办理国内企业之间商品交易的信用证结算业务。

采用信用证结算方式的，收款单位收到信用证后，即备货装运，签发有关发票账单，连同运输单据和信用证，送交银行，根据退还的信用证等有关凭证编制收款凭证；付款单位在接到开证行的通知时，根据付款的有关单据编制付款凭证。

上述 9 种结算方式中，支票、委托收款、托收承付与汇兑方式一般直接通过"银行存款"科目进行会计处理；使用银行汇票、银行本票、信用卡和信用证方式进行结算，需要将款项由企业银行账户划出先行交于银行，因此，会计处理需要将款项由"银行存款"科目转入"其他货币资金"科目，结算时，再通过"其他货币资金"科目核算。

由于商业汇票只有付款期满，持票人才能提示银行付款，所以，商业汇票的核算不通过货币资金科目核算，而是通过"应收票据"和"应付票据"科目核算。

⇨ 想一想

你能各举一个例子说明运用上述 9 种结算方式时，如何进行具体的会计处理吗？

3. 其他货币资金

除库存现金和银行存款以外，在企业的经营资金中，有些货币资金的存款地点或用途与库存现金和银行存款不同，会计上，需要单独设置账户进行核算。如外埠存款、银行汇票存款、银行本票存款、信用证存款、信用卡存款、存出投资款等，这些资金在会计上统称为其他货币资金，设置的核算账户也叫作"其他货币资金"。

外埠存款是指企业到外地进行临时或零星采购时，汇往采购地银行开立采购专户的款项。企业汇出款项时，须填写汇款委托书，加盖"采购资金"字样。汇入银行对汇入的采购款项，以汇款单位名义开立采购账户。采购资金存款不计利息，除采购员差旅费可以支取少量现金外，一律转账。采购专户只付不收，付完结束账户。

由上节可知，银行汇票存款是指企业为取得银行汇票，按照规定存入银行的款项。银行本票存款，是指企业为取得银行本票，按照规定存入银行的款项。信用证存款是指采用信用证结算方式的企业为开具信用证而存入银行信用证保证金专户的款项。信用卡存款是指企业为取得信用卡而存入银行信用卡专户的款项。存出投资款是指企业已存入证券公司但尚未进行投资的现金。

由于这些存款在使用之前仍然是企业的货币资金，但该笔款项已由企业的银行存款账户划出，所以需要由"银行存款"科目转入"其他货币资金"科目。

例 2-3 甲公司到外地进行材料采购，汇往采购地银行开立采购专户结算的款项为 100 万元。

① 12 月 1 日，企业委托银行将款项汇往采购地银行时，根据银行盖章退回的"汇款委托书"回单联和有关凭证。

借：其他货币资金——外埠存款　　　　　　　　　　　　　　1 000 000
　　贷：银行存款　　　　　　　　　　　　　　　　　　　　　　　　1 000 000

② 12 月 20 日，收到采购人员交回的购货发票。发票上注明，货款 800 000 元，增值税 104 000 元，材料已验收入库。

借：原材料	800 000	
应交税费——应交增值税（进项税额）	104 000	
贷：其他货币资金——外埠存款		904 000

③ 12 月 25 日，采购业务完成清户时，收到银行的收账通知。

| 借：银行存款 | 96 000 | |
| 贷：其他货币资金——外埠存款 | | 96 000 |

➡ 想一想

以上交易事项对财务报表哪些项目有影响？如果 12 月 25 日没有清户，影响又如何？

2.2.2　应收款项

1. 应收账款

应收账款是企业因销售商品、产品、提供劳务发生的应向购货企业收取货款的权利，该权利仅由于时间因素而产生。凡赊销比重较大的企业，可设置专职部门（如信贷部）控制企业的赊销规模，尽快收回资金。财务部门需要按照赊销客户设置应收账款明细分类账，详细记载各客户账户的增减变化。明细分类账可按客户的所在地区或笔画多少顺序排列以便查阅。全部应收账款明细分类账余额的合计数必须与总分类账上"应收账款"统驭账户的余额相符。

应收账款通常应按实际发生额计价入账。企业发生应收账款，按应收金额，借记"应收账款"科目；按确认的营业收入，贷记"主营业务收入"等科目；按专用发票上注明的增值税额，贷记"应交税费——应交增值税（销项税额）"科目。收回应收账款时，借记"银行存款"科目，贷记"应收账款"科目。

代购货单位垫付的包装费、运杂费，也在应收账款中核算。支付包装费、运杂费时，借记"应收账款"科目，贷记"银行存款"科目。

例 2-4　甲公司销售给某商场一批服装，价值总计 50 000 元，适用的增值税率为 13%，已办妥委托银行收款手续。甲公司会计处理如下。

① 确认收入。

借：应收账款	56 500	
贷：主营业务收入		50 000
应交税费——应交增值税（销项税额）		6 500

② 收到货款时。

| 借：银行存款 | 56 500 | |
| 贷：应收账款 | | 56 500 |

➡ 想一想

如果甲公司与该商场的合同规定，同时销售给商场一批日用品，价款共计 10 万元，款项在两类商品都到达商场 10 天后支付。服装及服装发票已交付商场，甲公司的会计处理有何不同？

2. 应收票据

应收票据核算企业因销售商品、提供劳务等而收到的商业汇票。由前文已知，商业汇票按承兑人不同分为商业承兑汇票和银行承兑汇票。此外，商业汇票按是否计息还可分为不带息商业汇票和带息商业汇票。不带息商业汇票，是指商业汇票到期时，承兑人只按票面金额（即面值）向收款人或被背书人支付款项的汇票；带息商业汇票是指商业汇票到期时，承兑人必须按票面金额加上应计利息向收款人或被背书人支付款项的票据。由于我国商业票据的期限较短（最长为6个月），利息金额相对来说不大，因此，应收票据一般按其面值计价，即企业收到应收票据时，按照票据的面值入账。

企业应当设置应收票据备查簿，逐笔登记商业汇票的种类、号数和出票日、票面金额、交易合同号和付款人、承兑人、背书人的姓名或单位名称、到期日、背书转让日、贴现日、贴现率和贴现净额以及收款日和收回金额、退票情况等资料。商业汇票到期结清票款或退票后，在备查簿中应予注销。

企业因销售商品、提供劳务等而收到或开出承兑的商业汇票，按商业汇票的票面金额，借记"应收票据"科目，按确认的营业收入，贷记"主营业务收入"等科目；按专用发票上注明的增值税额，贷记"应交税费——应交增值税（销项税额）"科目。

对于企业取得的带息应收票据应确认的利息收入，在资产负债表日，应按票据票面约定的利率计算确认应收利息金额，借记"应收利息"科目，贷记"财务费用"科目。

商业汇票到期，应按实际收到的金额，借记"银行存款"科目，按商业汇票的票面金额，贷记"应收票据"科目。

如果是商业承兑汇票到期因付款人无力支付票款，企业会收到银行退回的商业承兑汇票，应按商业汇票的票面金额转入应收账款，借记"应收账款"科目，贷记"应收票据"科目。如果是银行承兑汇票到期，即使付款人无力支付票据款，也不存在收款人无法收取款项的情况，因为承兑银行会代付款人向收款人支付票据款。

例 2-5 甲公司向乙公司销售产品一批，货款为 200 000 元，尚未收到，已办妥托收手续，适用增值税税率为 13%，甲公司会计处理如下。

① 确认销售收入。

借：应收账款 226 000
　　贷：主营业务收入 200 000
　　　　应交税费——应交增值税（销项税额） 26 000

② 10 日后，甲公司收到乙公司寄来一份 3 个月的商业承兑汇票，面值为 226 000 元，抵付产品货款。

借：应收票据 226 000
　　贷：应收账款 226 000

③ 3 个月后，应收票据到期收回票面金额 226 000 元。

借：银行存款 226 000
　　贷：应收票据 226 000

④ 如果 3 个月后，应收票据到期，乙公司无力偿还票款。

借：应收账款 226 000
　　贷：应收票据 226 000

⇨ 想一想

如果甲公司收到乙公司寄来的是 3 个月的银行承兑汇票，甲公司的会计处理有何不同？

企业拥有的应收票据可以在到期前进行贴现。贴现就是指票据持有人将未到期的票据在背书后送交银行，银行从票据到期值中扣除按银行贴现率计算确定的贴现利息，然后将余额付给持票人。如果企业出现资金短缺，可以持未到期的商业汇票向其开户银行申请贴现，票据贴现实质上是企业融通资金的一种形式。

票据贴现的有关计算公式如下。

$$票据到期价值＝票据面值×（1+年利率×票据到期天数/360）$$
$$＝票据面值×（1+年利率×票据到期月数/12）$$

对于无息票据来说，票据的到期价值就是其面值。

$$贴现息＝票据到期价值×贴现率×贴现天数/360$$
$$贴现所得金额＝票据到期价值－贴现息$$

商业汇票贴现属于金融资产转移事项。按照金融资产转移准则的规定，企业收取金融资产现金流量的合同权利终止的，应当终止确认该金融资产；企业已将金融资产所有权上几乎所有的风险和报酬都已转移给转入方的，也应当终止确认该金融资产。相反，金融资产转移后，如果企业仍保留与所转移金融资产所有权上几乎所有的风险和报酬的，应当继续确认所转移的金融资产，并将收到的对价确认为一项金融负债，且该金融资产与确认的相关金融负债不得相互抵销。

企业持未到期的商业汇票向银行贴现，应按实际收到的金额（即减去贴现息后的净额），借记"银行存款"科目，按贴现息部分，借记"财务费用"等科目，按商业汇票的票面金额，贷记"应收票据"科目（满足金融资产终止确认条件的情形）或"短期借款"科目（不满足金融资产终止确认条件的情形）。

例 2-6　甲公司销售一批商品给乙公司，货已发出，增值税专用发票上注明的商品价款为 200 000 元，增值税销项税额为 26 000 元。当日收到乙公司签发的不带息商业汇票一张，该票据的期限为 3 个月。相关销售商品收入符合收入确认条件。甲公司会计处理如下。

① 销售实现时。

借：应收票据　　　　　　　　　　　　　　　　　　　　　　　226 000
　　贷：主营业务收入　　　　　　　　　　　　　　　　　　　　200 000
　　　　应交税费——应交增值税（销项税额）　　　　　　　　　 26 000

② 3 个月后，应收票据到期，甲公司收回款项 226 000 元，存入银行。

借：银行存款　　　　　　　　　　　　　　　　　　　　　　　226 000
　　贷：应收票据　　　　　　　　　　　　　　　　　　　　　　226 000

③ 如果甲公司在该票据到期前向银行贴现，且银行拥有追索权（不符合终止确认条件），假定甲公司贴现获得现金净额 211 660 元。则甲公司会计处理如下。

借：银行存款　　　　　　　　　　　　　　　　　　　　　　　211 660
　　财务费用　　　　　　　　　　　　　　　　　　　　　　　 14 340
　　贷：短期借款　　　　　　　　　　　　　　　　　　　　　　226 000

④ 如果银行不拥有追索权（如银行承兑汇票），则甲公司应该终止确认该项应收票据，会计处理如下。

借：银行存款   211 660

      财务费用   14 340

    贷：应收票据   226 000

3. 其他应收款项

企业拥有的其他应收款权利一般包括应收股利、应收利息、其他应收款等。

应收股利核算企业应收取的现金股利和应收取其他单位分配的利润，可按被投资单位进行明细核算。

应收利息核算企业各种债权投资、发放贷款、存放中央银行款项、拆出资金、买入返售金融资产等一年内（含一年）应收取的利息。应收利息可按借款人或被投资单位进行明细核算。

如果企业还发生除应收票据、应收账款、应收利息等以外的其他各种应收及暂付款项，需要按照应收款项的时间不同设置"其他应收款"和"长期应收款"账户。其中，其他应收款主要登记企业一年内到期的应收款；超过一年的应收款在"长期应收款"账户反映。长期应收款具体内容参见第 11 章有关收入的相关内容。

例 2-7 甲公司 2×19 年 1 月 1 日为销售部门建立 1 000 元的定额备用金，开出一张现金支票给销售部门。甲公司会计处理如下。

① 建立备用金。

借：其他应收款——备用金——销售部   1 000

    贷：银行存款   1 000

② 假定该企业规定每半个月报销一次，1 月 15 日备用金管理人员凭发票报销 780 元。

借：销售费用   780

    贷：库存现金   780

⇨ **想一想**

上述交易事项对 1 月份资产负债表和利润表哪些项目有影响？金额是多少？

2.2.3 债权投资

企业初始确认为以摊余成本计量的金融资产的债权投资，需要设置"债权投资"科目，核算企业以摊余成本计量的债权投资的账面余额。债权投资科目可按债权投资的类别和品种，分别"面值（或成本）""利息调整""应计利息"等进行明细核算。

企业的债权投资一般表现为购入债券，债券都标有面值，到期按照面值收回投资，因此，债权投资账户需要设置"面值"明细科目，登记购入的债券面值；除面值明细外，如果购入价格不等于面值，则还需要设置"利息调整"明细科目，将买价与面值的差额记入"利息调整"明细科目，并按照实际利率法在债券存续期间进行摊销，直至到期时债权投资账面价值等于面值。当债券为到期一次还本付息债券时，还需要在"债权投资"总账科目下设置"应计利息"明细科目，登记按照权责发生制每期确认利息收入时同时确认的应收未收利息。

1. 取得时

债权投资初始确认时，应当按照公允价值和相关交易费用之和作为初始入账金额。实际支付的价款中包含的已到付息期但尚未领取的债券利息，应单独确认为应收利息。

企业取得债权投资，应按该投资的面值，借记"债权投资（面值）"科目，按支付的价款中包含的已到付息期但尚未领取的利息，借记"应收利息"科目，按实际支付的金额，贷记"银行存款"科目，按其差额，借记或贷记"债权投资（利息调整）"科目。

2. 持有期间

债权投资在持有期间给企业带来的投资收益主要体现为利息收入。会计准则规定债权投资持有期间所确认的利息收入应该按照实际利率计算确认，而不是按照票面利率确认。

当企业购入债券时的投资成本不等于该债券的面值（以溢价或折价购入债券）时，该债券的实际利率就不等于其票面利率。尽管债券持有人按照票面利率取得利息，但由于溢折价是因为债券票面利率与实际利率不相等而产生的，其本质上也是实际利息的组成部分，因此，债券持有人的债券投资收益不仅包括按照票面利率计算的利息还应该包括溢折价，这就需要按照实际利率确认利息收入。

准则规定，债权投资初始确认时，应当计算确定其实际利率。实际利率，是指将金融资产在预计存续期的估计未来现金流量折现为该金融资产账面余额（不考虑减值）所使用的利率。在确定实际利率时，应当在考虑金融资产所有合同条款（如提前还款、展期、看涨期权或其他类似期权等）的基础上估计预期现金流量，但不应当考虑预期信用损失。

利息的计算过程如下（假设按年计算）：

应收利息（实际现金流入）＝债券面值×票面年利率

利息收入（投资收益）＝债权投资账面余额×实际年利率

资产负债表日，债权投资为分期付息、一次还本债券投资的，应按票面利率计算确定的应收未收利息，借记"应收利息"科目，按实际利率计算确定的利息收入，贷记"投资收益"科目，按其差额，借记或贷记"债权投资（利息调整）"科目。

资产负债表日，债权投资为一次还本付息债券投资的，应按票面利率计算确定的应收未收利息，借记"债权投资（应计利息）"科目，按实际利率计算确定的利息收入，贷记"投资收益"科目，按其差额，借记或贷记"债权投资（利息调整）"科目。

⇨ **想一想**

你知道为什么分期付息债券和一次还本付息债券应收未收利息登记在不同的账户中吗？

3. 处置时

企业处置债权投资时，应将所取得价款与债权投资账面价值之间的差额，计入当期损益，按实际收到的金额，借记"银行存款"科目，按债权投资的账面余额，贷记或借记"债权投资"各明细科目，按其差额，贷记或借记"投资收益"科目。已计提减值准备的，还应同时结转减值准备。

例 2-8　甲公司 2×19 年 1 月 3 日购入 A 公司于 2×19 年 1 月 1 日发行的三年期债券，作为债权投资。该债券面值为 100 万元，票面利率为 10%，甲公司实际支付 106 万元。该债券每年年末付息一次，最后一年偿还本金并支付最后一年的利息，假设甲公司按年计算利息，不考虑其他相关因素。甲公司会计处理如下。

① 2×19 年 1 月初购入时。

借：债权投资——A 公司债券（面值）　　　　　　　　　　　　　　1 000 000

　　　　——A 公司债券（利息调整）　　　　　　　　　　　　　　　60 000

　　贷：银行存款　　　　　　　　　　　　　　　　　　　　　　　　1 060 000

同时，计算该债券的实际利率 r。该债券未来现金流量表现为每期的 10 万元利息及到期时的 100 万元的本金。根据实际利率的定义，计算过程如下。

$$10/(1+r)+10/(1+r)^2+110/(1+r)^3=106$$

当 $r=8\%$ 时，

$$10/(1+8\%)+10/(1+8\%)^2+110/(1+8\%)^3=9.259\ 3+8.573\ 4+87.321\ 5=105.154\ 2$$

当 $r=7\%$ 时，

$$10/(1+7\%)+10/(1+7\%)^2+110/(1+7\%)^3=9.345\ 8+8.734\ 4+89.792\ 8=107.873$$

则有，$(r-8\%)/(7\%-8\%)=(106-105.154\ 2)/(107.873-105.154\ 2)$

$$r=7.688\ 9\%$$

② 2×19 年 12 月 31 日计算应收利息和确认利息收入。

每年应收利息＝票面金额 100 万元×票面利率 10%＝10 万元。

利息收入＝债权投资余额×实际利率

具体利息收入计算过程如表 2-1 所示。

表 2-1　利息收入计算过程　　　　　　　　　　　　　金额单位：万元

项目	应收利息	利息收入	溢价摊销	余额（摊余成本）
	①＝面值×票面利率	②＝上一期④×实际利率	③＝①－②	④＝上一期④－③
2×19.1.3				106
2×19.12.31	10	8.15	1.85	104.15
2×20.12.31	10	8.01	1.99	102.16
2×21.12.31	10	7.84	2.16	100
合计	30	24	6	

借：应收利息　　　　　　　　　　　　　　　　　　　　　　　　　100 000

　　贷：投资收益　　　　　　　　　　　　　　　　　　　　　　　　　81 500

　　　　债权投资——A 公司债券（利息调整）　　　　　　　　　　　　18 500

借：银行存款　　　　　　　　　　　　　　　　　　　　　　　　　100 000

　　贷：应收利息　　　　　　　　　　　　　　　　　　　　　　　　　100 000

③ 2×20 年 12 月 31 日计算应收利息和确认利息收入。

借：应收利息　　　　　　　　　　　　　　　　　　　　　　　　　100 000

　　贷：投资收益　　　　　　　　　　　　　　　　　　　　　　　　　80 100

　　　　债权投资——A 公司债券（利息调整）　　　　　　　　　　　　19 900

```
借：银行存款                                    100 000
    贷：应收利息                                        100 000
```
④ 2×21 年 12 月 31 日计算应收利息、确认利息收入和收回本金。
```
借：应收利息                                    100 000
    贷：投资收益                                         78 400
        债权投资——A 公司债券（利息调整）                 21 600
借：银行存款                                  1 100 000
    贷：债权投资——A 公司债券（面值）               1 000 000
        应收利息                                        100 000
```

⇨ **想一想**

如果甲公司实际支付 96 万元取得该债券，会计处理有何变化？

2.3　以公允价值计量的金融资产

2.3.1　以公允价值计量且其变动计入其他综合收益的金融资产

1. 其他债权投资

企业对以公允价值计量且其变动计入其他综合收益的债权投资类金融资产需要设置"其他债权投资"科目进行核算。"其他债权投资"科目可按金融资产类别和品种，分别"面值（或成本）""利息调整""公允价值变动"等进行明细核算。

其他债权投资所产生的利得或损失，除减值损失（或利得）和汇兑损益外，均应当计入其他综合收益，直至该金融资产终止确认或被重分类。但是，采用实际利率法计算的该金融资产的利息应当计入当期损益。

该类金融资产终止确认时，之前计入其他综合收益的累计利得或损失应当从其他综合收益中转出，计入当期损益。

1）取得时

企业取得的以公允价值计量且其变动计入其他综合收益金融资产为债券投资的，应按债券的面值，借记"其他债权投资——面值"科目，按支付的价款中包含的已到付息期但尚未领取的利息，借记"应收利息"科目，按实际支付的金额，贷记"银行存款"等科目，按借贷差额，借记或贷记"其他债权投资——利息调整"科目。

2）持有期间

其他债权投资持有期间的会计处理主要包括利息的处理，以及期末按照公允价值计量。其中，利息收入的处理原则与以摊余成本计量的债权投资一样，按照实际利率法确认。

资产负债表日按照公允价值计量，公允价值高于其账面余额的差额，借记"其他债权投资——公允价值变动"科目，贷记"其他综合收益"科目；公允价值低于其账面余额的差额做相反的会计分录。

3）处置时

企业出售以公允价值计量且其变动计入其他综合收益的债权投资类金融资产，需要终止确认该金融资产，并确认全部已实现的投资收益或损失，包括原持有期间计入其他综合收益的累计公允价值变动额。即按实际收到的金额，借记"银行存款"科目，按其账面余额，贷记或借记"其他债权投资"各明细科目，按应从所有者权益中转出的公允价值累计变动额，借记或贷记"其他综合收益"科目，按借贷差额，贷记或借记"投资收益"科目。

例 2-9 资料承例 2-8，假设甲公司根据其管理该债券的业务模式将该债券分类为以公允价值计量且其变动计入其他综合收益的金融资产。其他资料如下：

（1）2×19 年 12 月 31 日，该债券的公允价值为 102 万元。

（2）2×20 年 12 月 31 日，该债券的公允价值为 110 万元。

（3）2×21 年 1 月 10 日，甲公司将上述债券全部出售，收到款项 108 万元存入银行。

甲公司会计处理如下：

本例中，该债券实际利率的计算，每期利息收入的确认与例 2-8 相同；不同的是，每期期末需要确认该债券的公允价值变动。由表 2-1 可知，2×19 年 12 月 31 日，该债券的公允价值变动为该债券的公允价值 102 万元与其 104.15 万元的余额之差，即公允价值变动为-2.15 万元；2×20 年 12 月 31 日，该债券的公允价值变动为该债券的公允价值 110 万元与其 102.16 万元的摊余成本及期初的公允价值变动-2.15 万元之差，即公允价值变动为 9.99 万元。

① 2×19 年 1 月初购入时。

借：其他债权投资——A 公司债券（面值）	1 000 000
——A 公司债券（利息调整）	60 000
贷：银行存款	1 060 000

② 2×19 年 12 月 31 日确认利息收入及公允价值变动。

借：应收利息	100 000
贷：投资收益	81 500
其他债权投资——A 公司债券（利息调整）	18 500
借：银行存款	100 000
贷：应收利息	100 000
借：其他综合收益——其他债权投资公允价值变动	21 500
贷：其他债权投资——A 公司债券（公允价值变动）	21 500

③ 2×20 年 12 月 31 日确认利息收入及公允价值变动。

借：应收利息	100 000
贷：投资收益	80 100
其他债权投资——A 公司债券（利息调整）	19 900
借：银行存款	100 000
贷：应收利息	100 000
借：其他债权投资——A 公司债券（公允价值变动）	99 900
贷：其他综合收益——其他债权投资公允价值变动	99 900

④ 2×21 年 1 月 10 日出售债券。

借：银行存款　　　　　　　　　　　　　　　　　　　　　　1 080 000

　　其他综合收益——其他债权投资公允价值变动　　　　　　　78 400

　　　贷：其他债权投资——A 公司债券（面值）　　　　　　　　1 000 000

　　　　　　　　　　——A 公司债券（利息调整）　　　　　　　21 600

　　　　　　　　　　——A 公司债券（公允价值变动）　　　　　78 400

　　　　　投资收益　　　　　　　　　　　　　　　　　　　　　58 400

⇨ 想一想

如果将最后一笔会计分录分解为 2 个会计分录，如何分解？

2. 其他权益工具投资

初始确认时，企业可基于单项非交易性权益工具投资，将其指定为以公允价值计量且其变动计入其他综合收益的金融资产，其公允价值的后续变动计入其他综合收益，不需计提减值准备。除了获得的股利收入（明确作为投资成本部分收回的股利收入除外）计入当期损益外，其他相关的利得和损失（包括汇兑损益）均应当计入其他综合收益，且后续不得转入损益。当金融资产终止确认时，之前计入其他综合收益的累计利得或损失应当从其他综合收益中转出，计入留存收益。

需要注意的是，企业在非同一控制下的企业合并中确认的或有对价构成金融资产的，该金融资产应当分类为以公允价值计量且其变动计入当期损益的金融资产，不得指定为以公允价值计量且其变动计入其他综合收益的金融资产。

企业对以公允价值计量且其变动计入其他综合收益的权益工具投资需要设置“其他权益工具投资”科目进行核算。

“其他权益工具投资”科目核算企业指定为以公允价值计量且其变动计入其他综合收益的非交易性权益工具投资。“其他权益工具投资”科目可按其他权益工具投资的类别和品种，分别“成本”“公允价值变动”等进行明细核算。

1）取得时

企业取得以公允价值计量且其变动计入其他综合收益的权益工具投资，应按其公允价值与交易费用之和，借记“其他权益工具投资——成本”科目，按支付的价款中包含的已宣告但尚未发放的现金股利，借记“应收股利”科目，按实际支付的金额，贷记“银行存款”等科目。

2）持有期间

其他权益工具投资持有期间主要考虑两方面的会计核算问题：收到股利的处理；期末按照公允价值计量。由于其他权益工具投资不影响损益，因此不存在减值问题。

（1）持有期间，被投资单位宣告分派股利，企业应按照应分得的股利，借记“应收股利”科目，贷记“投资收益”科目；收到分派的股利，借记“银行存款”科目，贷记“应收股利”科目。

（2）资产负债表日，按照公允价值计量，并将公允价值变动金额计入所有者权益的其他综合收益中，公允价值高于其账面余额的差额，借记“其他权益工具投资——公允价值变动"科目，贷记"其他综合收益"科目；公允价值低于其账面余额的差额做相反的会计分录。

3）处置时

企业出售其他权益工具投资，需要终止确认该金融资产，并将处置损益以及原持有期间计入其他综合收益的累计公允价值变动额转入留存收益。即按实际收到的金额，借记"银行存款"科目，按其账面余额，贷记或借记"其他权益工具投资"各明细科目，按应从所有者权益中转出的公允价值累计变动额，借记或贷记"其他综合收益"科目，按借贷差额，贷记或借记"盈余公积"和"利润分配"科目。

例 2−10 甲公司 2×19 年 5 月以 480 万元购入乙公司股份 60 万股作为以公允价值计量且其变动计入其他综合收益金融资产，另支付手续费 10 万元；2×19 年 6 月 30 日该股权每股价格为 7.5 元；2×19 年 8 月 10 日，乙公司宣告分派现金股利，每股 0.2 元；9 月 20 日，甲公司收到分派的现金股利。至 12 月 31 日，甲公司仍持有该股份，期末每股价格为 8.5元。2×20 年 1 月 3 日以 515 万元转让。假定甲公司每年 6 月 30 日和 12 月 31 日对外提供财务报告，按净利润的 10% 计提盈余公积。不考虑其他相关因素。甲公司会计处理如下。

① 2×19 年 5 月购入时。

借：其他权益工具投资——成本   4 900 000
  贷：银行存款   4 900 000

② 2×19 年 6 月 30 日，该股权投资公允价值为 7.5×60 万股=450 万元，说明公允价值下降 40 万元。

借：其他综合收益——其他权益工具投资公允价值变动   400 000
  贷：其他权益工具投资——公允价值变动   400 000

③ 2×19 年 8 月 10 日宣告分派股利时。

借：应收股利   120 000
  贷：投资收益   120 000

④ 2×19 年 9 月 20 日收到股利时。

借：银行存款   120 000
  贷：应收股利   120 000

⑤ 2×19 年 12 月 31 日，该股权投资公允价值为 8.5×60 万股=510 万元，说明公允价值上升 60 万元。

借：其他权益工具投资——公允价值变动   600 000
  贷：其他综合收益——其他权益工具投资公允价值变动 600 000

⑥ 2×20 年 1 月 3 日处置该股权投资。

借：银行存款   5 150 000
 其他综合收益——其他权益工具投资公允价值变动   200 000
  贷：其他权益工具投资——成本   4 900 000
        ——公允价值变动   200 000
   盈余公积   25 000
   利润分配——未分配利润   225 000

想一想

1. 你能说明该其他权益工具投资对甲公司 2×19 年和 2×20 年资产负债表和利润表的影响吗?

2. 如果将上述第⑥笔分录分解为两个记账凭证,如何分解?

2.3.2 以公允价值计量且其变动计入当期损益的金融资产

企业对以公允价值计量且其变动计入当期损益的金融资产,需要设置"交易性金融资产"科目进行会计核算。交易性金融资产科目可按金融资产的类别和品种,分别"成本""公允价值变动"等进行明细核算。

以公允价值计量且其变动计入当期损益的金融资产的会计处理主要有两个特点:① 期末以公允价值计量报表;② 公允价值变动金额计入当期损益(公允价值变动损益)。

1. 取得时

以公允价值计量且其变动计入当期损益的金融资产初始确认时,其成本按公允价值计量,但不包括交易费用,相关交易费用直接计入当期损益(投资收益的借方)。所支付的价款中,包含已宣告但尚未发放的现金股利或已到付息期但尚未领取的债券利息的,应当单独确认为应收项目(应收股利或应收利息)。

具体会计处理是:企业取得交易性金融资产时,按其公允价值,借记"交易性金融资产(成本)"科目;按发生的交易费用,借记"投资收益"科目;按已到付息期但尚未领取的利息或已宣告但尚未发放的现金股利,借记"应收利息"或"应收股利"科目;按实际支付的金额,贷记"银行存款"科目。

2. 持有期间

(1)交易性金融资产持有期间被投资单位宣告发放的现金股利,或在资产负债表日分期付息、一次还本债券投资按票面利率计算的利息,应当确认为投资收益,借记"应收股利"或"应收利息"科目,贷记"投资收益"科目。

(2)资产负债表日,企业应将交易性金融资产的公允价值变动计入当期损益,公允价值高于其账面价值的差额,说明产生公允价值变动收益,借记"交易性金融资产(公允价值变动)"科目,贷记"公允价值变动损益"科目;公允价值低于其账面价值的差额做相反的会计分录。

3. 出售时

处置交易性金融资产时,按实际收到的金额,借记"银行存款"等科目,按该金融资产的成本,贷记"交易性金融资产(成本)"科目,按累计的公允价值上升额,贷记"交易性金融资产(公允价值变动)"科目或按累计公允价值下降额,借记"交易性金融资产(公允价值变动)"科目,按借贷差额,贷记或借记"投资收益"科目。

例 2-11 甲公司 2×19 年有关交易性金融资产的资料如下。

(1)3 月 1 日以银行存款购入乙公司股票 50 000 股,并准备随时变现,每股买价 16 元,同时支付相关税费 4 000 元。

(2)4 月 20 日乙公司宣告发放每股 0.4 元的现金股利。

（3）4月21日又购入乙公司股票50 000股，并准备随时变现，每股买价18.4元（其中包含已宣告发放但尚未发放的每股0.4元的股利），同时支付相关税费6 000元。

（4）4月25日收到乙公司发放的现金股利40 000元。

（5）6月30日乙公司股票市价为每股16.4元。

（6）7月18日甲公司以每股17.5元的价格转让乙公司股票60 000股，扣除相关税费10 000元，实得金额为1 040 000元。

（7）12月31日乙公司股票市价为每股18元。

假定不考虑其他因素，甲公司会计处理如下。

① 3月1日购入乙公司股票。

借：交易性金融资产——乙公司股票（成本） 800 000
　　投资收益 4 000
　　贷：银行存款 804 000

② 4月20日乙公司宣告发放现金股利。

借：应收股利 20 000
　　贷：投资收益 20 000

③ 4月21日购入乙公司股票。

借：交易性金融资产——乙公司股票（成本） 900 000
　　应收股利 20 000
　　投资收益 6 000
　　贷：银行存款 926 000

④ 4月25日收到乙公司发放的现金股利。

借：银行存款 40 000
　　贷：应收股利 40 000

⑤ 6月30日确认公允价值变动。

公允价值变动损失＝（800 000＋900 000）－16.4×100 000＝60 000（元）

借：公允价值变动损益 60 000
　　贷：交易性金融资产——乙公司股票（公允价值变动） 60 000

⑥ 7月18日出售60 000股乙公司股票即出售60%的对乙公司的股票投资，因此，需要转销该股票投资成本170万元×60%＝102万元，转销该股票投资公允价值变动损益6万元×60%＝3.6万元。

借：银行存款 1 040 000
　　交易性金融资产——乙公司股票（公允价值变动） 36 000
　　贷：交易性金融资产——乙公司股票（成本） 1 020 000
　　　　投资收益 56 000

⑦ 12月31日确认公允价值变动。

公允价值变动收益＝18×40 000－［（800 000＋900 000－1 020 000）－
　　　　　　　　　（60 000－36 000）］＝64 000（元）

借：交易性金融资产——乙公司股票（公允价值变动） 64 000
　　贷：公允价值变动损益 64 000

⇨ **想一想**

1. 该交易性金融资产交易对甲公司 2×19 年 6 月 30 日的资产负债表的影响如何？

2. 如果 12 月 31 日乙公司股票市价为每股 16 元，最后的会计处理有什么不同？并说明持有该交易性金融资产对企业当期损益的影响是多少？

例 2-12　甲公司 2×19 年 1 月 1 日从二级市场支付价款 1 030 000 元（含已到付息期但尚未领取的利息 30 000 元）购入乙公司发行的债券，另发生交易费用 21 000 元。该债券面值 1 000 000 元，剩余期限为 2 年，票面年利率为 6%，每半年付息一次，甲公司将其划分为交易性金融资产。其他资料如下：

（1）2×19 年 1 月 5 日，收到该债券 2×18 年下半年利息 30 000 元；

（2）2×19 年 6 月 30 日，该债券的公允价值为 1 160 000 元（不含利息）；

（3）2×19 年 7 月 5 日，收到该债券半年利息；

（4）2×19 年 12 月 31 日，该债券的公允价值为 1 110 000 元（不含利息）；

（5）2×20 年 1 月 5 日，收到该债券 2×19 年下半年利息；

（6）2×20 年 3 月 31 日，甲公司将该债券出售，取得价款 1 195 000 元。

假定不考虑其他因素，甲公司会计处理如下。

① 2×19 年 1 月 1 日，购入债券。

借：交易性金融资产——乙公司债券（成本）	1 000 000	
应收利息	30 000	
投资收益	21 000	
贷：银行存款		1 051 000

② 2×19 年 1 月 5 日，收到债券利息。

借：银行存款	30 000	
贷：应收利息		30 000

③ 2×19 年 6 月 30 日，确认债券公允价值变动和投资收益（上半年利息收入）。

借：交易性金融资产——乙公司债券（公允价值变动）	160 000	
贷：公允价值变动损益		160 000
借：应收利息	30 000	
贷：投资收益		30 000

④ 2×19 年 7 月 5 日，收到债券利息。

借：银行存款	30 000	
贷：应收利息		30 000

⑤ 2×19 年 12 月 31 日，确认债券公允价值变动和投资收益（下半年利息收入）。

借：公允价值变动损益	50 000	
贷：交易性金融资产——乙公司债券（公允价值变动）		50 000
借：应收利息	30 000	
贷：投资收益		30 000

⑥ 2×20 年 1 月 5 日，收到债券利息。

借：银行存款　　　　　　　　　　　　　　　　　　　　　30 000
　　贷：应收利息　　　　　　　　　　　　　　　　　　　　　30 000

⑦ 2×20 年 3 月 31 日，将该债券予以出售。

借：银行存款　　　　　　　　　　　　　　　　　　　　1 195 000
　　贷：交易性金融资产——乙公司债券（成本）　　　　　1 000 000
　　　　　　　　　　——乙公司债券（公允价值变动）　　　110 000
　　　　投资收益　　　　　　　　　　　　　　　　　　　　 85 000

➡️ 想一想

该交易性金融资产给甲公司带来的累计损益为多少？是怎样体现在利润表中的？2×20 年 3 月 31 日的交易对资产负债表的影响是什么？

2.4　金融资产重分类

2.4.1　金融资产重分类的原则

企业改变其管理金融资产的业务模式时，应当按照准则的规定对所有受影响的相关金融资产进行重分类。

企业对金融资产进行重分类，应当自重分类日起采用未来适用法进行相关会计处理，不得对以前已经确认的利得、损失（包括减值损失或利得）或利息进行追溯调整。重分类日，是指导致企业对金融资产进行重分类的业务模式发生变更后的首个报告期间的第一天。例如，甲上市公司决定于 2×19 年 3 月 2 日改变其管理某金融资产的业务模式，则重分类日为 2×19 年 4 月 1 日（即下一个季度会计期间的期初）；乙上市公司决定于 2×19 年 10 月 5 日改变其管理某金融资产的业务模式，则重分类日为 2×20 年 1 月 1 日。

新金融工具准则明确指出，企业管理金融资产业务模式的变更是一种极其少见的情形。该变更源自外部或内部的变化，必须由企业的高级管理层进行决策，且其必须对企业的经营非常重要，并能够向外部各方证实。因此，只有当企业开始或终止某项对其经营影响重大的活动时（例如当企业收购、处置或终止某一业务线时），其管理金融资产的业务模式才会发生变更。同时，新金融工具准则也列举了不属于业务模式变更的情形。

① 企业持有特定金融资产的意图改变。企业即使在市场状况发生重大变化的情况下改变对特定资产的持有意图，也不属于业务模式变更。

② 金融资产特定市场暂时性消失从而暂时影响金融资产出售。

③ 金融资产在企业具有不同业务模式的各部门之间转移。

需要注意的是，如果企业管理金融资产的业务模式没有发生变更，而金融资产的条款发生变更但未导致终止确认的，不允许重分类。如果金融资产条款发生变更导致金融资产终止确认的，不涉及重分类问题，企业应当终止确认原金融资产，同时按照变更后的条款确认一项新金融资产。

2.4.2　金融资产重分类的计量

企业如果改变管理债权投资的业务模式，在符合准则规定的情况下，需要进行重分类会计处理。

1. 以摊余成本计量的金融资产的重分类

（1）企业将一项以摊余成本计量的金融资产重分类为以公允价值计量且其变动计入当期损益的金融资产的，应当按照该金融资产在重分类日的公允价值进行计量。原账面价值与公允价值之间的差额计入当期损益。

（2）企业将一项以摊余成本计量的金融资产重分类为以公允价值计量且其变动计入其他综合收益的金融资产的，应当按照该金融资产在重分类日的公允价值进行计量。原账面价值与公允价值之间的差额计入其他综合收益。该金融资产重分类不影响其实际利率和预期信用损失的计量。

2. 以公允价值计量且其变动计入其他综合收益的金融资产的重分类

（1）企业将一项以公允价值计量且其变动计入其他综合收益的金融资产重分类为以摊余成本计量的金融资产的，应当将之前计入其他综合收益的累计利得或损失转出，调整该金融资产在重分类日的公允价值，并以调整后的金额作为新的账面价值，即视同该金融资产一直以摊余成本计量。该金融资产重分类不影响其实际利率和预期信用损失的计量。

（2）企业将一项以公允价值计量且其变动计入其他综合收益的金融资产重分类为以公允价值计量且其变动计入当期损益的金融资产的，应当继续以公允价值计量该金融资产。同时，企业应当将之前计入其他综合收益的累计利得或损失从其他综合收益转入当期损益。

3. 以公允价值计量且其变动计入当期损益的金融资产的重分类

（1）企业将一项以公允价值计量且其变动计入当期损益的金融资产重分类为以摊余成本计量的金融资产的，应当以其在重分类日的公允价值作为新的账面余额。

（2）企业将一项以公允价值计量且其变动计入当期损益的金融资产重分类为以公允价值计量且其变动计入其他综合收益的金融资产的，应当继续以公允价值计量该金融资产。

对以公允价值计量且其变动计入当期损益的金融资产进行重分类的，企业应当根据该金融资产在重分类日的公允价值确定其实际利率。同时，企业应当自重分类日起对该金融资产适用金融资产减值的相关规定，并将重分类日视为初始确认日。

例 2-13　由于贷款基准利率的变动和其他市场因素的影响，2×19 年 3 月，甲公司持有的、原划分为债权投资的某公司债券价格持续下跌。为此，甲公司于 3 月 31 日对外出售该债券投资 10%，收取价款 1 200 000 元（即所出售债券的公允价值），并根据管理该债权投资的业务模式，将该债权投资重分类为以公允价值计量且其变动计入其他综合收益的金融资产（假设剩余 90% 的债券投资重分类符合业务模式变更进行重分类条件）。假定 4 月 1 日该债券公允价值未发生变化。该债券出售前的账面余额（面值）为 10 000 000 元（购入时投资成本等于其面值），不考虑其他相关因素的影响，甲公司会计处理如下。

① 3 月 31 日确认出售损益。

借：银行存款　　　　　　　　　　　　　　　　　　　　　　　　1 200 000
　　贷：债权投资——面值　　　　　　　　　　　　　　　　　　　1 000 000
　　　　投资收益　　　　　　　　　　　　　　　　　　　　　　　　200 000

② 4 月 1 日将剩余 90% 的债权投资重分类为其他债权投资。剩余 90% 的债权投资账面价值为 900 万元，公允价值为 900 万元×120% = 1 080 万元。

借：其他债权投资——面值		9 000 000
——公允价值变动		1 800 000
贷：债权投资——面值		9 000 000
其他综合收益		1 800 000

⇨ 想一想

假定 4 月 23 日，甲公司将该债券全部出售，收取价款 11 800 000 元，则甲公司如何进行会计处理？该债券相关事项对财务报表的影响如何？

例 2-14 甲公司 2×19 年 10 月 15 日，以 500 000 元购入一项债券，并按规定将其分类为以摊余成本计量的金融资产，该债券的面值为 500 000 元。2×20 年 10 月 15 日，甲公司变更了其管理债券投资的业务模式，其变更符合重分类的要求，因此，甲公司于 2×21 年 1 月 1 日将该债券从以摊余成本计量的金融资产重分类为以公允价值计量且其变动计入当期损益的金融资产。2×21 年 1 月 1 日，该债券的公允价值为 490 000 元，已确认的减值准备为 6 000 元。假设不考虑其他相关因素。甲公司的会计处理如下。

借：交易性金融资产——成本		490 000
债权投资减值准备		6 000
公允价值变动损益		4 000
贷：债权投资——面值		500 000

⇨ 想一想

1. 假定甲公司 2×19 年 10 月 15 日购入的债券，初始确认为交易性金融资产，2×20 年 10 月 15 日重分类为债权投资，甲公司如何进行会计处理？如果重分类为其他债权投资，又如何进行会计处理？

2. 假定甲公司 2×19 年 10 月 15 日购入的债券，初始确认为其他债权投资，2×20 年 10 月 15 日重分类为债权投资，甲公司如何进行会计处理？如果重分类为交易性金融资产，又如何进行会计处理？

2.5 金融资产减值

2.5.1 金融资产减值概述

1. 预期信用损失

新金融工具准则规定金融资产减值的方法是"预期信用损失法"。在预期信用损失法下，减值准备的计提不以减值的实际发生为前提，而是以未来可能的违约事件造成的损失的期望值来计量当前（资产负债表日）应当确认的减值准备。

预期信用损失，是指以发生违约的风险为权重的金融工具信用损失的加权平均值。其中发生违约的风险是指发生违约的概率，信用损失是指企业根据合同应收的现金流量与预期能收到的现金流量之间的差额（以下称现金流缺口）的现值。

企业应当按照新准则规定，以预期信用损失为基础对以摊余成本计量的金融资产以及以公允价值计量且其变动计入其他综合收益的金融资产（指定的非交易性权益工具除外）、租赁应收款、合同资产等进行减值会计处理并确认损失准备。

2. 金融资产减值的三阶段

按照新金融工具准则的规定，可以将金融资产发生信用减值的过程分为三个阶段，对于不同阶段的金融资产的减值有不同的会计处理方法。

1）信用风险自初始确认后未显著增加（第一阶段）

对于处于该阶段的金融资产，企业应当按照未来 12 个月的预期信用损失计量损失准备，并按其账面余额（即未扣除减值准备）和实际利率计算利息收入。

2）信用风险自初始确认后已显著增加但尚未发生信用减值（第二阶段）

对于处于该阶段的金融资产，企业应当按照该金融资产整个存续期的预期信用损失计量损失准备，并按其账面余额和实际利率计算利息收入。

3）初始确认后发生信用减值（第三阶段）

对于处于该阶段的金融资产，企业应当按照该金融资产整个存续期的预期信用损失计量损失准备，但对利息收入的计算不同于处于前两阶段的金融资产。对于购买或源生时未发生信用减值但在后续期间发生信用减值的金融资产，企业应当在发生减值的后续期间，按照该金融资产的摊余成本（账面余额减已计提减值准备，也即账面价值）和实际利率计算利息收入；对于购买或源生时已发生信用减值的金融资产，企业应当自初始确认起，按照该金融资产的摊余成本乘以经信用调整的实际利率的金额确定其利息收入。经信用调整的实际利率是指购买或源生时将减值后的预计未来现金流量折现为摊余成本的利率。

金融资产成为已发生信用减值的金融资产，意味着对金融资产预期未来现金流量具有不利影响的一项或多项事件已发生。金融资产已发生信用减值的证据包括下列可观察信息：

（1）发行方或债务人发生重大财务困难；

（2）债务人违反合同，如偿付利息或本金违约或逾期等；

（3）债权人出于与债务人财务困难有关的经济或合同考虑，给予债务人在任何其他情况下都不会做出的让步；

（4）债务人很可能破产或进行其他财务重组；

（5）发行方或债务人财务困难导致该金融资产的活跃市场消失；

（6）以大幅折扣购买或源生一项金融资产，该折扣反映了发生信用损失的事实。

金融资产发生信用减值，有可能是多个事件的共同作用所致，未必是可单独识别的事件所致。

3. 信用风险显著增加的评估

1）一般原则

金融资产减值的前两阶段的区分需要判断信用风险是否显著增加。准则规定，企业应当在资产负债表日评估金融工具信用风险自初始确认后是否已显著增加。这里的信用风险，是指发生违约的概率。企业应当通过比较金融工具在初始确认时所确定的预计存续期内的违约概率和该工具在资产负债表日所确定的预计存续期内的违约概率，来判定金融工具信用风险是否显著增加。

无论企业采用何种方式评估信用风险是否显著增加，如果合同付款逾期超过（含）30日，则通常可以推定金融资产的信用风险显著增加。但是，需要注意的是，信用风险显著增加通常先于逾期发生。企业只有在难以获得前瞻性信息，从而无法在逾期发生前确定信用风险显著增加的情况下，才能以逾期的发生来确定信用风险的显著增加，即企业应尽可能在逾期发生前确定信用风险的显著增加。

2）特殊情形的规定

出于简化会计处理、兼顾现行实务的考虑，新金融工具准则规定了两类特殊情形。在这两类情形下，企业无须就金融工具初始确认时的信用风险与资产负债表日的信用风险进行比较分析。

（1）较低信用风险。

如果企业确定金融工具的违约风险较低，借款人在短期内履行其支付合同现金流量义务的能力很强，并且即使较长时期内经济形势和经营环境存在不利变化，也不一定会降低借款人履行其支付合同现金流量义务的能力，那么该金融资产可被视为具有较低的信用风险。例如，企业在具有较高信用评级的商业银行的定期存款可能被视为具有较低的信用风险。

对于在资产负债表日具有较低信用风险的金融工具，企业可以不用与其初始确认时的信用风险进行比较，而直接做出该工具的信用风险自初始确认后未显著增加的假定，但是否简化处理，企业拥有选择权。

（2）应收款项和合同资产。

企业对于应收款项和合同资产，应当始终按照整个存续期内预期信用损失的金额计量其损失准备（企业对这种简化处理没有选择权）。

4. 预期信用损失的计量

对于金融资产，信用损失应为下列两者差额的现值：依照合同应收取的合同现金流量与预期能收到的现金流量。企业在计量预期信用损失时应当反映下列各项要素。

（1）通过评价一系列可能的结果而确定的无偏概率加权平均金额。

按照预期信用损失的定义，预期信用损失的估计是概率加权的结果。应当始终反映发生信用损失的可能性以及不发生信用损失的可能性，而不是仅对最坏或最好的情形做出估计。

（2）货币时间价值。

计算预期信用损失的折现率为金融资产初始确认时确定的实际利率或其近似值，企业应当采用相关金融资产初始确认时确定的实际利率或其近似值，将现金流缺口折现为资产负债表日的现值，而不是预计违约日或其他日期的现值。

对于购买或源生已发生信用减值的金融资产，企业应当采用在初始确认时确定的经信用调整的实际利率作为折现率。

（3）在资产负债表日无须付出不必要的额外成本或努力即可获得的有关过去事项、当前状况以及未来经济状况预测的合理且有依据的信息。

企业对金融资产预期信用损失的计量方法应当能够以合理的成本即可获取的，合理且有依据的，关于过去事项、当前状况以及未来经济状况预测的信息。即企业应当采集上述信息，作为金融资产预期信用损失计量的依据。

在不违反上述关于预期信用损失计量要素的前提下，企业可在计量预期信用损失时运用简便方法。例如，对于应收账款的预期信用损失，企业可参照历史信用损失经验，编制应收账款逾期天数与固定准备率对照表。如若未逾期则预期信用损失率为1%；若逾期不到30日为2%；若逾期天数为 30 ～ 90（不含）日为3%；若逾期天数为 90 ～ 180（不含）日为20%等，以此为基础计算预期信用损失。

需要注意的是，估计信用损失的期间与金融资产是否按照整个存续期内预期信用损失金额计量损失准备是两个不同的概念。前述金融资产减值的第一阶段所说的 12 个月是指因资产负债表日后 12 个月内（如果金融资产的预计存续期少于 12 个月则为更短的存续期间）可能发生的违约事件而导致的金融资产在整个存续期内现金流缺口的加权平均现值，而不是发生在 12 个月内的现金流缺口的加权平均现值。

2.5.2　金融资产减值会计处理

1. 减值准备的计提和转回

由于资产发生减值，意味着流入企业的经济利益的下降，此时，按照资产的定义，这部分减值的价值已不符合资产的概念，不能再列报于资产负债表的资产方，因此，会计上需要按照减值金额减少资产的价值，同时确认为减值损失，减少利润。但由于该减值资产还没有被处置，因此，会计上一般采用备抵法核算资产减值，不直接贷记资产从而减少资产价值，而是设置资产的备抵账户。如针对存货设置"存货跌价准备"账户，针对长期股权投资设置"长期股权投资减值准备"账户，针对固定资产设置"固定资产减值准备"账户，针对无形资产设置"无形资产减值准备"账户（各减值准备账户作为各对应资产账户的抵减金额报表）等。

金融资产同样在确认减值时需要设置相应的备抵账户，如针对应收款项设置"坏账准备"账户，针对债权投资设置"债权投资减值准备"账户。但新金融工具准则对于以公允价值计量且其变动计入其他综合收益的金融资产的减值不再额外设置备抵账户，而是在"其他综合收益（信用减值准备）"明细科目中核算。

计提减值准备的同时，需要设置"信用减值损失"（金融资产的减值）和"资产减值损失"（金融资产以外的资产的减值）账户。"信用减值损失"和"资产减值损失"账户属于损益类账户。确认资产减值损失时，借记"信用减值损失"或"资产减值损失"科目，贷记相关资产减值准备科目。

新金融工具准则规定，企业应当在资产负债表日计算金融工具（或金融工具组合）预期信用损失。如果该预期信用损失大于该工具（或组合）当前减值准备的账面金额，企业应当将其差额确认为减值损失，借记"信用减值损失"科目，根据金融工具的种类，分别贷记"债权投资减值准备""坏账准备""其他综合收益"等科目；如果资产负债表日计算的预期信用损失小于该工具（或组合）当前减值准备的账面金额（例如，从按照整个存续期预期信用损失计量损失准备转为按照未来 12 个月预期信用损失计量损失准备时，可能出现这一情况），则应当将差额确认为减值利得，做相反的会计分录。

2. 已发生信用损失金融资产的核销

企业实际发生信用损失，认定相关金融资产无法收回，经批准予以核销的，应当根据批准的核销金额，借记"债权投资减值准备""坏账准备"等科目，贷记相应的金融资产科目。若核销金额大于已计提的损失准备，还应按其差额借记"信用减值损失"科目。

例 2-15 甲公司 2×19 年 12 月 31 日应收账款总额为 100 000 元。假设应收账款减值符合运用简便方法的条件，甲公司以账龄长短为信用风险特征，根据逾期天数与违约损失率计算其预期信用损失，如表 2-2 所示。

表 2-2　甲公司应收账款预期信用损失计算表

应收账款账龄	账面余额/元	违约损失率	按整个存续期内预期信用损失确认的损失准备（账面余额×整个存续期预期信用（违约）损失率）
未逾期	50 000	0.5	250
逾期 1 个月	30 000	1	300
逾期 2 个月	10 000	2	200
逾期 3 个月	5 000	3	150
逾期 3 个月以上	5 000	5	250
合计	100 000		1 150

如表 2-2 所示，甲公司 2×19 年 12 月 31 日"坏账准备"科目的期末余额应为 1 150 元，甲公司需要根据前期"坏账准备"科目的账面余额，计算本期应计提或冲回的坏账准备金额，编制会计分录。

① 假设调整前"坏账准备"科目的余额为贷方 100 元，则本期计提坏账准备的金额应为 1 150-100=1 050（元）。

　　借：信用减值损失　　　　　　　　　　　　　　　　　　　　　　1 050
　　　　贷：坏账准备　　　　　　　　　　　　　　　　　　　　　　　　　　1 050

② 假设调整前"坏账准备"科目的余额为借方 100 元，则本期计提坏账准备的金额为 1 150+100=1 250（元）。

　　借：信用减值损失　　　　　　　　　　　　　　　　　　　　　　1 250
　　　　贷：坏账准备　　　　　　　　　　　　　　　　　　　　　　　　　　1 250

⇨ 想一想

1. 甲公司应收账款报表金额是多少？
2. 确认 1 250 元坏账损失对财务报表的影响如何？
3. 假定调整前"坏账准备"科目的余额为贷方 1 200 元，甲公司应如何进行会计处理？

例 2-16　甲公司于 2×19 年 12 月 15 日购入一项公允价值为 1 000 万元的债券，分类为以公允价值计量且其变动计入其他综合收益的金融资产。该债券合同期限为 10 年，年利率为 5%（假定等于实际利率）。初始确认时，甲公司已经确定其不属于购入或源生的已发生信用减值的金融资产。2×19 年 12 月 31 日，由于市场利率变动，该债券的公允价值跌至 950 万元。甲公司认为，该债券的信用风险自初始确认后并无显著增加，应按 12 个月内预期信用损失计量损失准备，损失准备金额为 30 万元。2×20 年 1 月 1 日，甲公司决定以当日的公允价值 950 万元，出售该债券。不考虑其他相关因素，甲公司会计处理如下。

① 2×19 年 12 月 15 日，购入该债券。

借：其他债权投资——面值　　　　　　　　　　　　　　　10 000 000
　　贷：银行存款　　　　　　　　　　　　　　　　　　　　　　10 000 000

② 2×19 年 12 月 31 日，确认公允价值变动及信用减值损失。

借：其他综合收益——其他债权投资公允价值变动　　　　　　500 000
　　贷：其他债权投资——公允价值变动　　　　　　　　　　　　　500 000

借：信用减值损失　　　　　　　　　　　　　　　　　　　300 000
　　贷：其他综合收益——信用减值准备　　　　　　　　　　　　　300 000

③ 2×20 年 1 月 1 日，出售债券。

借：银行存款　　　　　　　　　　　　　　　　　　　　　9 500 000
　　投资收益　　　　　　　　　　　　　　　　　　　　　　200 000
　　其他综合收益——信用减值准备　　　　　　　　　　　　300 000
　　其他债权投资——公允价值变动　　　　　　　　　　　　500 000
　　贷：其他综合收益——其他债权投资公允价值变动　　　　　　　500 000
　　　　其他债权投资——面值　　　　　　　　　　　　　　　　10 000 000

⇨ 想一想

如何将 2×19 年 12 月 31 日确认公允价值变动及信用减值损失的会计分录合并为一个分录？如何将 2×20 年 1 月 1 日出售债券时的会计分录分解为 2 个会计分录？

练习题

1. 甲公司发生的与货币资金相关的交易事项如下。

（1）将 50 000 元交存银行，取得银行汇票。采购员持票去外埠采购材料一批，价款 40 000 元，增值税 5 200 元。材料入库，余款退回。

（2）向银行申请开出信用卡 30 000 元，用信用卡采购办公用品，价款 20 000 元，增值税 2 600 元。

要求：

（1）编制相应的会计分录；

（2）说明对财务报表项目的影响。

2. 甲公司与交易性金融资产的相关资料如下。

（1）2×19 年 6 月 30 日交易性金融资产的账面成本与公允价值金额如表 2-3 所示。

表 2-3　2×19 年 6 月 30 日交易性金融资产的账面成本与公允价值金额　　单位：元

会计科目		账面成本	公允价值
交易性金融资产——股票	股票 A	150 000	145 800
	股票 B	85 000	84 500
	股票 C	120 000	121 000
交易性金融资产——债券	乙公司债券	500 000	495 000
	丙公司债券	350 000	350 500

（2）甲公司于 2×19 年 9 月 5 日将乙公司债券的 50% 出售，取得净收入（扣除相关税费）260 000 元；同日又将股票 A 全部出售，取得净收入（扣除相关税费）149 000 元。

（3）甲公司于 2×19 年 12 月 15 日购入已宣告发放每股现金股利 0.1 元，但尚未发放的 D 股票 50 000 股，作为交易性金融资产管理，实际以银行存款支付价款 175 000 元。

要求：根据上述资料，回答下列问题。

（1）计算甲公司 2×19 年 6 月 30 日的公允价值变动损益；

（2）编制甲公司 2×19 年 6 月 30 日确认交易性金融资产公允价值变动损益的会计分录；

（3）编制甲公司 2×19 年 9 月 5 日出售债券和股票的会计分录；

（4）编制甲公司 2×19 年 12 月 15 日购入 D 股票的会计分录。

3. 甲公司 2×19 年 1 月 1 日，从二级市场支付价款 1 020 000 元（含已到付息期但尚未领取的利息 20 000 元）购入乙公司发行的债券，另支付交易费用 20 000 元。该债券面值 1 000 000 元，剩余期限为 2 年，票面年利率为 4%，每半年付息一次，甲公司将其划分为交易性金融资产。其他资料如下：

（1）2×19 年 1 月 5 日，收到该债券 2×18 年下半年利息 20 000 元；

（2）2×19 年 6 月 30 日，该债券的公允价值为 1 150 000 元（不含利息）；

（3）2×19 年 7 月 5 日，收到该债券 2×19 年上半年利息；

（4）2×19 年 12 月 31 日，该债券的公允价值为 1 100 000 元（不含利息）；

（5）2×20 年 1 月 5 日，收到该债券 2×19 年下半年利息；

（6）2×20 年 3 月 31 日，甲公司将该债券出售，取得价款 1 180 000 元（含 1 季度利息 10 000 元）。

要求：假定不考虑其他因素。

（1）编制 2×19 年 1 月 1 日购入债券的会计分录；

（2）编制 2×19 年 1 月 5 日收到该债券利息的会计分录；

（3）编制 2×19 年 6 月 30 日确认债券公允价值变动和投资收益的会计分录；

（4）编制 2×19 年 7 月 5 日收到该债券利息的会计分录；

（5）编制 2×19 年 12 月 31 日确认债券公允价值变动和投资收益的会计分录；

（6）编制 2×20 年 1 月 5 日收到该债券利息的会计分录；

（7）编制 2×20 年 3 月 31 日出售债券的会计分录。

4. 甲公司 2×19 年年末某类应收账款余额为 200 万元；2×20 年发生信用减值 4 万元，经批准予以核销，年末该类应收账款余额 300 万元；2×21 年已发生信用减值的 3 万元账款收回，年末该类应收账款余额 240 万元。假设甲公司对该类应收账款每期都按照整个存续期预期违约损失率 5% 的比例计提坏账准备。

要求：编制与该类应收账款减值相关的会计分录。

5. 甲公司与以公允价值计量且其变动计入其他综合收益金融资产相关的交易事项如下：

（1）2×19 年 3 月 10 日购买 B 公司发行的股份 300 万股，成交价为每股 14.7 元，另支付交易费用 90 万元，占 B 公司表决权股份的 5%，作为其他权益工具投资；2×19 年 4 月 20 日 B 公司宣告分派现金股利 1 200 万元；5 月 20 日收到现金股利。

（2）2×19 年 12 月 31 日，该股份每股为 13 元。

（3）2×20 年 12 月 31 日，B 公司因违反相关法规，受到相关部门查处，受此影响，B 公司股份每股下降为 6 元。

（4）2×21 年 12 月 31 日 B 公司整改完成，加之市场宏观面好转，2×21 年 12 月 31 日 B 公司股份每股 10 元。

要求：编制甲公司与上述其他权益工具投资相关的会计分录。

6. 甲公司于 2×19 年 7 月 13 日购入某公司股权 100 万股，每股 15 元，手续费 3 万元；初始确认时，该股权划分为其他权益工具投资。甲公司于 2×19 年 12 月 31 日仍持有该股权，该股权当日的公允价值为每股 16 元。2×20 年 2 月 1 日，甲公司将该股权出售，售价为每股 13 元，另支付交易费用 13 万元。假定不考虑其他因素。

要求：

（1）编制 2×19 年 7 月 13 日购入股权的会计分录；

（2）编制 2×19 年 12 月 31 日确认公允价值变动的会计分录；

（3）编制 2×20 年 2 月 1 日出售投资的会计分录。

7. 甲公司 2×19 年 5 月 6 日，支付价款 1 016 万元（含交易费用 1 万元和已宣告发放现金股利 15 万元），购入乙公司发行的股份 200 万股，占乙公司有表决权股份的 0.5%。甲公司将其划分为其他权益工具投资。其他相关资料如下：

2×19 年 5 月 10 日，甲公司收到乙公司发放的现金股利 15 万元；

2×19 年 6 月 30 日，该股权公允价值为每股 5.2 元；

2×19 年 12 月 31 日，甲公司仍持有该股权；当日，该股权公允价值为每股 5 元；

2×20 年 4 月 9 日，乙公司宣告发放现金股利 4 000 万元；

2×20 年 5 月 13 日，甲公司收到乙公司发放的现金股利；

2×20 年 5 月 20 日，甲公司以每股 4.9 元的价格将股权全部转让。

要求：假定不考虑其他因素。

（1）编制 2×19 年 5 月 6 日购入股权的会计分录；

（2）编制 2×19 年 5 月 10 日收到现金股利的会计分录；

（3）编制 2×19 年 6 月 30 日确认股权投资公允价值变动的会计分录；

（4）编制 2×19 年 12 月 31 日确认股权投资公允价值变动的会计分录；

（5）编制 2×20 年 4 月 9 日确认应收现金股利的会计分录；

（6）编制 2×20 年 5 月 13 日收到现金股利的会计分录；

（7）编制 2×20 年 5 月 20 日出售股权投资的会计分录；

（8）假定甲公司将购入的乙公司股权划分为交易性金融资产，为甲公司编制相应的会计分录。

8. 甲公司销售一批商品给乙公司，货已发出，增值税专用发票上注明的商品价款为100 000 元，增值税销项税额为 13 000 元。当日收到乙公司签发的不带息银行承兑汇票一张，该票据的期限为 3 个月。相关销售商品收入符合收入确认条件。

要求：分别下列情况编制会计分录。

（1）销售商品。

（2）假定 3 个月后，应收票据到期，甲公司收回款项 113 000 元，存入银行。

（3）假定甲公司在该票据到期前向银行贴现，获得现金净额 112 600 元。

9. 甲公司 2×19 年 1 月 1 日从活跃市场购买了一项乙公司债券，年限 5 年，划分为债权投资。债券的面值为 1 100 万元，公允价值为 961 万元（含交易费用 10 万元），利息按年于次年 1 月 5 日按票面利率 3% 支付，第五年兑付本金及最后一期利息。甲公司在购买时预计发行方不会提前赎回。实际利率为 6%。

要求：

（1）编制 2×19 年购买债券的会计分录；

（2）编制 2×19 年年末确认实际利息收入的会计分录；

（3）编制 2×20 年 1 月 5 日收到利息的会计分录；

（4）编制 2×20 年年末确认实际利息收入的会计分录。

10. 甲公司于 2×19 年 1 月 1 日从证券市场购入 B 公司 2×18 年 1 月 1 日发行的 5 年期债券，票面年利率是 5%，每年 1 月 5 日支付上年度的利息，到期日为 2×23 年 1 月 1 日，到期一次归还本金和最后一期利息。甲公司购入债券的面值为 1 000 万元，实际支付的价款是 1 005.35 万元，另支付相关费用 10 万元，甲公司购入后将其划分为债权投资，实际利率为 6%。假定按年计提利息。初始确认时，甲公司已经确定其不属于购入或源生的已发生信用减值的金融资产。2×19 年 12 月 31 日，B 公司发生财务困难，甲公司预计该债券的预期信用损失为 40 万元（属于第二阶段）。同时，甲公司改变了管理该债券的业务模式，将该债权投资重分类为其他债权投资。2×20 年 1 月 1 日该债券公允价值为 925 万元。2×20 年 2 月 20 日甲公司以 890 万元的价格出售所持有的 B 公司的债券。

要求：

（1）编制 2×19 年 1 月 1 日甲公司购入债券时的会计分录；

（2）编制 2×19 年 1 月 5 日收到利息时的会计分录；

（3）编制 2×19 年 12 月 31 日确认投资收益的会计分录；

（4）编制 2×19 年 12 月 31 日计提减值准备的会计分录；

（5）编制 2×20 年 1 月 1 日将债权投资重分类为其他债权投资的会计分录；

（6）编制 2×20 年 2 月 20 日出售债券的会计分录。

11. 甲公司 2×19 年 1 月 1 日从二级市场购入乙公司公开发行的债券 10 000 张，每张面值 100 元，票面利率为 3%，每年 1 月 1 日支付上年度利息。购入时每张支付款项 97 元，另支付相关费用 2 200 元，划分为以公允价值计量且其变动计入其他综合收益金融资产。购入债券时的市场利率为 4%。其他资料如下：

（1）2×19 年 12 月 31 日，该公司债券的公允价值下降为每张 70 元。

（2）2×20 年 1 月 1 日收到债券利息 30 000 元。

（3）2×20 年 12 月 31 日，该债券的公允价值上升到每张 90 元。

（4）2×21 年 1 月 1 日收到债券利息 30 000 元。

（5）2×21 年 1 月 10 日，甲公司将上述债券全部出售，收到款项 902 000 元存入银行。

（6）假设 2×19 年和 2×20 年 12 月 31 日该债券预期信用损失分别为 50 万元和 10 万元（都属于第二阶段，且初始确认时，甲公司已经确定其不属于购入或源生的已发生信用减值的金融资产）。不考虑其他相关因素。

要求：编制甲公司与上述债券投资相关的会计分录。

案例与专题

1. 九州公司年销货额为 2 400 000 元，其中 50% 为赊销，税前利润为 600 000 元，坏账约占赊销收入的 1.2%。为减少每年 14 400 元的坏账损失，该公司财务主管提出了下面 4 个方案：

（1）取消赊销，一律采用现销。应收账款余额降低至一定限额时，再恢复赊销；

（2）组织人员催收已列为坏账的款项，并将收回款项的一部分作为奖励；

（3）要求客户签发票据，以便向银行贴现；

（4）只赊销给那些信誉好的客户。

请问：你认为上述方案哪个较好？是否还有更佳方案？请说明理由。

2. 永昌公司的销售，收取支票的占 60%，赊销占 40%（信用期为 2 个月）。通过这些政策，公司能够获得微利，每个月的现金收入总能超过现金支付。坏账费用相当于销售净额的 1%。

2 个月前，公司开始执行一项新的信用政策，将信用期延长为一年，并且客户可以不用预付定金。

这项政策受到客户的广泛欢迎，接下来的一个月的销售额大幅增加。但虽然销售额上升了，永昌公司却遇上了现金流困难，公司没有足够的现金来支付供应商的货款，它们通常需要在一个月内付清。

公司的会计师编制的每月经营成果分析表见表 2-4。

表 2-4　每月经营成果分析表　　　　　　　　　　　　单位：元

销售	旧政策	新政策
现金销售收入	300 000	150 000
2 个月付款销售收入	200 000	0
1 年付款销售收入	0	750 000
月销售额	500 000	900 000
销售成本和费用	400 000	650 000
利润	100 000	250 000
坏账	5 000	0
月末应收账款	400 000	987 500
现金收入：		
支票销售	300 000	150 000

销售	旧政策	新政策
2 个月付款现金收入	195 000	0
1 年付款现金收入	0	112 500
月现金收入	495 000	262 500

会计师的评论如下：新政策在毁灭我们的公司。自从开始采用新政策以来，现金收入几乎减少了一半，应收账款增加了两倍多，而且还在继续增加。如果公司无法增加现金销售额，或是更快地收回应收账款的话，公司很快就会陷入困境。

信用主管却反驳说：自从开始采用新政策以来，销售额成倍增加，利润也增加了两倍多，虽然增加了应收账款，但应收账款是资产，而且没有了坏账费用。

请分析：

（1）永昌公司的新政策增加了销售额和利润，但也导致了现金的下降，请说明这是否符合逻辑。

（2）你认为现金收入的减少是暂时的，还是永久的？请解释。

（3）信用主管关于坏账的观点是否正确？请说明理由。

（4）你认为公司应该继续执行新政策，还是回到以前的信用政策？是什么因素使得你做出决定？

（5）如果不停止新政策，你有什么方法能够让公司的现金增加，以解决入不敷出的状况？

第3章

存 货

📖 学习目标

学习本章后，应当能够：

☑ 描述存货的类别与范围；

☑ 计算存货收入、发出及期末结存的成本；

☑ 掌握存货期末计价方法及会计处理。

3.1 存货的初始确认和计量

3.1.1 存货的确认

存货是指企业在日常活动中持有以备出售的产成品或商品、处在生产过程中的在产品、在生产过程或提供劳务过程中耗用的材料、物料等。存货属于企业的流动资产，区别于固定资产等非流动资产的最基本的特征是，企业持有存货的最终目的是出售。

企业的存货通常包括以下内容。

（1）原材料，指企业在生产过程中经加工改变其形态或性质并构成产品主要实体的各种原料及主要材料、辅助材料、外购半成品（外购件）、修理用备件（备品备件）、包装材料、燃料等。

（2）在产品，指企业正在制造尚未完工的产品，包括正在各个生产工序加工的产品和已加工完毕但尚未检验或已检验但尚未办理入库手续的产品。

（3）半成品，指经过一定生产过程并已检验合格交付半成品仓库保管，但尚未制造完工成为产成品，仍需进一步加工的中间产品。

（4）产成品，指工业企业已经完成全部生产过程并验收入库，可以按照合同规定的条件送交订货单位，或者可以作为商品对外销售的产品。企业接受外来原材料加工制造的代制品和为外单位加工修理的代修品，制造和修理完成验收入库后应视同企业的产成品。

（5）商品，指商品流通企业外购或委托加工完成验收入库用于销售的各种商品。

（6）周转材料，指企业能够多次使用、逐渐转移其价值但仍保持原有形态，不确认为固定资产的材料，如包装物和低值易耗品。

企业确认存货，除要符合存货定义外，还需要同时满足以下两个条件：① 该存货有关的经济利益很可能流入企业；② 该存货的成本能够可靠计量。这两个条件也是确认其他所有资产的条件。

3.1.2　存货的初始计量

存货的初始计量与其他资产一样，按照实际成本计量。存货的实际成本包括采购成本、加工成本和使存货达到目前场所和状态所发生的其他成本。

由于不同存货取得的方式不同，其实际成本的构成也不同。

1. 外购的存货

制造业企业外购的存货主要是原材料，商品流通企业外购的存货主要是商品，以及各种周转材料。这些外购存货的实际成本即存货的采购成本，由从采购到入库前所发生的全部支出构成，具体包括买价、运输费、装卸费、保险费、运输途中的合理损耗、入库前的挑选整理费用、应计入的借款费用和按规定应计入成本的税金以及其他可直接归属于存货采购成本的费用。

商品流通企业在采购商品过程中发生的可直接归属于采购商品成本的进货费用，也应该计入所购商品成本，但如果进货费用金额较小的，也可以在发生时直接计入当期销售费用。

2. 加工取得的存货

企业加工取得的存货主要包括产成品、在产品、半成品等，这些存货的成本由采购成本和加工成本构成。如制造业企业通过加工取得的产成品成本由直接材料、直接人工及制造费用组成，其中直接材料的成本表现为采购成本，直接人工和制造费用为加工成本。

3. 其他方式取得的存货

投资者投入的存货，按照投资合同或协议约定的价值确定，但合同或协议约定不公允的除外。在合同或协议约定不公允的情况下，按照该存货的公允价值作为其入账价值。

委托外单位加工完成的存货，以实际耗用的原材料或者半成品成本以及加工费、运输费、装卸费和保险费等费用以及按规定应计入成本的税金作为实际成本。

盘盈的存货，按照其重置价值作为入账价值增加存货，同时记入"待处理财产损溢"科目的贷方，报经批准后从借方转销，并冲减管理费用。

3.2　存货发出的计量

3.2.1　存货发出的计量方法

企业的存货是不断流动的，有流入也有流出，流入与流出相抵后的结余即为期末存货，本期期末存货结转到下期，即为下期的期初存货，下期继续流动，就形成了生产经营过程中的存货流转。存货流转包括实物流转和成本流转两个方面。在理论上，存货的成本流转与其实物流转应当一致，也就是说，购置存货时所确定的成本应当随着该项存货的销售或耗用而结转。但在实际工作中，这种一致的情况非常少见。因为，企业的存货进出量很大，存货的品种繁多，存货的单位成本多变，难以保证各种存货的成本流转与实物流转相一致。这样，就出现了存货成本的流转假设。采用某种存货成本流转的假设，在期末存货与发出存货之间分配成本，就产生了不同的存货成本分配方法，即发出存货的计价方法。按照国际惯例，结合我国的实际情况，常见的存货计价方法有：个别计价法、先进先出法、移动加权平均法、月末一次加权平均法等。

1. 个别计价法

个别计价法是假设存货的成本流转与实物流转相一致，按照各种存货，逐一辨认各批发出存货和期末存货所属的购进批别或生产批别，分别按其购入或生产时所确定的单位成本作为计算各批发出存货和期末存货成本的方法。采用这种方法，计算发出存货的成本和期末存货的成本比较合理、准确，但这种方法的前提是需要对发出和结存存货的批次进行具体认定，以辨别其所属的收入批次，所以实务操作的工作量大。随着计算机技术的发展，越来越多的企业采用个别计价法对发出存货成本进行计价。

2. 先进先出法

先进先出法是以先购入的存货先发出这样一种存货实物流转假设为前提，对发出存货进行计价的一种方法。采用这种方法，先购入的存货成本在后购入的存货成本之前转出，据此确定发出存货和期末存货的成本。

例 3-1　甲公司在 2×19 年 7 月初无 B 材料，7 月 1 日购入 120 吨，其中有 90 吨单价为 60 元，有 30 吨单价为 58 元；7 月 6 日企业领用 100 吨 B 材料；7 月 15 日又购入 60 吨 B 材料，单价为 70 元；7 月 28 日领用 50 吨。甲公司采用先进先出法对存货进行计价，甲公司填制的存货明细账见表 3-1。

表 3-1　存货明细账

存货类别：材料　　　　　　　　　　　　　　　　　　　　　　计量单位：吨
存货编号：24001　　　　　　　　　　　　　　　　　　　　　　最高存量：120
存货名称及规格：B 材料　　　　　　　　　　　　　　　　　　最低存量：20

日期 月	日	摘要	收入 数量/吨	单价/元	金额/元	发出 数量/吨	单价/元	金额/元	结存 数量/吨	单价/元	金额/元
7	1	购入	90	60	5 400				90	60	5 400
			30	58	1 740				30	58	1 740
7	6	发出				90	60	5 400			
						10	58	580	20	58	1 160
7	15	购入							20	58	1 160
			60	70	4 200				60	70	4 200
7	28	发出				20	58	1 160			
						30	70	2 100	30	70	2 100
7	31	合计	180		11 340	150		9 240	30	70	2 100

从表 3-1 可以看到，在先进先出法下，甲公司 7 月份发出 B 材料成本为 9 240 元，期末库存 B 材料成本为 2 100 元。

采用先进先出法，期末存货成本是按最近购货成本确定的，比较接近现行的市场价值，其优点是使企业不能随意挑选存货计价以调整当期利润，缺点是工作量比较烦琐，特别对于存货进出量频繁的企业更是如此，而且当物价上涨时，会高估企业当期利润和库存存货价值；反之，会低估企业存货价值和当期利润。

3. 移动加权平均法

移动加权平均法亦称移动平均法，指本次收货的成本加原有库存的成本，除以本次收货数量加原有存货数量，据以计算加权单价，并对发出存货进行计价的一种方法。计算公式如下：

$$加权平均单位成本=\frac{原有存货成本+本批收货的实际成本}{原有存货数量+本批收货数量}$$

$$本批发货成本=本批发货数量\times加权平均单位成本$$

例3-2　资料承例3-1，甲公司采用移动加权平均法计算其存货成本如下。

$$7月1日购入B材料后的平均单位成本=\frac{5\ 400+1\ 740}{90+30}=59.5（元/吨）$$

$$7月6日发出B材料成本=59.5\times100=5\ 950（元）$$

$$7月6日结存B材料成本=59.5\times20=1\ 190（元）$$

$$7月15日购入B材料后的平均单位成本=\frac{1\ 190+4\ 200}{20+60}=67.375（元/吨）$$

7月28日发出B材料成本应按新的移动平均单价成本计价，即：

$$7月28日发出B材料成本=67.375\times50=3\ 368.75（元）$$

这种方法的优点在于能使管理当局及时了解存货的结存情况，而且计算的平均单位成本以及发出和结存的存货成本比较客观。但采用这种方法，每次收货都要计算一次平均单价，计算工作量较大，对收发货较频繁的企业不适用。

4. 月末一次加权平均法

月末一次加权平均法指以本月全部收货数量加月初存货数量作为权数，去除本月全部收货成本和月初存货成本，计算出存货的加权平均单位成本，从而确定存货的发出和库存存货成本。计算公式如下：

$$加权平均单位成本=\frac{期初结存存货的实际成本+本期收入存货的实际成本}{期初结存存货的数量+本期收入存货的数量}$$

$$本月发出存货成本=本月发出存货数量\times加权平均单位成本$$

$$月末存货成本=月末结存存货数量\times加权平均单位成本$$

例3-3　资料承例3-1，采用加权平均法计算其存货成本如下。

$$B材料单位成本=\frac{5\ 400+1\ 740+4\ 200}{90+30+60}=63（元/吨）$$

$$本月发出B材料存货成本=63\times(100+50)=9\ 450（元）$$

采用加权平均法，只在月末一次计算加权平均单价，计算比较简单，而且在市场价格上涨或下跌时所计算出来的单位成本平均化，对存货成本的分摊较为折中。

⇨ **想一想**

请计算甲公司7月末加权平均法下库存B材料的成本，并比较不同的计价方法对甲公司的财务报表可能的影响。

5. 计划成本法

会计上将以上4种方法归类为实际成本法下发出存货的计价方法。除实际成本法外，还有一种存货发出的计价方法：计划成本法。

材料按计划成本核算是指凡属于同一品种、规格的材料，不论购入时间的先后，购入批次的多少，实际成本的高低，日常收入、发出、结存材料，一律按事先确定的计划单价核算。材料计划单价的确定应尽可能接近实际。计划单价除特殊情况以外，在年度内一般不作变动。

在计划成本法下，"原材料"账户只登记原材料的计划成本，但计划成本毕竟不等于实际成本，而无论是计算产品的生产成本，还是将期末存货报于资产负债表，都需要确定存货的实际成本，因此，在计划成本法下，企业需要补充设置额外的两个账户："材料采购"账户和"材料成本差异"账户。

在计划成本法下，存货发出成本的计价都从"原材料"中以计划价发出，期末时再将材料成本差异在发出存货和结存存货之间进行分配，将发出去的原材料的计划成本调整为实际成本。计算发出材料负担的成本差异时，可按当月的成本差异率计算，也可按上月月末的成本差异率计算，计算方法一经确定，不得随意变更。

3.2.2 存货发出成本的结转

存货准则规定企业应当将已售存货的成本结转为当期损益，计入营业成本（主营业务成本或其他业务成本）。如果已售存货计提了存货跌价准备，还需要结转已计提的存货跌价准备，冲减当期营业成本，即按已售存货的账面价值结转主营业务成本或其他业务成本。按存货类别计提存货跌价准备的，也应按比例结转相应的存货跌价准备。

存货为商品、产成品的，应采用先进先出法、移动加权平均法、月末一次加权平均法或个别计价法确定已销售商品的实际成本。存货为非商品存货的，如材料等，一般将已出售材料的实际成本结转计入当期其他业务成本。如果材料销售构成了企业的主营业务，则该材料销售视同商品销售。

3.3 存货的期末计量

3.3.1 存货期末清查

会计期末，为了客观、真实、准确地反映企业期末存货的实际价值，企业在编制资产负债表时，要确定"存货"项目的金额，即要确定期末存货的价值。正确地进行存货的计价，取决于存货数量的确定是否准确。

企业存货的数量需要通过盘存来确定，常用的存货数量盘存方法主要有实地盘存制和永续盘存制两种。企业可根据存货类别和管理要求，对有些存货实行永续盘存制，而对另一些存货实行实地盘存制。不论采用何种方法，前后各期应保持一致。

企业应设置"待处理财产损溢——待处理流动资产损溢"账户，核算企业在清查财产过程中，查明的各种物资的盘盈、盈亏和毁损。盘盈的各种存货，借记"原材料"等科目，贷记"待处理财产损溢——待处理流动资产损溢"科目；盘亏、毁损的各种存货，借记"待处理财产损溢——待处理流动资产损溢"科目，贷记"原材料"等科目；盘盈存货经批准转账时，借记"待处理财产损溢——待处理流动资产损溢"科目，贷记"管理费用"科目；盘亏、毁损存货经批准进行转销，贷记"待处理财产损溢——待处理流动资产损溢"科目，借方科目有下列几种情况：残料入库借记"原材料"科目；由责任人及保险公司赔偿的金额，借记"其他应收款"科目；属于非常损失的净损失，借记"营业外支出——非常损失"科目；属于一般经营损失的净损失，借记"管理费用"科目。

例 3-4 甲公司盘亏甲材料 100 千克，实际单位成本 10 元，经查明属于定额内合理损耗。甲公司会计处理如下。

① 批准前调整材料实存数。

借：待处理财产损溢——待处理流动资产损溢　　　　　　　　　　　1 000
　　　贷：原材料——甲材料　　　　　　　　　　　　　　　　　　　　　 1 000

② 批准后结转管理费用。

借：管理费用　　　　　　　　　　　　　　　　　　　　　　　　　　1 000
　　　贷：待处理财产损溢——待处理流动资产损溢　　　　　　　　　　　 1 000

⇨ 想一想

如果由于管理不善造成材料毁损，会计处理有何不同？如果由于火灾造成的盘亏又如何？如果是入库前发生的合理损耗又如何？

3.3.2　存货期末计量

1. 存货期末计量的总原则

企业期末存货的账面价值即报表金额按成本与可变现净值孰低计量。"成本与可变现净值孰低法"是指对期末存货按照成本与可变现净值两者之中较低者计价的方法。"成本"是指存货的历史成本；可变现净值是指企业在日常生产经营过程中，以估计售价减去至完工时将要发生的成本以及销售所必需的估计费用与税金后的价值。

成本与可变现净值孰低法，即当存货的成本低于可变现净值时，存货按照成本计量；当存货成本高于可变现净值时，说明该存货发生了减值，存货按照可变现净值计量，同时按照成本高于可变现净值的差额计提存货跌价准备，计入当期损益。借记"资产减值损失"账户，贷记"存货跌价准备"账户。

"成本与可变现净值孰低法"的理论基础主要是使存货符合资产的定义，当存货的可变现净值下跌于成本以下时，由此所形成的损失已不符合资产的定义，因而应将这部分损失从资产价值中扣除，列入当期损失。否则，如果仍然以其历史成本计价，就会出现虚夸资产的现象，这对企业的生产经营来讲显然是不稳健的。

在预计可变现净值时，应当考虑是否有确凿的证据、存货的持有目的及资产负债表日后事项的影响等几方面的因素。

1）确定存货的可变现净值应当以取得确凿证据为基础

"确凿证据"是指对确定存货的可变现净值有直接影响的客观证明。如产成品或商品的市场销售价格、与产成品或商品相同或类似商品的市场销售价格、销货方提供的有关资料和生产成本资料等。

2) 确定存货的可变现净值应当考虑持有存货的目的

按照现行准则规定，企业持有存货的目的不同，确定存货可变现净值的方法也不同。如用于出售的存货（如商品、产成品）和用于继续加工的存货（如材料），其可变现净值的计算就不相同，因此，企业在确定存货的可变现净值时，应考虑持有存货的目的。

3) 确定存货的可变现净值应当考虑资产负债表日后事项的影响

确定存货可变现净值时，应当以资产负债表日取得最可靠的证据估计的售价为基础并考虑持有存货的目的，资产负债表日至财务报告批准报出日之间存货售价发生波动的，如有确凿证据表明其对资产负债表日存货已经存在的情况提供了新的或进一步的证据，则在确定存货可变现净值时应当予以考虑，否则，不应予以考虑。

2. 存货减值迹象的判断

当存在下列情况之一时，通常表明存货的可变现净值低于成本，即该存货发生减值，应计算该存货的可变现净值，确认资产减值损失，计提存货跌价准备：

（1）市价持续下跌，并且在可预见的未来无回升的希望；

（2）企业使用该项原材料生产的产品的成本大于产品的销售价格；

（3）企业因产品更新换代，原有库存原材料已不适应新产品的需要，而该原材料的市场价格又低于其账面成本；

（4）因企业所提供的商品或劳务过时或消费者偏好改变而使市场的需求发生变化，导致市场价格逐渐下跌；

（5）其他足以证明该项存货实质上已经发生减值的情形。

3. 存货估计售价的确定原则

存货期末计量需要计算确定存货的可变现净值，而可变现净值的确定主要是存货的估计售价。按照存货准则的规定，在确定存货的估计售价时，需要区别以下情况。

（1）为执行销售合同或者劳务合同持有的存货，通常应当以合同价格作为存货的估计售价，并以此为基础估计可变现净值。

如果企业与购买方签订了销售合同，并且销售合同订购的数量等于企业持有的存货数量，这种情况下，在确定与该项销售合同直接相关的存货可变现净值时，应当以销售合同价格作为其可变现净值的基础。也就是说，如果企业就其产成品或商品签订了销售合同，则该批产成品或商品的可变现净值应当以合同价格作为计量基础；如果企业销售合同所规定的标的物还没有生产出来，但持有专门用于该标的物生产的原材料，其可变现净值也应当以合同价格为计量基础。这里所讲的"销售合同"是指固定销售合同，如价格固定、数量固定、标的物的规格固定、交货地点固定等。

例 3-5 甲公司 2×19 年 9 月 3 日与乙公司签订了一份销售合同，双方约定，2×20 年 1 月 20 日，甲公司应按每台 310 000 元的价格向乙公司提供 W1 型机器 12 台。2×19 年 12 月 31 日，甲公司 W1 型机器的账面数量为 12 台，单位成本为 250 000 元。2×19 年 12 月 31 日，W1 型机器的市场销售价格为 300 000 元/台。根据甲公司与乙公司签订的销售合同，该批设备的售价已在销售合同中约定，并且销售合同订购的数量等于企业持有的存货数量，因此该批设备的可变现净值以合同约定的价格 310 000 元为计算基础。

（2）如果企业存货的数量多于销售合同约定的数量，超出部分可变现净值应以市场销售价格作为该存货的估计售价，并以此为基础估计可变现净值。

例 3-6 资料承例 3-5，假设 2×19 年 12 月 31 日，甲公司 W1 型机器的账面数量为 14 台，则甲公司确定 W1 型机器的估计售价的过程如下。

根据销售合同规定，W1 型机器的销售价格已由销售合同约定，但是其库存数量大于销售合同约定的数量，因此，在这种情况下，对于销售合同约定数量（12 台）的 W1 型机器的可变现净值应以销售合同约定的价格 3 720 000 元（310 000×12）作为计量基础，即估计售价为 3 720 000 元；而对于超出部分（2 台）的 W1 型机器的可变现净值应以一般销售价格 600 000 元（300 000×2）作为计量基础，即估计售价为 600 000 元。

（3）如果企业存货的数量小于销售合同约定的数量，实际持有与该销售合同相关的存货应以销售合同规定的价格作为存货的估计售价，并作为可变现净值的计算基础。如果是亏损合同，还应同时按《企业会计准则第 13 号——或有事项》的规定处理。

（4）没有销售合同约定的存货，其估计售价应以产成品或商品一般销售价格为依据，并作为其可变现净值的计算基础。

（5）用于出售的材料等通常以市场价格作为存货的估计售价及可变现净值的计算基础。市场价格是指材料等的市场销售价格。如果用于出售的材料存在销售合同约定，应按合同价格作为其可变现净值的计算基础。

4. 计提存货跌价准备的方法及会计处理

企业应当在资产负债表日确定存货的可变现净值。企业确定存货的可变现净值应当以资产负债表日的状况为基础确定，既不能提前确定存货的可变现净值，也不能延后确定存货的可变现净值，并且在每一个资产负债表日都应当重新确定存货的可变现净值。

如果期末存货的成本低于可变现净值，则不需要进行账务处理，资产负债表中的存货仍按期末账面价值列示；如果期末存货的可变现净值低于成本，则必须在当期确认存货跌价损失，并进行有关的账务处理。

如果以前减记存货价值的影响因素已经消失，则减记的金额应当予以恢复，并在原已计提的存货跌价准备的金额内转回，即转回的存货跌价准备与计提该准备的存货项目或类别应当存在直接对应关系，转回的金额以将存货跌价准备的余额冲减至零为限，并将转回的金额计入当期损益。

即：期末比较成本与可变现净值计算出应计提的准备，然后与"存货跌价准备"科目的余额进行比较，若应提数大于已提数，应予计提；反之，应冲销部分已提数（减值转回）。提取和补提存货跌价损失准备时，借记"资产减值损失——存货减值损失"科目，贷记"存货跌价准备"科目；转回时，做相反分录。

例 3-7 甲公司 2×19 年年末存货的账面成本为 100 000 元，预计可变现净值为 80 000 元，应计提的存货跌价准备为 20 000 元，甲公司会计处理如下。

① 2×19 年年末确认减值。

借：资产减值损失——存货减值损失 　　　　　　　　　　　　　　　　20 000

　　贷：存货跌价准备 　　　　　　　　　　　　　　　　　　　　　　　　20 000

② 假设 2×20 年年末该存货的可变现净值恢复，预计可变现净值为 87 000 元，则应冲减计提的存货跌价准备 7 000 元。

借：存货跌价准备 　　　　　　　　　　　　　　　　　　　　　　　　　7 000

　　贷：资产减值损失——存货减值损失 　　　　　　　　　　　　　　　　7 000

⇨ **想一想**

1. 如果 2×20 年可变现净值为 105 000 元，会计处理有何不同？
2. 分别说明对财务报表的影响是怎样的。

企业通常应当按照单个存货项目计提存货跌价准备。在这种方式下，企业应当将每个存货项目的成本与其可变现净值逐一进行比较，按较低者计量存货，并且按成本高于可变现净值的差额计提存货跌价准备。

如果某一类存货的数量繁多并且单价较低，企业也可以按存货类别计量成本与可变现净值，即按某类存货成本的总额与可变现净值的总额进行比较，每个存货类别均取较低者确定存货期末价值。

与在同一地区生产和销售的产品系列相关、具有相同或类似最终用途或目的，且难以将其与该产品系列的其他项目区别开来进行估价的存货，意味着存货所处的经济环境、法律环境、市场环境等相同，具有相同的风险和报酬，在这种情况下可以合并计提存货跌价准备。

5. 材料存货期末价值的确定

材料存货的期末价值应当以所生产的产成品的可变现净值与成本的比较为基础加以确定。具体区分以下两种情况确定其期末价值。

（1）对于为生产而持有的材料等，如果用其生产的产成品的可变现净值预计高于成本，则该材料仍然应当按照成本计量。这里的"材料"指原材料、在产品、委托加工材料等。"可变现净值高于成本"中的成本是指产成品的生产成本。

例 3-8　甲公司 2×19 年 12 月 31 日库存原材料——A 材料的账面成本为 300 万元，市场销售价格为 280 万元（不含增值税），假定不发生其他销售费用，用 A 材料生产的产成品——W1 型机器的可变现净值高于成本，则虽然 2×19 年 12 月 31 日 A 材料的账面成本高于其市场价格，但是由于用其生产的产成品——W1 型机器的可变现净值高于成本，也就是用该原材料生产的最终产品此时并没有发生价值减损，因而，A 材料即使其账面成本已高于市场价格，也不应计提存货跌价准备，应仍按 300 万元列示在 2×19 年 12 月 31 日的资产负债表的存货项目之中。

（2）如果材料价格的下降表明产成品的可变现净值低于成本，则该材料应当按可变现净值计量，按其差额计提存货跌价准备。

例 3-9　甲公司 2×19 年 12 月 31 日库存原材料——B 材料的账面成本为 120 万元，单位成本为 1.2 万元/件，数量为 100 件，可用于生产 100 台 W2 型机器。B 材料的市场销售价格为 1.1 万元/件。假定不发生其他销售费用。B 材料市场销售价格下跌，导致用 B 材料生产的 W2 型机器的市场销售价格也下跌，由此造成 W2 型机器的市场销售价格由 3 万元/台降为 2.7 万元/台，但生产成本仍为 2.8 万元/台。将每件 B 材料加工成每台 W2 型机器尚需投入 1.6 万元，估计发生运杂费等销售费用 0.1 万元/台。

根据上述资料，可按照以下步骤确定 B 材料的可变现净值。

首先，计算用该原材料所生产的产成品的可变现净值：

W2 型机器的可变现净值＝W2 型机器估计售价－估计销售费用与税金

$$=2.7 \times 100 - 0.1 \times 100 = 260 （万元）$$

其次，将用该原材料所生产的产成品的可变现净值与其成本进行比较：

W2 型机器的可变现净值 260 万元小于其成本 280 万元，即 B 材料价格的下降表明 W2 型机器的可变现净值低于成本，因此 B 材料应当按可变现净值计量。

最后，计算该原材料的可变现净值：

B 材料的可变现净值＝W2 型机器的售价总额－将 B 材料加工成 W2 型机器尚需投入的成本－估计销售费用与税金＝$2.7 \times 100 - 1.6 \times 100 - 0.1 \times 100 = 100 （万元）$

B 材料的可变现净值 100 万元小于其成本 120 万元，因此 B 材料的期末价值应为其可变现净值 100 万元，即 B 材料应按 100 万元列示在 2×19 年 12 月 31 日资产负债表的存货项目之中。

总之，对于为生产而持有的材料等，如果用其生产的产成品的可变现净值预计高于成本，可以认为材料没有发生减值，则该材料仍然应当按照成本计量。如果材料价格的下降表明产成品的可变现净值低于成本，则需要进一步计算该原材料的可变现净值，如果可变现净值低于成本，则该材料应当按可变现净值计量。

6. 存货的终止确认

存货除了对外销售需要终止确认外，准则还规定，当存在以下一项或若干项情况时，通常表明该存货的可变现净值为零，此时应终止确认该存货，将存货账面价值全部转入当期损益：

（1）已霉烂变质的存货；

（2）已过期且无转让价值的存货；

（3）生产中已不再需要，并且已无使用价值和转让价值的存货；

（4）其他足以证明已无使用价值和转让价值的存货。

练习题

1. 甲公司 7 月份有关材料采购交易事项如下。

（1）购入甲材料 200 千克，单价 150 元，外地运杂费 1 800 元，增值税 3 900 元，款项通过银行支付。材料验收入库。

（2）购入乙材料 500 千克，单价 98 元，外地运杂费 2 450 元，增值税 6 370 元，验收入库时发现损耗 10 千克，经查系运输途中合理损耗，款项未付。

（3）购入甲材料 800 千克，丙材料 1 000 千克，发票注明甲材料价款 84 000 元，丙材料价款 38 000 元，增值税 15 860 元。两种材料共发生外地运杂费 9 000 元，全部款项通过银行支付（运杂费按重量分配）。丙材料验收入库时发生整理挑选费用 3 000 元，款项通过银行支付。

要求：假设运杂费不考虑增值税。

（1）编制关于采购材料的会计分录；

（2）根据上述资料编制甲、乙、丙材料采购成本计算表（见表 3-2）。

表 3-2　材料采购成本计算表　　　　单位：元

项目	甲材料（1 000 千克）		乙材料（490 千克）		丙材料（1 000 千克）	
	总成本	单位成本	总成本	单位成本	总成本	单位成本
买　价						
采购费用						
采购成本						

2. 甲公司采用计划成本对原材料进行核算，材料计划成本为 60 元/千克，9 月份期初余额为："原材料"科目借方余额 9 000 元；"物资采购"科目借方余额 22 000 元；"材料成本差异"科目借方余额 750 元。该企业 9 月份发生如下交易事项。

（1）购进材料 200 千克，价款 12 400 元，增值税 1 612 元，以银行存款支付，材料已验收入库。

（2）从外地购进材料 500 千克，价款 25 200 元，增值税 3 276 元，以银行存款支付，材料尚未运到。

（3）上述材料 500 千克运到，验收入库。

（4）上月已付款的材料到达，验收入库，共计 4 000 千克，实际成本 22 000 元，计划成本 24 000 元。

（5）从外地购进材料 100 千克，验收入库，结算凭证尚未到达。

（6）月末，上述 100 千克材料结算凭证仍未到达，暂按计划成本入账，计划成本 6 000 元。

（7）本月发出材料 660 千克，其中生产车间直接生产产品 500 千克，车间一般耗用 100 千克，管理部门耗用 60 千克。

要求：编制相应的会计分录并计算本月材料成本差异率（差异率（百分数）四舍五入保留一位小数）。

3. 甲公司 2×19 年年末原材料的账面余额为 100 万元，数量为 10 吨。该原材料专门用于生产与乙公司已签合同约定的 20 台 X 产品。该合同约定，甲公司为乙公司提供 X 产品 20 台，每台售价 10 万元（不含增值税）。将该原材料加工成 20 台 X 产品尚需加工成本总额为 90 万元，估计销售每台 X 产品需发生相关税费 1 万元（不含增值税）。2×19 年年末市场上该原材料每吨售价为 8 万元，估计销售每吨原材料需发生相关税费 0.1 万元（不含增值税）。2×19 年 12 月 31 日前，原材料未计提存货跌价准备。

要求：根据上述资料，不考虑其他因素。

（1）计算 2×19 年 12 月 31 日该原材料应计提的存货跌价准备，并进行会计处理；

（2）计算 2×19 年 12 月 31 日该原材料的账面价值。

4. 甲公司 2×19 年发生如下关于存货的事项。

（1）2×19 年，由于产品更新换代，甲公司决定停止生产 B 型机器。为减少不必要的损失，甲公司决定将原材料中专门用于生产 B 型机器的外购原材料——钢材全部出售，2×19 年 12 月 31 日其账面价值（成本）为 900 000 元，数量为 10 吨。根据市场调查，此种钢材的市场销售价格（不含增值税）为 60 000 元/吨，同时销售这 10 吨钢材可能发生销售费用及税金 50 000 元（不含增值税）。

（2）2×19 年 12 月 31 日，库存原材料——A 材料的账面价值（成本）为 1 500 000 元，市场销售价格总额（不含增值税）为 1 400 000 元，假设不考虑其他费用，用 A 材料生产的产成品——A 型机器的可变现净值高于成本。

（3）2×19 年 12 月 31 日，库存原材料——C 材料的账面价值为 600 000 元，相对应的市场销售价格为 550 000 元，可用于生产 1 台 C 型机器。由于 C 材料的市场销售价格下降，用 C 材料生产的 C 型机器的市场销售价格由 1 500 000 元下降为 1 350 000 元，但其生产成本仍为 1 400 000 元，估计销售费用及税金为 50 000 元（不含增值税）。

（4）2×19 年 12 月 31 日，甲公司生产的 D 型机器的账面价值为 1 920 000 元，数量为 12 台，单位成本为 160 000 元/台。2×19 年 12 月 31 日，D 型机器的市场销售价格为 200 000 元/台，估计销售费用及税金为 1 000 元/台（销售价格都不含增值税，2×19 年 9 月 10 日，甲公司与丁公司签订了一份不可撤销的销售合同，双方约定，2×20 年 2 月 15 日，甲公司应按 180 000 元/台的价格向丁公司提供 D 型机器 10 台。）。

要求：

（1）计算甲公司各类存货的可变现净值，并说明是否发生减值。

（2）如果发生减值，进行会计处理，编制会计分录。

（3）说明甲公司各类存货列示在资产负债表中的金额是多少。

📃 案例与专题

1. 请分析下列案例关于存货的定价是否合理，并说明理由。

（1）佳美公司在资产负债表日所拥有的原材料的成本为 100 000 元，这些原材料的当前售价不超过 80 000 元，但是公司还希望使用这些原材料，甚至在用完这些原材料后，还打算继续购买。在资产负债表中，这些原材料的定价为 100 000 元。

（2）德福公司在 2×19 年 11 月份花 2 万元购买了一批办公用品，2×19 年 12 月份公司又花了 5 万元购买了一批数量相同的同类办公用品。在资产负债表中，这两批办公用品合计成本为 7 万元。

（3）米华公司 2×19 年 12 月 30 日花 4 万元购买了一批计算器。这批计算器的零售价格是 6 万元，但是在 2×20 年 2 月 7 日这批计算器被盗了。在公司 2×19 年 12 月 31 日的资产负债表中，这批计算器报告的成本为 4 万元，但没有提到其零售价格和被盗的情况。2×19 年的年度资产负债表发布于 2×20 年 3 月 31 日。

2. 上海船业有限公司与远洋运输有限公司签订合同，为远洋运输公司建造 2 艘车辆滚装船，每艘船只 500 万元。建造工作于 2×19 年 7 月 1 日开工，交货期为 2×21 年 2 月 1 日。为此，上海船业有限公司于 2×19 年 6 月 30 日向银行借入了一笔三年期、到期还本付息的借款，共计 6 000 万元。2×20 年，上海船业有限公司对该笔借款于当年计提借款利息 200 万元（其中 175 万元符合资本化的条件），上海船业有限公司在进行会计处理时，将 200 万元利息全部计入财务费用。至 2×20 年 12 月 31 日，上海船业有限公司建造完工该种船只 3 艘，生产成本 1 350 万元，当时市场售价每艘 505 万元。2×20 年资产负债表日上海船业有限公司将该船只存货以 1 515 万元报表。

请分析：

（1）上海船业有限公司在会计处理中是否存在问题？该问题的存在对损益有何影响？你认为正确的做法是什么？

（2）你认为上海船业有限公司期末就该船只存货列报于资产负债表的金额应该是多少？

（3）谈谈你对成本与可变现净值孰低法的利与弊的看法。

长期股权投资

📖 **学习目标**

学习本章后，应当能够：

☑ 确定不同方式取得长期股权投资的初始投资成本；

☑ 清楚长期股权投资权益法和成本法的异同；

☑ 正确进行长期股权投资的重分类及核算方法的转换；

☑ 对处置长期股权投资进行正确的会计处理。

4.1 长期股权投资的初始计量

4.1.1 长期股权投资初始计量原则

长期股权投资，是指投资方对被投资单位实施控制、施加重大影响的权益性投资，以及对其合营企业的权益性投资。长期股权投资主要包括以下类型的股权投资：① 对子公司的投资，即投资企业能够对被投资单位实施控制的权益性投资；② 对合营企业的投资，即投资企业与其他合营方一同对被投资单位实施共同控制的权益性投资；③ 对联营企业的投资，即投资企业对被投资单位具有重大影响的权益性投资。其中第一类长期股权投资是通过企业合并取得的，第二类和第三类长期股权投资习惯上称为非企业合并取得的长期股权投资。

由上述分类可知，长期股权投资是根据投资企业与被投资企业是否存在控制、共同控制、重大影响关系而划分的。

控制是指投资方拥有对被投资方的控制权力，通过参与被投资方的相关活动而享有可变回报，并且有能力运用对被投资方的权力影响其回报金额。其中，相关活动是指对被投资方的回报产生重大影响的活动，通常需要根据具体情况进行判断，主要包括商品或劳务的销售和购买、金融资产的管理、资产的购买和处置、研究与开发活动以及融资活动等。一般，投资企业直接拥有被投资单位 50% 以上的表决权资本，则认为投资企业与被投资单位具有控制关系。但投资双方是否具有控制关系，要看其是否具有实质控制权。

共同控制是指按照相关约定对某项安排所共有的控制，并且该安排的相关活动必须经过分享控制权的参与方一致同意后才能决策。共同控制具有以下特征：任何一个参与方都不能够单独控制该安排，对该安排具有共同控制的任何一个参与方均能够阻止其他参与方或参与方组合单独控制该安排。

重大影响是指对一个企业的相关活动有参与决策的权力，但并不能够控制或与其他方一起共同控制这些相关活动。一般地，投资企业直接或间接拥有被投资单位 20% 以上但低于 50% 的表决权股份时，可以认为对被投资单位具有重大影响。但有些情况下，投资企业虽然拥有被投资单位 20% 以下的表决权股份，但也可以认为对被投资单位具有重大影响，如在被投资单位的董事会或类似权力机构中派有代表；参与被投资单位的财务和经营政策制定过程；与被投资单位之间发生重要交易；向被投资单位派出管理人员；向被投资单位提供关键技术资料等。

长期股权投资在取得时应按照初始投资成本计量入账，其初始投资成本的确定需要区分企业合并和非企业合并取得股权投资两种情况进行分析。通过企业合并取得的长期股权投资的初始投资成本的确定又需要区分同一控制下企业合并和非同一控制下企业合并两种情况。

总体来说，同一控制下企业合并取得的长期股权投资，其初始投资成本以被投资单位净资产的账面价值为基础进行确定；非同一控制下企业合并取得的长期股权投资以及其他方式取得的长期股权投资，其初始投资成本通常以付出对价的公允价值为基础确定。如果存在被投资单位已宣告但尚未发放的现金股利或利润，则应单独记入"应收股利"账户。对于通过企业合并取得的长期股权投资，合并方发生的审计、法律服务、评估咨询等中介费用以及其他相关管理费用，不构成初始投资成本，应当于发生时计入当期管理费用。如果企业合并是以发行权益性证券为对价的，则发生的相关手续费、佣金等费用也不包括在初始投资成本中，这部分费用应抵减权益性证券的溢价。

4.1.2 企业合并形成的长期股权投资的初始计量

企业合并形成的长期股权投资，即企业取得的对子公司的长期股权投资，其初始计量，由于企业合并的类型不同而不同。

1. 企业合并类型

企业合并，是指将两个或者两个以上单独的企业合并形成一个报告主体的交易事项。我国企业合并准则将企业合并划分为两大基本类型：同一控制下的企业合并和非同一控制下的企业合并。

同一控制下的企业合并是指参与合并的企业在合并前后均受同一方或相同的多方最终控制且该控制并非暂时的合并。非同一控制下的企业合并是指参与合并各方在合并前后不受同一方或相同的多方最终控制的合并。

一般情况下，同一控制下的企业合并，将合并双方称为合并方和被合并方，即能够取得对其他参与合并企业控制权的一方为合并方，即母公司，被合并方成为其子公司，合并方实际取得对被合并方控制权的日期为合并日。非同一控制下的企业合并，将合并双方称为购买方和被购买方，即合并中取得另一方或多方控制权的一方为购买方，购买方获得对被购买方控制权的日期为购买日。

2. 同一控制下企业合并形成的长期股权投资的初始计量

由于同一控制下的企业合并，属于集团内企业合并，可能会出于某种目的而使得合并对价不公允，因此，我国会计准则将同一控制下企业合并形成的长期股权投资的入账价值基础确定为被合并方净资产的账面价值，而没有采用公允价值。即同一控制下企业合并形成的长期股权投资的初始投资成本由投资企业取得的被合并方所有者权益（净资产）账面价值的份额为基础确定。

（1）合并方以支付现金、转让非现金资产或承担债务方式作为合并对价的，应当在合并日按照被合并方所有者权益在最终控制方合并财务报表中的净资产账面价值的份额作为长期股权投资的初始投资成本。长期股权投资初始投资成本与支付的现金、转让的非现金资产以及所承担债务账面价值之间的差额，应当调整资本公积（资本溢价或股本溢价），资本公积（资本溢价或股本溢价）不足冲减的，调整留存收益。

合并方在进行具体会计处理时，按被合并企业净资产账面价值的份额，借记"长期股权投资"科目，按被投资单位已宣告但尚未发放的现金股利或利润，借记"应收股利"科目，按付出对价的账面价值，贷记相关资产科目或负债科目，如果借方大于贷方，即取得的长期股权投资的初始投资成本大于付出对价的账面价值，则借贷差作为资本溢价或股本溢价计入资本公积，贷记"资本公积——资本溢价或股本溢价"科目；如果贷方大于借方，则按借贷差冲减资本公积，借记"资本公积——资本溢价或股本溢价"科目，资本溢价或股本溢价不足冲减的，冲减留存收益，借记"盈余公积""利润分配——未分配利润"科目。

例 4-1 甲公司和乙公司同为 A 集团的子公司，2×19 年 6 月 1 日，甲公司以 700 万元银行存款取得乙公司 60% 表决权股份，同日乙公司所有者权益的账面价值为 1 000 万元，假设甲公司资本公积中的资本溢价为 500 万元，则甲公司会计处理如下。

借：长期股权投资 　　　　　　　　　　　　　　　　　 6 000 000

　　资本公积——资本溢价 　　　　　　　　　　　　　 1 000 000

　贷：银行存款 　　　　　　　　　　　　　　　　　　　　　 7 000 000

> **想一想**
>
> 若甲公司支付银行存款为 500 万元，如何进行处理？若甲公司是以账面价值为 500 万元的存货获得乙公司 60% 的股权，又如何处理？

（2）合并方以发行权益性证券作为合并对价的，同样应当在合并日按照取得被合并方所有者权益账面价值的份额作为长期股权投资的初始投资成本，按照发行股份的面值总额作为股本或实收资本，长期股权投资初始投资成本与所发行股份面值总额之间的差额，应当调整资本公积（资本溢价或股本溢价）；资本公积（资本溢价或股本溢价）不足冲减的，调整留存收益。

需要注意的是，确定企业合并产生的长期股权投资的初始投资成本是以被合并方采用的会计政策与合并方相同为前提条件，如果被合并方所采用的会计政策与合并方不同，则首先需要按照合并方的会计政策对被合并方资产、负债的账面价值进行调整，在此基础上计算确定长期股权投资的初始投资成本。

例 4-2 甲公司和乙公司同为 A 集团的子公司，2×19 年 8 月 1 日甲公司发行 800 万股普通股（每股面值 1 元）作为对价取得乙公司 70% 的股权，同日乙公司账面净资产总额为 2 000 万元。假设不考虑其他相关税费，甲公司会计处理如下。

借：长期股权投资 　　　　　　　　　　　　　　　　　 14 000 000

　贷：股本 　　　　　　　　　　　　　　　　　　　　　　　 8 000 000

　　　资本公积——股本溢价 　　　　　　　　　　　　　　　 6 000 000

如果甲公司发行股票支付了手续费和佣金 100 万元，如何处理？

3. 非同一控制下的企业合并形成的长期股权投资的初始计量

非同一控制下的企业合并取得的长期股权投资，其初始投资成本为合并对价的公允价值，习惯上称为合并成本。合并双方习惯上称为购买方与被购买方。

一次交换交易实现的企业合并，合并成本为购买方在购买日为取得对被购买方的控制权而付出的资产、发生或承担的负债以及发行的权益性证券的公允价值。

很多情况下，企业取得另一企业的控制权是经过多次购买股权实现的，即通过多次交换交易分步实现企业合并。对这种通过多次交易分步实现企业合并的方式取得的长期股权投资的情况，在确定合并成本时需要考虑购买日之前的股权投资成本。因此，通过多次交易分步实现的企业合并取得的长期股权投资的合并成本，应当以购买日之前所持被购买方的股权投资的账面价值与购买日新增投资成本之和来确定。

购买方付出的非货币资产在购买日的公允价值与账面价值的差额，应确认为资产处置损益，如果以库存商品作为合并对价的，则视同销售，需要按照公允价值确认主营业务收入，并结转主营业务成本。

例 4-3　甲公司 2×19 年 1 月 1 日以一台固定资产和银行存款 200 万元取得乙公司 60% 的股权，甲公司和乙公司不属于同一控制的两个公司。该固定资产的账面原价为 8 000 万元，已计提折旧 500 万元，已计提固定资产减值准备 200 万元，公允价值为 7 600 万元。不考虑增值税等相关税费。甲公司的会计处理如下。

① 首先，作为合并对价的固定资产视同处置[①]。

借：固定资产清理	73 000 000
累计折旧	5 000 000
固定资产减值准备	2 000 000
贷：固定资产	80 000 000

② 然后，按照付出对价的公允价值确认长期股权投资。

借：长期股权投资	78 000 000
贷：固定资产清理	73 000 000
银行存款	2 000 000
资产处置损益	3 000 000

该项企业合并交易事项，对资产负债表的影响为：货币资金减少 200 万元，长期股权投资增加 7 800 万元，固定资产减少 7 300 万元，留存收益增加 300 万元。对利润表的影响为：资产处置收益增加 300 万元，利润增加 300 万元。

你觉得上述交易事项的会计分录是否存在其他编制方式。

---

① 关于固定资产处置、清理的核算详见 5.3 节。

例 4-4 甲公司 2×19 年 7 月 1 日与乙公司原投资者 A 公司签订协议，甲公司以存货和承担 A 公司的短期还贷款义务换取 A 公司持有的乙公司股权，购买日乙公司可辨认净资产公允价值为 1 000 万元，甲公司占 70% 的份额。甲公司投出存货的公允价值为 500 万元，增值税 65 万元，账面成本 400 万元，承担归还短期借款义务 200 万元。假设甲公司和乙公司不属于同一控制下的公司。甲公司会计处理如下。

借：长期股权投资   7 650 000
    贷：短期借款   2 000 000
       主营业务收入   5 000 000
       应交税费——应交增值税（销项税额）   650 000
借：主营业务成本   4 000 000
    贷：库存商品   4 000 000

⇨ **想一想**

如果甲公司和乙公司属于同一控制下的公司，假设合并日乙公司净资产账面价值等于公允价值，则甲公司如何进行会计处理？A 公司又如何进行会计处理？并分别说明对财务报表的影响。

无论同一控制下的企业合并，还是非同一控制下的企业合并形成的长期股权投资，实际支付的价款或对价中包含的已宣告但尚未发放的现金股利或利润，都应作为应收项目处理。

4.1.3 以企业合并以外的方式取得的长期股权投资的初始计量

除企业合并形成的对子公司的长期股权投资以外，其他方式取得的长期股权投资，主要应当按照下列规定确定其初始投资成本。

（1）以支付现金取得的长期股权投资，应当按照实际支付的购买价款作为初始投资成本。初始投资成本包括与取得长期股权投资直接相关的费用、税金及其他必要支出。企业取得长期股权投资，实际支付的价款中包含的已宣告但尚未发放的现金股利或利润，作为应收项目处理，不构成长期股权投资的成本。

例 4-5 甲公司 2×19 年 7 月 1 日以货币资金 8 000 万元购入乙公司 30% 的股权并对乙公司产生重大影响，其中含已宣告但尚未发放的现金股利 500 万元，另支付相关税费 40 万元。甲公司的会计处理如下。

借：长期股权投资——乙公司（成本）   75 400 000
    应收股利   5 000 000
    贷：银行存款   80 400 000

（2）以发行权益性证券取得的长期股权投资，应当按照发行权益性证券的公允价值作为初始投资成本。为发行权益性证券支付的手续费、佣金等应自权益性证券的溢价发行收入中扣除。

例 4-6 甲公司 2×19 年 7 月 1 日发行股份 100 万股作为对价取得丙公司 30% 的股权，丙公司成为甲公司的联营企业。发行的股份每股面值为 1 元，实际发行价为每股 4 元。不考虑相关税费。甲公司的会计处理如下。

借：长期股权投资——乙公司（成本）　　　　　　　　　　　　　　4 000 000
　　贷：股本　　　　　　　　　　　　　　　　　　　　　　　　　　　1 000 000
　　　　资本公积——股本溢价　　　　　　　　　　　　　　　　　　3 000 000

⇨ 想一想

　　如果甲公司支付了 50 万元的手续费、佣金等相关税费，甲公司对这些相关税费如何进行会计处理？

　　（3）投资者投入的长期股权投资，即投资者以其拥有的对第三方的股权投资作价对企业投资，此时应当按照投资合同或协议约定的价值作为初始投资成本，但合同或协议约定价值不公允的除外。

　　例 4-7　甲公司的主要出资方之一的 A 公司以其持有的对联营企业 B 公司的长期股权投资作为出资投入到甲公司，甲公司取得对 B 公司的股权后，能够对 B 公司施加重大影响。投资各方在投资合同中约定，作为出资的该项长期股权投资作价 8 000 万元。该作价是按照 B 公司股票的市价并经考虑相关调整因素后确定的。甲公司的注册资本为 30 000 万元。A 公司出资占甲公司注册资本的 20%。甲公司的会计处理如下。

借：长期股权投资——B 公司（成本）　　　　　　　　　　　　　　80 000 000
　　贷：实收资本——A 公司　　　　　　　　　　　　　　　　　　60 000 000
　　　　资本公积——资本溢价　　　　　　　　　　　　　　　　　20 000 000

⇨ 想一想

　　A 公司与 B 公司如何进行会计处理？

4.2　长期股权投资的后续计量

　　长期股权投资的后续计量包括长期股权投资持有期间的计量和期末计量。长期股权投资持有期间的核算有两种方法选择：成本法和权益法，企业应当根据实际情况进行选择。

4.2.1　长期股权投资的成本法

　　长期股权投资的成本法是指按投资成本计价的方法。在成本法下，长期股权投资以取得股权时的成本计价，并且账面价值在持有期间不会因被投资单位净资产的增减而发生变动。即采用成本法核算长期股权投资，除追加或收回投资外，长期股权投资的账面价值一般应保持不变。

1. 成本法的适用范围

　　长期股权投资的成本法适用于企业持有的能够对被投资单位实施控制的长期股权投资，即企业持有的对子公司的长期股权投资采用成本法进行核算。

　　由于投资企业能够对被投资单位进行控制，就有可能通过改变被投资单位的分配政策等影响投资企业自己的会计信息，所以，我国会计准则规定具有控制关系的股权投资采用成本法核算，只有被投资单位实际发放现金股利或利润时，投资企业才能确认投资收益。

2. 成本法核算内容

（1）初始投资或追加投资时，按照初始投资或追加投资时的投资成本增加长期股权投资的账面价值。

（2）被投资单位宣告分派利润或现金股利（取得投资时支付的价款中包含的已宣告但尚未发放的现金股利和利润除外），投资企业按应享有的部分，确认为当期投资收益。

例4-8   甲公司2×19年2月10日以500万元取得集团外的乙公司60%的股权，并能够控制乙公司。乙公司于2×19年3月5日宣告分派100万元利润，甲公司按投资比例应分得60万元。甲公司的会计处理如下。

① 2×19年2月10日购入股权时。

借：长期股权投资   5 000 000
　　贷：银行存款   5 000 000

② 2×19年3月5日乙公司宣告分派利润。

借：应收股利   600 000
　　贷：投资收益   600 000

想一想

1. 如果乙公司与甲公司同为一个集团下的子公司，会计处理有何不同？

2. 如果甲公司取得的是乙公司10%的权益，会计处理又有何不同？

4.2.2　长期股权投资的权益法

长期股权投资的权益法是指投资以初始投资成本计量后，在投资持有期间根据投资企业享有被投资单位所有者权益份额的变动对投资的账面价值进行调整的方法。在权益法下，长期股权投资的账面价值随着被投资单位所有者权益的变动而变动，包括被投资单位实现净利润或发生的净亏损以及其他所有者权益项目的变动。

投资企业对被投资单位具有共同控制或重大影响的长期股权投资，即对合营企业投资和联营企业投资，应当采用权益法核算。

长期股权投资采用权益法核算，需要在长期股权投资总账账户下增加设置4个明细科目：成本、损益调整、其他综合收益、其他权益变动。具体核算内容主要有以下几个方面。

1. 初始投资成本的调整

企业取得长期股权投资，在按照投资准则确定初始投资成本后①，需要判断后续计量是成本法还是权益法。如果是通过企业合并取得的长期股权投资，则该长期股权投资应采用成本法核算；如果是企业合并之外取得的长期股权投资，即取得的是对合营企业或联营企业的长期股权投资，则应采用权益法核算。

如果是权益法，由于权益法的基本原则是长期股权投资的账面价值要随着被投资单位净资产的变化而变化，但在确定初始投资成本时，是按照初始计量原则，即按照付出对价的公允价值确定的，其入账价值不一定等于被投资单位净资产的份额。因此，还需要将根据上述

---

① 企业取得权益法核算的长期股权投资，其初始投资成本的确定详见4.1.3节。

原则确定的初始投资成本与被投资单位可辨认净资产公允价值的份额进行比较，并分别以下两种情况决定是否对长期股权投资的初始投资成本进行调整。

（1）如果长期股权投资的初始投资成本大于投资时应享有被投资单位可辨认净资产公允价值份额，说明该股权投资是溢价购入，则溢价部分属于商誉性质。由于我国对商誉的确认比较严格，只有非同一控制下的吸收合并形成的商誉才可以单独确认入账，其他方式形成的商誉，一般在个别报表中不予确认。因此，权益法核算的长期股权投资初始投资成本大于应享有的被投资单位可辨认净资产公允价值份额的溢价部分，不调减长期股权投资的初始投资成本，即产生的商誉内含于长期股权投资中。

（2）如果长期股权投资的初始投资成本小于投资时应享有被投资单位可辨认净资产公允价值份额，说明该股权投资是折价购入，该折价视同被投资单位对投资企业的捐赠，需要调增长期股权投资的账面价值，使其投资成本等于应享有被投资单位净资产的份额，并计入当期损益，借记"长期股权投资（成本）"科目，贷记"营业外收入"科目。

例 4-9　甲公司以银行存款 2 000 万元取得乙公司 30% 的股权，能够对乙公司施加重大影响，取得投资时被投资单位可辨认净资产的公允价值为 5 000 万元，则甲公司会计处理如下。

① 确认对乙公司的初始投资成本。

借：长期股权投资——乙公司（成本）　　　　　　　　　　　　20 000 000
　　贷：银行存款　　　　　　　　　　　　　　　　　　　　　　　　　20 000 000

② 判断初始投资成本是否等于投资时应享有乙公司可辨认净资产公允价值的份额。

2 000 万元的初始投资成本大于应享有的份额 1 500 万元（5 000×30%），二者之差 500 万元为商誉，不用调减长期股权投资，而是体现在长期股权投资成本中。

③ 如果投资时乙公司可辨认净资产的公允价值为 7 000 万元，则甲公司应享有乙公司可辨认净资产的公允价值的份额为 2 100 万元（7 000×30%），此时，需要将长期股权投资的投资成本由 2 000 万元调整为 2 100 万元，即调增股权投资成本 100 万元，并计入营业外收入。

借：长期股权投资——乙公司（成本）　　　　　　　　　　　　 1 000 000
　　贷：营业外收入　　　　　　　　　　　　　　　　　　　　　　　　 1 000 000

⇨ **想一想**

上述会计分录与取得投资时的会计分录是否可以合为一个？

2. 投资损益的确认

权益法下，长期股权投资的账面价值应随着被投资单位所有者权益的变动而变动，被投资单位当年实现的净利润或发生的净亏损影响其所有者权益，因此，长期股权投资的账面价值也需要做相应的调整。即投资企业取得长期股权投资后，应当按照应享有或应分担的被投资单位实现的净损益（净利润或净亏损）的份额，确认投资收益或损失并调整长期股权投资的账面价值（损益调整明细）。

被投资单位当年实现净利润，投资企业应按所持表决权资本比例计算应享有的份额，增加长期股权投资的账面价值，并确认为当期投资收益。借记"长期股权投资（损益调整）"

科目，贷记"投资收益"科目。

被投资单位当年发生亏损，投资企业应按所持表决权资本的比例计算应分担的份额，减少长期股权投资的账面价值，并确认为当期投资损失。借记"投资收益"科目，贷记"长期股权投资（损益调整）"科目。

例4-10 资料承例4-9，假设乙公司当年实现净利润300万元，不考虑其他因素，则甲公司按照持股比例计算确认的当期投资收益应为90万元（300×30%）。甲公司会计处理如下。

借：长期股权投资——乙公司（损益调整）　　　　　　　　　900 000
　　贷：投资收益　　　　　　　　　　　　　　　　　　　　　　　900 000

⇨ 想一想

如果乙公司当年亏损300万元，甲公司的会计处理有何变化？

需要注意的是，投资企业在确认应享有被投资单位实现的净损益的份额时，还要根据是否存在下列情况对被投资单位的净损益进行调整，在此基础上确定投资企业应调整的长期股权投资金额以及投资损益金额。

（1）被投资单位采用的会计政策及会计期间与投资企业不一致的，应按投资企业的会计政策及会计期间对被投资单位的财务报表进行调整，在此基础上确定被投资单位实现的净利润或发生的净亏损。

（2）投资时被投资单位各项可辨认资产等的公允价值是否与其账面价值相等，如果不等，还需要以取得投资时被投资单位各项可辨认资产等的公允价值为基础，对被投资单位的净损益进行调整。

由于权益法核算的长期股权投资在初始确认时，其投资成本是按照被投资单位可辨认净资产的公允价值份额进行调整的，因此，该股权投资的账面价值需要一直以被投资单位可辨认净资产的公允价值为基础进行调整。如果投资时，被投资单位可辨认净资产的账面价值与公允价值不相等，即被投资单位存在某些资产的账面价值不等于公允价值的情况，而被投资单位实现的净利润或发生的净亏损是按照账面价值持续计算取得的，此时就需要按照公允价值与账面价值的差额对净利润或净亏损进行调整，在此基础上，投资企业才能按照应享有的份额确认投资损益。如以取得投资时被投资单位固定资产、无形资产的公允价值为基础计提的折旧额或摊销额，相对于被投资单位按照账面价值已计提的折旧额或摊销额之间存在差额的，应按其差额对被投资单位净损益进行调整，并按调整后的净损益和持股比例计算确认投资损益。

会计准则规定，存在下列情况之一的，可以按照被投资单位的账面净损益与持股比例计算确认投资损益，但应当在附注中说明这一事实及其原因。

① 无法可靠确定投资时被投资单位各项可辨认资产等的公允价值；

② 投资时被投资单位可辨认资产等的公允价值与其账面价值之间的差额较小，不具有重要性；

③ 其他原因导致无法对被投资单位净损益进行调整。

例4-11 资料承例4-9，假设取得投资时乙公司某项固定资产公允价值为500万元，账面价值为 300 万元，固定资产的预计使用年限为 10 年，净残值为零，按照直线法计提折旧。乙公司当年实现净利润为 300 万元，不考虑所得税影响，则甲公司在计算确定应分享的投资收益时，不能按照 300×30% 计算确定，而应当对乙公司的净利润进行调整。乙公司利润表中已按固定资产账面价值计算扣除了固定资产折旧费用 30 万元，但应该按照取得投资时固定资产的公允价值计算确定的折旧费用 50 万元扣除，即按该固定资产的公允价值计算的净利润为 280 万元（300-20），甲公司按照持股比例计算确认的当期投资收益应为 84 万元（280×30%）。甲公司会计处理如下。

借：长期股权投资——乙公司（损益调整）　　　　　　　　　　　840 000
　　贷：投资收益　　　　　　　　　　　　　　　　　　　　　　　　840 000

（3）如果投资企业与其联营企业及合营企业之间发生了内部交易，而该内部交易存在未实现内部交易损益，则投资企业需要按照持股比例计算归属于投资企业的部分调整被投资单位的净损益，在此基础上确认长期股权投资账面价值的调整，并确认投资损益。需要抵销的未实现内部交易损益既包括顺流交易也包括逆流交易。

顺流交易是指投资企业向其联营企业或合营企业出售资产；逆流交易是指联营企业或合营企业向投资企业出售资产。

① 联营企业或合营企业向投资企业出售资产发生逆流交易，如果该资产未对外部独立第三方出售，则说明存在未实现内部交易损益，该未实现内部交易损益一方面体现在投资企业持有资产的账面价值当中，另一方面体现在联营企业或合营企业的当期损益中。投资企业在采用权益法计算确认应享有联营企业或合营企业的投资损益时，不应包括因该交易产生的损益中按投资比例属于本企业应享有的部分。

② 投资企业向联营企业或合营企业出售资产发生顺流交易，在该资产未对外部独立第三方出售的情况下，也会出现未实现内部交易损益，这部分未实现内部交易损益尽管体现在投资企业的当期损益中，但仍然需要投资企业在采用权益法计算确认应享有联营企业或合营企业的投资损益时，抵销该未实现内部交易损益。也就是说，当投资方向联营企业或合营企业出售资产，同时该资产由联营企业或合营企业持有未对外出售时，投资方对于出售资产产生的损益确认仅限于归属于联营企业或合营企业其他投资者的部分，即在顺流交易中，投资方投出资产或出售资产给其联营企业或合营企业产生的损益中，按照持股比例计算确定归属于本企业的部分不予确认。但这种不确认，不是直接在确认出售资产损益时调整，而是通过期末按照权益法确认对联营企业或合营企业投资损益时，通过对该投资损益的调整而完成。

需要注意的是，投资企业与其联营企业及合营企业之间的未实现内部交易损益抵销与投资企业与子公司之间的未实现内部交易损益抵销有所不同，母子公司之间的未实现内部交易损益在合并财务报表中是全额抵销，而投资企业与其联营企业及合营企业之间的未实现内部交易损益抵销仅仅是投资企业或是纳入投资企业合并财务报表范围的子公司享有联营企业或合营企业的权益份额部分。

此外，投资企业与其联营企业及合营企业之间发生的无论是顺流交易还是逆流交易产生的未实现内部交易损失，属于所转让资产发生减值损失的，有关的未实现内部交易损失不应予以抵销。

例 4-12 甲公司于 2×19 年 10 月取得乙公司 30% 有表决权股份，能够对乙公司施加重大影响。假定甲公司取得该项投资时，乙公司各项可辨认资产、负债的公允价值与其账面价值相同。2×19 年 12 月，乙公司将其成本为 800 万元的产品以 1 200 万元的价格出售给甲公司，甲公司将取得的产品作为存货，至 2×19 年资产负债表日甲公司还没有对外出售该产品。乙公司 2×19 年实现净利润为 2 000 万元。则甲公司按照权益法确认 2×19 年应享有乙公司的收益时，不能按照乙公司净利润 2 000 万元的 30% 确认，而应该扣除由于销售该产品所增加的 400 万元收益后的 1 600 万元的 30% 确认。具体会计处理如下。

借：长期股权投资——乙公司（损益调整）　　　　　　　　　4 800 000
　　贷：投资收益　　　　　　　　　　　　　　　　　　　　　　　　4 800 000

⇨ 想一想

1. 假设上述乙公司以 1 200 万元销售给甲公司的产品，其成本为 1 500 万元，则甲公司如何进行会计处理？

2. 假设该存货是甲公司销售给乙公司，会计处理有何不同？

（4）投资企业确认被投资单位发生的净亏损时，如果被投资单位出现超额亏损，投资企业一般以长期股权投资的账面价值以及其他实质上构成对被投资单位净投资的长期权益减记至零为限。但如果投资合同或协议约定投资企业需要承担额外义务的，应按预计承担的义务确认预计负债，计入当期投资损失。经过上述处理后仍然存在未确认的投资损失，则在账外设置备查簿进行登记。

其他实质上构成对被投资单位净投资的长期权益，通常是指长期应收项目。比如，企业对被投资单位的长期债权，该债权没有明确的清收计划且在可预见的未来期间不准备收回的，实质上构成对被投资单位的净投资。

被投资单位以后期间实现盈利的，投资企业需要按照上述相反的顺序进行处理。首先扣除账外备查簿记录的未确认的亏损分担额后，减记已确认预计负债的账面余额、恢复其他实质上构成对被投资单位净投资的长期权益及长期股权投资的账面价值，同时确认投资收益。

例 4-13　甲公司持有乙公司 40% 的股权，能够对乙公司产生重大影响，2×19 年 1 月 1 日该投资的账面价值为 4 000 万元。乙公司 2×19 年亏损 8 000 万元。假定取得投资时乙公司可辨认资产、负债公允价值等于账面价值，双方采用的会计政策、会计期间相同，甲乙公司之间不存在未实现内部交易损益，则甲公司 2×19 年应确认投资损失 3 200 万元，长期股权投资账面价值降至 800 万元。会计处理如下。

借：投资收益　　　　　　　　　　　　　　　　　　　　　　　32 000 000
　　贷：长期股权投资——乙公司（损益调整）　　　　　　　　　32 000 000

假设乙公司亏损额为 12 000 万元，则甲公司应分担损失 4 800 万元，长期股权投资账面价值减至 0。如果甲公司拥有应收乙公司的长期应收款 1 000 万元，则应进一步确认损失。会计处理如下。

借：投资收益　　　　　　　　　　　　　　　　　　　　　　　48 000 000
　　贷：长期股权投资——乙公司（损益调整）　　　　　　　　　40 000 000
　　　　长期应收款——乙公司　　　　　　　　　　　　　　　　　8 000 000

⇨ **想一想**

如果甲公司应收乙公司的账款为 600 万元，甲公司如何处理？

另外，权益法下，如果被投资单位宣告分派利润或现金股利，说明被投资单位的净资产减少，投资企业也应该相应地按照被投资单位宣告分派的利润或现金股利计算应分得的部分，减少长期股权投资的账面价值，同时确认应收股利债权。借记"应收股利"科目，贷记"长期股权投资（损益调整）"科目。

例 4-14　甲公司持有乙公司 40% 的股权，能够对乙公司施加重大影响。取得投资时乙公司可辨认资产、负债公允价值等于账面价值，双方采用的会计政策、会计期间相同，甲乙公司之间不存在未实现内部交易损益。乙公司 2×19 年实现净利润 1 000 万元，宣告分派现金股利 800 万元。甲公司会计处理如下。

① 分享乙公司实现的净利润。

借：长期股权投资——乙公司（损益调整）　　　　　　　　　4 000 000
　　贷：投资收益　　　　　　　　　　　　　　　　　　　　　　　4 000 000

② 确认应收股利。

借：应收股利　　　　　　　　　　　　　　　　　　　　　　　3 200 000
　　贷：长期股权投资——乙公司（损益调整）　　　　　　　　　　3 200 000

3. 被投资单位其他综合收益变动的处理

投资企业对于被投资单位除净损益以外其他综合收益变动，也应当调整长期股权投资的账面价值，但由于其他综合收益变动引起的净资产的变动不属于留存收益的变动，因此不能计入当期损益，而是直接计入所有者权益。借记或贷记"长期股权投资"科目，贷记或借记"其他综合收益"科目。此时，需要设置"其他综合收益"科目，该科目属于所有者权益类科目。这部分其他综合收益需要在该长期股权投资终止确认时按照与被投资单位直接处置相关资产或负债相同的基础确定是否可以转入当期损益。

例 4-15　甲公司持有乙公司 30% 的股份，能够对乙公司施加重大影响。当期乙公司因持有的其他债权投资公允价值上升计入其他综合收益的金额为 1 000 万元，除该事项外，乙公司当期实现的净利润为 8 000 万元，不存在其他所有者权益变动。假定甲公司与乙公司适用的会计政策、会计期间相同，投资时乙公司有关资产、负债的公允价值与其账面价值亦相同，甲乙公司之间不存在未实现内部交易损益。甲公司在确认应享有乙公司所有者权益变动时，会计处理如下。

借：长期股权投资——乙公司（损益调整）　　　　　　　　　24 000 000
　　　　　　　　　　——乙公司（其他综合收益）　　　　　　　3 000 000
　　贷：投资收益　　　　　　　　　　　　　　　　　　　　　　24 000 000
　　　　其他综合收益　　　　　　　　　　　　　　　　　　　　3 000 000

4. 被投资单位除净损益、其他综合收益以及利润分配以外所有者权益变动的处理

投资企业对于除净损益、其他综合收益以及利润分配以外所有者权益变动，如被投资单位接受其他股东的资本性投入而导致净资产增加，投资企业也应当调整长期股权投资的账面价值。这类因素引起的净资产的变动与其他综合收益导致净资产变动一样，投资企业在调整长期股权投资账面价值的同时，不能计入当期损益，而是直接计入所有者权益（资本公积）。

5. 股票股利的处理

被投资单位分派股票股利，意味着被投资单位所有者权益内部各项目的结转，不会引起其净资产的变动，因此投资企业不需要进行账务处理，但应于除权日注明所增加的股数，以反映股份的变化情况。

4.2.3　长期股权投资的减值

长期股权投资如果存在减值迹象，应当按照《企业会计准则第 8 号——资产减值》的规定确定其可收回金额及应予计提的减值准备。具体核算参见第 8 章。长期股权投资的减值准备在提取以后，不允许转回。

4.3　长期股权投资的增加及处置

投资企业对所持有的股权投资，可能会追加投资，从而增加投资比例；也可能处置部分投资，从而减少投资比例。

4.3.1　追加股权投资的会计处理

1. 追加投资后，被投资单位成为投资企业的联营企业或合营企业

原持有的对被投资单位不具有控制、共同控制或重大影响的股权投资，可能由于追加投资使得持股比例上升，从而能够对被投资单位实施共同控制（合营企业）或重大影响（联营企业），此时，需要将该股权投资资产转为长期股权投资管理，并按照权益法进行后续计量。

按照 2014 年修订的长期股权投资准则的规定，投资方因追加投资等原因能够对被投资单位施加重大影响或实施共同控制但不构成控制的，应当按照《企业会计准则第 22 号——金融工具确认和计量》确定的原持有的股权投资的公允价值加上新增投资成本之和，作为改按权益法核算的长期股权投资的初始投资成本。原持有的股权投资分类为以公允价值计量且其变动计入其他综合收益的金融资产，其公允价值与账面价值之间的差额，以及原计入其他综合收益的累计公允价值变动应当转入留存收益。

例 4-16　甲公司于 2×19 年 7 月 1 日取得乙公司 10% 的股权，成本为 50 万元，取得投资时乙公司可辨认净资产公允价值总额为 480 万元（假定公允价值与账面价值相同）。因对被投资单位不具有重大影响，甲公司根据管理该股权投资的业务模式，将其作为其他权益工具投资核算。2×19 年 7 月 20 日，甲公司又以 100 万元的价格取得乙公司 20% 的股权，当日乙公司可辨认净资产公允价值总额为 490 万元。取得该部分股权后，按照乙公司章程规定，甲公司能够派人参与乙公司的生产经营决策，甲公司对该项股权投资转为长期股权投资核算。假设不考虑其他情况，甲公司会计处理如下。

① 2×19 年 7 月 1 日，取得 10% 股权。

借：其他权益工具投资——乙公司（成本）　　　　　　　　　　500 000
　　贷：银行存款　　　　　　　　　　　　　　　　　　　　　　　500 000

② 2×19 年 7 月 20 日，确认追加的对乙公司的股权投资。

借：长期股权投资——乙公司（成本）　　　　　　　　　　 1 500 000
　　贷：银行存款　　　　　　　　　　　　　　　　　　　　　　　 1 000 000
　　　　其他权益工具投资——乙公司（成本）　　　　　　　　　　 500 000

③ 比较投资成本与应享有的被投资单位可辨认净资产的份额。

该长期股权投资初始投资成本为 150 万元，与取得该投资时按照持股比例计算的应享有被投资单位可辨认净资产公允价值的份额 147 万元（490×30%）之间的差额 3 万元，不需要调整长期股权投资的成本。

⇨ **想一想**

如果甲公司对乙公司追加的 20% 投资，成本为 150 万元，时间是 2×19 年 9 月 1 日。假设 2×19 年 9 月 1 日该 10% 的股权投资的公允价值为 60 万元，则甲公司追加投资时的会计处理有何变化？

2. 追加投资后，投资企业能够对被投资单位实施控制

投资企业因持股比例上升，达到对被投资单位的控制，主要有两种情况：一是由对联营企业或合营企业的投资变为对子公司的投资，需要由权益法改为成本法；二是由金融工具确认和计量准则规范的股权投资变为对子公司的投资，需要重分类为长期股权投资，并按照成本法进行核算。

这种情况属于投资企业通过多次交易分步取得股权最终形成企业合并。既然是企业合并，就需要区分是同一控制下企业合并还是非同一控制下企业合并，在原股权投资账面价值的基础上，考虑新增投资，按照企业合并取得的股权投资的一般原则进行处理，不需要对原投资进行追溯调整[①]。

4.3.2　处置股权投资的会计处理

1. 处置部分长期股权投资

1）处置合营企业或联营企业的部分股权，从而丧失了对被投资单位的共同控制或重大影响

投资方因处置部分股权投资等原因丧失了对被投资单位的共同控制或重大影响的，处置后的剩余股权应当遵循《企业会计准则第 22 号——金融工具确认和计量》的规定。原股权投资因采用权益法核算而确认的其他综合收益，应当在终止采用权益法核算时采用与被投资单位直接处置相关资产或负债相同的基础进行会计处理。

例 4-17　甲公司 2×19 年对乙公司投资，占乙公司注册资本的 30%，对乙公司能够施加重大影响。至 2×20 年 12 月 31 日，甲公司对乙公司投资的账面价值为 400 万元，其中，投资成本为 300 万元，损益调整为 100 万元。2×21 年 1 月 2 日，甲公司将持有乙公司的股份对外转让一半，收到 210 万元款项存入银行（假设该金额为剩余 15% 股权的公允价值），并失去了对乙公司的重大影响力，甲公司对乙公司的股权投资重分类为交易性金额资产。甲

---

① 通过多次交易分步取得股权最终形成的企业合并，遵循《企业会计准则第 20 号——企业合并》的规定。

公司会计处理如下。

①出售 15%的股份。

借：银行存款　　　　　　　　　　　　　　　　　　　　　　2 100 000

　　贷：长期股权投资——乙公司（成本）　　　　　　　　　　　　1 500 000

　　　　　　　　　　——乙公司（损益调整）　　　　　　　　　　　500 000

　　　　投资收益　　　　　　　　　　　　　　　　　　　　　　　　100 000

②剩余股权重分类为交易性金融资产。

借：交易性金融资产——乙公司（成本）　　　　　　　　　　2 100 000

　　贷：长期股权投资——乙公司（成本）　　　　　　　　　　　　1 500 000

　　　　　　　　　　——乙公司（损益调整）　　　　　　　　　　　500 000

　　　　投资收益　　　　　　　　　　　　　　　　　　　　　　　　100 000

2）处置子公司的部分股权，从而丧失对被投资单位的控制

　　企业处置子公司的部分股权，从而丧失对被投资单位的控制主要有两种情况：投资方因处置部分权益性投资等原因丧失了对被投资单位的控制，但处置后的剩余股权能够对被投资单位实施共同控制或施加重大影响的，应当改按权益法核算，并对该剩余股权视同自取得时即采用权益法核算进行调整；处置后的剩余股权不能对被投资单位实施共同控制或施加重大影响的，应当改按《企业会计准则第 22 号——金融工具确认和计量》的有关规定进行会计处理，其在丧失控制之日的公允价值与账面价值间的差额计入当期损益。

　　（1）成本法转换为权益法。

　　投资企业由于处置部分长期股权投资，使得对被投资单位的影响力由控制转为共同控制或重大影响，此时，需要由成本法核算改为权益法核算。

　　当长期股权投资核算由成本法转换为权益法时，其会计处理的总原则是，对于原以成本法核算的长期股权投资，视同从初始取得时就按照权益法核算，比较初始投资成本与取得投资时被投资单位可辨认净资产公允价值的份额，确认是否需要调整长期股权投资的账面价值，同时根据原取得投资后至转变为权益法之间被投资单位可辨认净资产公允价值的变动对该股权投资的账面价值进行调整。

　　首先，按处置或收回投资的比例结转应终止确认的长期股权投资。

　　其次，对剩余持股比例部分进行追溯，视同最初取得投资时即为权益法核算。

　　按照权益法的要求，需要将初始投资成本与被投资单位可辨认净资产公允价值的份额进行比较，溢价部分不调整股权投资成本，折价部分调整股权投资成本，并计入留存收益。即剩余的长期股权投资的成本大于按剩余持股比例计算的应享有原取得投资时被投资单位可辨认净资产公允价值的份额，不调整长期股权投资的账面价值；剩余的长期股权投资的成本小于按剩余持股比例计算的应享有原取得投资时被投资单位可辨认净资产公允价值的份额，调整长期股权投资的账面价值和留存收益。

　　按照权益法要求，长期股权投资在持有期间其账面价值需要按照被投资单位净资产的变动而变动，因此，需要确定被投资单位在投资企业原成本法核算期间净资产公允价值的变动额，并据此调整长期股权投资的账面价值。即对于原取得投资后至转变为权益法之间被投资单位实现净损益中应享有份额部分，调整长期股权投资和留存收益，如果存在属于处置投资当期的净损益，则调整当期损益；其余原因导致被投资单位所有者权益变动中应享有的份

额，调整长期股权投资和所有者权益相关科目。

例 4-18 甲公司原持有乙公司 60% 的股权，其账面余额为 900 万元，未计提减值准备。2×19 年 1 月 6 日，甲公司将其持有的对乙公司 20% 的股权出售给某企业，出售取得价款 540 万元，当日被投资单位可辨认净资产公允价值总额为 2 400 万元。甲公司原取得对乙公司 60% 股权时，乙公司可辨认净资产公允价值总额为 1 350 万元（假定可辨认净资产的公允价值与账面价值相同）。自取得对乙公司长期股权投资后至处置投资前，乙公司实现净利润 750 万元，发生其他综合收益 300 万元。假定乙公司一直未进行利润分配。甲公司按净利润的 10% 提取盈余公积。出售 20% 的股权后，甲公司对乙公司的持股比例为 40%，在乙公司董事会中派有代表，但不能对乙公司生产经营决策实施控制。则甲公司对乙公司长期股权投资应由成本法改为按照权益法进行核算。不考虑其他因素，甲公司会计处理如下。

① 2×19 年 1 月 6 日，确认长期股权投资处置损益。

借：银行存款　　　　　　　　　　　　　　　　　　　5 400 000
　　贷：长期股权投资——乙公司　　　　　　　　　　　　3 000 000
　　　　投资收益　　　　　　　　　　　　　　　　　　2 400 000

② 将剩余股权转账处理。

借：长期股权投资——乙公司（成本）　　　　　　　　6 000 000
　　贷：长期股权投资——乙公司　　　　　　　　　　　6 000 000

③ 调整长期股权投资账面价值。

剩余长期股权投资的账面价值为 600 万元，与原投资时应享有被投资单位可辨认净资产公允价值份额之间的差额 60 万元（600-1 350×40%）为商誉，该部分商誉的价值不需要对长期股权投资的成本进行调整。

原投资至处置时，被投资单位可辨认净资产公允价值的变动中甲公司应享有 420 万元〔（2 400-1 350）×40%〕，其中 300 万元（750×40%）为被投资单位实现的净损益，应在调整增加长期股权投资账面价值的同时调整留存收益；120 万元（300×40%）为被投资单位实现的其他综合收益，在调整增加长期股权投资账面价值的同时调整其他综合收益。

借：长期股权投资——乙公司（损益调整）　　　　　　3 000 000
　　　　　　　　　　——乙公司（其他综合收益）　　　1 200 000
　　贷：盈余公积　　　　　　　　　　　　　　　　　　300 000
　　　　利润分配——未分配利润　　　　　　　　　　2 700 000
　　　　其他综合收益　　　　　　　　　　　　　　　1 200 000

⇨ **想一想**

假设乙公司其他综合收益增加的金额为 200 万元，甲公司会计处理有何变化？

（2）因处置部分长期股权投资而重分类。

如果处置后的剩余股权不能对被投资单位实施共同控制或施加重大影响的，需要将该剩余股权投资重分类为金融工具确认和计量准则规范的金融资产。具体会计处理与处置合营企业或联营企业的部分股权，从而丧失了对被投资单位的共同控制或重大影响的处理一样。

2. 处置全部长期股权投资

企业处置长期股权投资，其账面价值与实际取得价款的差额，应当计入当期损益（投资收益)。采用权益法核算的长期股权投资,存在因被投资单位除净损益以外所有者权益的其他变动而计入其他综合收益的,处置该项投资时应当将原计入其他综合收益的部分按被投资单位形成其他综合收益的性质确定是否转入当期损益(投资收益)。

企业出售长期股权投资,应按实际收到的金额,借记"银行存款"科目,原已计提减值准备的,借记"长期股权投资减值准备"科目,按其账面余额,贷记"长期股权投资"科目,按尚未领取的现金股利或利润,贷记"应收股利"科目,按其差额,贷记或借记"投资收益"科目。出售采用权益法核算的长期股权投资时,还应按被投资单位形成的可以在以后期间转入当期损益的比例结转原记入"其他综合收益"科目的金额,借记或贷记"其他综合收益"科目,贷记或借记"投资收益"科目。

例4-19 甲公司原持有乙公司40%的股权,2×19年1月20日,甲公司决定全部出售,出售时甲公司账面上对乙公司长期股权投资的构成为:成本225万元;损益调整50万元(借方);其他综合收益25万元(借方)(按照规定全部属于可以重分类计入当期损益的其他综合收益)。出售取得价款400万元。甲公司会计处理如下。

① 确认处置损益。

借:银行存款   4 000 000

  贷:长期股权投资——乙公司(成本)   2 250 000

      ——乙公司(损益调整)   500 000

      ——乙公司(其他综合收益) 250 000

    投资收益   1 000 000

② 将原计入其他综合收益的部分转入当期损益。

借:其他综合收益   250 000

  贷:投资收益   250 000

想一想

上述会计处理对甲公司财务报表有何影响?假设甲公司出售的该股权投资是2×18年取得的,你能判断出该项股权投资对甲公司2×18年财务报表的影响吗?假设还存在其他权益变动20万元,如何处理?

练习题

1. ABC公司2×19年发生的有关投资的交易事项如下。

(1)1月1日,从公开市场上购入A公司债券一批,买价12 400元,其中应收利息1 000元,另外支付手续费120元,作为交易性金融资产。

(2)1月3日,购入B公司股票一批,买价42 300元,其中应收股利2 000元,另外支付各种手续费300元,作为交易性金融资产。

(3)1月5日,收到A公司的债券利息1 000元。

（4）2 月 10 日，将持有的 A 公司债券全部出售，转让收入 15 000 元，另外支付手续费等 140 元。

（5）4 月 5 日，收到 B 公司发放的现金股利 2 000 元，存入银行。

（6）5 月 8 日，将持有的 B 公司股票全部出售，转让收入 40 000 元，另外支付相关税费 180 元。

（7）7 月 3 日，以现金向 D 公司投资 180 000 元，占 D 公司有表决权资本的 40%，ABC 公司采用权益法核算，D 公司当日可辨认净资产公允价值为 400 000 元。

（8）7 月 10 日，购入 E 公司股份 1 000 万股，占 E 公司有表决权资本的 0.1%，价格为每股 10 元，另外支付相关税费 50 万元，ABC 公司作为其他权益工具投资。

已知 E 公司股份 12 月 31 日为每股 15 元，对 D 公司的股权投资可收回金额为 210 000 元。

假设 ABC 公司 2×19 年 1 月 1 日与投资相关的会计科目余额为零。D 公司 2×19 年度实现净利润 50 000 元，12 月 20 日宣告分派现金股利 40 000 元；E 公司 2×19 年度实现净利润 1 000 万元，12 月 25 日宣告分派现金股利 400 万元。

要求：

（1）编制与投资初始确认和计量相关的会计分录；

（2）编制确认对 D 公司的投资收益及应收股利的会计分录；

（3）编制对 E 公司宣告分派股利的会计分录；

（4）对各项投资进行期末计量，并判断是否发生减值；

（5）计算 ABC 公司 2×19 年年末各相关投资类总账科目的账面价值。

2. 甲公司 2×19 年发生的各项股权投资交易事项如下（甲公司按 10% 计提盈余公积）。

（1）1 月 2 日，以 2 500 万元购入 A 公司 50% 有表决权的普通股股份，甲公司与丁公司共同控制 A 公司，当日 A 公司可辨认净资产公允价值为 4 000 万元。

（2）3 月 1 日，通过增发 2 000 万股本公司普通股（每股面值 1 元）取得 B 公司 20% 的股权，按照增发前后的平均股份计算，该 2 000 万股股份的公允价值为 15 600 万元。为增发该部分股份，甲公司向证券承销机构等支付了 600 万元的佣金和手续费。假定甲公司取得 B 公司股权后，能够对 B 公司的生产经营决策施加重大影响，当日 B 公司可辨认净资产的公允价值为 80 000 万元。

（3）4 月 10 日，自公开市场中买入乙公司 20% 的股份，实际支付价款 16 000 万元（含已宣告但尚未发放现金股利 60 万元）。另外，在购买过程中支付手续费等相关费用 400 万元。甲公司取得该部分股权后能够对乙公司的生产经营决策施加重大影响，当日乙公司可辨认净资产的公允价值为 70 000 万元。

（4）5 月 1 日，主要出资方之一 C 公司以其持有的对 D 公司的长期股权投资作为追加投资投入甲公司。投资各方在投资合同中约定，作为出资的该项长期股权投资作价 4 000 万元。该作价是按照 D 公司股票的市价经考虑相关调整因素后确定的。甲公司注册资本为 16 000 万元。C 公司出资占甲公司注册资本的 20%。取得该项投资后，甲公司占 D 公司注册资本的 30%，能够对 D 公司实施重大影响，当日 D 公司可辨认净资产的公允价值为 10 000 万元。

（5）6 月 30 日，定向增发 1 000 万股普通股（每股面值为 1 元，市价 8.68 元），取得 S 公司 100% 的股权，并于当日起能够对 S 公司实施控制。甲公司与 S 公司同为 X 集团公司的子公司。合并后 S 公司仍维持其独立法人资格继续经营。两公司在企业合并前采用的会计政策相同。合并日，S 公司所有者权益的总额为 5 000 万元。

（6）9 月 30 日，以 1 600 万元和一项原价为 6 400 万元，累计摊销 800 万元，公允价值 8 400 万元的无形资产取得丙公司 70% 的股权，取得该部分股权后能够控制丙公司的生产经营决策。为核实丙公司的资产价值，甲公司聘请资产评估机构对丙公司的资产进行评估，支付评估费用 200 万元。假定合并前甲公司与丙公司不存在任何关联方关系。

（7）10 月 21 日，以一项其他权益工具投资和银行存款 200 万元向丁公司投资（甲公司和丁公司不属于同一控制下的两个公司），占丁公司注册资本的 60%，该其他权益工具投资成本为 7 500 万元，公允价值变动 200 万元（贷方），当日公允价值为 7 600 万元。不考虑其他相关税费。

（8）11 月 1 日，与 E 公司原投资者 F 公司签订协议（甲公司和 E 公司不属于同一控制下的公司），甲公司以存货和承担 F 公司的短期还贷款义务换取 F 公司持有的 E 公司 70% 的股权，购买日 E 公司可辨认净资产公允价值为 1 000 万元。甲公司投出存货的公允价值为 500 万元，增值税 65 万元，账面成本 400 万元，承担归还贷款义务 200 万元。

要求：编制甲公司与取得长期股权投资相关的会计分录。

3. 2×19 年年初甲公司向乙公司投资 180 000 元，投资比例为 40%，采用权益法核算，当日乙公司可辨认净资产公允价值为 400 000 元。2×19 年乙公司实现净利润 50 000 元，2×19 年年末甲公司收到乙公司分派的股利 15 000 元；2×20 年乙公司净亏损 30 000 元，其拥有的一项其他债权投资公允价值上升 10 000 元。甲公司于 2×21 年 1 月 5 日收回投资，实际收现款 179 000 元。假设除上述事项外，不考虑其他情况。

要求：编制甲公司 2×19 年至 2×21 年进行投资、调整投资、收到股利和收回投资的会计分录，并计算甲公司累计获得的投资收益。

4. 甲公司 2×19 年至 2×21 年有关投资交易事项如下（甲公司按 10% 计提盈余公积）。

（1）2×19 年 1 月 1 日，甲公司以 610 万元（含已宣告但尚未领取的现金股利 10 万元，支付的相关费用 0.6 万元）购入 A 公司 10% 的股权，甲公司对 A 公司没有重大影响，甲公司作为以公允价值计量且其变动计入其他综合收益的金融资产。A 公司当日可辨认净资产公允价值为 6 000 万元（假定 A 公司可辨认资产、负债的公允价值与其账面价值相等）。

（2）2×19 年 1 月 10 日，甲公司收到 A 公司支付的现金股利 10 万元。

（3）2×19 年 12 月 31 日，该股权投资公允价值为 640 万元，当年 A 公司实现净利润 400 万元。

（4）2×20 年 1 月 1 日，甲公司又从 A 公司的另一投资者处取得 A 公司 20% 的股份，实际支付价款 1 300 万元（等于公允价值）。此次购买完成后，持股比例达到 30%，对 A 公司有重大影响。2×20 年 1 月 1 日 A 公司可辨认净资产公允价值为 6 400 万元。

（5）2×20 年 A 公司实现净利润 1 000 万元。

（6）2×20 年 A 公司因持有的其他债权投资公允价值变动增加其他综合收益 200 万元。

（7）2×21 年 1 月 5 日，甲公司将持有的 A 公司的 15% 股权对外转让，实得款项 1 400 万元，从而对 A 公司不再具有重大影响，甲公司作为其他权益工具投资。

（8）2×21 年 4 月 20 日，A 公司宣告分派现金股利 400 万元。

要求：在不考虑其他因素的情况下，根据上述资料，编制甲公司与投资交易事项有关的会计分录（假设 A 公司除其他债权投资公允价值变动外不存在其他综合收益）。

5. 甲公司 2×19 年 1 月 1 日至 2×21 年 1 月 5 日发生下列与长期股权投资有关的交易事项。

（1）甲公司 2×19 年 1 月 1 日购入乙公司 30% 的股份，从而对乙公司能够施加重大影响，实际支付款项 2 000 万元（含已宣告但尚未发放的现金股利 60 万元），另支付相关税费 10 万元。2×19 年 1 月 1 日，乙公司可辨认净资产公允价值为 6 600 万元，其中，除一台管理用设备外，其他资产的公允价值与账面价值相等。该设备 2×19 年 1 月 1 日的账面价值为 400 万元，公允价值为 520 万元，采用年限平均法计提折旧，预计尚可使用年限为 10 年，预计净残值为 0。

（2）2×19 年 1 月 20 日收到现金股利。

（3）2×19 年 12 月 31 日乙公司其他债权投资的公允价值增加使乙公司所有者权益增加了 200 万元。

（4）2×19 年乙公司实现净利润 412 万元。

（5）2×20 年 3 月 10 日，乙公司宣告分派现金股利 100 万元。

（6）2×20 年 3 月 25 日，收到乙公司现金股利。

（7）2×20 年乙公司实现净利润 612 万元。

（8）2×21 年 1 月 5 日，甲公司将持有乙公司 5% 的股份对外转让，收到款项 390 万元存入银行。转让后持有乙公司 25% 的股份，对乙公司仍具有重大影响。

要求：

（1）编制上述有关交易事项的会计分录。

（2）计算 2×21 年 1 月 5 日出售部分股份后长期股权投资的账面价值。

6. 甲公司于 2×19 年 1 月 1 日以 1 000 万元购入 B 公司股票 400 万股，每股面值 1 元，占 B 公司实际发行在外股数的 30%，甲公司采用权益法核算此项投资。

2×19 年 1 月 1 日 B 公司可辨认净资产公允价值为 3 000 万元。除"表 4-1 资产的账面价值与公允价值"所列项目外，其他资产、负债的公允价值与账面价值相同。

表 4-1　资产的账面价值与公允价值　　　　金额单位：万元

项目	账面价值	公允价值	预计尚可使用年限
存货	300	500	—
固定资产	200	300	10
无形资产	50	100	5

B 公司上述固定资产、无形资产均采用直线法计提折旧或摊销，预计净残值均为 0。在甲公司取得投资时的 B 公司上述存货于 2×19 年对外部第三方售出 60%，剩余部分于 2×20 年全部对外售出。

2×19 年 B 公司实现净利润 340 万元。2×20 年 B 公司发生亏损 500 万元。假定不考虑其他因素。

要求：编制甲公司上述有关投资交易事项的会计分录。

7. 甲公司持有乙公司有表决权股份的 20%，能够对乙公司生产经营施加重大影响。2×19 年 11 月，甲公司将其账面价值为 600 万元的商品以 900 万元的价格出售给乙公司，乙公司将取得的商品作为管理用固定资产核算，预计使用寿命为 10 年，采用直线法计提折旧，净残值为 0。假设甲公司取得该项投资时，乙公司各项可辨认资产、负债的公允价值与其账面价值相同，两者在以前期间未发生过内部交易。乙公司 2×19 年实现净利润为 1 000 万元。假定不考虑其他相关因素。

要求：

（1）编制甲公司 2×19 年年末确认投资收益的会计分录；

（2）假设上述商品交易是乙公司将其成本为 600 万元的某商品以 900 万元的价格出售给甲公司，甲公司将取得的商品作为管理用固定资产。至 2×19 年资产负债表日，甲公司未对外出售该固定资产。甲公司会计处理是否有变化？

8. 甲公司原持有 B 公司 60% 的股权，其账面余额为 6 000 万元，未计提减值准备。2×19 年 1 月 6 日，甲公司将其持有的对 B 公司长期股权投资中的 1/3 出售给某企业，出售取得价款 3 600 万元，当日 B 公司可辨认净资产公允价值总额为 16 000 万元。A 公司原取得 B 公司 60% 股权时，B 公司可辨认净资产公允价值总额为 9 000 万元（假定公允价值与账面价值相同）。自甲公司取得对 B 公司长期股权投资后至部分处置投资前，B 公司实现净利润 5 000 万元，其他综合收益增加 1 000 万元。假定 B 公司一直未进行利润分配。甲公司按净利润的 10% 提取盈余公积。在出售 1/3 的股权后，甲公司对 B 公司不能实施控制，但对其有重大影响，长期股权投资由成本法改为按照权益法核算。

要求：

（1）编制处置长期股权投资的会计分录；

（2）说明长期股权投资由成本法核算改为权益法核算应如何进行会计处理？并编制会计分录。

📋 案例与专题

1. 阳光公司和月光公司

阳光公司和月光公司同属于一个行业，两家公司都是刚刚重组上市的公司，其资产都是刚刚经过评估，因此可以认为两家公司的资产价格和当前的市价相差不多。阳光公司 2×19 年 12 月 31 日的资产负债表如表 4-2 所示；月光公司 2×19 年 12 月 31 日的资产负债表如表 4-3 所示。

表 4-2　阳光公司 2×19 年 12 月 31 日的资产负债表　　　　单位：万元

资　　产		负债和所有者权益	
货币资金	180	负债：	
应收账款	260	应付账款	124
存货	30	应付票据	96
固定资产	764	其他负债	40
其他资产	10	所有者权益：	
		股本	600
		留存收益	384
总计	1 244	总计	1 244

表 4-3　月光公司 2×19 年 12 月 31 日的资产负债表　　单位：万元

资　产		负债和所有者权益	
货币资金	40	负债：	
应收账款	104	应付账款	256
存货	20	应付票据	400
固定资产	1 680	其他负债	10
其他资产	10	所有者权益：	
		股本	700
		留存收益	488
总计	1 854	总计	1 854

请分析以下问题：

（1）假设你是一名银行的信贷员，现在两家公司都向你申请 150 万元、90 天的贷款。你认为哪家公司的情况更好一些？请充分解释你的理由。

（2）假设你是一名投资者。你认为哪家公司更值得你投资？你认为哪家公司近期可能会遇上财务危机？请充分解释你的理由。

2. 南方证券公司

（1）南方证券的行政接管

南方证券是我国设立较早、规模较大的证券公司之一。1992 年 9 月，经中国人民银行、深圳市人民政府批准，由中国工商银行、中国农业银行、中国银行、中国建设银行、交通银行以及中国人民保险公司联合兵器工业总公司、国航、深宝安、中国石化等 40 多家发起并出资组建的全国性证券公司，注册资本为 10 亿元。

南方证券于 2000 年进一步增资扩股。2001 年 2 月 25 日，南方证券宣布成功增资扩股，北京首创、安彩集团、吴江丝绸、邯郸钢铁、上海汽车、国家开发投资公司、中国诚通控股、露露集团等 21 家国有大型企业和上市公司以现金入股方式共投入 17.85 亿元，成为南方证券的新股东。至 2002 年年底，南方证券注册资本增加到 34.58 亿元，总资产为 260 亿元左右，账面净资产约为 26 亿元。共有股东 56 家，其中 9 家为上市公司，分别为：出资金额为 3.96 亿元的上海汽车（600104）、出资金额为 3.96 亿元的首创股份（600008）、出资金额为 2.2 亿元的东电 B 股（900949）、出资金额为 1.1 亿元的邯郸钢铁（600001）、出资金额为 0.833 3 亿元的万鸿集团（600681）、出资金额为 0.77 亿元的海王生物（000078）、出资金额为 0.495 亿元的中原油气（000956）、出资金额为 0.33 亿元的路桥建设（600263）、出资金额为 0.1 亿元的万家乐 A（000533）。

2003 年前 11 个月，南方证券总成交额超过 3 400 亿元，市场份额为 4.4%，位居总成交额排行榜的第四位。虽然表面看来南方证券一切正常，但实际上，南方证券早在几年前，就已经出现管理混乱，内控不力，经营不当，财务、资金状况不断恶化的局面。其间，南方证券虽采取过增资扩股、调整领导班子等措施，但未能起到应有的作用，以致发展到依靠自身的力量难以有效保护客户权益的地步。

为此，证监会与人民银行、深圳市政府加强了对南方证券的现场监管，组织了专项检查，多次责令公司整改，并督促其加大风险控制力度，同时调用紧急救助资金对其清算与支付给予了临时性支持。但由于问题严重，这些措施仍不能解决问题。于是，中国证券监督管理委员会、深圳市人民政府于 2004 年 1 月 2 日发表公告，决定对南方证券进行行政接管。公告称，鉴于南方证券股份有限公司违法违规经营，管理混乱，为保护投资者和债权人合法权益，中国证券监督管理委员会、深圳市人民政府决定自 2004 年 1 月 2 日起对南方证券实施行政接管。

（2）上市公司计提减值准备情况

南方证券被行政接管后，与南方证券关系最紧密的股东们纷纷作出了反应，尤其是上市公司纷纷发布公告对投资者进行风险预警，并在 2003 年的年度财务报告中对其所持有的南方证券股权投资进行减值处理。

① 上海汽车。

上海汽车对南方证券的长期股权投资计提了 100% 的减值准备。上海汽车的年报中称，鉴于 2004 年 1 月 2 日中国证券监督管理委员会、深圳市人民政府联合发布的关于对南方证券实施行政接管的公告，以及南证函（2003）第 182 号文《关于化解南方证券股份有限公司当前支付风险给公司主要股东的紧急报告》，显示该公司已基本处于资不抵债状态，该公司存在无法持续经营的风险，为此全额计提减值准备。

② 首创股份。

首创股份和上海汽车同为南方证券的第一大股东，各持 10.41% 的股份，但是这两家公司计提减值准备的情况却大不一样。从 2003 年年报看，首创股份仅计提了 15% 的减值准备，金额为 5 940 万元。首创股份在年报中表示，公司决定本着审慎、稳健的原则，对南方证券 3.96 亿元投资总额的 15%，共计 5 940 万元计提减值准备，注册会计师为此出具了附解释性说明事项段的审计意见。

③ 东电 B 股。

东电 B 股，参股南方证券 2 亿股，占该公司股权比例为 5.78%，通过对可供出售的投资进行减值测试后确定提取减值准备 18 015 万元。

④ 中原油气。

中原油气的投资占南方证券总股本的 1.3%，2003 年度以南方证券 2003 年 9 月 30 日的净资产为基数，按其持股比例 1.3% 计提长期投资减值准备 2 724.35 万元。

⑤ 邯郸钢铁。

邯郸钢铁参股比例为 2.9%，其减值准备的计提是从 2003 年 5 月份开始的，该公司于 5 月 23 日发布了一则公告：在 2002 年年报编制时（公司年报于 3 月 12 日披露），由于未获得南方证券的财务报表和亚洲证券、华鑫证券的审计报告，暂按 2002 年度的审计报表编制。近期，公司收到亚洲证券、华鑫证券的审计报告，以及南方证券未经审计的财务报表后，补提长期投资减值准备 4 347 万元，确认投资损失 33 万元，上述合计影响 2002 年度净利润 4 308 万元。截至 2003 年 9 月底，已累计计提长期投资减值准备 5 174.91 万元，余额为 5 825.09 万元，扣除已计提的长期投资减值准备，余额部分占公司当期净资产的 0.826%。

⑥ 路桥建设。

路桥建设 2000 年 12 月对南方证券投资 3 300 万元，占其注册资本的 0.87%，至 2003 年 12 月 31 日止，计提的长期投资减值准备计 660 万元。

⑦ 万鸿集团。

万鸿集团参股比例 2.19%，2003 年度计提长期投资减值准备 7 499.7 万元。

⑧ 海王生物。

海王生物参股比例 2.03%，2003 年度计提长期投资减值准备 2 310 万元。

⑨ 万家乐 A。

万家乐 A 占南方证券总股本的 0.35%，2003 年度计提长期投资减值准备 50 万元。

具体的九大上市公司对南方证券的长期股权投资计提减值准备情况见表 4-4。

表 4-4　九大上市公司对南方证券的长期股权投资计提减值准备情况　单位：亿元

上市公司	投资额	持股比率	计提比例	2003 年净利润
上海汽车	3.96	10.41%	100%	15.168
首创股份	3.96	10.41%	15%	4.035
东电 B 股	2.2	5.78%	82%	0.609
邯郸钢铁	1.1	2.9%	68%	6.265
万鸿集团	0.833 3	2.19%	90%	−0.078 8
海王生物	0.77	2.03%	30%	0.439
中原油气	0.495	1.3%	55%	5.216
万家乐 A	0.1	0.35%	50%	1.96
路桥建设	0.33	0.87%	20%	0.605

（3）主要上市公司其他相关情况

① 上海汽车。

2003 年，中国汽车业处于高速发展时期，上海汽车 2003 年年报显示，公司 2003 年度实现主营收入 68.92 亿元，净利润 15.17 亿元，每股收益 0.60 元，分别同比增长 44.5%、41.7%、41.6%。资产收益率为 15.48%。

② 首创股份。

首创股份在 2003 年共实现净利润 4.04 亿元，在计提南方证券长期投资减值准备情况下，相比去年同期净利润减少 5 700.09 万元，减少比例为 12.38%。扣除非经常性损益后的利润为 3.99 亿元，净资产收益率已不足 10%，仅为 9.08%，同比下降了 13.28%。如果不考虑对南方证券的投资减值准备，公司 2003 年的利润总额为 47 741.57 万元，同比增长 2.64%，每股收益也有望达到 0.42 元，稍强于 2002 年。

③ 东电 B 股。

东电 B 股在 2003 年经营业绩取得了较快的增长，全年实现主营业务收入 47.38 亿元，主营业务利润 15.59 亿元，分别较 2002 年增长 42.68% 和 43.68%。在计提南方证券长期投资减值准备 1.8 亿元的情况下，2003 年公司仍实现利润总额 10.76 亿元，较 2002 年增长 32.51%；实现净利润 6.09 亿元，较 2002 年增长 11.69%。

④ 路桥建设。

路桥建设 2003 年实现净利润 0.61 亿元，同比增长 153.67%，摊薄后的每股收益为 0.15 元，净资产收益率由 2002 年的负收益到 2003 年的 4.253%。据公司 2003 年年报称，利润比去年同期上升的主要原因是本期公司加强成本管理和控制，增收节支，主营业务成本降低所致。

⑤ 中原油气。

中原油气 2003 年实现利润 56 165.28 万元，较 2002 年同期增长了 11.38%。

请分析：

（1）请你就同为南方证券的股东，对同一项投资计提减值准备出现如此悬殊的差异发表看法。

（2）请对案例中各持有南方证券的上市公司后续持股情况进行分析，并发表看法。

固定资产

5.1 固定资产的初始确认和计量

5.1.1 固定资产的确认

1. 固定资产的确认条件

我国固定资产准则对固定资产的定义是："固定资产是指同时具有以下特征的有形资产：为生产商品、提供劳务、出租或经营管理而持有的，使用寿命超过一个会计年度。"

固定资产是为生产商品、提供劳务、出租或经营管理而持有的特征，主要与存货相区别。存货是为了获利而转手出售，固定资产是为使用而持有。

使用寿命超过一个会计年度的特征，主要与流动资产相区别。流动资产是通常在一个会计年度内可以变现的资产；固定资产则以折旧的方式实现多期收入费用的配比。

固定资产的确认首先要满足固定资产的定义，同时还要满足以下两个条件。

1）该固定资产包含的经济利益很可能流入企业

经济利益很可能流入企业是企业所有资产的确认条件之一。只有能够给企业带来经济利益的资产才能报告在企业资产负债表的资产中。如果经济利益在会计期间流入企业的确定性不足，就够不上确认为资产的标准，应确认为费用。

2）该固定资产的成本能够可靠地计量

成本能够可靠地计量也是所有资产的确认条件之一，只有成本能够可靠地计量，才能够确定资产的入账价值及报表金额。

2. 固定资产的分类

企业固定资产种类很多，根据不同的分类标准，可以分成不同的类别。企业应当选择适当的分类标准，将固定资产进行分类，以满足经营管理的需要。

（1）按经济用途分类，可以分为经营用固定资产和非经营用固定资产。经营用固定资产是指直接服务于企业生产经营过程的固定资产，如用于企业经营的房屋、建筑物、机器设备、运输设备等；非经营用固定资产是指不直接服务于生产经营过程的固定资产，如用于职工住宅宿舍、食堂等方面的公共福利设施。

这种分类的目的主要是归类反映企业生产经营用固定资产和非生产经营用固定资产构成情况，有利于合理配置固定资产，考核和分析企业固定资产管理和利用效率。

（2）按使用情况分类，可分为使用中的固定资产、未使用的固定资产和不需用的固定资产。固定资产按使用情况进行分类，能够促进企业充分重视没有给企业带来经济利益的未使用和不需用固定资产，对未使用固定资产要查明原因，尽快利用起来；对不需用固定资产应尽快处置。

（3）按经济用途和使用情况进行综合分类，可分为经营用固定资产、非经营用固定资产、租出固定资产、不需用固定资产、未使用固定资产、土地（指已经估价单独入账的土地）等。

5.1.2　固定资产的初始计量

固定资产应当按照成本进行初始计量。固定资产的成本是指企业购建某项固定资产达到预定可使用状态前所发生的一切合理、必要的支出。这些支出包括直接发生的价款、运杂费、包装费和安装成本等，也包括间接发生的，如应承担的借款利息、外币借款折算差额以及应分摊的其他间接费用。

对于特殊行业的特定固定资产，确定其初始入账成本时还应考虑弃置费用。

由于固定资产取得的方式较多，来源渠道不同，每种方式下的实际成本构成也会有所不同。

企业应设置"固定资产""在建工程""工程物资""累计折旧""固定资产清理"等账户，对固定资产进行核算。

1. 外购固定资产

企业外购固定资产的成本，包括购买价款、相关税费、使固定资产达到预定可使用状态前所发生的可归属于该项资产的运输费、装卸费和专业人员服务费等。如果以一笔款项购入多项没有单独标价的固定资产，按各项固定资产公允价值的比例对总成本进行分配，分别确定各项固定资产的入账价值。

固定资产达到预定可使用状态是指固定资产已经达到购买方或建造方预定的可使用状态。具体可从以下几个方面进行判断：

（1）固定资产的实体建造（包括安装）工作已经全部完成或者实质上已经完成；

（2）所购建的固定资产与设计要求或合同要求相符或基本相符，即使有极个别与设计或合同要求不相符的地方，也不影响其正常使用；

（3）继续发生在所购建固定资产上的支出金额很少或几乎不再发生。

如果所购建固定资产需要试生产或试运行，则在试生产结果表明资产能够正常生产出合格产品时，或试运行结果表明能够正常运转或营业时，就应当认为资产已经达到预定可使用状态[1]。

---

[1]　达到预定可使用状态是判断固定资产是否需要摊销成本的非常重要的时点。固定资产一旦达到预定可使用状态，就意味着从下个月开始计提折旧，一般就会影响企业的损益。

外购固定资产分为购入不需要安装的固定资产和购入需要安装的固定资产两类。购入不需要安装的固定资产，按照发生的可归属于该项固定资产的买价、运输费、装卸费和专业人员服务费等直接借记"固定资产"科目，贷记"银行存款"等科目；购入需要安装的固定资产，先将购入固定资产的上述成本记入"在建工程"科目，并将安装调试成本也记入"在建工程"科目，达到预定可使用状态，再从"在建工程"科目转入"固定资产"科目，借记"固定资产"科目，贷记"在建工程"科目。

例 5-1　甲公司购入不需要安装的设备一台，价格 200 000 元，增值税 26 000 元，货款以银行存款支付。甲公司会计处理如下。

借：固定资产　　　　　　　　　　　　　　　　　　200 000

　　应交税费——应交增值税（进项税额）　　　　　 26 000

　　贷：银行存款　　　　　　　　　　　　　　　　　 226 000

若甲公司购入的设备需要安装才能使用，支付的安装费用为 6 000 元，款项以银行存款支付，则甲公司会计处理如下。

① 购买时。

借：在建工程　　　　　　　　　　　　　　　　　　200 000

　　应交税费——应交增值税（进项税额）　　　　　 26 000

　　贷：银行存款　　　　　　　　　　　　　　　　　 226 000

② 支付安装费时。

借：在建工程　　　　　　　　　　　　　　　　　　　6 000

　　贷：银行存款　　　　　　　　　　　　　　　　　　 6 000

③ 安装完毕，达到预定可使用状态。

借：固定资产　　　　　　　　　　　　　　　　　　206 000

　　贷：在建工程　　　　　　　　　　　　　　　　　 206 000

想一想

该固定资产处于安装阶段与达到预定可使用状态转入固定资产对财务报表的影响有何不同？

企业购入价值较高的固定资产时，可能会采用分期付款形式，如果整个付款期较长，如超过 1 年，则说明该付款方式超过了正常信用条件，实质上具有融资性质。此时，固定资产的成本不能以各期付款总额确定，而应该以购买价款的现值为基础进行确定。实际支付的价款总额（相当于支付的本利和）与购买价款的现值（相当于本金）之间的差额，为企业分期付款购入固定资产应承担的利息。该差额不能一次计入当期损益，而应当按照权责发生制在信用期间内采用实际利率法进行摊销，摊销金额除满足借款费用资本化条件应当计入固定资产成本外，均应当在信用期间内确认为财务费用，计入当期损益。会计上设置"未确认融资费用"账户记录该差额[①]。

————————————

① "未确认融资费用"账户为"长期应付款"负债类账户的备抵账户，期末"长期应付款"科目贷方余额减去"未确认融资费用"科目借方余额后列报于资产负债表的长期应付款项目。

计算固定资产购买价款的现值所使用的折现率是反映当前市场货币时间价值和延期付款债务特定风险的利率，实质上是销售方的必要报酬率。

企业购入超过正常信用期付款的固定资产，按照购买价款的现值借记"固定资产"或"在建工程"科目，按照应付款总额，贷记"长期应付款"科目，借贷之差为企业应在付款期负担的利息，借记"未确认融资费用"科目。未确认融资费用按照实际利率进行摊销时，借记"财务费用"或"在建工程"科目，贷记"未确认融资费用"科目。

例 5-2 甲公司 2×19 年 1 月 1 日从乙公司购入某机器作为固定资产使用，不需安装。购货合同约定，机器的总价款为 2 000 万元，分 3 年支付，2×19 年 12 月 31 日支付 1 000 万元，2×20 年 12 月 31 日支付 600 万元，2×21 年 12 月 31 日支付 400 万元。假定甲公司 3 年期银行借款年利率为 6%，不考虑相关税费。则甲公司会计处理如下。

① 2×19 年 1 月 1 日购入固定资产。

$$固定资产入账价值（现值）= 1\,000/(1+6\%) + 600/(1+6\%)^2 + 400/(1+6\%)^3$$
$$\approx 1\,813.24 \text{（万元）}$$

长期应付款入账价值 = 2 000（万元）

未确认融资费用入账价值 = 2 000 - 1 813.24 = 186.76（万元）

借：固定资产	18 132 400
未确认融资费用	1 867 600
贷：长期应付款	20 000 000

期末，按照实际利率法摊销未确认融资费用。

每期未确认融资费用摊销 = 每期期初应付本金余额 × 实际利率

每期期初应付本金余额 = 期初长期应付款余额 - 期初未确认融资费用余额

具体融资费用计算过程见表 5-1。

表 5-1　融资费用计算

单位：万元

日期	分期付款额	未确认融资费用摊销	未确认融资费用余额	长期应付款余额	应付未付本金
①	②	③ = 期初⑥×6%	期末④ = 期初④-③	期末⑤ = 期初⑤-②	⑥ = ⑤-④
2×19.1.1			186.76	2 000	2 000-186.76 = 1 813.24
2×19.12.31	1 000	1 813.24×6%≈108.79	186.76-108.79 = 77.97	1 000	1 000-77.97 = 922.03
2×20.12.31	600	922.03×6%≈55.32	77.97-55.32 = 22.65	400	400-22.65 = 377.35
2×21.12.31	400	22.65[注]	0	0	0
总计	2 000	186.76			

注：最后一期摊销的未确认融资费用金额为期初"未确认融资费用"账户的余额。

② 2×19 年 12 月 31 日付款，确认财务费用。

借：财务费用	1 087 900
贷：未确认融资费用	1 087 900
借：长期应付款	10 000 000
贷：银行存款	10 000 000

③ 2×20 年 12 月 31 日付款，确认财务费用。

借：财务费用	553 200
贷：未确认融资费用	553 200
借：长期应付款	6 000 000
贷：银行存款	6 000 000

④ 2×21 年 12 月 31 日付款，确认财务费用。

借：财务费用	226 500
贷：未确认融资费用	226 500
借：长期应付款	4 000 000
贷：银行存款	4 000 000

⇨ 想一想

1. 你能说明上述会计处理对各期财务报表的影响吗？

2. 假设上述固定资产需要安装，并于 2×20 年 1 月 1 日达到预定可使用状态，会计处理有何不同？

2. 自行建造固定资产

自行建造的固定资产的入账价值包括建造该项固定资产达到预定可使用状态前所发生的必要支出。

企业经常根据生产经营的需要，利用现有的人力、物力条件自行建造固定资产，自行建造固定资产按其建造方式分为自营和出包两种方式。无论是出包方式还是自营方式，都通过"在建工程"科目核算。即通过"在建工程"科目归集所有该项固定资产的建造成本，达到预定可使用状态后从其贷方转入"固定资产"科目，并从下一个月开始计提折旧，配比成本。

企业所建造的固定资产已达到预定可使用状态，但尚未办理竣工决算手续的，需要自达到预定可使用状态之日起，根据工程预算、造价或工程实际成本，按暂估价值由在建工程转入固定资产，并计提折旧，待办理竣工决算手续后再调整原来的暂估入账价值，但不需要调整已计提的折旧额。

3. 其他方式取得的固定资产

1）投资者投入固定资产

投资者投入的固定资产，按投资合同或协议确认的价值作为入账价值，如果合同或协议约定的价值不公允，则应该按照固定资产的公允价值作为入账价值。企业接受投资者投入固定资产，增加固定资产的同时增加实收资本或股本。

2）接受捐赠固定资产

企业接受捐赠的固定资产，按以下规定确定其入账价值。

（1）捐赠方提供了有关凭据的，按凭据上标明的金额加上应当支付的相关税费，作为入账价值。

（2）捐赠方没有提供有关凭据的，如果同类或类似固定资产存在活跃市场的，按同类或类似固定资产的市场价格估计的金额，加上应当支付的相关税费，作为入账价值；同类或类似固定资产不存在活跃市场的，按接受捐赠的固定资产的预计未来现金流量现值作为入账价值。

（3）如接受捐赠的系旧的固定资产，依据上述方法确定的新固定资产价值，减去按该项资产的新旧程度估计价值损耗后的余额，作为入账价值。

企业接受资产捐赠，按确定的入账价值增加资产的同时，计入营业外收入。

3）盘盈的固定资产

盘盈的固定资产，往往是由于记账错误造成的，应作为前期差错处理，在增加固定资产的同时，通过"以前年度损益调整"科目，调整留存收益。

⇨ **想一想**

你能举例说明如何对盘盈的固定资产进行会计处理吗？

4. 存在弃置费用的固定资产

固定资产准则规定，对于特殊行业的特定固定资产，确定其初始成本时，还应该考虑弃置费用。如核电站核设施等的弃置和恢复环境等义务，石油天然气开采企业油气资产的弃置费用等。

弃置费用通常是指根据国家法律和行政法规、国际公约等规定，企业承担的环境保护和生态恢复等义务所确定的支出。但不包括一般企业固定资产发生的报废清理费用，一般固定资产的报废清理费用应当在发生时作为固定资产处置费用处理。

由于弃置费用的金额与其现值通常会相差较大，所以，对于特殊行业的特定固定资产，企业应当按照弃置费用的现值计入相关固定资产成本，同时按照或有事项准则确认预计负债。该弃置费用的现值相当于弃置费用的本金部分，需要在固定资产的使用寿命内按照预计负债的摊余成本和实际利率计算确定每期还要承担的利息费用，计入当期财务费用，直至固定资产报废时，预计负债的账面价值等于预计的弃置费用总额。

例 5-3 甲公司经国家批准 2×19 年 1 月 1 日建造完成核电站核反应堆并交付使用，建造成本为 2 000 000 万元。预计使用寿命 40 年。根据法律规定，该核反应堆将会对生态环境产生一定的影响，企业应在该项设施使用期满后将其拆除，并对造成的污染进行整治，预计发生弃置费用 200 000 万元。假定适用的折现率为 10%。则甲公司会计处理如下。

① 2×19 年 1 月 1 日确认固定资产。

弃置费用的现值 $= 200\ 000 \times (P/F, 10\%, 40) = 200\ 000 \times 0.022\ 1 = 4\ 420$（万元）

固定资产的成本 $= 2\ 000\ 000 + 4\ 420 = 2\ 004\ 420$（万元）

借：固定资产		20 044 200 000
贷：在建工程		20 000 000 000
预计负债		44 200 000

② 计算第 1 年应负担的利息费用 $= 4\ 420 \times 10\% = 442$（万元）。

借：财务费用		4 420 000
贷：预计负债		4 420 000

以后年度，企业应当按照实际利率法计算确定每年的财务费用，会计处理略。

> **想一想**

第二年应负担的利息为多少？为什么计入财务费用而不是其他账户？

5.2　固定资产的后续计量

5.2.1　固定资产折旧

企业通过运用各项资产创造收入，收入与费用配比，得到最终的收益。企业所拥有的各项资产的成本以不同的方式与其带来的收入相配比。某些支出不形成资产，而是直接确认为当期费用与收入配比；制造业的原材料通过发出计入产品成本，产品销售后，再计入销货成本，与收入相配比；低值易耗品通过一次摊销、五五摊销而配比其成本等。而固定资产摊销其成本，与其带来的收入相配比的形式被称为折旧。

固定资产折旧是指固定资产在使用过程中，逐渐损耗而消失的那部分价值。固定资产损耗的这部分价值，应当在固定资产的有效使用年限内进行分摊，形成折旧费用，计入各期成本费用。

1. 影响固定资产折旧的因素

影响固定资产各期折旧费用的因素主要有四个：计提折旧的基数、预计使用寿命或工作量、预计净残值和折旧方法。

1）计提折旧的基数

计提固定资产折旧的基数一般为取得固定资产的原始价值或固定资产的账面价值。企业一般以固定资产的原价（原值）作为计提折旧的依据，运用双倍余额递减法的企业，以固定资产的账面净值作为计提折旧的依据。如果已对固定资产计提了减值准备，还应当扣除已计提的固定资产减值准备累计金额。

2）预计使用寿命或工作量

预计使用寿命即固定资产折旧年限，指固定资产预期使用的期限。有些固定资产的使用寿命也可以用该资产所能生产的产品或提供的劳务的数量来表示。折旧年限的长短直接关系到各期计提的折旧额的高低，是影响企业计提折旧的关键因素。

在确定固定资产的使用寿命时，主要考虑下列因素：

（1）该资产的预计生产能力或实物产量；

（2）该资产的有形损耗，如设备使用中发生磨损、房屋建筑物受到自然侵蚀等；

（3）该资产的无形损耗，如因新技术的出现而使现有的资产技术水平相对陈旧、市场需求变化使产品过时等；

（4）有关资产使用的法律或者类似的限制。

此外，企业应当定期（至少每年年末）对固定资产的使用寿命进行复核。如果固定资产使用寿命的预期数与原先的估计数有重大差异，则应当相应调整固定资产折旧年限。

3）预计净残值

固定资产的预计净残值是指预计固定资产报废时可以收回的残余价值扣除预计清理费用后的数额，该部分净残值不用配比到成本费用中。在没有计提减值准备的情况下，固定资产账面原价减预计净残值即为固定资产应计提的折旧总额，即应在使用寿命内配比到成本费用中的全部价值。

企业通常以比例的形式预计净残值，即净残值率。净残值率是指固定资产的净残值占其原始价值的比率。

企业对固定资产的预计净残值也应当定期（至少每年年末）进行复核。如果固定资产净残值的预期数与原先的估计数有重大差异，应当调整固定资产的预计净残值。

4）折旧方法

企业应当根据固定资产所含经济利益的预期实现方式选择折旧方法，可选用的折旧方法包括年限平均法、工作量法、双倍余额递减法和年数总和法，每种方法计算的每期折旧额不同。

企业应当定期对固定资产的折旧方法进行复核。如果固定资产包含的经济利益的预期实现方式有重大改变，则应当相应改变固定资产折旧方法。

总之，企业应当根据固定资产的性质和使用情况，合理确定固定资产的使用寿命和预计净残值，并根据科技发展、环境及其他因素，选择合理的固定资产折旧方法，按照管理权限，经股东大会或董事会或经理（厂长）会议或类似机构批准，作为计提折旧的依据。同时，按照法律、行政法规的规定报送有关各方备案，并备置于企业所在地，以供投资者等有关各方查阅。企业备置于公司所在地的有关固定资产的预计使用寿命、预计净残值和折旧方法等，一经确定，不得随意调整。如需变更，仍然要按照上述程序，经批准后报送有关各方备案，并在财务报表附注中予以说明。

2. 固定资产折旧的范围

企业的固定资产无论是在用的固定资产还是未使用和不需用的固定资产，无论是生产经营固定资产还是非生产经营固定资产一般均应计提折旧。

我国固定资产准则规定，除以下情况外，企业应对所有固定资产计提折旧。

（1）已提足折旧仍继续使用的固定资产。已提足折旧的固定资产账面价值等于其净残值，意味着已将全部成本配比到了各期损益中，所以不必再提折旧。

（2）按规定单独估价作为固定资产入账的土地。单独估价入账的土地是一项特殊的固定资产，其使用年限为无限长，意味着每期配比的成本无限小，且不需要更新，所以，土地不用计提折旧。

固定资产折旧一般按月计提，并根据不同的用途分别计入相关成本费用科目，当月增加的固定资产，当月不提折旧，从下月起计提折旧；当月减少的固定资产，当月仍提折旧，从下月起停止计提折旧。

3. 固定资产的折旧方法

在固定资产的四种折旧方法中，年限平均法和工作量法属于直线法，双倍余额递减法和年数总和法是加速折旧法。

不同的折旧方法决定了在固定资产的使用寿命内配比到各期的折旧费用的大小，最终影响企业的财务状况和经营损益。一般来说，直线法下形成的利润比较均衡，工作量法下形成的利润随着各期工作量的变化而变化，而加速折旧法下形成的利润前期小于后期，两种加速折旧法下的折旧费用对各期利润的影响也不相同。在税法允许自由选择折旧方法时，加速折旧法有利于递延税款，增加现金流。

1）年限平均法

年限平均法是将固定资产的成本均衡地分摊到各期的一种方法。即每期计提的折旧额相等。年限平均法计算简单、直观，我国目前大多数企业都采用这种折旧方法。但年限平均法仅考虑时间因素，没有考虑固定资产各期磨损程度是不同的，因为随着固定资产的连续使用，固定资产磨损程度加大，其后期的生产能力一般低于前期的生产能力。而年限平均法将固定资产成本均衡摊入各期，不完全符合实际情况。

年限平均法的基本计算公式如下：

年折旧率＝［（1－预计净残值率）/预计使用年限］×100%

月折旧率＝年折旧率/12

月折旧额＝固定资产原值×月折旧率

我国实务操作中使用年限平均法，一般先确定固定资产的分类折旧率，据此计算各期固定资产的折旧额。

例 5-4　某项固定资产原值 20 000 元，预计残值收入 1 000 元，预计清理费用 600 元，预计使用寿命 5 年。

年折旧率＝{［1－（1 000－600）/20 000］/5}×100%＝19.6%

该项固定资产月折旧额＝20 000×19.6%/12≈326.67（元）

2）工作量法

工作量法是指根据固定资产在生产过程中实际完成的工作总量计算折旧的一种方法。工作量可以用总产量、总小时数、总吨千米数、总工作台时等指标计算。工作量法是将固定资产的成本随着工作量转移到产品成本中去。适用于那些使用不均衡的固定资产，如运输工具。工作量法计算公式如下：

每一工作量折旧额＝固定资产原值×（1－净残值率）/预计总工作量

某项固定资产月折旧额＝该项固定资产当月工作量×每一工作量折旧额

例 5-5　甲公司拥有一辆汽车，原值 200 000 元，预计净残值率为 4%，预计总行驶里程为 500 000 千米，当月行驶里程为 10 000 千米。

单位里程折旧额＝200 000×（1－4%）/500 000＝0.384（元/千米）

本月折旧额＝10 000 千米×0.384 元/千米＝3 840 元

3）加速折旧法

双倍余额递减法和年数总和法是加速折旧法。所谓加速折旧法，是指在固定资产使用的越早期，提取的折旧就越多；越晚期，提取的折旧就越少。加速折旧法主要是考虑到固定资产技术进步等无形损耗的影响，同时考虑到固定资产往往早期服务效用较大，而到后期逐渐衰退，因此，早期应比后期配比的成本多。为达到加速折旧的目的，可以有两种基本的选择，一种是固定折旧率，将计提折旧的基数逐年减少；另一种是每期的计提基数不变，将折旧率逐年减小。前者典型的方法是双倍余额递减法，后者典型的方法是年数总和法。

（1）双倍余额递减法。

双倍余额递减法是指在不考虑固定资产残值的前提下，根据每期期初固定资产净值和不考虑净残值情况下的双倍直线折旧率计提折旧的方法。基本计算公式如下：

年折旧率＝（2/预计的折旧年限）×100%

月折旧率＝年折旧率/12

月折旧额＝固定资产账面净值×月折旧率

由于双倍余额递减法在确定折旧率时没有考虑固定资产的净残值，所以采用双倍余额递减法计提折旧，当扣除净残值后固定资产在剩余使用年限平均计提的折旧额大于继续按照双倍余额递减法计算的折旧额时，需要改用直线法计提折旧。

例 5-6　甲公司某项固定资产原值为 80 000 元，预计净残值为 1 000 元，预计使用寿命为 4 年。采用双倍余额递减法计算每年应计提的折旧额如下：

年折旧率＝（2/4）×100% ＝50%

第一年应提折旧额＝80 000×50% ＝40 000（元）

第二年应提折旧额＝（80 000-40 000）×50% ＝20 000（元）

第三年应提折旧额＝（80 000-40 000-20 0000）×50% ＝10 000（元）

第四年应提折旧额＝80 000-40 000-20 000-10 000-1 000＝9 000（元）

（2）年数总和法。

年数总和法是将固定资产的原值减去预计净残值后的净额乘以一个逐年递减的分数计算每年的折旧额。这个分数是企业的年折旧率，这个分数的分子代表固定资产的尚可使用年数，分母代表预计使用年数的总和。基本计算公式如下：

年折旧率＝尚可使用年限/预计使用年限的年数总和

月折旧率＝年折旧率/12

月折旧额＝（固定资产原值-预计净残值）×月折旧率

例 5-7　资料承例 5-6，要求采用年数总和法计算每年应计提的折旧额。

年数总和＝4×（1+4）/2＝10

年数总和法折旧计算见表 5-2。

表 5-2　年数总和法折旧计算表　　　　　　　　　金额单位：元

年份序号	尚可使用年限	原值-净残值	年折旧率	年折旧额	累计折旧额
1	4	79 000	4/10	31 600	31 600
2	3	79 000	3/10	23 700	55 300
3	2	79 000	2/10	15 800	71 100
4	1	79 000	1/10	7 900	79 000

由于企业所处经济环境、技术环境以及其他环境的变化可能导致固定资产预期流入经济利益的方式发生变化，为了更真实地反映固定资产的成本分担情况，企业可能需要变更折旧方法。无论是折旧方法的变更，还是预期使用寿命及预计净残值的变更，都属于会计估计变更，企业在变更当期应该采用未来适用法对这种变更进行会计处理。

4. 固定资产折旧的会计处理

企业按月计提固定资产折旧，根据其用途，借记"制造费用"（生产产品用固定资产）、"管理费用"（管理部门用固定资产）、"销售费用"（销售部门用固定资产）等科目，贷记"累计折旧"科目。

5.2.2　固定资产的后续支出

企业的固定资产投入使用后，为维护或提高固定资产的使用效能，或者为了适应新技术发展的需要，往往需要对现有固定资产进行维护、改建、扩建或者改良，即发生固定资产的后续支出。

固定资产的后续支出有费用化和资本化两种处理方法。其总的处理原则是：后续支出符合固定资产确认条件的，应当资本化计入固定资产成本（如果存在被替换部分，则需要扣除被替换的价值）；不符合固定资产确认条件的，应当费用化计入当期损益（管理费用）。

判断一项与固定资产相关的后续支出是否符合固定资产的确认条件，关键是判断该后续支出是否能够使可能流入企业的经济利益超过了原先的估计。实务中往往通过后续支出是否延长了固定资产的使用寿命，是否使产品质量得到实质性提高，是否使产品成本实质性降低等因素进行判断，如果能够产生上述效果，该后续支出则计入固定资产账面价值；否则，应将这些后续支出予以费用化，计入发生当期的损益。有时候，企业也会根据技术部门对固定资产的修理流程进行判断，一般地，日常维修、中小修为费用化支出；更新改造为资本化支出；大修理支出，需要根据资本化原则进行判断，如果生产产品的固定资产的定期检查发生的大修理费用符合资本化条件的，可以计入固定资产成本。

1. 费用化的后续支出

费用化的后续支出不会使流入企业的经济利益超过原先的估计，不符合固定资产确认条件，应当于发生时直接计入当期费用。

例 5-8　甲公司对生产产品的某项固定资产进行日常维修，支付修理费 5 000 元，以银行存款支付。甲公司会计处理如下。

借：管理费用　　　　　　　　　　　　　　　　　　　　　　　　5 000

　　贷：银行存款　　　　　　　　　　　　　　　　　　　　　　　　　5 000

2. 资本化的后续支出

与固定资产有关的更新改造等后续支出，符合固定资产确认条件的，应当计入固定资产成本，同时将被替换部分的账面价值扣除。

企业发生固定资产资本化后续支出时，应将该固定资产账面价值（包括固定资产原价、累计折旧、固定资产减值准备）转入在建工程，发生的后续支出也计入在建工程。发生资本化后续支出的固定资产，因已转入在建工程，所以不再计提折旧，待该固定资产达到预定可使用状态又转为固定资产后，再从下个月开始按重新确定的固定资产原价、尚可使用年限、预计净残值和折旧方法计提折旧。

例 5-9　甲公司 2×19 年 12 月 30 日，自行建成一条生产线，建造成本为 100 万元，采用年限平均法计提折旧，预计净残值率为 5%，预计使用寿命为 10 年。2×21 年 12 月 31 日至 2×22 年 6 月 30 日，对该生产线进行改扩建，共发生支出 55.8 万元，全部以银行存款支付。该生产线改扩建工程达到预定可使用状态后，大大提高了生产能力，预计使用寿命延长 2 年，至 2×31 年 12 月 31 日。假定该生产线未发生减值，预计净残值率、折旧方法没有改变，整个过程不考虑其他相关税费，按年度计提固定资产折旧。则甲公司会计处理如下。

本例中，生产线改扩建后，生产能力将大大提高，能够为企业带来更多的经济利益，改扩建的支出金额也能可靠计量，因此该后续支出符合固定资产的确认条件，应计入固定资产的成本。

① 2×20 年 12 月 31 日和 2×21 年 12 月 31 日计提折旧。

$$年折旧额 = 100 \times (1 - 5\%)/10 = 9.5（万元）$$

借：制造费用　　　　　　　　　　　　　　　　　　　　95 000
　　贷：累计折旧　　　　　　　　　　　　　　　　　　　　95 000

② 2×21 年 12 月 31 日，固定资产转入改扩建。

借：在建工程　　　　　　　　　　　　　　　　　　　810 000
　　累计折旧　　　　　　　　　　　　　　　　　　　190 000
　　贷：固定资产　　　　　　　　　　　　　　　　　1 000 000

③ 2×21 年 12 月 31 日至 2×22 年 6 月 30 日，发生改扩建工程支出。

借：在建工程　　　　　　　　　　　　　　　　　　　558 000
　　贷：银行存款　　　　　　　　　　　　　　　　　　558 000

④ 2×22 年 6 月 30 日，生产线改扩建工程达到预定可使用状态，固定资产的入账价值＝81+55.8＝136.8（万元）。

借：固定资产　　　　　　　　　　　　　　　　　　1 368 000
　　贷：在建工程　　　　　　　　　　　　　　　　　1 368 000

⑤ 2×22 年 12 月 31 日，按重新确定的使用寿命计算折旧额。

月折旧额 ＝ 136.8 × (1−5%) / (9×12+6) = 1.14（万元）

年折旧额 ＝ 1.14 × 12 = 13.68（万元）

2×22 年应计提的折旧额 ＝ 1.14 × 6 = 6.84（万元）

借：制造费用　　　　　　　　　　　　　　　　　　　68 400
　　贷：累计折旧　　　　　　　　　　　　　　　　　　68 400

5.2.3　固定资产的期末计量

固定资产的期末计量遵循的是谨慎性要求，按照账面价值与可收回金额孰低报表。当固定资产的可收回金额低于账面价值时，说明固定资产发生减值，低于部分不会给企业带来经济利益的流入，不符合资产的定义，所以不能显示在资产负债表中，而应该作为损失计入当期损益。具体核算按照资产减值准则处理，详见第 8 章。

5.3　固定资产的处置

一般将固定资产的减少称为固定资产的处置，包括固定资产由于使用或由于技术进步而报废、由于自然灾害等原因造成毁损、由于不再需要而出售、对外投资、对外捐赠、与其他资产交换以及抵偿债务转出等。

固定资产的报废处置一般通过"固定资产清理"科目核算。"固定资产清理"账户是暂记账户，用来归集由于处置固定资产而发生的损失和利得，即借方登记处置固定资产而产生的费用和损失，包括转入清理过程的固定资产净值，清理过程中发生的清理费用等；贷方登记处置固定资产而产生的收入，包括转让收入、残料收入以及应向保险公司或有关责任者收取的赔款等。清理结束后，再根据不同的清理结果结转"固定资产清理"科目。

5.3.1　固定资产终止确认的条件

固定资产满足下列条件之一的，应当予以终止确认。

（1）该固定资产处于处置状态。即处于上述所说的出售、转让、报废或毁损、对外投资、非货币性资产交换、债务重组等。

（2）该固定资产预期通过使用或处置不能产生经济利益。有时候固定资产虽然没有发生诸如上述各种方式的处置过程，但如果某项固定资产预期通过使用无法产生经济利益，则说明该固定资产已不再符合固定资产的确认条件，也应终止确认。

5.3.2　固定资产的报废

固定资产报废清理结果如果是借方余额，则为净损失，计入营业外支出，属于生产经营期间正常的清理损失，借记"营业外支出——处置非流动资产损失"科目，贷记"固定资产清理"科目；属于生产经营期间由于自然灾害等非正常原因造成的损失，借记"营业外支出——非常损失"科目，贷记"固定资产清理"科目。

报废清理结果如果是贷方余额，则为净收益，计入营业外收入，借记"固定资产清理"科目，贷记"营业外收入——处置非流动资产利得"科目。如果企业正处于筹建期间，则清理净损益计入开办费。

例 5-10　甲公司一项固定资产经批准报废，原值为 1 200 000 元，已提折旧 1 152 000 元，残料入库，计价 50 000 元，用银行存款支付清理费用 3 000 元。甲公司会计处理如下。

① 转入清理时。

借：固定资产清理　　　　　　　　　　　　　　　　　　　48 000

　　累计折旧　　　　　　　　　　　　　　　　　　　　1 152 000

　　贷：固定资产　　　　　　　　　　　　　　　　　　　1 200 000

② 支付清理费用时。

借：固定资产清理　　　　　　　　　　　　　　　　　　　 3 000

　　贷：银行存款　　　　　　　　　　　　　　　　　　　　3 000

③ 残料入库时。

借：原材料　　　　　　　　　　　　　　　　　　　　　　50 000

　　贷：固定资产清理　　　　　　　　　　　　　　　　　　50 000

④ 结转净损益时。

借：营业外支出——处置非流动资产损失　　　　　　　　　 1 000

　　贷：固定资产清理　　　　　　　　　　　　　　　　　　 1 000

5.3.3　固定资产的持有待售及出售

持有待售的固定资产是指在当前状况下仅根据出售同类固定资产的惯例就可以直接出售且极可能出售的固定资产。当固定资产符合持有待售条件时，需要重分类为持有待售资产。

企业需设置"持有待售资产"科目，核算持有待售的非流动资产和持有待售的处置组中的资产。持有待售资产科目可以按照资产的类别进行明细核算。

企业将某项固定资产重新分类为持有待售的固定资产时，应停止计提折旧。按照该固定资产的账面价值借记"持有待售资产（固定资产）"科目，按已计提的累计折旧借记"累计折旧"科目，按固定资产的原值贷记"固定资产"科目。固定资产已计提减值准备的，还应同时结转已计提的减值准备。

在资产负债表日，持有待售的固定资产按照原账面价值与公允价值减去出售费用后的净额孰低计量。企业在初始计量持有待售资产时，如果其账面价值低于其公允价值减去出售费用后的净额，则不需要对账面价值进行调整；如果账面价值高于其公允价值减去出售费用后的净额，则应当将账面价值减记至公允价值减去出售费用后的净额，减记的金额确认为资产减值损失，计入当期损益，同时计提持有待售资产减值准备。

例 5-11 甲公司 2×19 年 12 月 31 日某项固定资产原值 100 万元，已提折旧 50 万元，已提减值准备 20 万元，固定资产的账面价值为 30 万元，现准备将其出售。假设该设备公允价值减去出售费用后的净额为 32 万元，且符合持有待售类别。甲公司会计处理如下。

① 2×19 年 12 月 31 日符合持有待售时。

```
借：持有待售资产——固定资产                     300 000
    累计折旧                                   500 000
    固定资产减值准备                            200 000
    贷：固定资产                                        1 000 000
```

② 假设该设备的公允价值减去出售费用后的净额为 25 万元，则甲公司会计处理如下。

```
借：资产减值损失                                50 000
    贷：持有待售资产减值准备——固定资产                    50 000
```

③ 假设该设备不符合持有待售类别，并假设该设备于 2×20 年 2 月 1 日以 35 万元出售，不考虑相关税费，则甲公司 2×20 年 2 月 1 日会计处理如下。

```
借：固定资产清理                                300 000
    累计折旧                                   500 000
    固定资产减值准备                            200 000
    贷：固定资产                                        1 000 000
借：银行存款                                    350 000
    贷：固定资产清理                                     350 000
借：固定资产清理                                 50 000
    贷：资产处置损益                                      50 000
```

想一想

如果出售该设备需要交纳 4.55 万元的增值税，甲公司如何进行会计处理？

此外，固定资产的减少有时候会表现为固定资产的盘亏。固定资产盘亏与固定资产盘盈都是企业对固定资产进行期末清查的结果。与固定资产盘盈相反，固定资产盘亏需要减少固定资产账面价值，同时，固定资产盘亏的损失必须计入当期损益。

盘亏的固定资产，与存货一样通过"待处理财产损溢"科目核算。盘亏时，按盘亏固定资产账面价值，借记"待处理财产损溢"科目，按已提折旧，借记"累计折旧"科目，按该项固定资产已计提的减值准备，借记"固定资产减值准备"科目，按固定资产账面原价，贷记"固定资产"科目。报经批准后，再从待处理财产损溢中转出，计入当期营业外支出。如果存在保险赔偿或过失人赔偿，则计入其他应收款。

例 5-12 甲公司在资产清查中发现盘亏设备一台，其账面原值 10 000 元，已提折旧 4 000 元。甲公司会计处理如下。

① 清查盘亏时。

借：待处理财产损溢——待处理固定资产损溢   6 000

  累计折旧   4 000

   贷：固定资产   10 000

② 报经批准后。

借：营业外支出——固定资产盘亏   6 000

   贷：待处理财产损溢——待处理固定资产损溢   6 000

⇨ 想一想

1. 该项盘亏设备事项对财务报表有何影响？

2. 假设是盘盈了价值 6 000 元的设备，影响有何不同？

练习题

1. 甲公司有关固定资产资料如下：

（1）某项固定资产原价 40 000 元，估计清理费用 4 000 元，估计残值 8 000 元，预计使用年限 10 年，按直线法计提折旧；

（2）假定（1）中固定资产可生产 20 万吨产品，按工作量法计提折旧；

（3）某项固定资产原价为 160 000 元，使用年限为 5 年，估计残值为 10 000 元，清理费用 5 000 元，用双倍余额递减法计提折旧；

（4）假定（3）中固定资产按年数总和法计提折旧。

要求：分别计算年折旧额（或单位产量折旧额），列出算式。

2. 甲公司 2×19 年 10 月发生有关固定资产交易事项如下（假设增值税率 13%，房屋建筑物增值税率 5%）：

（1）出售一台设备，原价 450 000 元，已提折旧 200 000 元，出售价款 350 000 元（不含增值税），价款已经收到存入银行；

（2）出售房屋一栋，原价 420 万元，已提折旧 80 万元，该房屋销售收入 500 万元（不含增值税），价款已经收到存入银行；

（3）报废设备一台，原价 60 000 元，已提折旧 58 000 元，发生清理费用 3 500 元以银行存款支付，设备残值 2 500 元作辅助材料入库，固定资产已清理完毕；

（4）汽车一辆，因发生交通事故报废，汽车原价为 120 000 元，可使用期限为 10 年，已使用 8 年，累计折旧额为 96 000 元，发生清理费用 3 000 元，从保险公司取得赔款 20 000 元，残料出售收入 4 000 元，款项均以银行存款收付。

要求：根据上述资料编制与固定资产清理相关的会计分录。

3. 甲公司有关某设备的交易事项如下（假设增值税率13%，各价款皆为不含增值税价）：

（1）购买需安装设备一台，价款40万元，以银行存款支付；

（2）购买材料5万元，以银行存款支付，直接用于安装工程；

（3）应付安装工程人员工资5万元；

（4）安装工程完工，交付使用；

（5）该设备用于产品生产，预计使用10年，净残值率5%，采用直线法计提年折旧；

（6）该设备于交付使用后第五年初出售，售价36万元，支付清理费1 000元。

要求：编制上述交易事项的会计分录。

4. 甲公司2×19年1月1日从乙公司购入B生产设备作为固定资产使用，购货合同约定，B设备的总价款为2 000万元，当日支付800万元，余款分4年于每年末平均支付，另外支付增值税260万元。设备进行安装，支付安装等相关费用348 770.5元，设备于3月31日安装完毕交付使用。设备预计净残值为30万元，预计使用年限为5年，采用年数总和法计提折旧。

假定实际年利率为6%[(P/A,6%,4)=3.465 1]。

要求：根据上述资料（以元为单位，四舍五入保留2位小数）：

（1）计算未确认融资费用；

（2）计算甲公司2×19年、2×20年应确认的融资费用及应计提的折旧额；

（3）编制2×19、2×20、2×21、2×22年度与该设备相关的会计分录。

5. 某企业计划建造一个核电站，其主体设备核反应堆将会对当地的生态环境产生一定的影响。根据法律规定，企业应在该项设备使用期满后将其拆除，并对造成的污染进行整治。2×19年1月1日，该项设备建造完成并交付使用，建造成本共80 000 000元。预计使用寿命10年，预计弃置费用为1 000 000元。假定折现率（即为实际利率）为10%，(P/F, 10%, 10) = 0.385 5。

要求：

（1）计算该核反应堆固定资产的成本；

（2）编制核反应堆完工会计分录；

（3）编制2×19年、2×20年、2×21年确认弃置费用利息的会计分录。

6. 甲公司有关生产线的资料如下。

（1）2×19年12月，甲公司自行建成了一条生产线，建造成本为568 000元，采用年限平均法计提折旧，预计净残值率为3%，预计使用年限为6年。

（2）2×21年12月31日，甲公司决定对该生产线进行改扩建，以提高其生产能力。假定该生产线未发生减值。

（3）2×21年12月31日至2×22年3月31日，经过三个月的改扩建，完成了对这条生产线的改扩建工程，共发生支出268 900元，全部以银行存款支付。

（4）该生产线改扩建工程达到预定可使用状态后，大大提高了生产能力，且使用年限延长，预计其剩余使用寿命为 8 年（从 2×22 年 1 月 1 日算起）。假定改扩建后的生产线的预计净残值率为改扩建后固定资产账面价值的 3%；折旧方法仍为年限平均法。

（5）为简化计算过程，整个过程不考虑其他相关税费，公司按年度计提固定资产折旧。

要求：根据上述资料（以元为单位，四舍五入保留 2 位小数）：

（1）对该固定资产的后续支出是否资本化进行判断；

（2）编制该固定资产 2×20 年、2×21 年计提折旧的会计分录；

（3）编制与该固定资产改扩建相关的会计分录；

（4）编制该固定资产 2×22 年计提折旧的会计分录。

7. 甲公司 2×19 年 1 月 10 日计划出售一大型设备，该设备原值为 1 000 万元，已计提折旧 200 万元（含当月），没有减值。1 月 20 日，与乙公司签订协议，协议价 900 万元，双方约定由甲公司于 2×19 年 3 月 31 日之前将该设备运抵乙公司，甲公司预计出售费用 5 万元。假设不考虑其他相关税费。

要求：

（1）编制 2×19 年 1 月份的会计分录。

（2）假设 2×19 年 3 月甲公司将设备运抵乙公司，发生费用 6 万元，收到设备价款 900 万元，编制相关的会计分录。

案例与专题

海伦·伯克利是老城剧院的创建人和经理。剧院需要一笔银行贷款来开发新剧。作为申请贷款的一部分，需要编制一份资产负债表。海伦编制的老城剧院 2×19 年 9 月 30 日资产负债表如表 5-3 所示。虽然大体上是正确的，但是在会计主体、资产定价、负债和所有者权益上还有一些问题。

表 5-3　老城剧院 2×19 年 9 月 30 日资产负债表

资产		负债和所有者权益	
现金	$ 21 900	负债：	
应收账款	132 200	应付账款	$ 6 000
服装	3 000	应付工资	29 200
建筑	27 000	总负债	$ 35 200
照明设备	9 400	所有者权益：	
汽车	15 000	海伦的资产	50 000
总计	$ 208 500	总计	$ 85 200

通过和海伦的一番讨论，并检查了老城剧院的会计记录之后，你发现了以下事实。

（1）21 900 美元的现金包括公司银行账户 1.5 万美元，公司手头持有的临时周转现金 1 900 美元，以及海伦私人账户里的 5 000 美元。

（2）132 200 美元的应收款包括北极旅游公司的欠款 7 200 美元，剩下的 125 000 美元是海伦估计的从 9 月 30 日到年底的门票收入。

（3）海伦向你解释说服装是前几天花 18 000 美元购买的，其中的 3 000 美元是用现金支付的，剩下的用商业票据来支付。因为这个票据要到明年 1 月才到期，所以并没有记录它。

（4）老城剧院以每月 3 000 美元的租金租用剧院。资产负债表中的 2.7 万美元是从年初到 9 月 30 日的租金。

（5）照明设备是在 9 月 26 日花 9 400 美元购买的，但是舞台监督认为它一文不值。

（6）汽车是海伦的那辆 1978 款美洲豹，她在两年前花 9 000 美元购买了这辆车。最近她看见一个汽车广告上说相同的车现在的售价为 1.5 万美元。这辆车并不供公司使用，但是它的车牌名为"老城剧院"。

（7）应付账款包括公司债务 3 900 美元，以及海伦私人信用卡上的 2 100 美元的余额。

（8）应付工资包括向在 12 月上演的新剧中扮演主角的马里奥·丹支付的 2.5 万美元工资，以及拖欠的舞台管理 9 月份的工资 4 200 美元。

（9）在海伦最初创建老城剧院时，她的投资为 2 万美元。但是最近某剧院公司希望以 5 万美元购买老城剧院，因此海伦将所有者权益列为 5 万美元。

要求：

（1）根据以上列举的情况，分别解释为什么要在资产负债表中包含或是不包含某些项目，以及对这些项目合理的定价；

（2）编制一份正确的 2×19 年 9 月 30 日的资产负债表；

（3）比较调整前后的数据，说明是否能够贷到款项。

无形资产

学习本章后，应当能够：

☑ 对各种方式取得的无形资产进行初始确认和计量；

☑ 区分资本化和费用化的内部研究开发费用；

☑ 正确计算无形资产的摊销额；

☑ 对无形资产的减少进行正确的会计处理。

6.1 无形资产的初始确认和计量

6.1.1 无形资产的确认

1. 无形资产的特征

无形资产是指企业拥有或者控制的没有实物形态的可辨认非货币性资产。具有以下特征。

1）无形资产不具有实物形态

不具有实物形态是无形资产区别于其他资产的特征之一。无形资产不像存货和固定资产那样看得见、摸得着，它只是体现一种权利或一种技术或一种能力，并具有价值，能够为企业带来未来经济利益。

某些不具有实物形态的，具备无形资产确认条件的资产为企业带来经济利益依赖于某项实物载体，如计算机软件需要存储在计算机中。在这种情况下，企业可以根据重要性要求进行判断，如果该项资产是其所依赖的实物载体不可缺少的组成部分，则该项资产与其所依赖的实物载体共同构成一项资产；反之则可单独作为无形资产进行确认。

2）无形资产具有可辨认性

一项资产是否具有可辨认性，需要进行判断，一般符合以下条件之一的，可以认为具有可辨认性。

（1）能够从企业中分离或划分出来，当企业需要出售或转让该资产时，不需要同时处置在同一获利活动中的其他资产。如果该项资产需要与有关的合同一起用于出售或转让，一般认为该合同不属于在同一获利活动中的其他资产。

（2）如果某项资产产生于合同性权利或其他法定权利，无论这些权利是否可以从企业或其他权利和义务中转移或者分离，都可以认为这项资产具有可辨认性。如各种特许权等。

无形资产的这种具有可辨认性特征，使得它区别于商誉。商誉一般不能单独存在，它与整个企业密切相关，不能与企业拥有的各种资产分开出售。我国企业会计准则规定，只有一个企业在购买另一个企业时，才可能产生商誉。

3）无形资产属于非货币性资产

非货币性资产是指企业持有的货币资金和将以固定或可确定的金额收取的资产以外的其他资产。无形资产由于没有发达的交易市场，一般不容易转化为现金，而是在多个生产经营期内为企业创造收益，而且在很大程度上受企业外部因素的影响，所以其预期的获利能力不能准确地加以确定，不属于以固定或可确定的金额收取的资产，即不属于货币性资产。

2. 无形资产的内容

无形资产包括专利权、非专利技术、商标权、著作权、特许权、土地使用权等。

1）专利权

专利权是国家专利主管机关依法授予发明创造专利申请人，对其发明创造在法定期限内所享有的专有权利，包括发明专利权、实用新型专利权和外观设计专利权。

2）非专利技术

非专利技术也称专有技术，是指不为外界所知、在生产经营活动中已采用了的、不享有法律保护的、可以带来经济利益的各种技术和诀窍。一般分为工业专有技术、商业贸易专有技术、管理专有技术。

3）商标权

商标权指专门在某类指定的商品或产品上使用特定的名称或图案的权利，包括独占使用权和禁止权两个方面。

4）著作权

著作权又称版权，是作者对其创作的文学、科学和艺术作品依法享有的某些特殊权利。包括作品署名权、发表权、修改权、保护作品完整权等权利；还包括复制权、发行权、出租权、展览权、表演权、放映权、广播权、信息网络传播权、摄制权、改编权、翻译权、汇编权以及应由著作权人享有的其他权利。

5）特许权

特许权又称经营特许权、专营权，是指企业在某一地区经营或销售某种特定商品的权利或者是一家企业接受另一家企业使用其商标、商号、技术秘密等的权利。

特许权通常表现为两种形式：一种是由政府机构授权，准许企业使用或在一定地区享有经营某种业务的特权，如水、电等专营权；另一种是企业间依照签订的合同，有限期或无限期使用另一家企业的某些权利，如以总店命名的连锁分店。

6）土地使用权

土地使用权是指国家准许某企业在一定期间内对国有土地享有开发、利用、经营的权利。我国的土地所有权归国家、集体所有，企业取得的与土地开发等相关的权利属于无形资产。土地使用权取得的方式主要有行政划拨、外购及投资者投入。

3. 无形资产的确认条件

确认无形资产入账，与其他资产一样，首先必须符合无形资产的定义，其次还要同时满足以下两个条件。

（1）该资产产生的经济利益很可能流入企业。无形资产产生的经济利益流入企业的方式可能是通过销售产品、提供劳务取得收入实现，也可能是通过使用无形资产节约了成本的方式实现经济利益的流入。由于无形资产与固定资产等其他资产具有不同的风险特征，因此，准则要求对无形资产预计使用寿命内存在的各种因素的预计要采用最稳健的方法。

（2）该资产的成本能够可靠地计量。一般来说，企业拥有的无形资源表现多种多样，但这些无形资源是否能够确认为企业的无形资产，还必须符合成本能够可靠计量的条件。如企业拥有的高科技人才，内部产生的品牌、报刊名等，由于成本很难可靠计量，因此，现行准则规定，这些资源不可以确认为无形资产。

6.1.2　无形资产的初始计量

无形资产的初始计量与其他资产一样，按照实际成本计量。取得无形资产的成本包括取得无形资产并使之达到预定用途而发生的全部支出。对于不同来源取得的无形资产，其实际成本的构成不同。

1. 外购无形资产

外购无形资产的成本包括购买价款、相关税费以及直接归属于使该项资产达到预定用途所发生的其他支出。其中直接归属于使该项资产达到预定用途所发生的其他支出包括专业服务费、测试无形资产是否能够正常发挥作用的费用等，但不包括为引入新产品进行宣传发生的广告费、管理费用及其他间接费用，也不包括在无形资产已经达到预定用途以后发生的费用。

如果是分期付款方式购入无形资产，即购买无形资产的价款超过正常信用条件延期支付，实质上具有融资性质。此时购入的无形资产成本的确定原则与固定资产一样，不应以实际支付的价款为基础进行确定，而是以购买价款的现值为基础确定。实际支付的价款与购买价款的现值之间的差额，除符合借款费用准则的有关规定应予资本化的以外，应当在信用期间内采用实际利率法进行摊销，计入当期损益。

例 6-1　甲公司从乙公司购入一项专利权，价款为 100 万元，并支付相关税费 1 万元和有关专业服务费用 9 万元，款项已支付。该项专利权能够提高甲公司的生产能力，从而增加利润。则甲公司的会计处理如下。

借：无形资产——专利权　　　　　　　　　　　　　　　　　　　1 100 000
　　贷：银行存款　　　　　　　　　　　　　　　　　　　　　　　　　1 100 000

例 6-2　甲公司 2×19 年 1 月 1 日，采用分期付款方式，从乙公司购买一项商标权，价款总计 300 万元，每年末付款 100 万元，三年付清。假定银行同期贷款利率为 10%，3 年期年金现值系数为 2.486 9。甲公司会计处理如下。

① 2×19 年 1 月 1 日，对该商标权无形资产进行确认和计量。

购买价款的现值 = 100×2.486 9 = 248.69（万元）

未确认融资费用 = 300−248.69 = 51.31（万元）

2×19 年应确认的融资费用 = 248.69×10% = 24.869（万元）

2×20 年应确认的融资费用 = [（300−100）−（51.31−24.869）]×10% = 17.355 9（万元）

2×21 年应确认的融资费用 = 51.31−24.869−17.355 9 = 9.085 1（万元）

借：无形资产——商标权   2 486 900
    未确认融资费用   513 100
      贷：长期应付款   3 000 000

② 2×19 年 12 月 31 日付款及确认财务费用。

借：长期应付款   1 000 000
      贷：银行存款   1 000 000

借：财务费用   248 690
      贷：未确认融资费用   248 690

③ 2×20 年 12 月 31 日付款及确认财务费用。

借：长期应付款   1 000 000
      贷：银行存款   1 000 000

借：财务费用   173 559
      贷：未确认融资费用   173 559

④ 2×21 年 12 月 31 日付款及确认财务费用。

借：长期应付款   1 000 000
      贷：银行存款   1 000 000

借：财务费用   90 851
      贷：未确认融资费用   90 851

⇨ 想一想

你能说明上述交易事项对各期财务报表的影响吗？

2. 投资者投入无形资产

投资者投入无形资产的成本以投资合同或协议约定的价值确认为入账价值，借记"无形资产"科目，贷记"实收资本"或"股本"等科目。但是，投资合同或协议约定价值不公允的，应按照公允价值确认。

3. 取得土地使用权

企业取得的土地使用权，通常应确认为无形资产。如果企业在拥有土地使用权的土地上自行建造建筑物等，土地使用权账面价值一般不构成建筑物的价值，二者分别无形资产和固定资产核算，并分别按照其应摊销或应计提折旧年限进行摊销、提取折旧。但会计准则规定，有两种情况例外。

（1）房地产开发企业取得的土地使用权用于建造对外出售的房屋建筑物，相关的土地使用权应当计入所建造的房屋建筑物成本。

（2）企业外购房屋建筑物所支付的价款应当在地上建筑物与土地使用权之间进行分配；难以合理分配的，应当全部作为固定资产处理。

如果企业改变土地使用权的用途，即停止自用土地使用权而用于赚取租金或资本增值，应将其重分类为投资性房地产，具体内容见第 7 章投资性房地产相关内容。

例 6-3 甲公司 2×19 年 1 月 1 日购入一块土地的使用权，价款 5 000 万元，以银行存款支付。甲公司在该土地上自行建造厂房，发生材料支出 1 000 万元，人工费 500 万元，其他相关费用 500 万元。厂房于 2×19 年 12 月 31 日达到预定可使用状态。假设土地使用权的使用年限为 50 年，厂房的使用年限为 20 年，都采用直线法进行摊销和计提折旧。不考虑净残值和其他相关税费。甲公司的会计处理如下（为简化，折旧和摊销按年进行）。

① 2×19 年 1 月 1 日购入土地使用权。

借：无形资产——土地使用权	50 000 000	
贷：银行存款		50 000 000

② 建造厂房。

借：在建工程	20 000 000	
贷：工程物资		10 000 000
应付职工薪酬		5 000 000
银行存款		5 000 000

③ 2×19 年 12 月 31 日厂房达到预定可使用状态。

借：固定资产	20 000 000	
贷：在建工程		20 000 000

④ 每年分期摊销土地使用权和对厂房计提折旧。

借：管理费用	1 000 000	
制造费用	1 000 000	
贷：累计摊销		1 000 000
累计折旧		1 000 000

⇨ **想一想**

你能说明上述交易事项对 2×19 年财务报表的影响吗？

4. 通过企业合并取得无形资产

按照企业合并准则规定，非同一控制下企业合并，购买方取得的无形资产按照其在购买日的公允价值计量，而且不仅仅局限于被购买方原已确认的无形资产，即只要无形资产的公允价值能够可靠计量，购买方就应在购买日将其确认为一项独立于商誉的无形资产。同一控制下企业合并取得的无形资产，按照该无形资产在被合并企业的账面价值计量。

6.2 内部研究开发费用的确认和计量

我国会计准则规定，企业自创商誉和内部产生的诸如品牌、报刊名等无形资产不确认为无形资产。但对于企业发生的用于最终形成无形资产的研究和开发费用是否能够资本化确认为无形资产，需要分别研究阶段和开发阶段的不同情况进行处理。

6.2.1 研究阶段和开发阶段的划分

企业需要将内部研发无形资产的过程划分为研究阶段和开发阶段。两个阶段的界定需要根据实际情况加以判断。

1. 研究阶段

研究阶段是指为获取新的技术知识而进行的有计划的调查。研究阶段具有计划性和探索性特点。首先，研究阶段是建立在有计划的调查基础上的，是已经相关机构批准，并已开始收集资料、进行市场调查等；其次，研究阶段是探索性的，为进一步的开发活动进行资料及相关方面的准备，已进行的研究活动将来是否会转入开发、开发后是否会形成无形资产等均具有较大的不确定性。研究活动的例子主要有：意于获取知识而进行的活动；研究成果或其他知识的应用研究、评价和最终选择；材料、设备、产品、工序、系统或服务替代品的研究；以及新的或经改进的材料、设备、产品、工序、系统或服务的可能替代品的配制、设计、评价和最终选择。

企业内部研究开发项目在研究阶段发生的支出，应当于发生时费用化计入当期损益（管理费用）。

2. 开发阶段

开发阶段是指在进行商业性生产或使用前，将研究成果或其他知识应用于某项计划或设计，以生产出新的或具有实质性改进的材料、装置、产品等。相对于研究阶段而言，开发阶段应当是已完成研究阶段的工作，在很大程度上具备了形成一项新产品或新技术的基本条件。因此，开发阶段具有针对性和形成成果的可能性较大的特点。开发活动的例子主要有：生产前或使用前的原型和模型的设计、建造和测试；含新技术的工具、夹具、模具和冲模的设计；不具有商业性生产经营规模的试生产设施的设计、建造和运营；新的或改造的材料、设备、产品、工序、系统或服务所选定的替代品的设计、建造和测试等。

由于开发阶段在很大程度上已经具备了形成一项新产品或新技术的基本条件，因此开发阶段的研发支出如果能够满足无形资产的定义及相关确认条件，则可资本化确认为无形资产。当然，不符合无形资产定义及确认条件的开发支出，仍然不可以资本化。

6.2.2　开发阶段有关支出资本化的条件

企业在开发阶段发生的支出是否能够资本化为无形资产，有严格的条件限制，需要职业判断。无形资产准则规定，企业内部研究开发项目开发阶段的支出，同时满足下列条件的，才可以资本化。

（1）完成该无形资产以使其能够使用或出售在技术上具有可行性。是否具有可行性需要根据目前阶段的成果进行判断，并提供相关证据和材料，证明企业进行开发所需的技术条件已经具备，不存在技术上的障碍和其他不确定性。

（2）具有完成该无形资产并使用或出售的意图。管理当局开发无形资产的意图应该明确，是为了出售，还是自己使用并从中获取经济利益。

（3）无形资产产生经济利益的方式应明确。无形资产产生经济利益的方式包括能够证明运用该无形资产生产的产品存在市场或无形资产自身存在市场，无形资产将在内部使用的，应当证明其有用性。

（4）有足够的技术、财务资源和其他资源支持，以便保证完成该无形资产的开发，并有能力使用或出售该无形资产。这一条件包括开发该无形资产具有技术上的可靠性；开发该无形资产有足够的财力资源和其他资源做保证；以及企业获得这些资源的相关计划等。

（5）归属于该无形资产开发阶段的支出能够可靠地计量。成本能够可靠计量是所有资产确认的基本条件。如果同时从事多项研究开发活动，所发生的支出同时用于支持多项研究开发活动的，应按照一定的标准在各项研究开发活动之间进行分配；无法明确分配的，应予费用化计入当期损益，不计入开发活动的成本。

6.2.3　内部开发无形资产的计量

内部开发形成的无形资产，其成本由可直接归属于该资产的创造、生产并使该资产能够以管理层预定的方式运作的所有必要支出组成。包括开发该无形资产时耗费的材料、劳务成本、注册费、在开发该无形资产过程中使用的其他专利权等无形资产的摊销、按照借款费用准则规定可以资本化的借款费用以及为使该无形资产达到预定用途所发生的其他费用。

需要注意的是，内部开发无形资产的成本仅包括在满足资本化条件的时点至无形资产达到预定用途前发生的支出总和，对于同一项无形资产在开发过程中达到资本化条件之前已经费用化计入当期损益的支出不再进行调整。

6.2.4　内部研究开发费用的会计处理

企业研究阶段发生的支出全部费用化，计入当期损益。开发阶段发生的支出符合资本化条件的可以资本化，不符合资本化条件的计入当期损益。如果确实无法区分研究阶段的支出和开发阶段的支出，应将其所发生的研发支出全部费用化，计入当期损益。

企业需要设置成本类账户"研发支出"，并分别"费用化支出"和"资本化支出"设置明细科目，进行明细核算。期末将费用化支出转入管理费用；当开发项目达到预定用途时，将可以资本化的研发支出转入无形资产。期末，"研发支出"科目若存在余额，则列示于资产负债表的开发支出项目中。

例 6-4　甲公司 2×19 年 5 月 1 日开始研发某项新产品专利技术，该公司董事会认为，研发该项目具有可靠的技术和财务等资源的支持，如果研发成功将降低产品的生产成本。该公司在研究开发过程中发生材料费 100 万元、工资 200 万元，其他费用 100 万元。其中，符合资本化条件的支出为 200 万元。2×19 年 12 月 31 日，该专利技术已经达到预定用途。甲公司会计处理如下。

① 发生研发支出。

借：研发支出——费用化支出	2 000 000
——资本化支出	2 000 000
贷：原材料	1 000 000
应付职工薪酬	2 000 000
银行存款	1 000 000

② 2×19 年 12 月 31 日确认资本化和费用化的研发支出。

借：管理费用	2 000 000
无形资产	2 000 000
贷：研发支出——费用化支出	2 000 000
——资本化支出	2 000 000

⇨ **想一想**

如果 2×19 年 12 月 31 日没有达到预定用途，如何进行会计处理？

6.3　无形资产的后续计量

无形资产的后续计量，与固定资产类似，是以成本减去累计摊销额和累计减值损失后的余额计量。因此，有关无形资产后续计量的核算一般包括无形资产的摊销以及减值损失的确定。但无形资产相对于固定资产而言，有其特殊性，某些无形资产的使用寿命是不确定的，对于使用寿命不确定的无形资产无法进行摊销，只有使用寿命有限的无形资产才需要在估计的使用寿命内采用系统合理的方法进行摊销。

➡ 想一想

为什么对于使用寿命不确定的无形资产不进行摊销？摊销与不摊销成本对企业财务报表的影响有何不同？

6.3.1　无形资产的摊销

无形资产的成本以摊销的形式在无形资产的使用寿命内计入各期的成本费用中。

1. 无形资产使用寿命的确定

无形资产准则规定，企业应当于取得无形资产时分析判断其使用寿命。无形资产的使用寿命如为有限的，应当估计该使用寿命的年限或者构成使用寿命的产量等类似计量单位数量；无法预见无形资产为企业带来未来经济利益期限的，应当视为使用寿命不确定的无形资产。

1）估计无形资产使用寿命应考虑的因素

无形资产的使用寿命包括法定寿命和经济寿命两个方面。法定寿命是指无形资产的使用寿命受法律、规章或合同的限制，如我国法律规定发明专利权有效期为 20 年，商标权 10 年。经济寿命是指无形资产可以为企业带来经济利益的年限。由于无形资产受技术进步、市场竞争等因素的影响较大，因此，无形资产的使用寿命的估计应综合考虑以下因素：

（1）该资产通常的产品寿命周期，以及可以获得的类似资产使用寿命的信息；

（2）技术、工艺等方面的现实情况及对未来发展的估计；

（3）以该资产生产的产品或服务的市场需求情况；

（4）现在或潜在的竞争者预期采取的行动；

（5）为维护该资产产生未来经济利益的能力预期的维护支出以及企业预计支付有关支出的能力；

（6）对该资产的控制期限以及对该资产的法律或类似限制；

（7）与企业持有的其他资产使用寿命的关联性。

2）无形资产使用寿命的确定

企业持有的无形资产，通常来源于合同性权利或是其他法定权利，而且合同规定或法律规定有明确的使用年限。在这种情况下，其使用寿命不应超过合同性权利或是其他法定权利的期限。但如果合同性权利或是其他法定权利能够在到期时因续约等延续，而且有证据表明企业续约不需要付出重大成本时，该无形资产的使用寿命可以包括续约期；否则，一般情况下续约期不可以包括在使用寿命内。

对于合同或法律没有规定使用寿命的无形资产，企业应当综合考虑上述所列举的各方面因素进行判断，以确定无形资产能为企业带来经济利益的期限。

经过上述方法仍无法合理确定无形资产为企业带来经济利益期限的，则将其作为使用寿命不确定的无形资产。

例 6-5　甲公司通过公开拍卖取得一项出租车运营许可，按照规定，该地的出租车运营许可以现有的许可为限，不再授予新的运营许可，同时规定，旧的出租车报废后，其运营许可可用于新的出租车。甲公司估计在有限的未来，将继续经营出租车行业。对于该运营许可，为企业带来经济利益的期限从目前情况看无法可靠估计，所以应将该无形资产作为使用寿命不确定的无形资产。

3）无形资产使用寿命的复核

与固定资产一样，企业至少应当于每年年度终了，对使用寿命有限的无形资产的使用寿命及摊销方法进行复核。无形资产的使用寿命及摊销方法与以前估计不同的，应当改变摊销期限和摊销方法，并按照会计估计变更进行处理。

对使用寿命不确定的无形资产，在每个会计期间也应当进行复核。如果有证据表明无形资产的使用寿命是有限的，应当估计其使用寿命，视为会计估计变更，并按使用寿命有限的无形资产的有关规定处理。

2. 使用寿命有限的无形资产的摊销

1）摊销期和摊销方法

企业摊销无形资产，应当自无形资产可供使用时起，至不再作为无形资产确认时止，即无形资产摊销自使用当月开始进行。这与固定资产是不一样的，固定资产达到预定可使用状态当月是不计提折旧的。

企业选择的无形资产摊销方法，应当与该项无形资产有关的经济利益的预期实现方式相一致。如受技术陈旧因素影响较大的专利权和专有技术等无形资产，可采用类似固定资产的加速折旧方法进行摊销。无法可靠确定预期实现方式的，应当采用直线法摊销。

2）残值的确定

使用寿命有限的无形资产，其残值一般应为零，但下列情况除外：一是有第三方承诺在无形资产使用寿命结束时购买该无形资产；二是可以根据活跃市场得到预计残值信息，并且该市场在无形资产使用寿命结束时很可能存在。

例 6-6　甲公司取得一项专利技术，法律保护期限为 20 年，公司估计该专利生产的产品能够在 15 年内为企业带来经济利益。同时乙公司承诺 5 年内以其取得成本的 60% 购买该专利权。如果管理层的持有计划为准备在 5 年内将其出售给乙公司，则甲公司应在其持有该无形资产的 5 年内进行摊销，残值为成本的 60%。

3）使用寿命有限的无形资产摊销的会计处理

无形资产的摊销金额一般应当计入当期损益（管理费用、其他业务成本等）。如果无形资产包含的经济利益是通过所生产的产品或其他资产实现的，其摊销金额也可以计入相关资产的成本。

例 6-7　甲公司 2×19 年 1 月 1 日购得一项专利技术，用于产品生产，价款 2 000 万元，款项已支付，估计该项专利技术的使用寿命为 20 年；同时，购入一项商标权，价款 1 000

万元，款项已支付，估计该商标权的使用寿命为 10 年。假定这两项无形资产的净残值均为零，并按直线法摊销。则甲公司会计处理如下（为简化核算，摊销按年进行）。

① 取得无形资产时。

借：无形资产——专利技术　　　　　　　　　　　　　　　　　　　20 000 000
　　　　　　——商标权　　　　　　　　　　　　　　　　　　　　10 000 000
　　贷：银行存款　　　　　　　　　　　　　　　　　　　　　　　　　30 000 000

② 按年摊销时。

借：制造费用——专利技术　　　　　　　　　　　　　　　　　　　　1 000 000
　　管理费用——商标权　　　　　　　　　　　　　　　　　　　　　　1 000 000
　　贷：累计摊销——专利技术　　　　　　　　　　　　　　　　　　　　1 000 000
　　　　　　　　——商标权　　　　　　　　　　　　　　　　　　　　　1 000 000

⇨ 想一想

你能说明上述摊销无形资产成本的事项如何影响资产负债表的吗？

例 6-8　资料承例 6-7，假设 2×20 年 12 月 31 日根据该专利技术发展趋势判断，很可能在 6 年后将被淘汰，不能再为企业带来经济利益，则甲公司应当在 2×20 年 12 月 31 日据此变更该项专利技术的估计使用寿命，并按会计估计变更进行处理。2×20 年 12 月 31 日重新复核该专利无形资产使用寿命时，甲公司就该无形资产已累计摊销了两年，金额为 200 万元（100×2），剩余摊销成本为 1 800 万元（2 000-200），则从 2×20 年起该项专利无形资产的年摊销金额为 300 万元（1 800/6）。甲公司会计处理如下。

借：制造费用——专利技术　　　　　　　　　　　　　　　　　　　　3 000 000
　　贷：累计摊销——专利技术　　　　　　　　　　　　　　　　　　　　3 000 000

3. 使用寿命不确定的无形资产

对于根据可获得的情况判断，无法合理估计其使用寿命的无形资产，应作为使用寿命不确定的无形资产。按照准则规定，对于使用寿命不确定的无形资产，在持有期间内不需要摊销，但需要至少于每一会计期末进行减值测试。发生减值时，借记"资产减值损失"科目，贷记"无形资产减值准备"科目。

例 6-9　甲公司 2×19 年 1 月 1 日购入一项商标权，价款 5 000 万元，该商标按照法律规定还有 8 年的使用寿命，但是在保护期届满时，甲公司可每 10 年以较低的手续费申请延期，同时，甲公司有充分的证据表明其有能力申请延期。此外，有关的调查表明，根据产品生命周期、市场竞争等方面情况综合判断，该商标将在不确定的期间内为企业带来现金流量。则甲公司可以按照上述情况，将该商标无形资产视为使用寿命不确定的无形资产，在持有期间内不需要进行摊销。假设 2×19 年 12 月 31 日，甲公司对该商标按照资产减值的原则进行减值测试，经测试表明该商标已发生减值，可收回金额为 3 000 万元，则甲公司会计处理如下。

① 2×19 年购入商标时。

借：无形资产——商标权　　　　　　　　　　　　　　　　　　　　50 000 000
　　贷：银行存款　　　　　　　　　　　　　　　　　　　　　　　　　50 000 000

② 2×19 年发生减值时。

借：资产减值损失　　　　　　　　　　　　　　　　　　　　20 000 000

　　贷：无形资产减值准备——商标权　　　　　　　　　　　　　　20 000 000

➡ 想一想

假设该商标权在 2×20 年价值恢复到 5 000 万元，应该如何处理？对甲公司有何影响？

6.3.2　无形资产的期末计量

无形资产的期末计量同固定资产一样，遵循谨慎性要求，按照账面价值与可收回金额孰低计量报表。当无形资产的账面价值高于其可收回金额时，说明无形资产发生了减值。

期末，企业应当按可收回金额低于账面价值的差额，借记"资产减值损失"科目，贷记"无形资产减值准备"科目。无形资产减值的具体核算详见第 8 章"资产减值"。

6.4　无形资产的处置

无形资产的处置主要是指无形资产的出售、对外出租、对外捐赠，或者无法为企业带来经济利益时予以转销并终止确认。

1. 无形资产的出售

企业出售无形资产，按实际取得的转让价款，借记"银行存款"科目，按该项无形资产的累计摊销额，借记"累计摊销"科目，按该项无形资产已计提的减值准备，借记"无形资产减值准备"科目，按无形资产的账面余额，贷记"无形资产"科目，按其差额，贷记或借记"资产处置损益"科目。

例 6-10　甲公司 2×19 年 10 月 1 日拥有的某项专利技术，取得成本为 2 000 万元，已摊销金额为 800 万元，已计提的减值准备为 200 万元。该公司于 2×19 年 10 月 1 日将该项专利技术出售给乙公司，取得出售收入 1 200 万元，假设不考虑相关税费，则甲公司会计处理如下。

借：银行存款　　　　　　　　　　　　　　　　　　　　　　12 000 000

　　累计摊销　　　　　　　　　　　　　　　　　　　　　　　8 000 000

　　无形资产减值准备　　　　　　　　　　　　　　　　　　　2 000 000

　　贷：无形资产　　　　　　　　　　　　　　　　　　　　　20 000 000

　　　　资产处置损益　　　　　　　　　　　　　　　　　　　　2 000 000

如果该公司转让该项专利技术取得收入为 700 万元，则会计处理如下。

借：银行存款　　　　　　　　　　　　　　　　　　　　　　　7 000 000

　　累计摊销　　　　　　　　　　　　　　　　　　　　　　　8 000 000

　　无形资产减值准备　　　　　　　　　　　　　　　　　　　2 000 000

　　资产处置损益　　　　　　　　　　　　　　　　　　　　　3 000 000

　　贷：无形资产　　　　　　　　　　　　　　　　　　　　　20 000 000

2. 无形资产的出租

无形资产的出租即转让无形资产使用权，是将所拥有的无形资产的使用权让渡给他人，并收取租金。

企业将所拥有的无形资产的使用权让渡给他人，并收取租金，在满足收入确认条件的情况下，应确认相关的收入及结转成本。企业出租无形资产一般作为企业的其他业务处理，收取的租金计入其他业务收入，结转的成本作为其他业务成本处理。

让渡无形资产使用权，按照取得的租金，借记"银行存款"科目，贷记"其他业务收入"科目；摊销出租无形资产的成本及发生与转让有关的各种费用支出时，借记"其他业务成本"科目，贷记"累计摊销""银行存款"等科目。

例 6-11 甲公司 2×19 年 1 月 1 日将一项专利技术出租给乙公司使用，该专利技术账面余额为 400 万元，摊销期限为 10 年，出租合同规定，承租方每销售一件用该专利生产的产品，必须付给出租方 20 元专利技术使用费。假定承租方当年销售该产品 20 万件，不考虑相关税费。则甲公司会计处理如下。

① 取得该项专利技术使用费时。

借：银行存款   4 000 000
    贷：其他业务收入   4 000 000

② 按年对该项专利技术进行摊销。

借：其他业务成本   400 000
    贷：累计摊销   400 000

3. 无形资产的报废

无形资产预期不能为企业带来经济利益的，应当将该无形资产的账面价值予以转销，其账面价值转作当期损益（营业外支出）。

例 6-12 甲公司拥有某项专利技术，根据市场调查，用其生产的产品已没有市场，决定予以转销。转销时，该项专利技术的账面余额为 500 万元，已累计计提的减值准备为 100 万元，已摊销 200 万元，假设不考虑其他相关因素。则甲公司会计处理如下。

借：累计摊销   2 000 000
    无形资产减值准备   1 000 000
    营业外支出——处置非流动资产损失   2 000 000
    贷：无形资产——专利权   5 000 000

此外，某些企业所拥有的长期资产除长期股权投资、固定资产、无形资产以及划分为长期资产的金融资产外，可能还拥有其他长期资产，如某些企业的特准储备物资以及长期性质的待摊费用等。

长期待摊费用是指企业已经支出，但摊销期限在 1 年以上（不含 1 年）的各项费用。它与短期的待摊费用性质相同，都是预付的费用。区别在于待摊费用的摊销期限一般在一年以内（含一年）。

特准储备物资是上级主管部门给予特殊企业核定的一定数量的特种储备物资，主要用于战备、防汛等。这类物资虽具有存货的性质，但其流动性较差，使用和消耗具有很大的不确定性，所以会计上将其作为其他长期资产进行管理。

想一想

准则没有设置待摊费用和预提费用科目，你认为企业是否需要设置这类科目？为什么？如果企业发生了预付的费用，你认为如何处理比较合理？

1. 某企业 2×19 年 1 月 1 日购入专利权，双方协商价 480 万元，有效期 20 年，以支票付款。该企业于 2×21 年 7 月 1 日将专利权的所有权转让给其他企业，取得转让收入 490 万元，款项存入银行。

要求（不考虑相关税费）：

（1）编制购入该专利权的会计分录；

（2）按月编制该专利权摊销的会计分录；

（3）编制转让该专利权的会计分录。

2. 某企业将专利技术的使用权转让给其他企业，该专利技术账面余额为 60 000 元，剩余使用寿命 10 年，没有净残值，按照直线法摊销成本。当年收取受让方专利技术的使用费 10 000 元，款项存入银行，转让时按合同约定，支付技术咨询服务费 500 元。

要求（不考虑相关税费）：

（1）按年编制该专利技术摊销的会计分录；

（2）编制收取使用费的会计分录；

（3）编制支付技术咨询费的会计分录。

3. 甲公司 2×19 年至 2×25 年与无形资产相关的交易事项如下。

（1）2×19 年 12 月 1 日，以银行存款 300 万元购入一项无形资产，该无形资产的预计使用年限为 10 年，无残值。

（2）2×23 年 12 月 31 日，预计该无形资产的可收回金额为 142 万元。该无形资产发生减值后，原预计使用年限不变。

（3）2×24 年 12 月 31 日，预计该无形资产的可收回金额为 129.8 万元，原预计使用年限不变。

（4）2×25 年 4 月 1 日，将该无形资产对外出售，取得价款 130 万元并收存银行。

要求（不考虑相关税费）：

（1）编制购入该无形资产的会计分录。

（2）计算 2×23 年 12 月 31 日该无形资产的账面价值。

（3）编制 2×23 年 12 月 31 日该无形资产计提减值准备的会计分录。

（4）计算 2×24 年 12 月 31 日该无形资产的账面价值。

（5）计算 2×25 年 3 月 31 日该无形资产的账面价值。

（6）计算该无形资产出售形成的净损益，编制该无形资产出售的会计分录。

4. 甲公司 2×19 年 1 月 1 日从乙公司购入一项专门用于生产新产品 A 产品的无形资产，

由于甲公司资金周转比较困难，经与乙公司协商采用分期付款方式支付款项，该无形资产合同总价 2 000 万元，从 2×19 年每年年末支付 500 万元，分 4 次支付。假定实际年利率为 5%，未确认融资费用采用实际利率法摊销。购入该无形资产发生相关税费 27 万元，为使该无形资产达到预定用途所发生的专业服务费用为 100 万元，为销售 A 产品进行宣传发生的广告费为 50 万元，2×19 年 1 月 2 日无形资产达到预定用途。该无形资产的法律保护期限为 15 年，甲公司预计其使用寿命为 10 年，丙公司承诺 4 年后按 900 万元的价格购买该无形资产，甲公司预计 4 年后会出售给丙公司。甲公司鉴于该无形资产为企业各年带来的经济利益比较均衡，所以采用直线法对其进行摊销。

2×20 年 12 月 31 日，该无形资产出现减值迹象，经测试，预计其未来现金流量的现值为 1 200 万元，公允价值减去处置费用后的净额为 1 180 万元。假设该无形资产减值后，原预计使用年限、摊销方法和残值不变。已知：$(P/A, 5\%, 4) = 3.546\,0$。假设不考虑其他税费等相关因素。

要求（以万元为单位，四舍五入保留 2 位小数）：

(1) 计算无形资产取得时的入账价值。

(2) 编制 2×19 年取得无形资产相关的会计分录。

(3) 编制 2×19 年支付分期款项及摊销未确认融资费用、无形资产摊销的会计分录。

(4) 编制 2×20 年支付分期款项及摊销未确认融资费用、无形资产摊销、计提减值准备的会计分录。

(5) 编制 2×21 年支付分期款项及摊销未确认融资费用、无形资产摊销的会计分录。

(6) 编制 2×22 年支付分期款项及摊销未确认融资费用、无形资产摊销的会计分录。

📖 案例与专题

通化金马与"奇圣胶囊"

据《江南时报》2000 年 9 月 3 日第四版载，2000 年 9 月 1 日，在卫生部主办的一场药品拍卖会上，一种叫"奇圣胶囊"的药物拍出了 3.18 亿元的天价，这是当时我国单项医药科技成果转让的最高价。

拍卖会开始十几分钟后，吉林通化金马药业有限公司（简称"通化金马" 000766）就将竞拍价从 3 亿元起拍价抬升到了 3.18 亿元，并获得了"奇圣胶囊"的技术所有权和总经销权。

"奇圣胶囊"原是芜湖张恒春药业有限责任公司（简称"恒春药业"）生产的一种补肾药品。该药品宣称系宫廷秘方，经恒春药业公司数十年研制，采用现代生物工程提炼技术精制而成的高科技产品，经国内五所国家新药临床试验医院 600 余例临床对照研究，证实疗效显著，具有西药起效快的特点，且无服用禁忌证，无毒副作用，具有快速治疗和提高人体自身机能的双重功效。

2000 年 10 月 10 日，通化金马与恒春药业签订资产转让协议，通化金马出资 3.18 亿元人民币从恒春药业购入"奇圣胶囊"的全部技术和生产经销权。

2001 年 3 月 5 日，通化金马正式公布的 2000 年年报中披露，2000 年 10 月公司控股恒春药业公司后，依靠通化金马强大营销网络重点推出奇圣胶囊药品，实现营业收入 27 776.8

万元，净利润 24 248.6 万元。"奇圣胶囊"实现的销售收入占公司全部收入的 55.09%，实现的净利润占公司全部净利润的 57.93%。

2001 年中期，通化金马财务报告显示，全公司的主营业务收入仅 20 561 万元，尚不足去年下半年该药品的单项销售收入。与此同时，上半年的净利润由于销售成本的上升而下降。

2002 年 4 月 22 日通化金马董事会发布预亏公告，公告称公司重大亏损原因有以下 3 点。

① 公司产品"奇圣胶囊"，由于市场运作不力，销路不畅，上年度（2000 年）以及本年度（2001 年）上半年部分已销售的"奇圣胶囊"药品出现销售退回的现象，冲减了本期营业收入，致使 2001 年度营业收入大幅下降。

② 由于"奇圣胶囊"销路不畅，出于谨慎考虑，将购买"奇圣胶囊"全部技术及生产经销权之无形资产提取减值准备，是致使 2001 年度出现亏损的重要原因。

③ 出售深圳市同安药业有限公司 77.8% 股权形成的亏损。

2002 年 4 月 29 日通化金马正式公布的 2001 年年报披露，公司 2001 年实现净利润 -58 412.47 万元，每股收益 -1.30 元，净资产收益率 -123.68%。

请分析：

对通化金马此次外购无形资产进行评价，并对通化金马历年无形资产情况进行分析。

第 7 章

投资性房地产

📖 **学习目标**

学习本章后，应当能够：
- ☑ 明确投资性房地产的范围；
- ☑ 清楚投资性房地产的确认条件；
- ☑ 掌握投资性房地产的两种计量模式；
- ☑ 正确地对投资性房地产交易事项进行会计处理。

7.1 投资性房地产的特征与范围

7.1.1 投资性房地产的特征

投资性房地产是指为赚取租金或资本增值，或者两者兼有而持有的房地产。投资性房地产应当能够单独计量和出售。投资性房地产的特征主要表现在以下几点。

1. 投资性房地产交易事项属于企业的经营性活动

投资性房地产的主要形式是出租建筑物或出租土地使用权，这实质上属于一种让渡资产使用权行为，房地产租金就是让渡资产使用权取得的使用费收入。投资性房地产的另一种形式即持有并准备增值后转让的土地使用权，其转让收入也属于企业为完成其经营目标所从事的经营活动以及与之相关的其他活动所形成的经济利益的总流入。

对某些企业而言，投资性房地产属于日常主要经营性活动，形成的租金收入或转让增值收益确认为企业的主营业务收入，但对于大部分企业而言，是与经营性活动相关的其他经营活动，形成的租金收入或转让增值收益构成企业的其他业务收入。

2. 投资性房地产与企业自用房地产以及用于销售的房地产不同

投资性房地产在用途、状态、目的等方面与企业作为生产经营使用的厂房、办公楼等房地产以及房地产企业作为产品对外出售的房地产不同，因此，需要将这部分用于出租或赚取资本增值的房地产单独确认为投资性房地产，从而更加清晰地反映企业所持有房地产的构成情况和盈利能力。

3. 投资性房地产后续计量有两种方法选择

投资性房地产准则规定，投资性房地产后续计量方法可以选择成本模式，也可以选择公允价值计量模式。但同时规定，通常应该选择成本模式对投资性房地产进行后续计量，只有在满足特定条件的情况下，才能够对投资性房地产采用公允价值模式进行后续计量，而且，同一企业只能采用一种计量模式对所有的投资性房地产进行后续计量，不得同时采用两种计量模式进行后续计量。

7.1.2　投资性房地产的范围

投资性房地产的范围包括：已出租的土地使用权、持有并准备增值后转让的土地使用权、已出租的建筑物。

1. 已出租的土地使用权

已出租的土地使用权，是指企业通过出让或转让方式取得的、以经营租赁方式出租的土地使用权。例如，甲公司与 B 公司签署了土地使用权租赁协议，甲公司以年租金 800 万元租赁 B 公司面积为 50 万平方米的土地。那么，自租赁协议约定的租赁期开始日，B 公司应将这项土地使用权从无形资产重分类为投资性房地产。

企业取得的土地使用权通常包括在一级市场上以交纳土地出让金的方式取得的土地使用权，也包括在二级市场上接受其他单位转让的土地使用权。

2. 持有并准备增值后转让的土地使用权

持有并准备增值后转让的土地使用权，是指企业取得的、准备增值后转让的土地使用权。这类土地使用权很可能给企业带来资本增值收益，符合投资性房地产的定义。例如，企业发生转产或厂址搬迁，部分土地使用权停止自用，管理层决定继续持有这部分土地使用权，待其增值后转让以赚取增值收益。

但按照国家有关规定认定的闲置土地，不属于持有并准备增值后转让的土地使用权。企业依法取得土地使用权后，应当按照国有土地有偿使用合同或建设用地批准书规定的期限动工开发建设，否则属于闲置土地，不能作为投资性房地产核算。具有下列情形之一的，也可以认定为闲置土地：① 国有土地有偿使用合同或者建设用地批准书未规定动工开发建设日期，自国有土地有偿使用合同生效或者土地行政主管部门建设用地批准书颁发之日起满 1 年未动工开发建设的；② 已动工开发建设但开发建设的面积占应动工开发建设总面积不足三分之一或者已投资额占总投资额不足 25% 且未经批准中止开发建设连续满 1 年的；③ 法律、行政法规规定的其他情形。

⇨ **想一想**

持有并准备增值后转让的建筑物是否属于投资性房地产？

3. 已出租的建筑物

已出租的建筑物是指企业拥有产权的、以经营租赁方式出租的建筑物，包括自行建造或开发活动完成后用于出租的建筑物以及正在建造或开发过程中将来用于出租的建筑物。企业在判断和确认已出租的建筑物时，应当把握以下要点。

（1）用于出租的建筑物是指企业拥有产权的建筑物。企业以经营租赁方式租入再转租的建筑物不属于投资性房地产。

（2）已出租的建筑物是指企业已经与其他方签订了租赁协议，约定以经营租赁方式出租的建筑物。自租赁协议规定的租赁期开始日起，经营租出的建筑物才属于已出租的建筑物。即企业转为投资性房地产管理的已出租的建筑物，必须是已签订了经营租赁协议的建筑物。但对于企业持有以备经营出租的空置建筑物或者在建建筑物，即使尚未签订租赁协议，只要董事会或类似机构作出书面决议，明确表明将其用于经营租出且持有意图短期内不再发生变化的，也应视为投资性房地产。这里的空置建筑物，是指企业新购入、自行建造或开发完成但尚未使用的建筑物，以及不再用于日常生产经营活动且经整理后达到可经营出租状态的建筑物。

（3）企业将建筑物出租，按租赁协议向承租人提供的相关辅助服务在整个协议中不重大的，即不是以取得租金以外的提供服务收入为主，此时，应当将该建筑物确认为投资性房地产。

另外，准则也明确规定了为生产商品、提供劳务或者经营管理而持有的自用房地产，房地产开发企业在正常经营过程中销售的或为销售而正在开发的商品房和土地不属于投资性房地产。

⇨ **想一想**

企业出租给本企业职工居住的宿舍是否属于投资性房地产？

如果某项房地产部分自用或作为存货出售、部分用于赚取租金或资本增值，需要视不同情况确定是否作为投资性房地产。如果该项投资性房地产的不同用途部分能够单独计量和出售，则应当分别确认为固定资产（或无形资产、存货）以及投资性房地产。例如，甲公司购买了一栋写字楼，共18层。其中1层经营出租给某大型超市，2～10层经营出租给乙公司，11层及以上自用。这种情况下，如果1层以及2～10层能够单独计量，则甲公司应该将1层以及2～10层分别确认为投资性房地产，11层及以上确认为固定资产。

⇨ **想一想**

如果不能单独计量，则甲公司应该如何处理？

7.2 投资性房地产的确认和计量

7.2.1 投资性房地产的确认和初始计量

1. 投资性房地产的确认

投资性房地产在符合定义的前提下，还要同时满足下列条件才能予以确认：

（1）与该投资性房地产有关的经济利益很可能流入企业；

（2）该投资性房地产的成本能够可靠地计量。

对已出租的土地使用权、已出租的建筑物，其作为投资性房地产的确认时点为租赁期开始日，即土地使用权、建筑物进入出租状态、开始赚取租金的日期。对持有并准备增值后转让的土地使用权，其作为投资性房地产的确认时点为企业将自用土地使用权停止自用，准备增值后转让的日期。

2. 投资性房地产的初始计量

根据投资性房地产准则的规定，投资性房地产应当按照成本进行初始计量。由于投资性房地产后续计量存在成本和公允价值两种模式，因此，企业初始确认和计量时需要根据计量模式设置不同的账户。

企业对投资性房地产采用成本模式进行后续计量，需要设置"投资性房地产""投资性房地产累计折旧（摊销）""投资性房地产减值准备"科目。

企业对投资性房地产采用公允价值模式进行后续计量，不需要设置"投资性房地产累计折旧（摊销）"和"投资性房地产减值准备"科目，而是在"投资性房地产"科目下设置"成本"和"公允价值变动"两个明细科目。

1）外购投资性房地产的初始计量

外购的房地产，只有在购入的同时开始出租，才能作为投资性房地产加以确认。外购投资性房地产应当按照取得时的实际成本进行初始计量，其实际成本包括购买价款、相关税费和可直接归属于该资产的其他支出。企业购入的房地产部分用于出租（或资本增值）、部分自用，用于出租（或资本增值）的部分可以单独确认的，应按照不同部分的公允价值占公允价值总额的比例将成本在不同部分之间进行合理分配，以此为依据作为投资性房地产的实际成本。

在采用成本模式计量下，外购的土地使用权和建筑物，按照取得时的实际成本，借记"投资性房地产"科目，贷记"银行存款"等科目。在采用公允价值模式计量下，外购的土地使用权和建筑物，按照取得时的实际成本，借记"投资性房地产（成本）"科目，贷记"银行存款"等科目。

例 7-1　甲公司 2×19 年年初与乙公司签订经营租赁合同，约定向乙公司出租写字楼一幢。2×19 年 5 月 2 日，甲公司以 8 000 万元购入写字楼并交付乙公司使用，以当日为租赁期开始日，租期 3 年。假设不考虑其他因素，甲公司对投资性房地产采用成本模式进行后续计量。2×19 年 5 月 2 日，甲公司会计处理如下。

借：投资性房地产——写字楼　　　　　　　　　　　　　　80 000 000
　　贷：银行存款　　　　　　　　　　　　　　　　　　　　　　　80 000 000

例 7-2　资料承例 7-1，假设甲公司的投资性房地产由于符合采用公允价值模式进行后续计量的条件，所以决定对该投资性房地产采用公允价值模式计量。甲公司会计处理如下。

借：投资性房地产——写字楼（成本）　　　　　　　　　　80 000 000
　　贷：银行存款　　　　　　　　　　　　　　　　　　　　　　　80 000 000

2）自行建造投资性房地产初始计量

自行建造投资性房地产的成本，由建造该项资产达到预定可使用状态前所发生的必要支出构成。包括土地开发费、建安成本、应予以资本化的借款费用、支付的其他费用和分摊的间接费用等。建造过程中发生的非正常性损失直接计入当期损益，不计入建造成本。

3）非投资性房地产转换为投资性房地产的初始计量

非投资性房地产转换为投资性房地产，是企业拥有的作为固定资产的房地产或者作为无形资产的土地使用权由于用途发生改变而进行重分类导致的。该种情况下取得的投资性房地产的初始计量详见本章 7.3 节投资性房地产的转换和处置相关内容。

7.2.2 投资性房地产的后续支出及计量

1. 与投资性房地产有关的后续支出

与投资性房地产有关的后续支出，满足投资性房地产确认条件的，应当计入投资性房地产成本；不满足确认条件的，应当在发生时计入当期损益。

1）资本化的后续支出

所谓资本化的后续支出，是指与投资性房地产有关的、满足投资性房地产确认条件的后续支出，该支出应当计入投资性房地产成本。例如，企业为了提高投资性房地产的使用效能，有时需要对投资性房地产进行改建、扩建而使其更加坚固耐用，或者进行装修以改善室内装潢，如果改扩建或装修支出满足投资性房地产确认条件的，应当将其资本化。企业对某项投资性房地产进行改扩建等再开发且将来仍作为投资性房地产的，再开发期间应继续将其作为投资性房地产，但再开发期间不计提折旧或摊销（成本法下）。

例7-3 甲公司2×19年2月与乙公司签订的一份写字楼经营租赁合同即将到期，为了提高写字楼的租金收入，甲公司决定在租赁期满后对写字楼进行装修改造，并与丙公司签订了经营租赁合同，约定自装修改造完工时将写字楼出租给丙公司。2月20日，与乙公司的租赁合同到期，甲公司随即进行装修改造（写字楼原价为5 000万元，已计提折旧800万元）。12月6日，工程完工，共发生支出300万元，即日按照租赁合同出租给丙公司。甲公司对投资性房地产采用成本模式进行后续计量。假设装修改造支出符合投资性房地产的确认条件，属于资本化的后续支出。甲公司的会计处理如下。

① 2×19年2月20日，投资性房地产转入装修改造工程。

借：投资性房地产——写字楼（在建） 42 000 000
　投资性房地产累计折旧（摊销）——写字楼 8 000 000
　　贷：投资性房地产——写字楼 50 000 000

② 2×19年2月20日至12月6日进行装修。

借：投资性房地产——写字楼（在建） 3 000 000
　　贷：银行存款 3 000 000

③ 2×19年12月6日，装修改造工程完工。

借：投资性房地产——写字楼 45 000 000
　　贷：投资性房地产——写字楼（在建） 45 000 000

例7-4 资料承例7-3，假设甲公司对投资性房地产采用公允价值计量模式，写字楼账面余额为6 000万元，其中，成本5 000万元，累计公允价值变动1 000万元。甲公司的会计处理如下。

① 2×19年2月20日，投资性房地产转入装修改造工程。

借：投资性房地产——写字楼（在建） 60 000 000
　　贷：投资性房地产——写字楼（成本） 50 000 000
　　　　　　　　　　　　（公允价值变动） 10 000 000

② 2×19年2月20日至12月6日装修。

借：投资性房地产——写字楼（在建） 3 000 000
　　贷：银行存款 3 000 000

③ 2×19 年 12 月 6 日工程完工。

借：投资性房地产——写字楼（成本）　　　　　　　　　　　　　　　　63 000 000

　　贷：投资性房地产——写字楼（在建）　　　　　　　　　　　　　　　　63 000 000

2）费用化的后续支出

所谓费用化的后续支出，即指与投资性房地产有关的、不满足投资性房地产确认条件的后续支出，如企业对投资性房地产进行日常维护所发生的支出。该支出应当在发生时计入当期损益，借记"其他业务成本"等科目，贷记"银行存款"等科目。

例 7-5　甲公司 2×19 年 2 月对某项投资性房地产进行日常维修，发生维修费用支出 3 万元。甲公司的会计处理如下。

借：其他业务成本　　　　　　　　　　　　　　　　　　　　　　　　　30 000

　　贷：银行存款　　　　　　　　　　　　　　　　　　　　　　　　　　30 000

2. 投资性房地产的后续计量

企业应当在资产负债表日采用成本模式对投资性房地产进行后续计量，在满足特定条件时也可以采用公允价值模式进行后续计量。但同一企业只能采用一种模式对所有投资性房地产进行后续计量，不得同时采用两种计量模式。

1）采用成本模式进行后续计量的投资性房地产

采用成本模式的建筑物的后续计量，适用固定资产准则；采用成本模式的土地使用权的后续计量，适用无形资产准则；对投资性房地产的减值处理，适用资产减值准则。企业应当对投资性房地产按期（月）计提折旧或摊销，借记"其他业务成本"等科目，贷记"投资性房地产累计折旧（摊销）"科目；取得的租金收入，借记"银行存款"等科目，贷记"其他业务收入"及"应交税费"等科目；投资性房地产存在减值迹象的，经减值测试后确定发生减值的，应当计提减值准备，借记"资产减值损失"科目，贷记"投资性房地产减值准备"科目。已经计提减值准备的投资性房地产，即使在以后的会计期间其价值又得以恢复，其减值损失亦不得转回。

例 7-6　甲公司有一栋厂房出租给乙公司使用，已确认为投资性房地产，采用成本模式进行后续计量。该栋厂房的成本为 3 600 万元，按直线法计提折旧，使用寿命为 20 年，预计净残值为零。按照经营租赁合同约定，乙公司每月支付甲公司租金 9 万元。2×19 年 12 月，这栋厂房发生减值迹象，经减值测试，其可收回金额为 2 000 万元，此时厂房已累计计提折旧 1 440 万元，以前未计提减值准备。假设不考虑相关税费，甲公司与该投资性房地产相关的计提折旧、确认租金与减值的会计处理如下。

① 按月计提折旧。

$$每月计提折旧 = （3 600/20）/12 = 15（万元）$$

借：其他业务成本　　　　　　　　　　　　　　　　　　　　　　　　150 000

　　贷：投资性房地产累计折旧（摊销）　　　　　　　　　　　　　　　150 000

② 确认租金。

借：银行存款（或其他应收款）　　　　　　　　　　　　　　　　　　90 000

　　贷：其他业务收入　　　　　　　　　　　　　　　　　　　　　　　90 000

③ 2×19 年 12 月确认减值损失，计提减值准备。

借：资产减值损失   1 600 000

    贷：投资性房地产减值准备   1 600 000

⇨ 想一想

1. 2×19 年年末该投资性房地产账面价值是多少？报于资产负债表的金额是多少？

2. 2×20 年开始按月计提的折旧额是多少？

2）采用公允价值模式进行后续计量的投资性房地产

当有确凿证据表明投资性房地产的公允价值能够持续可靠取得时，可以对投资性房地产采用公允价值模式进行后续计量。采用公允价值模式计量的，应当同时满足以下两个条件：① 投资性房地产所在地有活跃的房地产交易市场；② 企业能够从房地产交易市场上取得同类或类似房地产的市场价格及其他相关信息，从而对投资性房地产的公允价值作出合理的估计。采用公允价值模式计量的，不对投资性房地产计提折旧或进行摊销，而以资产负债表日投资性房地产的公允价值为基础调整其账面价值，公允价值与原账面价值之间的差额计入当期损益。

企业采用公允价值模式进行后续计量，资产负债表日，投资性房地产的公允价值高于其账面余额的差额，借记"投资性房地产——公允价值变动"科目，贷记"公允价值变动损益"科目；公允价值低于其账面余额的差额做相反分录。

例 7-7 甲公司为从事房地产经营开发的企业。2×19 年 11 月 1 日，甲公司与乙公司签订租赁协议，约定将甲公司当日开发完成的写字楼开始租赁给乙公司使用，租赁期 10 年。该写字楼的造价为 8 000 万元。2×19 年 12 月 31 日，该写字楼的公允价值为 8 300 万元。甲公司对投资性房地产采用公允价值模式计量。甲公司的会计处理如下。

① 2×19 年 11 月 1 日，甲公司开发完成写字楼并出租。

借：投资性房地产——写字楼（成本）   80 000 000

    贷：开发成本   80 000 000

② 2×19 年 12 月 31 日确认公允价值变动。

借：投资性房地产——写字楼（公允价值变动）   3 000 000

    贷：公允价值变动损益   3 000 000

⇨ 想一想

上述事项会导致财务报表哪些项目发生变化？

3）投资性房地产后续计量模式的变更

为保证会计信息的可比性，企业对投资性房地产的计量模式一经确定，不得随意变更。只有在房地产市场比较成熟、存在确凿证据表明投资性房地产的公允价值能够持续可靠取得且能够满足采用公允价值模式条件的情况下，才允许企业对投资性房地产从成本模式计量变更为公允价值模式计量。但已采用公允价值模式计量的投资性房地产，不得从公允价值模式转为成本模式计量。

由于成本模式变更为公允价值模式属于计量属性的改变，所以应当作为会计政策变更，按照会计政策、会计估计变更和差错更正准则处理，会计政策变更对损益的影响需要追溯调整，即计量模式变更时公允价值与账面价值的差额需要调整期初留存收益，不可以计入当期损益。

例 7-8　甲公司 2×19 年 1 月 1 日将一处采用成本模式进行后续计量的投资性房地产变更为公允价值计量模式（假设符合变更条件），该房产在 2×19 年 1 月 1 日时的原价为 8 000 万元，已提折旧 3 500 万元，公允价值为 7 000 万元。公司按净利润的 10% 计提盈余公积。甲公司会计处理如下。

借：投资性房地产——成本	70 000 000
投资性房地产累计折旧（摊销）	35 000 000
贷：投资性房地产	80 000 000
利润分配——未分配利润	22 500 000
盈余公积	2 500 000

⇨ 想一想

1. 你能说明当成本模式变更为公允价值模式时，如果不进行追溯调整，对财务报表的影响有何不同吗？

2. 如果上述计量模式的变更发生在 2×19 年 3 月 1 日，当日该投资性房地产公允价值为 7 200 万元，则会计处理是否有变化？

7.3　投资性房地产的转换和处置

7.3.1　投资性房地产的转换

1. 投资性房地产的转换形式

由于投资性房地产是按照其用途的不同与企业用于生产商品、提供劳务或者经营管理而持有的房地产相区别，因此，企业拥有的同一房地产如果发生用途的变更，就需要对该房地产进行重分类，会计上称为投资性房地产的转换。

房地产的转换是指因房地产用途发生改变而对房地产进行的重新分类。如将自用的办公楼改为出租等。企业有确凿证据表明房地产用途发生改变，才能将投资性房地产转换为非投资性房地产或者将非投资性房地产转换为投资性房地产。确凿证据包括两个方面：一是企业管理当局应当就改变房地产用途形成正式的书面决议；二是房地产因用途改变而发生实际状态上的改变，如从自用状态改为出租状态。

房地产的转化无外乎由投资性房地产转换为非投资性房地产，或者由非投资性房地产转换为投资性房地产两大类。由于非投资性房地产可能是企业的固定资产，可能是企业的无形资产，也可能是企业的存货，因此具体的转换形式包括以下 5 种情况。

（1）投资性房地产停止出租或赚取资本增值，开始自用，即投资性房地产重分类为固定资产或无形资产。

（2）投资性房地产停止出租，重新开发对外销售，即房地产企业将投资性房地产重分类为存货。

（3）作为存货的房地产，改为出租，即房地产企业将存货重分类为投资性房地产。

（4）自用土地使用权停止自用，用于赚取租金或资本增值，即无形资产重分类为投资性房地产。

（5）自用建筑物停止自用，改为出租，即固定资产重分类为投资性房地产。

2. 投资性房地产的转换日

对房地产的转换进行会计处理需要正确确定转换日，因为转换日的确定关系到资产的确认时点和入账价值。转换日是指房地产的用途发生改变、状态相应发生改变的日期。转换日的确定标准主要有以下几种情况。

（1）投资性房地产开始自用，转换日为房地产达到自用状态，企业开始将房地产用于生产商品、提供劳务或者经营管理的日期。

（2）作为存货的房地产改为出租，或者自用建筑物或土地使用权停止自用改为出租，转换日应当为租赁期开始日。租赁期开始日是指承租人有权行使其使用租赁资产权利的日期。

（3）投资性房地产转为存货，转换日为租赁期届满、企业董事会或类似机构作出书面决议明确表明将其重新开发用于对外销售的日期。

3. 投资性房地产转换为非投资性房地产

投资性房地产转换为非投资性房地产是指企业将原来用于赚取租金或资本增值的房地产改为用于对外销售、生产商品、提供劳务或者经营管理，例如，企业将出租的厂房收回，并用于生产本企业的产品。又如，从事房地产开发的企业将出租的开发产品收回，作为企业的存货对外销售。由于投资性房地产存在两种后续计量方法，因此，将投资性房地产转换为非投资性房地产需要区分以下 2 种情况处理。

1）采用成本模式进行后续计量的投资性房地产转换为非投资性房地产

在成本模式下，企业将投资性房地产转换为自用房地产，由于成本模式计量的投资性房地产除确认租金外，其他交易事项的会计处理与固定资产和无形资产一样，因此，在转换日，应当按该项投资性房地产在转换日的账面余额、累计折旧或摊销、减值准备等，分别对应转入"固定资产""无形资产""累计折旧""累计摊销""固定资产减值准备""无形资产减值准备"等科目。即按投资性房地产的账面余额，借记"固定资产"或"无形资产"科目，贷记"投资性房地产"科目；按已计提的折旧或摊销，借记"投资性房地产累计折旧（摊销）"科目，贷记"累计折旧"或"累计摊销"科目；原已计提减值准备的，借记"投资性房地产减值准备"科目，贷记"固定资产减值准备"或"无形资产减值准备"科目。

在成本模式下，房地产开发企业将用于经营出租的房地产重新开发用于对外销售，应当按照该项投资性房地产在转换日的账面价值，借记"开发产品"科目，按已计提的折旧或摊销，借记"投资性房地产累计折旧（摊销）"科目，原已计提减值准备的，借记"投资性房地产减值准备"科目，按其账面余额，贷记"投资性房地产"科目。

例 7-9 甲公司 2×19 年 2 月 20 日将出租的写字楼收回自用，用于本公司办公使用。该项房地产账面价值为 4 800 万元，其中原价 6 800 万元，已累计提取折旧 2 000 万元。甲公司对投资性房地产采用成本模式计量。甲公司的会计处理如下。

借：固定资产	68 000 000	
投资性房地产累计折旧（摊销）	20 000 000	
贷：投资性房地产		68 000 000
累计折旧		20 000 000

➡ **想一想**

如果甲公司为房地产开发企业，收回的写字楼重新开发后对外出售，如何进行会计处理？

2）采用公允价值模式进行后续计量的投资性房地产转换为非投资性房地产

采用公允价值模式计量的投资性房地产转换为自用房地产时，由于公允价值后续计量模式下的投资性房地产是按照公允价值计量的，因此，转换为非投资性房地产时，也按照公允价值进行初始计量，即应当以其转换当日的公允价值作为自用房地产的账面价值；由于公允价值计量的投资性房地产，其公允价值的变动是计入公允价值变动损益的，因此，转换时，公允价值与原账面价值的差额也计入当期损益。

具体会计处理为：转换日，按该项投资性房地产的公允价值，借记"固定资产"或"无形资产"科目，按该项投资性房地产的成本，贷记"投资性房地产（成本）"科目，按该项投资性房地产的累计公允价值变动，贷记或借记"投资性房地产（公允价值变动）"科目；按其差额，贷记或借记"公允价值变动损益"科目。

例 7-10 甲公司 2×19 年 2 月 15 日将租赁期满的租出写字楼收回开始自用，用于本公司办公。当日该写字楼的公允价值为 4 200 万元；该项房地产在转换前采用公允价值模式计量，账面价值为 4 000 万元，其中，成本为 3 300 万元，公允价值变动为 700 万元（借方）。甲公司的会计处理如下。

借：固定资产	42 000 000	
贷：投资性房地产——成本		33 000 000
——公允价值变动		7 000 000
公允价值变动损益		2 000 000

➡ **想一想**

采用成本模式计量的投资性房地产转换为自用房地产与公允价值模式计量的投资性房地产转换为自用房地产的主要区别是什么？

4. 非投资性房地产转换为投资性房地产

同样，非投资性房地产转换为投资性房地产，也需要区分成本模式计量还是公允价值模式计量两种情况分别处理。

1）非投资性房地产转换为采用成本模式进行后续计量的投资性房地产

企业将作为存货的房地产转换为采用成本模式计量的投资性房地产，应当按该项存货在转换日的账面价值，借记"投资性房地产"科目，按其账面余额，贷记"开发产品"等科目。如果已计提跌价准备的，还需要同时结转已计提的存货跌价准备。

企业将自用土地使用权或建筑物转换为以成本模式计量的投资性房地产，应于转换日，按照无形资产或固定资产的账面余额，借记"投资性房地产"科目，按照已计提的折旧或已摊销的成本，借记"累计折旧"或"累计摊销"科目，按照已计提的减值准备，借记"固定资产减值准备"或"无形资产减值准备"科目，按照固定资产或无形资产账面余额，贷记"固定资产"或"无形资产"科目，按照已计提的折旧或已摊销的成本，贷记"投资性房地产累计折旧（摊销）"科目，按照已计提的减值准备，贷记"投资性房地产减值准备"科目。

即与将成本模式计量的投资性房地产转换为非投资性房地产的处理原则一样，将固定资产或无形资产在转换日的原价、折旧与摊销及减值等，分别一一对应转入"投资性房地产""投资性房地产累计折旧（摊销）""投资性房地产减值准备"等科目。

例 7-11　甲公司是主营房地产开发业务的企业，2×19 年 2 月 2 日，甲公司将自己开发的一幢楼房出租给乙公司使用，双方已签订租赁协议，租赁期开始日为 2×19 年 3 月 1 日。2×19 年 3 月 1 日，该楼房账面余额 2 800 万元，未计提存货跌价准备，转换后采用成本模式进行后续计量。甲公司的会计处理如下。

借：投资性房地产——写字楼　　　　　　　　　　　　28 000 000
　　贷：开发产品　　　　　　　　　　　　　　　　　　　　28 000 000

例 7-12　甲公司 2×19 年 2 月与乙公司签订经营租赁协议，将原来自己使用的一幢办公楼整体出租给乙公司使用，租赁期开始日为 2×19 年 3 月 1 日，为期 5 年。2×19 年 3 月 1 日，该办公楼账面余额 6 000 万元，已计提折旧 200 万元。甲公司对投资性房地产采用成本模式计量。甲公司的会计处理如下。

借：投资性房地产——写字楼　　　　　　　　　　　　60 000 000
　　累计折旧　　　　　　　　　　　　　　　　　　　　 2 000 000
　　贷：固定资产　　　　　　　　　　　　　　　　　　　　60 000 000
　　　　投资性房地产累计折旧（摊销）　　　　　　　　　　 2 000 000

2）非投资性房地产转换为采用公允价值模式进行后续计量的投资性房地产

非投资性房地产转换为采用公允价值模式进行后续计量的投资性房地产，由于采用公允价值模式计量的投资性房地产按照公允价值计量，因此，需要按照转换日的公允价值进行重分类，重分类日的公允价值与转换前的账面价值不相等的话，就会产生转换损益。会计准则规定，公允价值下降带来的转换损失，必须计入当期损益（公允价值变动损益）；但公允价值上升所带来的转换收益不可以计入损益，而是应该直接计入所有者权益。即自用房地产或存货转换为采用公允价值模式计量的投资性房地产时，投资性房地产按照转换当日的公允价值计价，转换当日的公允价值小于原账面价值的，其差额计入当期损益；转换当日的公允价值大于原账面价值的，其差额计入其他综合收益。具体的会计处理如下。

企业将作为存货的房地产转换为采用公允价值模式计量的投资性房地产，应当按该项房地产在转换日的公允价值入账，借记"投资性房地产（成本）"科目，原已计提跌价准备的，借记"存货跌价准备"科目；按其账面余额，贷记"开发产品"等科目；借贷之差，借记"公允价值变动损益"科目（转换日的公允价值小于账面价值的差额），或贷记"其他综合收益"科目（转换日的公允价值大于账面价值的差额）。

企业将自用房地产转换为采用公允价值模式计量的投资性房地产，应当按该项土地使用权或建筑物在转换日的公允价值，借记"投资性房地产（成本）"科目；按已计提的累计摊销或累计折旧，借记"累计摊销"或"累计折旧"科目；原已计提减值准备的，借记"无形资产减值准备"或"固定资产减值准备"科目；按其账面余额，贷记"固定资产"或"无形资产"科目；借贷之差，借记"公允价值变动损益"科目（转换日的公允价值小于账面价值的差额），或贷记"其他综合收益"科目（转换日的公允价值大于账面价值的差额）。

需要注意的是，非投资性房地产转换为以公允价值进行后续计量的投资性房地产时产生的公允价值大于账面价值的直接计入所有者权益的其他综合收益，需要在该项投资性房地产处置即终止确认时，由其他综合收益转出计入终止确认期的损益。

例 7-13 甲房地产开发公司 2×19 年 10 月与乙公司签订租赁协议，将自己开发的一幢楼房出租给乙公司，租赁期开始日为 2×19 年 10 月 10 日。2×19 年 10 月 10 日，该楼房账面余额 8 000 万元，公允价值 8 800 万元。2×19 年 12 月 31 日，该项投资性房地产的公允价值为 9 500 万元。甲公司对投资性房地产采用公允价值计量模式。甲公司的会计处理如下。

① 2×19 年 10 月 10 日重分类。

借：投资性房地产——办公楼（成本）　　　　　　　　　　　　88 000 000
　　贷：开发产品　　　　　　　　　　　　　　　　　　　　　　80 000 000
　　　　其他综合收益　　　　　　　　　　　　　　　　　　　　 8 000 000

② 2×19 年 12 月 31 日确认公允价值变动。

借：投资性房地产——办公楼（公允价值变动）　　　　　　　　 7 000 000
　　贷：公允价值变动损益　　　　　　　　　　　　　　　　　　 7 000 000

例 7-14 甲公司 2×19 年 2 月决定将处于商业繁华地段的办公楼出租给乙公司，双方签订了租赁协议，租赁期开始日为 2×19 年 7 月 1 日，租赁期限 3 年。2×19 年 7 月 1 日，该办公楼公允价值为 12 000 万元，其原价为 11 000 万元，已提折旧 2 000 万元；甲公司对投资性房地产采用公允价值计量模式。2×19 年 7 月 1 日，甲公司的会计处理如下。

借：投资性房地产——办公楼（成本）　　　　　　　　　　　 120 000 000
　　累计折旧　　　　　　　　　　　　　　　　　　　　　　　　20 000 000
　　贷：固定资产　　　　　　　　　　　　　　　　　　　　　 110 000 000
　　　　其他综合收益　　　　　　　　　　　　　　　　　　　　30 000 000

⇨ **想一想**

投资性房地产的转换与投资性房地产计量模式的转换是一回事吗？

7.3.2 投资性房地产的处置

投资性房地产被处置，或者永久退出使用且预计不能从其处置中取得经济利益时，应当终止确认该项投资性房地产。企业因其他原因，如非货币性资产交换等而减少投资性房地产也属于投资性房地产的处置。对于那些由于使用而不断磨损直到最终报废，或者由于遭受自然灾害等非正常事件发生毁损的投资性房地产应当及时进行清理。

按照现行会计准则的规定，投资性房地产属于企业的经营活动，因此，企业处置投资性房地产属于企业的其他业务，通过其他业务收入和其他业务成本进行会计处理，即确认其他业务收入的同时，结转其他业务成本。

1. 采用成本模式计量的投资性房地产的处置

处置采用成本模式进行后续计量的投资性房地产时，应当按实际收到的金额，借记"银行存款"等科目，贷记"其他业务收入"科目；按该项投资性房地产的账面价值，借记"其他业务成本"科目，按照已计提的折旧或摊销，借记"投资性房地产累计折旧（摊销）"科目，按其账面余额，贷记"投资性房地产"科目，原已计提减值准备的，借记"投资性房地产减值准备"科目。

例 7-15 甲公司的投资性房地产中有一项已出租写字楼。租赁期满后，甲公司将该栋写字楼以 1 亿元的价格出售给乙公司，乙公司付清款项。出售时写字楼的成本为 9 800 万元，已计提折旧 900 万元。甲公司对投资性房地产采用成本模式计量，不考虑相关税费。甲公司的会计处理如下。

借：银行存款	100 000 000
贷：其他业务收入	100 000 000
借：其他业务成本	89 000 000
投资性房地产累计折旧（摊销）	9 000 000
贷：投资性房地产——写字楼	98 000 000

例 7-16 甲公司 2×19 年 12 月为了扩大规模，更好地实现资产经营，决定将生产车间从市中心搬迁到郊区。同时决定将厂区原地块继续持有以待增值后转让。该土地使用权的账面余额为 500 万元，已摊销 300 万元，剩余使用年限 20 年，按照直线法摊销，不考虑残值。2×22 年 12 月，甲公司将其出售，取得转让收入 620 万元。甲公司对投资性房地产采用成本模式计量，不考虑相关税费。甲公司的会计处理如下。

① 转换日。

借：投资性房地产——土地使用权	5 000 000
累计摊销	3 000 000
贷：无形资产——土地使用权	5 000 000
投资性房地产累计折旧（摊销）	3 000 000

② 按年摊销。

借：其他业务成本	100 000
贷：投资性房地产累计折旧（摊销）	100 000

③ 出售时。

借：银行存款	6 200 000
贷：其他业务收入	6 200 000
借：其他业务成本	1 700 000
投资性房地产累计折旧（摊销）	3 300 000
贷：投资性房地产——土地使用权	5 000 000

2. 采用公允价值模式计量的投资性房地产的处置

处置采用公允价值模式计量的投资性房地产，与处置成本模式计量的投资性房地产一样的是，将处置价款确认为其他业务收入，并按照投资性房地产的账面价值结转其他业务成本。即按实际收到的金额，借记"银行存款"等科目，贷记"其他业务收入"科目；按该项投资性房地产的账面价值，借记"其他业务成本"科目，按其成本，贷记"投资性房地产（成本）"科目，按其累计公允价值变动，贷记或借记"投资性房地产（公允价值变动）"科目。

与处置成本模式计量的投资性房地产不同的是，在确认收入、结转成本的同时，还必须将处置成本调整为初始成本，即将投资性房地产累计公允价值变动转入其他业务成本，借记或贷记"公允价值变动损益"科目，贷记或借记"其他业务成本"科目。

此外，若存在原转换日计入其他综合收益的金额①，则需一并转入其他业务成本。借记"其他综合收益"科目，贷记"其他业务成本"科目。

⇨ 想一想

准则规定，若存在原转换日计入所有者权益的金额，则需一并转入其他业务成本。这种会计处理方法对企业原转换日及处置当期的利润有何影响？

例 7-17 甲公司是房地产开发企业，2×19 年 1 月，甲公司决定将自己开发的一栋写字楼出租给乙公司，双方已签订租赁协议，租赁期开始日为 2×19 年 2 月 1 日。2×19 年 2 月 1 日，该写字楼的账面余额 4 600 万元，公允价值为 4 900 万元。2×19 年 12 月 31 日，该项投资性房地产的公允价值为 5 000 万元。2×20 年 2 月租赁期满，甲公司收回该写字楼，并以 5 800 万元出售，款项已收讫。甲公司对投资性房地产采用公允价值模式计量。假设不考虑相关税费，甲公司的会计处理如下。

① 2×19 年 2 月 1 日，存货转换为投资性房地产。

借：投资性房地产——写字楼（成本）	49 000 000
贷：开发产品	46 000 000
其他综合收益	3 000 000

② 2×19 年 12 月 31 日，确认公允价值变动。

借：投资性房地产——写字楼（公允价值变动）	1 000 000
贷：公允价值变动损益	1 000 000

③ 2×20 年 2 月，出售投资性房地产。

借：银行存款	58 000 000
贷：其他业务收入	58 000 000
借：其他业务成本	50 000 000
贷：投资性房地产——写字楼（成本）	49 000 000
——写字楼（公允价值变动）	1 000 000

---

① 该金额是由于将非投资性房地产转为公允价值模式计量的投资性房地产时，其转换日公允价值高于其账面价值的差额，不允许计入当期损益增加净利润，只能暂时计入其他综合收益而产生的金额。当该投资性房地产被处置时，计入其他综合收益的这部分转换收益则可以影响处置当期损益。由于处置投资性房地产是按照其他业务进行会计处理，而该金额的产生最初调整的是投资性房地产的成本，因此，在转入处置期损益时，对应调整减少其他业务成本，而不是增加其他业务收入。

同时，将投资性房地产累计公允价值变动转入其他业务成本。

借：公允价值变动损益   1 000 000

    贷：其他业务成本   1 000 000

将转换时原计入其他综合收益的部分转入其他业务成本。

借：其他综合收益   3 000 000

    贷：其他业务成本   3 000 000

➡ 想一想

你能说明上述交易对甲公司 2×20 年财务报表的影响吗？

练习题

1. 甲房地产公司将一幢自己开发的商品房对外出租，租赁期开始日是 2×19 年 1 月 1 日，租期 3 年，每年 12 月 31 日收取租金 85 万元，出租时，该幢商品房的成本为 3 000 万元，公允价值为 3 300 万元。2×19 年 12 月 31 日，该幢商品房的公允价值为 3 250 万元，2×20 年 12 月 31 日，该幢商品房的公允价值为 3 210 万元，2×21 年 12 月 31 日，该幢商品房的公允价值为 3 150 万元。2×22 年 1 月 5 日将该幢商品房对外出售，收到 3 190 万元存入银行。甲公司对投资性房地产采用公允价值模式计量。

要求（不考虑相关税费）：

（1）编制甲公司上述与该商品房相关的会计分录（按年确认公允价值变动损益）；

（2）计算该房地产总收益及对各期损益的影响金额。

2. 甲公司自 2×19 年起有关房地产的交易事项如下（不考虑相关税费）。

（1）2×19 年 9 月，甲公司与乙公司签订租赁协议，将原来作为办公使用的一栋写字楼出租，租赁期开始日为 2×19 年 10 月 1 日，租赁期 1 年，乙公司按月支付租金 15 万元。该写字楼原价 3 600 万元，使用年限 30 年，按直线法计提折旧，预计净残值为零，已计提折旧 300 万元，未计提减值准备。甲公司对投资性房地产采用成本模式进行后续计量。

（2）2×19 年 12 月，甲公司对该写字楼进行日常维修，共发生维修支出 2.8 万元。

（3）2×20 年 1 月 1 日，该写字楼所在地有活跃的房地产交易市场，并能够从房地产交易市场上取得同类的市场价格及相关信息，甲公司决定采用公允价值模式对该写字楼进行计量，该写字楼公允价值为 4 000 万元。甲公司按净利润的 10% 计提盈余公积。2×20 年 6 月 30 日，该写字楼公允价值为 4 500 万元。假设甲公司按半年确认投资性房地产的公允价值。

（4）2×20 年 10 月，租约合同到期，甲公司收回写字楼。为了提高写字楼的租金收入，甲公司收回写字楼后进行了装修，同时与丙公司签订经营租赁合同，约定自装修完工时将写字楼出租给丙公司。2×20 年 12 月初，写字楼装修完工，发生支出 120 万元。租赁期开始日为 2×20 年 12 月 1 日，月租金为 20 万元，按月支付。2×20 年 12 月 31 日，该写字楼公允价值 4 800 万元。

要求：

（1）编制甲公司 2×19 年有关出租写字楼的会计分录；

（2）编制甲公司 2×19 年对写字楼维修的会计分录；

（3）编制甲公司 2×20 年改变后续计量模式的会计分录；

（4）编制甲公司 2×20 年与装修有关的会计分录；

（5）编制甲公司 2×20 年确认公允价值变动及收取租金的会计分录。

3. 甲公司于 2×19 年 1 月 30 日将公允价值模式计量的投资性房地产（建筑物）收回自用转为行政管理部门使用，该建筑物 2×18 年 12 月 31 日的公允价值为 2 000 万元，其中成本 1 900 万元，公允价值变动 100 万元。2×19 年 1 月 30 日的公允价值为 2 070 万元，转换日该建筑物尚可使用年限为 15 年，采用年限平均法计提折旧，无残值。

要求：

（1）编制甲公司 2×19 年 1 月 30 日将投资性房地产转为自用房地产的会计分录；

（2）计算该建筑物 2×19 年应计提的折旧额并编制会计分录。

4. 甲公司将一自用的厂房作为投资性房地产对外出租并采用公允价值模式对其进行后续计量。转换日该厂房的账面原值为 1 500 万元，已计提折旧 400 万元，已计提减值准备 100 万元。

要求：分别按下列情况进行转换日的会计处理。

（1）假定转换当日该厂房的公允价值为 480 万元；

（2）假定转换当日该厂房的公允价值为 1 030 万元。

📑 案例与专题

1. 福发公司

福发公司 2×19 年 11 月遇到了财务困难，需要一大笔新的银行贷款。公司总裁已经和几家银行进行了谈判，但是他们都要求公司出示截止日期为 2×19 年 12 月 31 日的经过注册会计师审计过的财务报表。总裁希望到时候能让报表更好看一些，以便能够从银行贷得款项，于是想采取以下措施达到目的：

（1）公司原计划在 12 月以 2 000 万元收购日升公司，日升公司的所有者对这次收购不是很着急。如果公司把这次收购推迟到 2×20 年 1 月，公司在年底就会有更多的现金，这会使公司的偿债能力看起来更强一点。

（2）到年底公司的应付账款将为 2 000 万元，如果公司在资产负债表中将它改为 800 万元，把剩下的 1 200 万元改为股东权益，这样会使公司的财务状况看上去比较良好，而且可能没有人知道它们之间的区别。

（3）公司可以将持有的一项账面价值为 1 000 万元的长期股权投资划转为短期投资（交易性金融资产），以便增加流动资产，改变流动比率。

（4）公司当初以 1 000 万元购买的土地使用权，现在的价格至少为 2 000 万元，如果公司在资产负债表中将其显示为 2 000 万元，这样就会使总资产和所有者权益各增加 1 000 万元。

（5）公司存在一项出租的办公楼，按照成本计量，如果公司改按公允价值计量，就可以将办公楼的价值提高 2 000 万元，同时可以增加所有者权益 2 000 万元。

请分析：

（1）分别对上面提到的措施进行评估，注意这些措施是否合法。

（2）如果你是该公司的总裁，为了取得银行贷款，你会采取什么措施？

2. 北辰实业

北辰实业是同时在境内外公开发行股票的上市公司。2007 年 4 月 19 日，北辰实业公布 2006 年年度财务报告，年报表示在执行新企业会计准则后，"公司经过评估决定将选择采用成本模式对投资性房地产进行核算，因而公司的利润和股东权益不会受此影响"。由于国际财务报告准则中所规定的投资性房地产的计量基准模式是公允价值模式，因此，北辰实业在按境外会计准则所编制的财务报告中披露："对投资物业按公平值列账，除尚未确定未来用途之土地外，均由独立估值师每年估值一次，将公平值收益（即公允价值变动部分）计入损益。"所以北辰实业所编制的境内外两份财务报告存在"会计准则上的差异"。

北辰实业财务报告称，今后在按境外会计准则所编制的财务报告中仍将继续采用公允价值模式，其分别按境内外会计准则编制的两份财务报告间的差异短期内尚无法消除。

请分析：

（1）对北辰实业公告的"公司经过评估决定将选择采用成本模式对投资性房地产进行核算，因而公司的利润和股东权益不会受此影响"进行解释。

（2）与国际财务报告准则相比，我国投资性房地产准则在哪些方面与其存在差异？

（3）如何看待我国投资性房地产准则与国际财务报告准则之间的差异？

（4）对我国上市公司投资性房地产计量模式进行总体分析，采用公允价值计量模式的上市公司有何特征？采用成本计量模式的上市公司有哪些特征？

资　产　减　值

📖 学习目标

学习本章后，应当能够：
☑ 明确资产减值、资产组、资产组组合的含义；
☑ 清楚资产可能发生减值的迹象；
☑ 计算资产可收回金额，并对发生减值的资产、资产组进行会计处理。

8.1　资产减值概述

8.1.1　资产减值范围

资产是指企业过去的交易或者事项形成的、由企业拥有或者控制的、预期会给企业带来经济利益的资源。将资产定义为预期的未来经济利益，概括了资产的本质，符合企业持有资产的目的，因为从一个持续经营的企业来说，它持有资产的目的，是获得未来的经济利益。从理论上讲，如果将资产定义为预期的未来经济利益，那么，当企业的账面成本高于该资产预期的未来经济利益（该资产的可收回金额）时，高于部分的价值就不能再予确认，否则将不符合资产的定义，也无法反映资产的实际价值，其结果会导致企业资产虚增和利润虚增。因此，当企业资产的可收回金额低于其账面价值时，即表明资产发生了减值，企业应当确认资产减值损失，并把资产的账面价值减记至可收回金额。

企业所有的资产在发生减值时，原则上都应当及时加以确认和计量，但是由于有关资产特性不同，其减值会计处理也有所差别，因而所适用的具体准则不尽相同。《企业会计准则第 8 号——资产减值》（以下简称资产减值准则）主要规范下列非流动资产的减值会计问题：① 对子公司、联营企业和合营企业的长期股权投资；② 采用成本模式进行后续计量的投资性房地产；③ 固定资产；④ 生产性生物资产；⑤ 无形资产；⑥ 商誉；⑦ 探明石油天然气矿区权益和井及相关设施等。

其他资产如存货资产的减值适用《企业会计准则第 1 号——存货》；消耗性生物资产的减值适用《企业会计准则第 5 号——生物资产》；应收款项、债权投资等金融资产的减值适用《企业会计准则第 22 号——金融工具确认和计量》。

本章主要讲述资产减值准则所规定的会计处理。

8.1.2　资产减值迹象的判断

除商誉和使用寿命不确定的无形资产外，一般情况下，某项资产是否发生减值，需要先判断其是否出现减值的迹象，只有对那些出现减值迹象的资产，才需要进行减值测试，在减值测试的基础上确定是否发生了减值，以及确认多少减值损失。

企业应当在资产负债表日判断资产是否存在可能发生减值的迹象。这可从外部信息来源和内部信息来源两方面加以判断，如存在下列迹象的，表明资产可能发生了减值。

（1）资产的市价当期大幅度下跌，其跌幅明显高于因时间的推移或者正常使用而预计的下跌。

（2）企业经营所处的经济、技术或者法律等环境以及资产所处的市场在当期或者将在近期发生重大变化，从而对企业产生不利影响。

（3）市场利率或者其他市场投资报酬率在当期已经提高，从而影响企业计算资产预计未来现金流量现值的折现率，导致资产可收回金额大幅度降低。

（4）有证据表明资产已经陈旧过时或者其实体已经损坏。

（5）资产已经或者将被闲置、终止使用或者计划提前处置。

（6）企业内部报告的证据表明资产的经济绩效已经低于或者将低于预期，如资产所创造的净现金流量或者实现的营业利润远远低于原来的预算或者预计金额、资产发生的营业损失远远高于原来的预算或者预计金额、资产在建造或者收购时所需的现金支出远远高于最初的预算、资产在经营或者维护中所需的现金支出远远高于最初的预算等。

上述列举的资产减值迹象并不能穷尽所有的减值迹象，企业应当根据实际情况认定资产可能发生减值的迹象。

8.1.3　资产减值测试

资产存在减值迹象是资产是否需要进行减值测试的必要前提，有确凿证据表明资产存在减值迹象的，应当在资产负债表日进行减值测试，估计资产的可收回金额。但是有两项资产除外，即因企业合并所形成的商誉和使用寿命不确定的无形资产。根据企业合并准则和无形资产准则的规定，因企业合并所形成的商誉和使用寿命不确定的无形资产在后续计量中不再进行摊销，但是考虑到这两类资产的价值和产生的未来经济利益有较大的不确定性，为了避免资产价值高估，及时确认商誉和使用寿命不确定的无形资产的减值损失，如实反映企业财务状况和经营成果，企业至少应当于每年年度终了进行减值测试。所以对于这两类资产，无论是否存在减值迹象，每年都应当进行减值测试。

企业进行减值测试时，可以遵循重要性要求，如果出现下列情况，企业在资产负债表日可以不重新估计该资产的可收回金额。① 以前报告期间的计算结果表明，资产可收回金额显著高于其账面价值，之后又没有发生消除这一差异的交易或者事项的；② 以前报告期间的计算与分析表明，资产可收回金额相对于某种减值迹象反应不敏感，在本报告期间又发生了该减值迹象的，如当期市场利率或市场投资报酬率上升，对计算资产未来现金流量现值采用的折现率影响不大的。

1. 估计资产可收回金额的基本方法

资产存在减值迹象从而需要进行减值测试的，首先应当估计其可收回金额，然后将可收回金额与资产的账面价值比较。资产的可收回金额低于其账面价值的，表明资产发生了减值，需要确认减值损失。

估计资产可收回金额，原则上应当以单项资产为基础，如果企业难以对单项资产的可收回金额进行估计的，应当以该资产所属的资产组为基础确定资产组的可收回金额。

可收回金额为资产的公允价值减去处置费用后的净额与资产预计未来现金流量的现值两者之间的较高者。因此，估计资产的可收回金额需要同时估计资产的公允价值减去处置费用后的净额和资产预计未来现金流量的现值，然后比较二者，选择较高者作为资产的可收回金额。但在下列情况下，可以有例外或者做特殊考虑。

（1）资产的公允价值减去处置费用后的净额与资产预计未来现金流量的现值，只要有一项超过了资产的账面价值，就表明资产没有发生减值，不需再估计另一项金额。

（2）没有确凿证据或者理由表明，资产预计未来现金流量现值显著高于其公允价值减去处置费用后的净额的，可以将资产的公允价值减去处置费用后的净额视为资产的可收回金额。

（3）资产的公允价值减去处置费用后的净额如果无法可靠估计的，应当以该资产预计未来现金流量的现值作为其可收回金额。

2. 资产的公允价值减去处置费用后的净额的估计

资产的公允价值减去处置费用后的净额，通常反映的是资产如果被出售或者处置时可以收回的净现金收入。其中，资产的公允价值是指市场参与者在计量日发生的有序交易中，出售一项资产所能收到的价格；处置费用是指可以直接归属于资产处置的增量成本，包括与资产处置有关的法律费用、相关税费、搬运费以及为使资产达到可销售状态所发生的直接费用等，但是财务费用和所得税费用等不包括在内。

例 8-1 甲公司的某项固定资产在有序交易中的销售协议价格为 600 万元，可直接归属于该资产的处置费用为 80 万元，则该固定资产的公允价值减去处置费用后的净额为 520 万元（600-80）。

3. 资产预计未来现金流量现值的估计

资产预计未来现金流量的现值，应当按照资产在持续使用过程中和最终处置时所产生的预计未来现金流量，选择恰当的折现率对其进行折现后的金额加以确定。

1）预计的资产未来现金流量应当包括的内容

（1）资产持续使用过程中预计产生的现金流入。

（2）为实现资产持续使用过程中产生的现金流入所必需的预计现金流出（包括为使资产达到预定可使用状态所发生的现金流出）。该现金流出应当是可直接归属于或者可通过合理和一致的基础分配到资产中的现金流出，后者通常是指那些与资产直接相关的间接费用。

预计在建工程、开发过程中的无形资产等的未来现金流量时，应当包括预期为使该资产达到预定可使用或可销售状态而发生的全部现金流出。

（3）资产使用寿命结束时，处置资产所收到或者支付的净现金流量。该现金流量应当是在公平交易中，熟悉情况的交易双方自愿进行交易时，企业预期可从资产的处置中获取或者支付的减去预计处置费用后的金额。

2) 预计资产未来现金流量的基础

企业预计未来现金流量现值时应考虑以下方法作为预计现金流量的基础。

(1) 预计资产未来现金流量时,企业管理层应当在合理和有依据的基础上对资产剩余使用寿命内整个经济状况进行最佳估计。

(2) 预计资产的未来现金流量,应当以经企业管理层批准的最近财务预算或者预测数据以及该预算或者预测期之后年份稳定的或者递减的增长率为基础。出于数据可靠性和便于操作等方面的考虑,建立在该预算或者预测基础上的预计现金流量最多涵盖5年,企业管理层如能证明更长的期间是合理的,可以涵盖更长的期间。

(3) 企业管理层如能证明递增的增长率是合理的,可以以递增的增长率为基础进行估计。同时,所使用的增长率除了企业能够证明更高的增长率是合理的之外,不应当超过企业经营的产品、市场、所处的行业或者所在国家或者地区的长期平均增长率,或者该资产所处市场的长期平均增长率。在恰当、合理的情况下,该增长率可以是零或者负数。

(4) 由于经济环境随时都在变化,资产的实际现金流量往往会与预计数有出入,而且预计资产未来现金流量时的假设也有可能发生变化,因此,企业管理层在每次预计资产未来现金流量时,应当首先分析以前期间现金流量预计数与现金流量实际数出现差异的情况,以评判当期现金流量预计所依据的假设的合理性。通常情况下,企业管理层应当确保当期现金流量预计所依据的假设与前期实际结果相一致。

3) 预计资产的未来现金流量应考虑的因素

企业预计资产的未来现金流量时,还需要综合考虑以下因素。

(1) 以资产的当前状况为基础预计未来现金流量。

在预计资产未来现金流量时,企业应当以资产的当前状况为基础,不应当包括与将来可能会发生的、尚未作出承诺的重组事项或者与资产改良有关的预计未来现金流量。重组是指企业制定和控制的将显著改变企业组织方式、经营范围或者经营方式的计划实施行为。如果重组是企业已经承诺的,在确定资产的未来现金流量的现值时,预计的未来现金流入和流出数,应当反映重组所能节约的费用和由重组所带来的其他利益,以及因重组所导致的估计未来现金流出数。其中重组所能节约的费用和由重组所带来的其他利益,通常应当根据企业管理层批准的最近财务预算或者预测数据进行估计。

如果企业未来发生的现金流出是为了维持资产正常运转或者资产正常产出水平而必要的支出或者属于资产维护支出,应当在预计资产未来现金流量时将其考虑在内。

(2) 预计资产未来现金流量不应当包括筹资活动和所得税收付产生的现金流量。

由于所筹集资金的货币时间价值已经通过折现因素予以考虑,同时折现率要求是以税前基础计算确定的,因此,企业预计的资产未来现金流量,不应当包括筹资活动产生的现金流入或者流出以及与所得税收付有关的现金流量。这样可以有效避免在资产未来现金流量现值的计算过程中可能出现的重复计算等问题,以保证现值计算的正确性。

(3) 对通货膨胀因素的考虑应当和折现率相一致。

如果折现率考虑了因一般通货膨胀而导致的物价上涨影响因素,资产预计未来现金流量也应予以考虑;反之,如果折现率没有考虑因一般通货膨胀而导致的物价上涨影响因素,资产预计未来现金流量也应当剔除这一影响因素。总之,企业在预计资产未来现金流量和折现率时，考虑因一般通货膨胀而导致物价上涨的因素，应当采用一致的基础，资产未来现金流量的预计和折现率的预计，应当保持一致。

（4）内部转移价格应当予以调整。

如果在预计资产的未来现金流量时，该资产所确定的交易价格或者结算价格是基于内部转移价格确定的，由于内部转移价格很可能与市场交易价格不同，在这种情况下，为了如实测算企业资产的价值，就不应当简单地以内部转移价格为基础预计资产未来现金流量，而应当采用在有序交易中能够达成的最佳的未来价格估计数进行预计。

4）预计资产未来现金流量的方法

企业预计资产未来现金流量，通常采用传统方法，使用单一的未来每期预计现金流量和单一的折现率计算资产未来现金流量的现值。

例 8-2　甲公司 2×17 年 12 月购入一条生产线，入账成本为 2 500 万元，预计使用寿命 5 年，按直线法计提折旧（无净残值）。2×19 年资产负债表日预计未来持续使用的现金流量净值分别是：400 万元、350 万元、280 万元。则该现金流量通常即为最有可能产生的现金流量，企业应以该现金流量的预计数为基础计算资产的现值。

实务中影响资产未来现金流量的因素较多，情况复杂，有很大的不确定性，使用单一的现金流量可能并不会如实反映资产创造现金流量的实际情况，这时需要采用期望现金流量法预计资产未来现金流量。在期望现金流量法下，资产未来现金流量应当根据每期现金流量期望值进行预计。

例 8-3　资料承例 8-2，假设甲公司利用该生产线生产的产品受市场行情波动影响大，企业预计未来 3 年每年的现金流量概率分布及发生情况如表 8-1 所示。

表 8-1　各年现金流量概率分布及发生情况　　　　　　　　　　单位：万元

年份	产品行情好 （40% 的可能性）	产品行情一般 （50% 的可能性）	产品行情差 （10% 的可能性）
2×20	600	450	200
2×21	500	300	150
2×22	400	180	50

根据表 8-1，计算资产每年预计未来现金流量如下。

2×20 年预计现金流量（期望现金流量）= 600×40% +450×50% +200×10% = 485（万元）

2×21 年预计现金流量（期望现金流量）= 500×40% +300×50% +150×10% = 365（万元）

2×22 年预计现金流量（期望现金流量）= 400×40% +180×50% +50×10% = 255（万元）

企业在预计资产未来现金流量的现值时，如果资产未来现金流量的发生时间不确定，企业应当根据资产在每一种可能情况下的现值及其发生概率直接加权计算资产未来现金流量的现值。

5）折现率的预计

基于资产减值测试的目的，计算资产未来现金流量现值时所使用的折现率应当是反映当前市场货币时间价值和资产特定风险的税前利率。该折现率是企业在购置或者投资资产时所要求的必要报酬率。确定折现率时应注意以下几点。

（1）如果在预计资产的未来现金流量时已经对资产特定风险的影响作了调整的，估计折现率不需要考虑这些特定风险。

（2）如果用于估计折现率的基础是税后的，应当将其调整为税前的折现率，以便于与资产未来现金流量的估计基础相一致。

（3）企业在确定折现率时，应当首先以该资产的市场利率为依据。如果该资产的利率无法从市场获得，可以使用替代利率估计。在估计替代利率时，企业应当充分考虑资产剩余寿命期间的货币时间价值和其他相关因素，比如资产未来现金流量金额及其时间的预计离散程度、资产内在不确定性的定价等，如果资产预计未来现金流量已经对这些因素作了有关调整的，应当予以剔除。

（4）企业在估计资产未来现金流量现值时，通常应当使用单一的折现率。但是，如果资产未来现金流量的现值对未来不同期间的风险差异或者利率的期间结构反应敏感，企业应当在未来各不同期间采用不同的折现率。

6）资产未来现金流量现值的确定

在预计资产未来现金流量和折现率的基础之上，资产未来现金流量的现值只需将该资产的预计未来现金流量按照预计的折现率在预计期限内加以折现即可确定。其计算公式如下。

资产未来现金流量的现值$(PV) = \sum [$预计的第t年资产现金流量$(NCF_t)/(1+$折现率$R)^t]$

预计资产的未来现金流量涉及外币的，应当以该资产所产生的未来现金流量的结算货币为基础，按照该货币适用的折现率计算资产的现值；然后将该外币现值按照计算资产未来现金流量现值当日的即期汇率进行折算，从而折现成按照记账本位币表示的资产未来现金流量的现值。最后在该现值基础上，将其与资产公允价值减去处置费用后的净额相比较，确定其可收回金额，根据可收回金额与资产账面价值相比较，确定是否需要确认减值损失以及确认多少减值损失。

例8-4 甲公司2×19年12月31日对一条生产线进行检查，发现该生产线出现了减值迹象，于是决定进行减值测试。此生产线的公允价值为60万元，可归属于该生产线的处置费用为2万元；预计尚可使用3年，预计其在未来2年内每年年末产生的现金流量分别为25万元、16万元；第3年产生的现金流量以及使用寿命结束时处置形成的现金流量合计为7万元。综合考虑货币时间价值及相关风险确定折现率为10%。甲公司对生产线可收回金额的计算如下：

① 生产线的公允价值减去处置费用后的净额=60-2=58（万元）；

② 生产线预计未来现金流量的现值$=25/(1+10\%)+16/(1+10\%)^2+7/(1+10\%)^3 \approx$ 41.21（万元）；

③ 根据孰高原则，该生产线的可收回金额为58万元。

➡ 想一想

假设甲公司经过批准的财务预算显示该生产线将在2×20年进行更新改造，预计支出20万元，你认为在这种情况下，甲公司2×19年预计该生产线未来现金流量现值时是否发生变化？

8.2　资产减值损失的确认与计量

8.2.1　资产减值损失确认与计量的一般原则

资产的可收回金额低于其账面价值的，应当将资产的账面价值减记至可收回金额，减记的金额确认为资产减值损失，计入当期损益（资产减值损失），同时计提相应的资产减值准备。这样，企业当期确认的减值损失反映在其利润表中，计提的资产减值准备则作为相关资产的备抵项目，反映于资产负债表中，从而夯实企业资产价值，避免利润虚增，如实反映企业的财务状况和经营成果。

资产减值损失确认后，减值资产的折旧或者摊销费用应当在未来期间作相应调整，以使该资产在剩余使用寿命内，系统地分摊调整后的资产账面价值（扣除预计净残值）。如固定资产、以成本模式进行后续计量的投资性房地产，计提了减值准备后，其账面价值相应抵减，该资产在未来计提折旧时，应当按照新的资产账面价值及尚可使用寿命重新计算确定折旧率和折旧额。已计提减值准备的需要摊销的无形资产，也应当按照该无形资产的账面价值以及尚可使用寿命重新计算确定摊销额。

资产减值准则规定，资产减值损失一经确认，在以后会计期间不得转回。这主要是考虑到固定资产、无形资产、商誉等资产发生的减值，通常属于永久性减值，价值回升的可能性比较小；另外从会计信息谨慎性要求考虑，也为了避免企业利用资产减值转回操纵利润。

以前期间计提的资产减值准备，虽然在价值恢复后不可以转回，但在资产处置、出售、对外投资、以非货币性资产交换方式换出、抵偿债务等时，可以转出。

⇨ 想一想

1. 结合前面的章节，你能总结说明哪些资产的减值在价值恢复后可以转回，如何转回吗？

2. 你能说明转回与转出有何区别吗？

8.2.2　资产减值损失的会计处理

企业应当设置"资产减值损失"科目对资产减值损失进行核算。"资产减值损失"科目属于损益类科目，用来登记反映企业计提的各项资产减值准备所形成的在当期确认的资产减值损失金额，并按照资产类别进行明细核算。同时，应当根据不同的资产类别，分别设置"固定资产减值准备""在建工程减值准备""投资性房地产减值准备""无形资产减值准备""商誉减值准备""长期股权投资减值准备""生产性生物资产减值准备"等科目。

企业确定资产发生减值，应当根据所确认的资产减值金额，借记"资产减值损失"科目，贷记相关资产减值准备科目。期末，企业应当将"资产减值损失"科目余额转入"本年利润"科目，结转后"资产减值损失"科目无余额。

例 8-5　甲公司于 2×19 年 12 月 20 日购入一项管理用设备，用银行存款支付价款 20.6

万元，增值税 2.678 万元。假设预计使用年限为 5 年，预计净残值 0.6 万元，按直线法计提折旧。2×21 年 12 月 31 日，甲公司对该设备检查时发现出现减值迹象，于是进行减值测试。测算该设备可收回金额为 12 万元。甲公司会计处理如下。

①购入设备时。

借：固定资产　　　　　　　　　　　　　　　　　　　　　　　206 000

　　应交税费——应交增值税（进项税额）　　　　　　　　　　 26 780

　　贷：银行存款　　　　　　　　　　　　　　　　　　　　　232 780

②从 2×20 年 1 月起计提折旧，年折旧额 =（20.6-0.6）/5＝4（万元）。

借：管理费用　　　　　　　　　　　　　　　　　　　　　　　 40 000

　　贷：累计折旧　　　　　　　　　　　　　　　　　　　　　 40 000

③2×21 年 12 月 31 日，因设备账面价值为 12.6 万元（20.6-4×2），高于其可收回金额 12 万元，说明资产发生了减值，应计提固定资产减值准备 0.6 万元。

借：资产减值损失——固定资产减值损失　　　　　　　　　　　　 6 000

　　贷：固定资产减值准备　　　　　　　　　　　　　　　　　　6 000

计提固定资产减值准备后，固定资产账面价值等于其可收回金额 12 万元。

④假设计提减值准备后，该设备预计使用年限为 3 年，预计净残值为 0.03 万元，则 2×22 年末计提折旧额 =（12-0.03）/3＝3.99（万元）。

借：管理费用　　　　　　　　　　　　　　　　　　　　　　　 39 900

　　贷：累计折旧　　　　　　　　　　　　　　　　　　　　　 39 900

> **想一想**
>
> 1. 假设 2×22 年该设备可收回金额为 10 万元，甲公司如何进行会计处理？
> 2. 如果甲公司需要将已确认的 0.6 万元的减值损失转回到 2×22 年的损益中，你认为应该如何做？

8.3　资产组的认定及减值处理

8.3.1　资产组的认定

一般的，有迹象表明一项资产可能发生减值的，企业应当以单项资产为基础估计其可收回金额。企业难以对单项资产的可收回金额进行估计的，可以以该资产所属的资产组为基础确定资产组的可收回金额。

资产组是指企业可以认定的最小资产组合，其产生的现金流入应当基本上独立于其他资产或者资产组产生的现金流入。资产组应当由创造现金流入相关的资产组成。认定资产组应考虑下列因素。

（1）认定资产组时，应当以资产组产生的主要现金流入是否独立于其他资产或者资产组的现金流入为依据。如某工厂为了方便运输自己的产品，建有一条铁路专用线。该铁路专用线的使用需要依赖工厂相关的其他资产，其自身除非报废出售否则不可能单独产生现金流入，所以难以对铁路专用线的可收回金额进行单独估计。这种情况下，必须把铁路专用线和工厂的其他相关资产结合在一起组成一个资产组，再估计该资产组的可收回金额。

（2）认定资产组时，企业几项资产的组合生产的产品（或者其他产出）存在活跃市场的，即使部分或者所有这些产品（或者其他产出）仅供内部使用，如果这几项资产的组合能够独立创造现金流入，在符合其他相关条件的情况下，应当将这几项资产的组合认定为一个资产组。

例 8-6　甲公司在 A、B、C 三个地区各设立一家工厂，A 厂生产的产品由 B 厂或者 C 厂组装成最终产品并面向全国销售，B 厂的产品可以在本地销售，也可以在 C 地销售。B 厂和 C 厂的生产能力合在一起并没有被完全利用，生产能力的利用程度依赖于甲公司对于销售产品在两地之间的分配。

如果 A 厂生产的产品存在活跃市场，可以带来独立的现金流量，尽管其产品主要用于 B 厂或者 C 厂，也应当将其认定为一个单独的资产组。如果 B 厂和 C 厂组装的产品虽然存在活跃市场，但由于 B 厂和 C 厂的现金流入需要依赖于产品在两厂之间的分配，所以 B 厂和 C 厂的未来现金流入不可能单独确定。因此 B 厂和 C 厂应当认定为一个资产组。

如果 A 厂生产的产品不存在活跃市场，则 A 厂的现金流入依赖于 B 厂或者 C 厂生产的最终产品的销售，因此，A 厂难以单独产生现金流入，也难以单独估计其可收回金额。而 B 厂和 C 厂所生产的产品虽然存在活跃市场，但是 B 厂和 C 厂的现金流入依赖于产品在两个工厂之间的分配，两个工厂在产能和销售上的管理是统一的，因此，B 厂和 C 厂也难以单独产生现金流量，因而难以单独估计其可收回金额。只有 A 厂、B 厂、C 厂三个工厂组合在一起才很可能是一个可以认定的、能够基本上独立产生现金流入的最小的资产组合，故此种情况下，应当将 A 厂、B 厂、C 厂的组合认定为一个资产组。

（3）在认定资产组时，应当考虑企业管理层管理生产经营活动的方式（如是按照生产线、业务种类还是按照地区或者区域管理等）和对资产的持续使用或者处置的决策方式等。比如企业各生产线都是独立生产、管理和监控的，那么各生产线很可能应当认定为单独的资产组；如果某些机器设备是相互关联、互相依存的，其使用和处置是一体化决策的，那么这些机器设备很可能应当认定为一个资产组。如某制药企业有制剂、原料药、包装容器、新特药四个分厂，每个分厂在核算、考核和管理等方面都相对独立，这种情况下，每个分厂一般各自认定为一个资产组。又如某电器厂有一车间和二车间，一车间生产电器的主要零配件，生产完成后由二车间负责组装对外销售，该企业对一车间和二车间资产的使用和处置等决策是一体的，这种情况下，一车间和二车间通常合并认定为一个资产组。

资产组一经确定，各个会计期间应当保持一致，不得随意变更。即资产组的各项资产构成通常不能随意变更。如一项设备在 2×19 年归属于 A 资产组，在无特殊情况下，该设备在 2×20 年仍然应当归属于 A 资产组，而不能随意将其变更至其他资产组。但如果由于企业重组、变更资产用途等原因，导致资产组构成确需变更的，企业可以进行变更，但企业管理层应当证明该变更是合理的，并应当在附注中加以说明。

8.3.2　资产组的减值测试

资产组减值测试的原理与单项资产相同，企业需要预计资产组的可收回金额并计算资产组的账面价值，将两者进行比较，如果资产组的可收回金额低于其账面价值的，表明资产组发生了减值损失，应当进行会计处理。

1. 资产组账面价值和可收回金额的确定

资产组账面价值的确定基础应当与其可收回金额的确定方式一致，因为这样的比较才有意义，否则如果两者在不同的基础上进行估计和比较，就难以正确估算资产组的减值损失。

资产组的账面价值包括可直接归属于资产组与可以合理和一致地分摊至资产组的资产账面价值，通常不应当包括已确认负债的账面价值（但如不考虑该负债金额就无法确定资产组可收回金额的除外）。这是因为在预计资产组的可收回金额时，既不包括与该资产组的资产无关的现金流量，也不包括与已在财务报表中确认的负债有关的现金流量。因此，为了与资产组可收回金额的确定基础相一致，资产组的账面价值也不应当包括这些项目。

资产组的可收回金额应当按照该资产组的公允价值减去处置费用后的净额与其预计未来现金流量的现值两者之间较高者确定。

资产组在处置时如要求购买者承担一项负债（如环境恢复负债等）、该负债金额已经确认并计入相关资产账面价值，而且企业只能取得包括上述资产和负债在内的单一公允价值减去处置费用后的净额的，为了比较资产组的账面价值和可收回金额，在确定资产组的账面价值及其预计未来现金流量的现值时，应当将已确认的负债金额从中扣除。

例 8-7 甲公司拥有一项核设施，根据规定公司在核设施报废时应当对所破坏的环境进行恢复。公司在核设施初建开始即确认了一项环境恢复的预计负债，金额为 800 万元，并计入核设施成本。根据核设施的现金流量情况，该核设施被认定为一个资产组。2×19 年 12 月 31 日，该资产组的账面价值为 9 000 万元（包括确认的环境恢复费用）。由于市场变化，核设施出现了减值迹象，公司对其进行了减值测试。该核设施本身公允价值为 8 300 万元，预计处置费用为 90 万元，因此其公允价值减去处置费用后的净额为 8 210 万元。预计未来现金流量的现值为 8 800 万元，该预计未来现金流量的现值在考虑弃置费用后为 8 000 万元（8 800-800）。因此，该资产组的可收回金额为 8 210 万元。资产组的账面价值在扣除了已确认的恢复环境预计负债后的金额为 8 200 万元（9 000-800）。这样，资产组的可收回金额大于其账面价值，没有发生减值，不必确认减值损失。

2. 资产组减值的会计处理

根据减值测试的结果，资产组（包括资产组组合）的可收回金额如低于其账面价值的，应当确认相应的减值损失。由于该减值损失是由资产组引起的，而不是由单个资产引起的，因此，在确认减值损失时还需要按照一定的原则分摊到该资产组的各项资产上。具体分摊顺序是，首先将减值损失金额抵减分摊至资产组中的商誉的账面价值；然后根据资产组中除商誉之外的其他各项资产的账面价值所占比重，按比例抵减其他各项资产的账面价值。

但需要注意的是，抵减后的各资产的账面价值不得低于以下三者之中最高者：① 该资产的公允价值减去处置费用后的净额（如果能够确定）；② 该资产预计未来现金流量的现值（如果能够确定）；③ 零。也就是说，将资产组的减值分摊到资产组内各项资产时，扣除减值后的账面价值不能小于该资产本身单独确认减值损失后的金额，如果该资产无法单独预计可收回金额，则至少不能分摊减值损失后账面价值小于零。因此，如果出现这种情况，就会导致资产组的减值损失总额无法全部分摊完毕，则未能分摊的减值损失金额，应当按照相关资产组中其他各项资产的账面价值所占比重进行再次分摊，直至全部分摊完毕。

例 8-8　甲公司有一条生产线，由 A、B、C 三部机器构成，根据 A、B、C 三部机器的现金流量状况，认定整条生产线为一个资产组。2×19 年由于市场变化，出现了减值迹象，年底公司对该生产线进行减值测试。2×19 年 12 月 31 日，A、B、C 三部机器的账面价值分别为 18 万元、24 万元和 45 万元。经估计，A 机器的公允价值减去处置费用后的净额为 16 万元，B、C 两机器均无法合理估计其公允价值减去处置费用后净额以及未来现金流量的现值。另外确定该资产组的可收回金额为 50 万元。

通过比较该资产组的账面价值 87 万元（18+24+45）与可收回金额 50 万元，认定发生减值 37 万元，应当确认减值损失，并将其分摊到构成生产线的 3 部机器中。同时由于 A 机器的公允价值减去处置费用后的净额为 16 万元，因此，A 机器分摊减值损失后的账面价值不应低于 16 万元。具体资产组减值损失分摊过程见表 8-2。

表 8-2　资产组减值损失分摊表　　　　　单位：元

项　　目	机器 A	机器 B	机器 C	整条生产线（资产组）
账面价值	180 000	240 000	450 000	870 000
可收回金额				500 000
减值损失				370 000
减值损失分摊比例	18/87	24/87	45/87	
分摊减值损失	20 000	102 069	191 379	313 448
分摊后账面价值	160 000	137 931	258 621	
尚未分摊的减值损失				56 552
二次分摊比例		137 931/396 552	258 621/396 552	
二次分摊减值损失		19 670	36 882	56 552
二次分摊后应确认减值损失总额	20 000	121 739	228 261	370 000
二次分摊后账面价值	160 000	118 261	221 739	500 000

说明：按照分摊比例，机器 A 应当分摊减值损失 76 552 元（370 000×18/87），但由于机器 A 的公允价值减去处置费用后的净额为 160 000 元，因此机器 A 最多只能确认减值损失 20 000 元（180 000-160 000），未能分摊的减值损失 56 552 元（76 552-20 000）应当在机器 B 和机器 C 之间进行再分摊。

根据上述计算和分摊结果，构成生产线的机器 A、机器 B 和机器 C 应当分别确认减值损失 20 000 元、121 739 元、228 261 元，会计处理如下。

借：资产减值损失——机器 A　　　　　　　　　　　　　　20 000
　　　　　　　　——机器 B　　　　　　　　　　　　121 739
　　　　　　　　——机器 C　　　　　　　　　　　　228 261
　　贷：固定资产减值准备——机器 A　　　　　　　　　　　　20 000
　　　　　　　　　　　——机器 B　　　　　　　　　　121 739
　　　　　　　　　　　——机器 C　　　　　　　　　　228 261

8.3.3 总部资产的减值测试

总部资产的特征是难以脱离其他资产或者资产组产生独立的现金流入，如企业集团或其事业部的办公楼、电子数据处理设备、研发中心等都属于总部资产。由于其账面价值难以完全归属于某一资产组，因此，总部资产难以单独进行减值测试，需要结合其他相关资产组或者资产组组合进行。资产组组合，是指由若干个资产组组成的最小资产组组合，包括资产组或者资产组组合，以及按合理方法分摊的总部资产部分。

在资产负债表日，如果有迹象表明某项总部资产可能发生减值的，企业应当计算确定该总部资产所归属的资产组或者资产组组合的可收回金额，然后将其与相应的账面价值相比较，据以判断是否需要确认减值损失。具体分别下列情况处理。

（1）对于相关总部资产能够按照合理和一致的基础分摊至该资产组的部分，应当将该部分总部资产的账面价值分摊至该资产组，再据以比较该资产组的账面价值（包括已分摊的总部资产的账面价值部分）和可收回金额，并按照有关资产组减值测试的顺序和方法处理。

（2）对于相关总部资产中有部分资产难以按照合理和一致的基础分摊至该资产组的，则按照能够分摊总部资产的资产组组合进行处理，具体操作应当按照下列步骤进行：首先，在不考虑相关总部资产的情况下，估计和比较资产组的账面价值和可收回金额，并按照有关资产组减值测试的顺序和方法处理；其次，认定由若干个资产组组成的最小的资产组组合，将总部资产的账面价值按照合理和一致的基础分摊到该资产组组合；最后，比较所认定的资产组组合的账面价值（包括已分摊的总部资产的账面价值部分）和可收回金额，并按照有关资产组减值测试的顺序和方法处理。

例 8-9 甲公司拥有企业总部和 A、B、C 三条独立生产线，被认定为三个资产组。没有商誉。三个资产组的使用寿命分别为 5 年、10 年和 20 年。2×19 年年末总部资产和三个资产组的账面价值分别为 200 万元、300 万元、400 万元和 500 万元。由于市场变化，三条生产线出现减值迹象，需要进行减值测试。认定与资产组相关的总部资产为办公楼，以各资产组的账面价值和剩余使用寿命加权平均计算的账面价值作为分摊标准。经确定三个资产组的可收回金额分别为 280 万元、500 万元和 550 万元。

本例中，进行减值测试时，首先应当将总部资产采用合理的方法分配至各资产组，然后比较各资产组的可收回金额与账面价值，最后将各资产组的资产减值额在总部资产和各资产组之间分配。

第一步，将总部资产分配至各资产组，具体总部资产分摊见表 8-3。

表 8-3 总部资产分摊表　　　　　　　　　　　　　　　单位：万元

	A 生产线	B 生产线	C 生产线	合计
各资产组账面价值	300	400	500	1 200
各资产组剩余使用寿命	5	10	20	
按使用寿命计算的权重	1	2	4	
加权计算后的账面价值	300	800	2 000	3 100
总部资产分摊比例	9.68%	25.81%	64.51%	100%

续表

	A 生产线	B 生产线	C 生产线	合计
总部资产账面价值分摊到各资产组的金额	19.36	51.62	129.02	200
包括分摊的总部资产账面价值部分的各资产组账面价值	319.36	451.62	629.02	1 400

第二步，将分摊总部资产后的资产组账面价值与其可收回金额进行比较，确定减值损失金额，减值准备计算见表 8-4。

表 8-4　减值准备计算表　　　　　　　　　　单位：万元

资产组合	分摊总部资产后账面价值	可收回金额	应计提减值准备金额
A 生产线	319.36	280	39.36
B 生产线	451.62	500	0
C 生产线	629.02	550	79.02

第三步，将各资产组的减值额在总部资产和各资产组之间分配。

A 生产线减值损失分配给总部资产的数额 =39.36×(19.36/319.36)≈2.39（万元），分配给 A 生产线本身的数额 =39.36×(300/319.36)≈36.97（万元）

C 生产线减值损失分配给总部资产的数额 =79.02×(129.02/629.02)≈16.21（万元），分配给 C 生产线本身的数额 =79.02×(500/629.02)≈62.81（万元）

练习题

1. 甲公司 2×19 年 12 月 15 日接受某公司投入的一台设备，双方确认的价值为 600 万元，增值税 78 万元，全部确认为实收资本。预计该设备尚可使用 5 年，预计净残值为 0，用直线法计提折旧，由企业管理部门使用。2×21 年 12 月 31 日，该设备发生减值，可收回金额为 300 万元。2×23 年 12 月 31 日，有关该设备的减值因素消失，可收回金额为 160 万元。2×24 年 6 月 5 日，企业将该设备以 50 万元售出，增值税 6.5 万元，款项已收。

要求：

（1）编制接受投资的会计分录；

（2）编制 2×20 年和 2×21 年按年计提折旧的会计分录；

（3）编制 2×21 年年末与上述设备减值相关的会计分录；

（4）编制 2×22 年和 2×23 年按年计提折旧的会计分录；

（5）编制出售该设备的会计分录。

2. 甲公司 2×19 年 12 月 31 日，对下列资产进行减值测试，有关资料如下。

（1）对购入时间相同、型号相同、性能相似的一批机器设备进行检查时发现该类机器可能发生减值。该批机器原值为 8 000 万元，累计折旧 5 000 万元，2×19 年年末账面价值为 3 000 万元。该类机器公允价值总额为 2 000 万元，直接归属于该类机器处置费用为 10 万元，尚可使用 5 年。预计其在未来 4 年内产生的现金流量分别为：600 万元、540 万元、480 万元、370 万元；第 5 年产生的现金流量以及使用寿命结束时处置形成的现金流量合计为 300 万元；在考虑相关因素的基础上，公司决定采用 5% 的折现率进行折现。

（2）一项专有技术账面成本 190 万元，已摊销额为 100 万元，前期没有计提减值准备。由于该专有技术已被其他新的技术所代替，其为企业创造经济利益的能力受到重大不利影响，公司经分析，认定该专有技术虽然价值受到重大影响，但仍有 30 万元左右的剩余价值。

（3）为扩展生产规模，于 2×17 年年底开始建造新厂房，工程开工一年后，因资金困难无法继续施工，停工到 2×19 年年末已有 1 年，企业内部报告有证据表明预计在未来 3 年内资金困难仍得不到解决，工程仍会停滞不前。该工程目前挂账成本为 600 万元，预计可收回金额为 260 万元。

要求（以万元为单位，四舍五入保留 2 位小数）：计算 2×19 年 12 月 31 日上述各项资产确认的减值损失，并编制会计分录。

3. 甲公司在 A、B、C 三地拥有三家分公司，这三家分公司的经营活动由一个总部负责运作。由于 A、B、C 三家分公司均能产生独立于其他分公司的现金流入，所以该公司将这三家分公司确定为三个资产组。2×19 年 12 月 1 日，企业经营所处的技术环境发生了重大不利变化，出现减值迹象，需要进行减值测试。假设总部资产的账面价值为 200 万元，能够按照各资产组账面价值的比例进行合理分摊，A、B、C 分公司和总部资产的使用寿命均为 20 年。减值测试时，A、B、C 三个资产组的账面价值分别为 320 万元、160 万元和 320 万元。甲公司计算得出 A 分公司资产的可收回金额为 420 万元，B 分公司资产的可收回金额为 160 万元，C 分公司资产的可收回金额为 380 万元。

要求：计算 2×19 年 A、B、C 三个资产组和总部资产应计提的减值准备。

4. 甲公司在某地拥有一家 C 分公司，该分公司是上年吸收合并的公司，由于 C 分公司能产生独立于其他分公司的现金流入，所以该公司将 C 分公司确定为一个资产组。2×19 年 12 月 31 日，C 分公司经营所处的技术环境发生了重大不利变化，出现减值迹象，需要进行减值测试。减值测试时，C 分公司的账面价值为 520 万元（包含合并商誉 20 万元）。经计算 C 分公司资产的可收回金额为 490 万元。假设 C 分公司资产组中包括甲设备、乙设备和一项无形资产，2×19 年 12 月 31 日其账面价值分别为 250 万元、150 万元和 100 万元，各资产的剩余使用年限相同。三项资产的可收回金额均无法确定。减值损失按资产账面价值所占比重进行分配。

要求：计算 C 分公司资产组中商誉、甲设备、乙设备和无形资产应计提的减值准备金额并编制有关会计分录。

5. 甲公司由专利权 A、设备 B 以及设备 C 组成的生产线，专门用于生产产品甲。该生产线于 2×13 年 1 月投产，至 2×19 年 12 月 31 日已连续生产 7 年；由设备 D、设备 E 和商誉组成的生产线（是 2×18 年吸收合并形成的）专门用于生产产品乙，甲公司按照不同的生产线进行管理，产品甲存在活跃市场。生产线生产的产品甲，经包装机 W 进行外包装后对外出售。

（1）产品甲生产线及包装机 W 的有关资料如下。

① 专利权 A 于 2×13 年 1 月以 400 万元取得，专门用于生产产品甲。甲公司预计该专

利权的使用年限为 10 年,采用直线法摊销,预计净残值为 0。该专利权除用于生产产品甲外,无其他用途。

② 专用设备 B 和 C 是为生产产品甲专门订制的,除生产产品甲外,无其他用途。其中,专用设备 B 系甲公司于 2×12 年 12 月 10 日购入,原价 1 400 万元,购入后即达到预定可使用状态。设备 B 的预计使用年限为 10 年,预计净残值为 0,采用年限平均法计提折旧。专用设备 C 系甲公司于 2×12 年 12 月 16 日购入,原价 200 万元,购入后即达到预定可使用状态。设备 C 的预计使用年限为 10 年,预计净残值为 0,采用年限平均法计提折旧。

③ 包装机 W 系甲公司于 2×12 年 12 月 18 日购入,原价 180 万元,用于对公司生产的部分产品(包括产品甲)进行外包装。该包装机由独立核算的包装车间使用。公司生产的产品进行包装时需按市场价格向包装车间内部结算包装费。除用于本公司产品的包装外,甲公司还用该机器承接其他企业产品包装,收取包装费。该机器的预计使用年限为 10 年,预计净残值为 0,采用年限平均法计提折旧。

(2) 2×19 年,市场上出现了产品甲的替代产品,产品甲市价下跌,销量下降,出现减值迹象。2×19 年 12 月 31 日,甲公司对与产品甲有关资产进行减值测试。

① 2×19 年 12 月 31 日,专利权 A 的公允价值为 118 万元,如将其处置,预计将发生相关费用 8 万元,无法独立确定其未来现金流量现值;设备 B 和设备 C 的公允价值减去处置费用后的净额以及预计未来现金流量的现值均无法确定;包装机 W 的公允价值为 62 万元,如处置预计将发生的费用为 2 万元,根据其预计提供包装服务的收费情况来计算,其未来现金流量现值为 63 万元。

② 甲公司管理层 2×19 年年末批准的财务预算中与产品甲生产线预计未来现金流量相关资料如表 8-5 所示(有关现金流量均发生于年末,各年末不存在与产品甲相关的存货,收入、支出均不含增值税)。

表 8-5 甲生产线预计未来现金流量相关资料 单位:万元

项目	2×20 年	2×21 年	2×22 年
产品甲销售收入	1 200	1 100	720
上年销售产品甲产生应收账款本年收回	0	20	100
本年销售产品甲产生应收账款次年收回	20	100	0
购买生产产品甲的材料支付现金	600	550	460
以现金支付职工薪酬	180	160	140
其他现金支出(包括支付的包装费)	100	160	120

③ 甲公司的增量借款年利率为 5%(税前),公司认为 5% 是产品甲生产线的最低必要报酬率。复利现值系数如表 8-6 所示。

表 8-6 复利现值系数

年限	1 年	2 年	3 年
5% 的复利现值系数	0.952 4	0.907 0	0.863 8

(3) 2×19 年,市场上出现了产品乙的替代产品,产品乙市价下跌,销量下降,出现减

值迹象。2×19 年 12 月 31 日，甲公司对与产品乙有关资产进行减值测试。生产线乙的可收回金额为 800 万元。设备 D、设备 E 和商誉的账面价值分别为 600 万元、400 万元和 200 万元。

(4) 其他有关资料：

① 甲公司与生产产品甲和乙相关的资产在 2×19 年以前未发生减值；

② 甲公司不存在可分摊至产品甲和乙生产线的总部资产和商誉价值；

③ 不考虑中期报告及所得税影响。

要求（以万元为单位，保留全部小数）：

(1) 判断甲公司与生产产品甲相关的各项资产中，哪些资产构成资产组，并说明理由。

(2) 计算确定甲公司与生产产品甲相关的资产组未来每一期间的现金净流量及 2×19 年 12 月 31 日预计未来现金流量的现值。

(3) 计算包装机 W 在 2×19 年 12 月 31 日的可收回金额。

(4) 填列甲公司 2×19 年 12 月 31 日与生产产品甲相关的资产组减值测试表，不属于资产组的不予填列。

(5) 计算甲公司 2×19 年 12 月 31 日与生产产品乙相关的资产的减值准备。

(6) 编制甲公司 2×19 年 12 月 31 日计提资产减值准备的会计分录。

📑 案例与专题

1. 长期资产减值

2006 年颁布的企业会计准则，修改了对长期资产减值会计处理的规定，即长期资产一旦计提减值准备，确认减值损失，以后期间即使价值恢复，也不允许转回已确认的减值损失。为了防止上市公司在新准则执行的前一年集中转回以前确认的长期资产减值损失，财政部发布通知，一旦发现上市公司集中转回长期资产减值将给予严厉的处罚。因此，有学者及财政部研究小组的结论是：在执行新准则的前一年，即 2006 年，不存在上市公司大量转回资产减值的现象。但也有学者的研究结论认为 2006 年上市公司中确实存在大量转回长期资产减值准备的现象。

请选择 2005 年存在较多长期资产减值的上市公司，重点关注其 2006 年年报所披露的有关长期资产减值的计提和转回情况，分析其是否存在这样的动机：在 2006 年执行新会计准则前的最后一年将已计提的长期资产减值损失转回以调节利润？以验证有关学者和财政部的研究结论。

2. 大庆联谊

大庆联谊（600065）2002 年年报被出具了保留意见的审计报告，主要原因是注册会计师认为公司的关联方欠款及一家分公司总计 3.36 亿元的资产存在较大的不确定性，而公司没有提足资产减值准备。

大庆联谊按 6% 计提坏账准备，而注册会计师认为根据对公司经营环境的评估，这样的比例不够稳健，应当重新计提资产减值准备。对于 2.5 亿元的关联方欠款，如果所提的坏账准备每提高 1 个百分点，就将增加 250 万元的管理费用，当对关联方欠款的计提比例提高到 8% 时，所提的坏账准备就会将全年实现的利润全部冲没。如果再要对齐齐哈尔联谊油田资产计提全额资产减值准备，就又会增加至少 8 296 万元的管理费用。

公司 2002 年实现了 492 万元的净利润。值得关注的是，公司扭亏与财务费用和管理费用的大幅下降紧密相连，公司本期转回坏账准备 345 万元，冲回存货跌价准备 1 355 万元，一共减少准备和费用 1 672 万元。

当年，有不少上市公司对资产减值准备的提取显得随心所欲，如东方集团（600864）、岁宝热电（600864）、东北高速（600003）等也因为没有对某些具有高风险的资产计提减值准备，而被注册会计师出具了保留意见。

请分析：

（1）大庆联谊 2002 年对减值准备提取不充足的原因是什么？

（2）大庆联谊 2002 年减值准备提取不充足对其当年及以后年度的报表会有何影响？

（3）对比 2006 年以前的情况，对 2007 年至 2018 年资产减值情况进行分析，说明 2006 年新准则的执行，在资产减值方面是否发生了变化？主要原因是什么？

（4）对 2019 年及之后的资产减值情况进行分析，结合相关准则的修订，发表看法。

第 9 章

负　　债

学习目标

学习本章后，应当能够：

☑ 描述各种负债的核算内容；

☑ 对各种负债进行正确的会计处理；

☑ 计算本期应交的各种税费并进行会计处理；

☑ 明确债务重组双方会计处理原则；

☑ 正确区分费用化和资本化的借款费用。

9.1　流动负债

负债是指企业过去的交易或者事项形成的，预期会导致经济利益流出企业的现时义务。在资产负债表中，企业的负债按照其流动性分为流动负债和非流动负债两大类别。满足下列条件之一的，应当归类为流动负债：

（1）预计在一个正常营业周期中清偿；

（2）主要为交易目的而持有；

（3）自资产负债表日起一年内到期并予以清偿；

（4）企业无权自主地将清偿推迟至资产负债表日后一年以上。

企业的流动负债主要包括短期借款、以公允价值计量且其变动计入当期损益的金融负债、应付款项、应付职工薪酬、应交税费等。

9.1.1　短期借款

短期借款是企业向银行或其他金融机构等借入的期限在 1 年以内（含 1 年）的各种借款。企业借入的短期借款构成了一项流动负债。

短期借款一般是企业为维持正常的生产经营所需的资金而借入的或者为抵偿某项债务而借入的。企业向银行或其他金融机构等借入的各种借款，不论是用于企业的生产经营过程，还是用于购建固定资产，或者其他用途，只要借款期限在 1 年以下，都属于短期借款的核算内容。

为了核算企业短期借款的借入、归还及结存情况，企业应设置"短期借款"科目，并按借款种类、贷款人和币种设置明细账。"短期借款"科目只登记本金数，应付利息作为一项财务费用，计入当期损益。

企业从银行借入的各种短期借款，应借记"银行存款"科目，贷记"短期借款"科目；偿还借款做相反的会计分录。每个资产负债表日，企业应按计算确定的短期借款利息费用，借记"财务费用"等科目，贷记"银行存款""应付利息"等科目。

例 9-1 甲公司于 2×18 年 4 月 1 日借入短期借款 40 000 元，期限为 6 个月，年利率为 6%，利息按季支付。甲公司会计处理如下。

① 4 月 1 日借入款项。

借：银行存款   40 000

    贷：短期借款   40 000

② 4 月末，预提当月利息费用 200 元（40 000×6%÷12）。

借：财务费用   200

    贷：应付利息   200

5 月末预提当月利息的处理与 4 月末相同。

③ 6 月末支付本季利息。

借：应付利息   400

    财务费用   200

    贷：银行存款   600

下一季度的会计处理同上。

④ 10 月 1 日偿还借款。

借：短期借款   40 000

    贷：银行存款   40 000

9.1.2 以公允价值计量且其变动计入当期损益的金融负债

以公允价值计量且其变动计入当期损益的金融负债，与以公允价值计量且其变动计入当期损益的金融资产一样，也可以进一步分为交易性金融负债和直接指定为以公允价值计量且其变动计入当期损益的金融负债。

1. 交易性金融负债

满足以下条件之一的金融负债，企业应当划分为交易性金融负债。

（1）取得或承担该金融负债的目的，主要是近期内回购或赎回。

（2）属于进行集中管理的可辨认金融工具组合的一部分，且有客观证据表明企业近期采用短期获利方式对该组合进行管理。在这种情况下，即使组合中有某个组成项目持有的期限稍长也不受影响。

（3）属于衍生工具。但是，被指定为有效套期工具的衍生工具、属于财务担保合同的衍生工具、与在活跃市场中没有报价且其公允价值不能可靠计量的权益工具投资挂钩并需通过交付该权益工具结算的衍生工具除外。其中，财务担保合同是指保证人和债权人约定，当债务人不履行债务时，保证人按照约定履行债务或者承担责任的合同。

2. 直接指定为以公允价值计量且其变动计入当期损益的金融负债

在初始确认时，企业将一项金融负债指定为以公允价值计量且其变动计入当期损益的金融负债，应当满足下列条件之一。

（1）该指定能够消除或显著减少会计错配。例如，有些金融资产被分类为以公允价值计量且其变动计入当期损益，但与之直接相关的金融负债却分类为以摊余成本计量，从而导致会计错配。如果将以上金融负债直接指定为以公允价值计量且其变动计入当期损益，那么这种会计错配就能够消除。

（2）根据正式书面文件载明的企业风险管理或投资策路，企业以公允价值为基础对金融负债组合或金融资产和金融负债组合进行管理和业绩评价，并在内部以此为基础向关键管理人员报告。企业将一项金融负债指定为以公允价值计量且其变动计入当期损益的，一经作出不得撤销。即使造成会计错配的金融工具被终止确认，也不得撤销这一指定。

3. 以公允价值计量且其变动计入当期损益的金融负债的会计处理

企业对于以公允价值计量且其变动计入当期损益的金融负债，应当按照其公允价值进行初始计量和后续计量，相关交易费用于发生时直接计入当期损益，公允价值变动形成的利得或损失，除与套期保值有关的以外应当计入当期损益。其中，金融负债的公允价值，一般应当以市场价格为基础确认。

企业应当设置"交易性金融负债"科目核算以公允价值计量且其变动计入当期损益的金融负债。该科目可按交易性金融负债类别，分别设"本金""公允价值变动"等进行明细核算。

例 9-2 甲公司 2×18 年 10 月 1 日发行短期融资券 260 000 元，该债券公开交易，甲公司将其划分为交易性金融负债。该债券在 2×18 年 12 月 31 日的公允价值为 265 000 元。甲公司会计处理如下。

① 2×18 年 10 月 1 日发行债券。

借：银行存款　　　　　　　　　　　　　　　　　　　　　　260 000
　　贷：交易性金融负债——本金　　　　　　　　　　　　　　　　260 000

② 2×18 年 12 月 31 日确认公允价值变动。

借：公允价值变动损益　　　　　　　　　　　　　　　　　　5 000
　　贷：交易性金融负债——公允价值变动　　　　　　　　　　　　　5 000

9.1.3 应付款项

1. 应付票据

应付票据是指企业签发的允诺在不超过一年内按票据上规定期限支付一定金额给持票人的一种书面证明。应付票据由出票人出票，委托付款人在指定日期无条件支付特定的金额给收款人或者持票人。从理论上讲，应付票据包括的内容很多，如支票、本票和汇票。但在我国会计实务中，应付票据仅指应付商业汇票，这是在企业经济往来活动中由于采用商业汇票结算办法而形成的债务或在借贷活动中形成的债务。

我国有关法规规定，商业汇票的最长付款期限为 6 个月，所以将其作为流动负债进行管理和核算是可行的。

与应收票据一样，应付票据也分为不带息票据和带息票据两种。

企业应设置"应付票据"科目，用于核算企业购买材料、商品和接受劳务供应等开出、承兑的商业汇票。为了加强对应付票据的管理，企业应当设置"应付票据备查簿"，详细登记每一应付票据的种类、号数、签发日期、到期日、票面金额、票面利率、合同交易号、收款人姓名或单位名称，以及付款日期和金额等资料。应付票据到期结清时，应当在备查簿内逐笔注销。

1）应付票据签发与支付的会计处理

应付票据一般按票面价值入账。企业开出、承兑商业汇票或以承兑商业汇票抵付货款、应付账款时，借记"在途物资""原材料""库存商品""应付账款""应交税费——应交增值税（进项税额）"等科目，贷记"应付票据"科目。

支付银行承兑汇票的手续费，借记"财务费用"科目，贷记"银行存款"科目。收到银行支付到期票据的付款通知，借记"应付票据"科目，贷记"银行存款"科目。

由于我国商业汇票的期限较短，对于带息票据，企业通常在期末按照票据的票面价值和票据上规定的利率计算并预提应付利息，借记"财务费用"科目，贷记"应付利息"科目。

例 9-3　甲公司 2×18 年 5 月 1 日购进一批原材料，不含税价格 200 000 元，增值税率 13%，开出一张期限为 4 个月的等值商业承兑带息票据，年利率为 8%。甲公司会计处理如下。

① 2×18 年 5 月 1 日购进材料。

借：原材料　　　　　　　　　　　　　　　　　　　　　　　　　　200 000

　　　应交税费——应交增值税（进项税额）　　　　　　　　　　　　26 000

　　　　贷：应付票据　　　　　　　　　　　　　　　　　　　　　　　　226 000

② 2×18 年 6 月 30 日计算 2 个月应计利息。

借：财务费用　　　　　　　　　　　　　　　　　　　　　　　　3 013.33

　　　　贷：应付利息　　　　　　　　　　　　　　　　　　　　　　　3 013.33

③ 2×18 年 9 月 1 日到期付款。

借：应付票据　　　　　　　　　　　　　　　　　　　　　　　　226 000

　　　应付利息　　　　　　　　　　　　　　　　　　　　　　　　3 013.33

　　　财务费用　　　　　　　　　　　　　　　　　　　　　　　　3 013.33

　　　　贷：银行存款　　　　　　　　　　　　　　　　　　　　　　232 026.66

2）逾期应付票据的会计处理

应付票据到期，如果企业无力支付票款，则需要分别情况处理：采用商业承兑汇票进行结算的，如果企业无力支付票据款，应将应付票据科目的账面余额转入"应付账款"科目，借记"应付票据"科目，贷记"应付账款"科目；采用银行承兑汇票进行结算的，承兑人为承兑银行，如果企业无力支付票据款，承兑银行将代为支付票据款，并将其转为对企业的短期贷款。此时，企业需要将"应付票据"科目的账面余额转入"短期借款"科目，借记"应付票据"科目，贷记"短期借款"科目。

2. 应付账款

应付账款指企业因购买材料、商品或接受劳务供应等而发生的债务。这是买卖双方在购销活动中由于取得物资与支付货款在时间上不一致而产生的负债。企业应按供应单位设置应付账款明细账，进行明细核算。

1）入账时间的确定

一般应付账款应以与所购货物所有权有关的风险和报酬已经转移或接受劳务已经发生的

时间为入账时间。但在会计实务中，一般以收到发票账单的时间为应付账款的入账时间。但如果货物已到或劳务已经接受而发票账单等凭证尚未到达，企业应于月末估计入账。因为尽管发票账单等凭证未到，但这笔负债已经成立，有必要在资产负债表上客观反映企业目前所拥有的资产和承担的债务。为了规范实际支付货款时的核算方法，此笔估计入账的应付账款应在下月1日编制红字记账凭证予以冲销。

2）入账价值

应付账款一般按应付金额入账，而不按到期应付金额的现值入账。如果购入的资产在形成一笔应付账款时是带有现金折扣的，应付账款入账金额的确定按发票上记载的应付金额的总值（即不扣除折扣）记账。在这种情况下，应按发票上记载的全部应付金额，借记有关科目，贷记"应付账款"科目；获得的现金折扣冲减财务费用。

3）会计处理

企业应设置"应付账款"科目，用来核算因购买材料、商品和接受劳务供应等而应付给供应单位的款项。借方登记企业已经支付的应付账款数，贷方登记因购买材料、商品和接受劳务供应等而应付给供应单位的款项数，余额在贷方，反映企业尚未支付的应付账款。

有些应付账款由于债权单位撤销或其他原因，使企业无法支付这笔应付款项，这笔无法支付的应付账款应作为企业的利得处理，直接计入当期损益，借记"应付账款"科目、贷记"营业外收入"科目。

例 9-4　甲公司 2×18 年 1 月 15 日从乙公司赊购一批原材料，不含税价格 30 万元，增值税率 13%。双方约定在 1 个月内付款。但甲公司到 2 月 15 日无法全额支付这笔款项，于是开出一张面值 20 万元、期限半年的不带息商业汇票予以抵偿，其余用银行存款支付。甲公司会计处理如下。

① 2×18 年 1 月 15 日赊购。

借：原材料	300 000
应交税费——应交增值税（进项税额）	39 000
贷：应付账款——乙公司	339 000

② 2 月 15 日用商业汇票抵偿货款。

借：应付账款——乙公司	339 000
贷：银行存款	139 000
应付票据	200 000

③ 半年后偿还应付票据时。

借：应付票据	200 000
贷：银行存款	200 000

想一想

如果票据到期甲公司仍无力支付，双方应如何处理？

3. 预收账款

预收账款是买卖双方协议商定，由购货方预先支付一部分货款给供应方而发生的一项负债。预收账款的核算应视企业的具体情况而定。如果预收账款比较多，可以设置"预收账款"科目；预收账款不多的，也可以不设置"预收账款"科目，直接记入"应收账款"科目的贷方。

4. 应付利息

应付利息主要核算企业按照合同约定应支付的利息，包括短期借款、分期付息到期还本的长期借款、企业债券等应支付的利息。企业可按债权人对"应付利息"科目进行明细核算。

资产负债表日，企业应按摊余成本和实际利率计算确定的利息费用，借记"在建工程""财务费用""研发支出"等科目，按合同利率计算确定的应付未付利息，贷记"应付利息"，按其差额，借记或贷记"长期借款——利息调整"等科目。合同利率与实际利率差异较小的，也可以采用合同利率计算确定利息费用。实际支付利息时，借记"应付利息"科目，贷记"银行存款"等科目。

"应付利息"科目期末贷方余额，反映企业应付未付的利息。

5. 应付股利

企业作为独立核算的经济实体，对其实现的经营成果除了按照税法及有关法规规定交税、交费外，还必须对投资者给予一定的回报，作为投资者应该分享的所得税后的利润分配，取得投资收益。因此，企业分配给投资者的现金股利或利润，在实际未支付给投资者之前，形成了一笔负债。在会计核算中设置"应付股利"科目进行核算。应付股利包括应付给投资者的现金股利、应付给国家以及其他单位和个人的利润等。企业与其他单位或个人的合作项目，如按协议或合同规定，应支付给其他单位或个人的利润也通过"应付股利"科目核算。

企业按照董事会提请股东大会批准的利润分配方案中应分给股东的现金股利，借记"利润分配"科目，贷记"应付股利"科目；与批准的利润分配方案不一致时，按股东大会批准的利润分配方案与董事会提请股东大会批准的利润分配方案中分配现金股利的差额，调整"利润分配"和"应付股利"科目。实际支付时，借记"应付股利"科目，贷记"银行存款"科目。企业分配的股票股利，不通过"应付股利"科目核算。

6. 其他应付款

其他应付款是指核算企业除应付票据、应付账款、预收账款、应付职工薪酬、应付利息、应付股利、应交税费、长期应付款等以外的其他各项应付、暂收的款项。具体包括：① 应付经营租入固定资产和包装物租金；② 职工未按期领取的工资；③ 存入保证金（如收入包装物押金等）；④ 应付、暂收所属单位、个人的款项；⑤ 其他应付、暂收款项。

企业采用售后回购方式融入资金的，应按实际收到的金额，借记"银行存款"科目，贷记"其他应付款""应交税费"等科目。回购价格与原销售价格之间的差额，应在售后回购期间内按期计提利息费用，借记"财务费用"科目，贷记"其他应付款"。按照合同约定购回该项商品时，应按实际支付的金额，借记"其他应付款"科目和"应交税费"科目，贷记"银行存款"科目。

"其他应付款"科目应按应付和暂收款项的类别和单位或个人设置明细账，进行明细核算。发生时，借记"管理费用"科目，贷记"其他应付款"科目；支付时，借记"其他应付款"科目，贷记"银行存款"科目或"库存现金"科目。期末贷方余额，反映企业尚未支付的其他应付款项。

9.1.4　应付职工薪酬

1. 职工薪酬的内容

1）职工的范围

职工薪酬准则所涉及的"职工"概念比较宽泛，包括：

（1）与企业订立正式劳动合同的所有人员，含全职、兼职和临时职工。

（2）虽未与企业订立正式劳动合同但由企业正式任命的企业治理层和管理人员，如董事会成员、监事会成员等。尽管有些董事会、监事会成员不是本企业的员工，未与企业订立劳动合同，但对其发放的津贴、补贴等仍属于职工薪酬。

（3）在企业的计划、领导和控制下，虽与企业未订立正式劳动合同或企业未正式任命，但为企业提供了类似服务的人员，如通过与劳务中介公司签订用工合同而向企业提供服务的人员。

2）职工薪酬的内容

职工薪酬，是指企业为获得职工提供的服务或解除劳动关系而给予的各种形式的报酬或补偿。职工薪酬包括短期薪酬、带薪缺勤、离职后福利、辞退福利和其他长期职工福利。企业提供给职工配偶、子女、受赡养人、已故员工遗属及其他受益人等的福利，也属于职工薪酬。

短期薪酬，是指企业在职工提供相关服务的年度报告期间结束后十二个月内需要全部予以支付的职工薪酬，因解除与职工的劳动关系给予的补偿除外。短期薪酬具体包括：职工工资、奖金、津贴和补贴，职工福利费，医疗保险费、工伤保险费和生育保险费等社会保险费，住房公积金，工会经费和职工教育经费，短期带薪缺勤，短期利润分享计划，非货币性福利以及其他短期薪酬。

带薪缺勤，是指企业支付工资或提供补偿的职工缺勤，包括年休假、病假、短期伤残、婚假、产假、丧假、探亲假等。利润分享计划，是指因职工提供服务而与职工达成的基于利润或其他经营成果提供薪酬的协议。

离职后福利，是指企业为获得职工提供的服务而在职工退休或与企业解除劳动关系后，提供的各种形式的报酬和福利，短期薪酬和辞退福利除外。

辞退福利，是指企业在职工劳动合同到期之前解除与职工的劳动关系，或者为鼓励职工自愿接受裁减而给予职工的补偿。

其他长期职工福利，是指除短期薪酬、离职后福利、辞退福利之外所有的职工薪酬，包括长期带薪缺勤、长期残疾福利、长期利润分享计划等。

总之，从薪酬的涵盖时间和支付形式来看，职工薪酬包括企业职工在职期间和离职后而给予的所有货币性薪酬和非货币性福利；从薪酬的支付对象来看，职工薪酬包括提供给职工本人及其配偶、子女或其他赡养人的福利，比如支付给因公伤亡职工的配偶、子女或其他被赡养人的抚恤金。

2. 短期薪酬的确认和计量

企业应当在职工为其提供服务的会计期间，将实际发生的短期薪酬确认为负债，并计入当期损益，其他会计准则要求或允许计入资产成本的除外，具体如下。

（1）应由生产产品、提供劳务负担的职工薪酬，计入产品成本或劳务成本。生产产品、提供劳务中的直接生产人员和直接提供劳务发生的职工薪酬，计入存货成本，但非正常的直接生产人员和直接提供劳务人员的职工薪酬，应当在发生时确认为当期损益。

（2）由在建工程、无形资产负担的职工薪酬，计入建造固定资产或无形资产成本。自行建造固定资产和自行研究开发无形资产过程中发生的职工薪酬，能否计入固定资产或无形资产成本，取决于相关资产的成本确定原则。

（3）上述两项之外的其他职工薪酬，计入当期损益。除直接生产人员、直接提供劳务人员、符合准则规定条件的建造固定资产人员、开发无形资产人员以外的职工，包括公司总部管理人员、董事会成员、监事会成员等人员相关的职工薪酬，因难以确定直接对应的受益对象，均应当在发生时计入当期损益。

企业发生的职工福利费，应当在实际发生时根据实际发生额计入当期损益或相关资产成本。职工福利费为非货币性福利的，应当按照公允价值计量。

企业为职工缴纳的医疗保险费、工伤保险费、生育保险费等社会保险费和住房公积金，以及按规定提取的工会经费和职工教育经费，应当在职工为其提供服务的会计期间，根据规定的计提基础和计提比例计算确定相应的职工薪酬金额，并确认相应负债，计入当期损益或相关资产成本。

带薪缺勤分为累积带薪缺勤和非累积带薪缺勤。企业应当在职工提供服务从而增加了其未来享有的带薪缺勤权利时，确认与累积带薪缺勤相关的职工薪酬，并以累积未行使权利而增加的预期支付金额计量。企业应当在职工实际发生缺勤的会计期间确认与非累积带薪缺勤相关的职工薪酬。累积带薪缺勤，是指带薪缺勤权利可以结转下期的带薪缺勤，本期尚未用完的带薪缺勤权利可以在未来期间使用。非累积带薪缺勤，是指带薪缺勤权利不能结转下期的带薪缺勤，本期尚未用完的带薪缺勤权利将予以取消，并且职工离开企业时也无权获得现金支付。

利润分享计划同时满足下列条件的，企业应当确认相关的应付职工薪酬。

（1）企业因过去事项导致现在具有支付职工薪酬的法定义务或推定义务。

（2）因利润分享计划所产生的应付职工薪酬义务金额能够可靠估计。属于下列三种情形之一的，视为义务金额能够可靠估计：在财务报告批准报出之前企业已确定应支付的薪酬金额；该短期利润分享计划的正式条款中包括确定薪酬金额的方式；过去的惯例为企业确定推定义务金额提供了明显证据。

职工只有在企业工作一段特定期间才能分享利润的，企业在计量利润分享计划产生的应付职工薪酬时，应当反映职工因离职而无法享受利润分享计划福利的可能性。

如果企业在职工为其提供相关服务的年度报告期间结束后十二个月内，不需要全部支付利润分享计划产生的应付职工薪酬，该利润分享计划应当适用本准则其他长期职工福利的有关规定。

（1）货币性短期薪酬。

对于货币性短期薪酬，企业一般应当根据职工提供服务和职工货币薪酬的标准，计算应计入职工薪酬的金额，按受益对象计入相关成本或当期费用。属于生产部门人员的，借记"生产成本""制造费用""劳务成本"等科目，贷记"应付职工薪酬"科目；属于应由在建工程、研发支出负担的，借记"在建工程""研发支出"等科目，贷记"应付职工薪酬"科目；属于管理部门人员、销售人员的，借记"管理费用"或"销售费用"科目，贷记

"应付职工薪酬"科目。在确定应付职工薪酬和应当计入成本费用的职工薪酬金额时，企业还有两种特殊情况需要注意。

第一，对于国务院有关部门、省、自治区、直辖市人民政府或经批准的企业年金计划规定了计提基础和计提比例的职工薪酬项目，企业应当按照规定的计提标准，计量企业承担的职工薪酬义务和计入成本费用的职工薪酬。其中：① "五险一金"，即医疗保险费、养老保险费、失业保险费、工伤保险费、生育保险费和住房公积金，企业应当按照国务院、所在地政府或企业年金计划规定的标准，计量应付职工薪酬义务和应相应计入成本费用的薪酬金额；② 工会经费和职工教育经费。企业应当按照财务规则等相关规定，分别按照职工工资总额的2%和1.5%的计提标准，计量应付职工薪酬（工会经费、职工教育经费）义务金额和应相应计入成本费用的薪酬金额；从业人员技术要求高、培训任务重、经济效益好的企业，可根据国家相关规定，按照职工工资总额的2.5%计量应计入成本费用的职工教育经费。按照明确标准计算确定应承担的职工薪酬义务后，再根据受益对象计入相关资产的成本或当期费用。

第二，对于职工福利费，企业应当根据历史经验数据和当期福利计划，预计当期应计入职工薪酬的福利费金额；每一资产负债表日，企业应当对实际发生的福利费金额和预计金额进行调整。

例9-5 甲公司本期应付的职工工资总额为15万元，其中生产产品的工人工资为10万元，企业管理人员工资为2万元，在建工程人员工资为8 000元，产品销售人员工资为1.2万元，处于新产品开发阶段的研发人员工资为1万元。企业代扣的个人所得税为5 000元。甲公司按工资总额的14%计提职工福利费，按工资总额的10%计提住房公积金（职工也按照工资的10%负担住房公积金）。甲公司会计处理如下。

① 计提工资。

借：生产成本		100 000
管理费用		20 000
在建工程		8 000
销售费用		12 000
研发支出		10 000
贷：应付职工薪酬——工资		150 000

② 计提住房公积金。

借：生产成本		10 000
管理费用		2 000
在建工程		800
销售费用		1 200
研发支出		1 000
贷：应付职工薪酬——住房公积金		15 000

③ 计提福利费。

借：生产成本		14 000
管理费用		2 800
在建工程		1 120

销售费用	1 680
研发支出	1 400
贷：应付职工薪酬——职工福利	21 000

④ 发放工资。

借：应付职工薪酬——工资 150 000
　　　　　　　　——住房公积金 15 000
　　贷：银行存款 130 000
　　　　其他应付款——住房公积金 30 000
　　　　应交税费——应交个人所得税 5 000

（2）非货币性短期薪酬。

企业向职工提供的非货币性短期薪酬，应当分别情况处理。

企业以其自产产品或外购商品作为非货币性福利发放给职工的：应当根据受益对象，按照该产品的公允价值和相关税费，计入相关资产成本或当期损益，同时确认应付职工薪酬，借记"管理费用""生产成本""制造费用"等科目，贷记"应付职工薪酬"科目。实际发放给职工时，借记"应付职工薪酬"科目，贷记"主营业务收入"或"银行存款"科目；对于自产产品，还应结转产品的成品。涉及增值税销项税额的，还应进行相应的处理。

例 9-6 甲公司为一家空调生产企业，共有职工 500 名，其中生产空调的生产工人 400 人，生产车间技术人员、管理人员 40 人，企业管理人员 60 人。2×19 年 5 月，公司以自己生产的 A 型号空调作为福利发放给公司每名职工。A 型号空调的单位生产成本为 2 000 元，售价为每台 3 100 元，甲公司适用的增值税率为 13%。甲公司会计处理如下。

① 按空调的公允价值计提应付职工薪酬，计入成本费用。

借：生产成本 1 401 200
　　制造费用 140 120
　　管理费用 210 180
　　贷：应付职工薪酬——非货币性福利 1 751 500

② 发放空调，确认收入。

借：应付职工薪酬——非货币性福利 1 751 500
　　贷：主营业务收入 1 550 000
　　　　应交税费——应交增值税（销项税额） 201 500
借：主营业务成本 1 000 000
　　贷：库存商品 1 000 000

例 9-7 甲公司外购了每件不含税价格为 1 000 元的家具（该存货未入库直接发放）作为福利发放给公司每名职工。公司购买的家具已开具了增值税专用发票，增值税率为 13%。甲公司会计处理如下。

按家具的公允价值计提应付职工薪酬，计入成本费用：

借：生产成本 452 000
　　制造费用 45 200
　　管理费用 67 800

　　贷：应付职工薪酬——非货币性福利　　　　　　　　　　　565 000

　　借：应付职工薪酬——非货币性福利　　　　　　　　　　　565 000

　　　　贷：银行存款　　　　　　　　　　　　　　　　　　　565 000

　　无偿向职工提供住房等资产使用的，应当根据受益对象，将住房每期应计提的折旧计入相关资产成本或费用，借记"管理费用""生产成本""制造费用"等科目，贷记"应付职工薪酬"科目；同时，借记"应付职工薪酬"科目，贷记"累计折旧"科目。

　　例9-8　甲公司为远途上班的生产一线工人免费提供职工集体宿舍，该集体宿舍楼每月计提折旧2 000元。甲公司会计处理如下。

　　借：生产成本　　　　　　　　　　　　　　　　　　　　　2 000

　　　　贷：应付职工薪酬——非货币性福利　　　　　　　　　2 000

　　借：应付职工薪酬——非货币性福利　　　　　　　　　　　2 000

　　　　贷：累计折旧　　　　　　　　　　　　　　　　　　　2 000

⇨ 想一想

　　上述分录是否可以合并为一个会计分录？

　　租赁住房等资产供职工无偿使用的，应当根据受益对象，将每期应付的租金计入相关资产成本或费用，难以认定受益对象的非货币性福利，直接计入管理费用和应付职工薪酬。

　　例9-9　甲公司为其高级管理人员、高级工程师及科研人员租赁几套公寓住宅免费使用，公司每月需支付租金共计30 000元。为上述人员发生的30 000元租金费用，无法认定受益对象，甲公司会计处理如下。

　　借：管理费用　　　　　　　　　　　　　　　　　　　　　30 000

　　　　贷：应付职工薪酬——非货币性福利　　　　　　　　　30 000

　　支付租金时，

　　借：应付职工薪酬——非货币性福利　　　　　　　　　　　30 000

　　　　贷：银行存款　　　　　　　　　　　　　　　　　　　30 000

　　例9-10　甲公司为总部各部门经理级别以上职工提供汽车免费使用，同时为副总裁以上高级管理人员每人租赁一套住房。该公司总部共有部门经理以上职工25名，每人提供一辆桑塔纳汽车免费使用，假定每辆桑塔纳汽车每月累计折旧500元；该公司共有副总裁以上管理人员5名，公司为其每人租赁一套面积为100平方米带有家具和电器的公寓，月租金每套4 000元。该公司每月应做如下账务处理。

　　借：管理费用　　　　　　　　　　　　　　　　　　　　　32 500

　　　　贷：应付职工薪酬——非货币性福利　　　　　　　　　32 500

　　借：应付职工薪酬——非货币性福利　　　　　　　　　　　32 500

　　　　贷：累计折旧　　　　　　　　　　　　　　　　　　　12 500

　　　　　其他应付款　　　　　　　　　　　　　　　　　　　20 000

　　企业有时以低于其取得成本的价格向职工提供商品或服务，如以低于成本的价格向职工出售住房或提供医疗保健服务，其实质是企业向职工提供补贴。对此，企业应根据出售商品或服务合同条款的规定分别情况处理：

如果合同规定职工在取得住房等商品或服务后至少应提供服务的年限，企业应将出售商品或劳务的价格与其成本间的差额，作为长期待摊费用处理，在合同规定的服务年限内平均摊销，根据受益对象分别计入相关资产成本或当期损益；

如果合同没有规定职工在取得住房等商品或服务后至少应提供服务的年限，企业应将出售商品或服务的价格与其成本之间的差额，作为对职工过去提供服务的一种补偿，直接计入向职工出售商品或服务当期的损益。

例 9-11　乙公司 2×18 年 5 月购买了 100 套全新的公寓拟以优惠价格向职工出售，该公司共有 100 名职工，其中 80 名为直接生产人员，20 名为公司总部管理人员。乙公司拟向直接生产人员出售的住房平均每套购买价为 100 万元，向职工出售的价格为每套 80 万元；拟向管理人员出售的住房平均每套购买价为 180 万元，向职工出售的价格为每套 150 万元。假定该 100 名职工均在 2×18 年度中陆续购买了公司出售的住房，售房协议规定，职工在取得住房后必须在公司服务 15 年。不考虑相关税费。

① 公司出售住房时应做如下账务处理。

借：银行存款　　　　　　　　　　　　　　　　　　　　　94 000 000
　　长期待摊费用　　　　　　　　　　　　　　　　　　　22 000 000
　　贷：固定资产　　　　　　　　　　　　　　　　　　　　　116 000 000

② 出售住房后的每年，公司应当按照直线法在 15 年内摊销长期待摊费用。

借：生产成本　　　　　　　　　　　　　　　　　　　　　1 066 667
　　管理费用　　　　　　　　　　　　　　　　　　　　　　400 000
　　贷：应付职工薪酬——非货币性福利　　　　　　　　　　　1 466 667
借：应付职工薪酬——非货币性福利　　　　　　　　　　　1 466 667
　　贷：长期待摊费用　　　　　　　　　　　　　　　　　　　1 466 667

3. 离职后福利的确认和计量

离职后福利计划，是指企业与职工就离职后福利达成的协议，或者企业为向职工提供离职后福利制定的规章或办法等。企业应当将离职后福利计划分类为设定提存计划和设定受益计划。设定提存计划，是指向独立的基金缴存固定费用后，企业不再承担进一步支付义务的离职后福利计划；设定受益计划，是指除设定提存计划以外的离职后福利计划。

对于设定提存计划，企业应当在职工为其提供服务的会计期间，将根据设定提存计划计算的应缴存金额确认为负债，并计入当期损益或相关资产成本；如果应缴存金额预期不会在职工提供相关服务的年度报告期结束后十二个月内支付的，需要根据规定的折现率，按照现值计量应付职工薪酬。对于设定受益计划，无论是否预期在职工提供服务的年度报告期间结束后的 12 个月内支付，企业应当对所有设定受益计划义务予以折现。

4. 辞退福利的确认和计量

企业向职工提供辞退福利的，应当在下列两者孰早日确认辞退福利产生的职工薪酬负债，并计入当期损益。

（1）企业不能单方面撤回因解除劳动关系计划或裁减建议所提供的辞退福利时。

（2）企业确认与涉及支付辞退福利的重组相关的成本或费用时。

企业应当按照辞退计划条款的规定，合理预计并确认辞退福利产生的应付职工薪酬。辞退福利预期在其确认的年度报告期结束后 12 个月内完全支付的，应当适用短期薪酬的相关规定；辞退福利预期在年度报告期结束后 12 个月内不能完全支付的，应当适用关于其他长期职工福利的有关规定。

对于强制的辞退，应当根据辞退计划条款规定的拟解除劳动关系的职工数量、每一职位的辞退补偿标准等，计提应付职工薪酬。

企业对于自愿接受裁减的建议，应当预计将会接受裁减建议的职工数量，根据预计的职工数量和每一职位的辞退补偿标准等，计提应付职工薪酬。

企业因解除与职工的劳动关系给予的补偿，借记"管理费用"科目，贷记"应付职工薪酬"科目。实际补偿时，借记"应付职工薪酬"科目，贷记"银行存款""库存现金"等科目。

例 9-12 甲公司于 2×18 年年末由于市场销售情况不佳，决定辞退没有家庭负担的 10 名员工，每人补偿 5 万元。甲公司会计处理如下。

借：管理费用   500 000

  贷：应付职工薪酬——辞退福利   500 000

例 9-13 甲公司由于市场销售情况不佳，制订了一项辞退计划，拟从 2×19 年 1 月 1 日起，企业将以职工自愿方式选择是否接受裁减。辞退计划的详细内容均已与职工沟通，并达成一致意见。辞退计划已于 2×18 年 12 月 10 日经董事会正式批准，并将于下一个年度内实施完毕。该辞退计划的补偿标准如表 9-1 所示。

表 9-1 辞退计划的补偿标准

职 位	工 龄	每人补偿标准
中层管理干部	1～<10 年	10 万元
	10～<20 年	20 万元
	20～<30 年	30 万元
车间生产工人	1～<10 年	5 万元
	10～<20 年	12 万元
	20～<30 年	20 万元

根据或有事项准则有关预计负债的最佳估计数的确定方法，计算该项辞退福利的负债金额。假定在本例中，对于工龄在 1～<10 年的中层管理干部中接受辞退的数量及发生概率如表 9-2 所示。

表 9-2 工龄在 1～<10 年的中层管理干部中接受辞退的数量及发生概率

接受辞退的职工数量	发生的概率	最佳估计数
5 人	50%	2.5
6 人	20%	1.2
8 人	30%	2.4
合计		6.1

则甲公司应确认工龄在 1～<10 年的中层管理干部中预计的辞退福利金额
=预计辞退人数 6.1×补偿标准 10=61（万元）。

同理，可以预计出中层管理干部中 10 ～<20 年、20 ～<30 年的补偿金额；可以预计出车间生产工人的补偿金额。

假设所有辞退人员预计的补偿金额为 600 万元，则甲公司 2×18 年年末会计处理如下。

借：管理费用   6 000 000

  贷：应付职工薪酬——辞退福利   6 000 000

5. 其他长期职工福利的确认和计量

企业向职工提供的其他长期职工福利，符合设定提存计划条件的，应当按照关于设定提存计划的有关规定进行处理；符合设定受益计划的，应当按照关于设定受益计划的有关规定进行处理。其中，长期残疾福利水平取决于职工提供服务期间长短的，企业应当在职工提供服务的期间确认应付长期残疾福利义务，计量时应当考虑长期残疾福利支付的可能性和预期支付的期限；长期残疾福利与职工提供服务期间长短无关的，企业应当在导致职工长期残疾的事件发生的当期确认应付长期残疾福利义务。

9.1.5 应交税费

企业在一定时期内取得的营业收入和实现的利润或发生特定经营行为，要按照规定向国家缴纳各种税金，这些应交的税金，按照权责发生制的原则应预提计入有关科目。这些应交的税金在尚未缴纳之前暂时停留在企业，形成一项流动负债。

1. 增值税

根据《中华人民共和国增值税暂行条例》，在我国境内销售货物或者加工、修理修配劳务（以下简称劳务）、销售服务、无形资产、不动产以及进口货物的单位和个人，为增值税的纳税人，应当缴纳增值税。

纳税人购进货物、劳务、服务、无形资产、不动产支付或者负担的增值税额，为进项税额。下列进项税额准予从销项税额中抵扣。

（1）从销售方取得的增值税专用发票上注明的增值税额。

（2）从海关取得的海关进口增值税专用缴款书上注明的增值税额。

（3）购进农产品，除取得增值税专用发票或者海关进口增值税专用缴款书外，按照农产品收购发票或者销售发票上注明的农产品买价和扣除率计算的进项税额，国务院另有规定的除外。进项税额计算公式：进项税额＝买价×扣除率。

（4）自境外单位或者个人购进劳务、服务、无形资产或者境内的不动产，从税务机关或者扣缴义务人取得的代扣代缴税款的完税凭证上注明的增值税额。

准予抵扣的项目和扣除率的调整，由国务院决定。

纳税人购进货物、劳务、服务、无形资产、不动产，取得的增值税扣税凭证不符合法律、行政法规或者国务院税务主管部门有关规定的，其进项税额不得从销项税额中抵扣。

企业的增值税，在"应交税费"账户下设置"应交增值税"明细账户进行核算。增值税一般纳税人应在"应交增值税"明细账内设置"进项税额""销项税额抵减""已交税金""转出未交增值税""减免税款""出口抵减内销产品应纳税额""销项税额""出口退税""进项税额转出""转出多交增值税"等专栏。

1）一般纳税企业一般购销业务的会计处理

企业采购环节发生增值税应税行为，符合抵扣条件的，借记"应交税费——应交增值税（进项税额）""原材料"等科目，按应付或实际支付的金额，贷记"应付账款""应付票据""银行存款"等科目。

企业按实现的销售收入（不含增值税的销售额）和应交的增值税，借记"应收账款""应收票据""银行存款"等科目，按实现的销售收入贷记"主营业务收入""其他业务收入"等科目，按当期的销售收入和规定的税率计算的增值税，贷记"应交税费——应交增值税（销项税额）"科目。如果发生销售退回，则做相反的会计分录。

例9-14 甲公司购入原材料一批，增值税专用发票上注明的原材料价款600万元，增值税额为78万元。货款已经支付，材料已经到达并验收入库。该企业当期销售产品不含税收入为1 200万元，货款尚未收到。该产品的增值税率为13%，不缴纳消费税。甲公司会计处理如下。

① 材料到达时。

借：原材料	6 000 000
应交税费——应交增值税（进项税额）	780 000
贷：银行存款	6 780 000

② 销售产品时，销项税额 = 1 200 × 13% = 156（万元）。

借：应收账款	13 560 000
贷：主营业务收入	12 000 000
应交税费——应交增值税（销项税额）	1 560 000

2）一般纳税企业购入免税产品的会计处理

按照《中华人民共和国增值税暂行条例》规定，对农业生产者销售的自产农业产品；避孕药品和用具；古旧图书；直接用于科学研究、科学试验和教学的进口仪器、设备；外国政府、国际组织无偿援助的进口物资和设备；由残疾人组织直接进口供残疾人专用的物品；销售的自己使用过的物品等部分项目免征增值税。

企业销售免征增值税项目的货物，不能开具专用发票，只能开具普通发票。企业购进免税产品，一般情况下不能扣税，企业购进免税农产品，按照购进免税农业产品使用的经主管税务机关批准的收购凭证上注明的金额（买价）扣除依9%计算的进项税额，作为购进农业产品的成本，借记"原材料"等科目；按买价的9%部分作为进项税额，借记"应交税费——应交增值税（进项税额）"科目；按买价贷记"银行存款""应付账款""应付票据"等科目。

例9-15 甲公司收购农业产品，实际支付的价款为150万元，收购的农业产品已入库。甲公司会计处理如下。

$$进项税额 = 150 × 9\% = 13.5（万元）$$

借：原材料	1 365 000
应交税费——应交增值税（进项税额）	135 000
贷：银行存款	1 500 000

3）进货退回与进货折让的会计处理

企业购进货物后，由于各种原因，可能会发生全部退货、部分退货与进货折让等事项。对此，应分别不同情况进行会计处理。

企业进货后尚未入账就发生退货或折让的，无论货物是否入库，必须将取得的增值税专用发票的发票联和税款抵扣联主动退还给销售方注销或重新开具，不需作任何会计处理。

企业进货后已作会计处理，发生退货或索取折让时，若专用发票的发票联和抵扣联无法退还，企业必须向当地主管税务机关申请开具"进货退出或索取折让证明单"送交销售方，作为销售方开具红字专用发票的合法依据。企业收到销售方开来的红字专用发票时，按发票上注明的增值税额，红字借记"应交税费——应交增值税（进项税额）"科目，按发票上注明的价款，红字借记"原材料"等科目，按价税合计数，红字贷记"应付账款""银行存款"等科目。

4）不予抵扣项目的会计处理

按照《中华人民共和国增值税暂行条例》及其实施细则的规定，下列项目的进项税额不得从销项税额中抵扣：用于非应税项的购进货物或者应税劳务；用于免税项目的购进货物或者应税劳务；用于集体福利或者个人消费的购进货物或者应税劳务；非正常损失的购进货物；非正常损失的在产品、产成品所耗用的购进货物或者应税劳务。这里的"购进货物"包括企业接受投资、捐赠及利润分配的货物。

对于按规定不予抵扣的进项税额，会计处理上采用不同的方法：

购入货物时即能认定其进项税额不能抵扣的，如购入货物直接用于免税项目，或者直接用于非应税项目，或者直接用于集体福利和个人消费的，其增值税专用发票上注明的增值税额，记入购入货物及接受劳务的成本。

购入货物时不能直接认定其进项税额能否抵扣的，其增值税专用发票上注明的增值税额，按照增值税会计处理方法记入"应交税费——应交增值税（进项税额）"科目，如果这部分购入货物以后用于按规定不得抵扣进项税额项目的，应将原已记入进项税额并已支付的增值税转入有关的承担者予以承担，通过"应交税费——应交增值税（进项税额转出）"科目转入有关的"在建工程""待处理财产损溢"等科目。如无法准确划分不得抵扣的进项税额的，应按增值税法规规定的方法和公式进行计算。

5）视同销售的会计处理

按照《增值税暂行条例实施细则》的规定，对于企业下列行为，视同销售货物计算缴纳增值税：货物交付他人代销；销售代销货物；有两个以上机构并实行统一核算的纳税人，将货物从一个机构移送其他机构用于销售，但相关机构设在同一县（市）的除外；自产或委托加工的货物用于非应税项目；将自产、委托加工或购买的货物作为投资，提供给其他单位或个体经营者；将自产、委托加工或购买的货物分配给股东或投资者；将自产、委托加工的货物用于集体福利或个人消费；将自产、委托加工或购买的货物无偿赠送他人。

例 9-16　甲公司将自产的成本为 480 万元的产品赠予乙公司，该产品的增值税率为 13%，计税价格为 520 万元。

① 甲公司会计处理如下。

$$捐赠货物应交增值税 = 520 \times 13\% = 67.6（万元）$$

借：营业外支出	5 876 000
贷：主营业务收入	5 200 000
应交税费——应交增值税（销项税额）	676 000
借：主营业务成本	4 800 000
贷：库存商品	4 800 000

② 乙公司会计处理如下。

收到捐赠的资产按确认的价值，以及增值税专用发票上注明的增值税额记账。

借：原材料 5 200 000

应交税费——应交增值税（进项税额） 676 000

贷：营业外收入 5 876 000

想一想

如果甲公司将上述产品作为利润分配给股东以及作为福利发给职工，会计处理有何不同？

6）随同产品出售单独计价包装物的会计处理

企业销售产品时，对单独计价销售的包装按规定应缴纳增值税。按价税合计数，借记"应收账款""银行存款"等科目，按应交的增值税额，贷记"应交税费——应交增值税（销项税额）"科目，按包装物价款贷记"其他业务收入"科目。企业逾期未收回的包装物的押金，按规定缴纳增值税。按应退的押金，借记"其他应付款"科目，按应交的增值税额，贷记"应交税费——应交增值税（销项税额）"科目，按应退押金扣除应交增值税的差额，贷记"其他业务收入"科目。

例 9-17 甲公司销售产品领用单独计价的包装物，实际成本为 500 元，销售价格为 678 元（含增值税 78 元），款已收到。甲公司会计处理如下。

借：银行存款 678

贷：其他业务收入 600

应交税费——应交增值税（销项税额） 78

借：其他业务成本 500

贷：周转材料——包装物 500

7）销货退回和销货折让与折扣的会计处理

企业销售货物后，由于种种原因，可能会发生全部退货、部分退货与销售折让等事项。企业在收到购买方退回的原发票联和税款抵扣联时，可直接扣减当期销项税额；在仅收到购买方退回的税款抵扣联时，可根据按规定开具的红字专用发票扣减当期销项税额；如果未能收到购买方退回的原发票联和税款抵扣联时，应在取得购买方所在地主管税务机关开具的"进货退出或索取折让证明单"后，才可根据退回货物的数量、价款或折让金额向购买方开具红字专用发票并据此扣减当期销项税额。

对发生的销售折扣，如果与销售额在同一张发票上分别注明的，可不计算对应的销项税额；如将折扣额另开发票的，不得扣减相应的销项税额。

例 9-18 甲公司收到乙公司因产品质量问题退回的上月销售的 A 产品 20 件，价款 20 000 元，增值税 2 600 元，企业已将转账支票交给客户。已知 A 产品单位成本 600 元，甲公司会计处理如下。

借：主营业务收入 20 000

应交税费——应交增值税（销项税额） 2 600

贷：银行存款 22 600

借：库存商品　　　　　　　　　　　　　　　　　　　　　　　　12 000

　　贷：主营业务成本　　　　　　　　　　　　　　　　　　　　　　　　12 000

8）不符合申报抵扣时间规定的进项税额的会计处理

根据现行规定，增值税一般纳税人购进货物或应税劳务，其进项税额申报抵扣时间为：

工业生产企业购进货物，必须在购进的货物已经验收入库后，才能申报抵扣进项税额，对货物尚未到达企业或尚未验收入库的，其进项税额不得作为纳税人当期进项税额予以抵扣。

商业企业购进货物，必须在购进的货物付款后（采用分期付款方式的，也应在所有款项支付完毕后）才能申报抵扣进项税额，尚未付款或未开出承兑商业汇票的，或分期付款、所有款项未支付完毕的，其进项税额不得作为纳税人当期进项税额予以抵扣。商业企业接受投资、捐赠或分配的货物，则以收到增值税专用发票的时间为申报抵扣进项税额的时限；申报抵扣时，应提供投资、捐赠、分配货物的合同或证明材料。

一般纳税人购进应税劳务，必须在劳务费用支付后，才能申报抵扣进项税额，对接受应税劳务，但尚未支付款项的，其进项税额不得作为纳税人当期进项税额予以抵扣。

对不符合申报抵扣时间规定的进项税额，目前的有关会计处理办法允许企业记入"应交税费——应交增值税（进项税额）"科目，只是在实际申报时予以剔除。

9）上交当期增值税的会计处理

企业按规定期限申报缴纳的增值税，在收到银行退回的税收缴款书后，借记"应交税费——应交增值税（已交税金）"科目，贷记"银行存款"科目。

10）月终未交和多交增值税的结转

月度终了，企业应当将当月应交未交或多交的增值税自"应交增值税"明细科目转入"未交增值税"明细科目。对于当月应交未交的增值税，借记"应交税费——应交增值税（转出未交增值税）"科目，贷记"应交税费——未交增值税"科目；对于当月多交的增值税，借记"应交税费——未交增值税"科目，贷记"应交税费——应交增值税（转出多交增值税）"科目。

11）小规模纳税企业的会计处理

小规模纳税人购入货物时，无论是否取得增值税专用发票，其所支付的增值税均不计入进项税额，而应计入所购货物的成本，即购货时支付的增值税将来不得由销项税额予以抵扣。

小规模纳税人在销售货物或提供应税劳务时一般不能开具增值税专用发票，而只能开具普通发票。这种情况下，对小规模纳税人来说，收取的销货款中的增值税部分，不单独计入销项税额；从购货方来讲，支付的购货款中的增值税部分，也不单独计入进项税额，而应计入所购货物成本。如果小规模纳税人销货时由税务所代开增值税专用发票，其也不得将收取的增值税计入销项税额。

小规模纳税人的销售收入按不含税价格计算，如果销售额和应纳税额合并定价，则按下列公式将含税销售额还原为不含税销售额：

$$不含税销售额 = 含税销售额 / （1 + 征收率）$$

小规模纳税人销售货物或提供应税劳务，实行简易办法计算应纳增值税额，计算公式为：

$$应纳税额 = 销售额（不含税） \times 征收率$$

例9-19 甲公司被核定为小规模纳税企业，本期购入原材料，按照增值税专用发票上记载的原材料成本为100万元，支付的增值税额为13万元，甲公司开出商业承兑汇票，材料尚未到达（材料按实际成本核算）；该公司本期销售产品，含税价格为90万元，货款尚未收到。本月实际缴纳增值税8万元。甲公司会计处理如下。

① 购进货物。

借：在途物资   1 130 000

  贷：应付票据   1 130 000

② 销售货物。

$$不含税价格 = 90 / （1+3\%） = 87.378\ 6（万元）$$

$$应交增值税 = 87.378\ 6 \times 3\% = 2.621\ 4（万元）$$

借：应收账款   900 000

  贷：主营业务收入   873 786

    应交税费——应交增值税   26 214

③ 上交本月应纳增值税80 000元时。

借：应交税费——应交增值税   80 000

  贷：银行存款   80 000

2. 消费税

消费税是指企业生产、委托加工和进口应税消费品时应缴纳的税金。

1）应纳税额的计算

消费税的计算方法有从价定率和从量定额两种。

采用从价定率方法时，基本计算公式为：应纳消费税 = 计税价格 × 适用税率。"计税价格"是企业销售应税消费品所收取的全部价款（包括收取的一切价外费用，不包括收到的销项税额）。

在没有销售额资料的情况下，从价定率方法可以按组成计税价格作为计税依据。组成计税价格是与实际交易价格相对而言的，是按照计税价格应包含的因素计算出来的计税价格。

自产自用应税消费品，如果没有纳税人生产的同类或类似消费品的销售价格，按（成本+利润）/（1-消费税率）确定组成计税价格计税。其中"成本"为应税消费品的产品销售成本，"利润"为按该应税消费品的全国平均成本利润率计算的利润。

委托加工的应税消费品，在没有委托方同类或类似消费品的销售价格时，按（材料成本+加工费）/（1-消费税率）确定组成计税价格计税。

进口的实行从价定率办法征税的应税消费品，按（到岸价格+关税）/（1-消费税率）确定组成计税价格计税。

采用从量定额方法时，基本计算公式为：应纳消费税 = 计税数量 × 单位税额，其中"计税数量"具体指：销售应税消费品的，为应税消费品的销售数量；自产自用应税消费品的，为应税消费品的移送数量；委托加工应税消费品的，为纳税人收回的应税消费品数量；进口应税消费品的，为海关核定的应税消费品进口征税数量。

2）账户设置

企业按规定应交的消费税，在"应交税费"账户下设置"应交消费税"明细账户核算。"应交消费税"明细账户的借方发生额，反映企业实际缴纳的消费税和待扣的消费税；贷方发生额，反映按规定应缴纳的消费税；期末贷方余额，反映尚未缴纳的消费税；期末借方余额，反映多交或待扣的消费税。

3）产品销售的会计处理

企业销售产品时应缴纳的消费税，应分别情况进行处理：

企业将生产的应税消费品直接对外销售时，一方面按销售收入及销售成本转账；另一方面按应纳消费税额借记"税金及附加"科目，贷记"应交税费——应交消费税"科目。

例 9-20　甲公司销售应税消费品，不包含增值税的价款为 80 000 元，销售成本为 60 000 元，增值税率为 13%，消费税率为 15%。甲公司会计处理如下。

① 确认销售收入。

借：银行存款、应收账款等　　　　　　　　　　　　　　　　90 400
　　贷：主营业务收入　　　　　　　　　　　　　　　　　　　　80 000
　　　　应交税费——应交增值税（销项税额）　　　　　　　　　10 400

② 结转销售成本。

借：主营业务成本　　　　　　　　　　　　　　　　　　　　60 000
　　贷：库存商品　　　　　　　　　　　　　　　　　　　　　60 000

③ 计算应交消费税：80 000×15% = 12 000（元）。

借：税金及附加　　　　　　　　　　　　　　　　　　　　　12 000
　　贷：应交税费——应交消费税　　　　　　　　　　　　　　12 000

想一想

若 80 000 元为含税价，应如何处理？

企业用应税消费品对外投资，或用于在建工程、非生产机构等其他方面，按规定应缴纳的消费税，计入有关的成本，借记"长期股权投资""固定资产""在建工程""营业外支出"等科目，贷记"主营业务收入""应交税费——应交消费税"等科目。

例 9-21　甲公司将自产的消费税率为 10%、增值税率为 13%、计税价格为 20 000 元、成本为 17 000 元的应税消费品用作广告样品，则甲公司会计处理如下。

借：销售费用　　　　　　　　　　　　　　　　　　　　　　24 600
　　贷：主营业务收入　　　　　　　　　　　　　　　　　　　20 000
　　　　应交税费——应交消费税　　　　　　　　　　　　　　 2 000
　　　　应交税费——应交增值税（销项税额）　　　　　　　　　2 600
借：主营业务成本　　　　　　　　　　　　　　　　　　　　17 000
　　贷：库存商品　　　　　　　　　　　　　　　　　　　　　17 000

随同商品出售但单独计价的包装物，按规定应缴纳的消费税，借记"其他业务成本"科目，贷记"应交税费——应交消费税"科目。出租、出借包装物逾期未收回没收的押金应交的消费税，借记"其他业务成本"科目，贷记"应交税费——应交消费税"科目。

4）委托加工应税消费品的会计处理

按照税法规定，企业委托加工的应税消费品，由受托方在向委托方交货时代收代缴税款

（除受托加工或翻新改制金银首饰按规定由受托方缴纳消费税外）。委托加工应税消费品，是指由委托方提供原料和主要材料，受托方只收取加工费和代垫部分辅助材料加工的应税消费品。对于由受托方提供原材料生产的应税消费品，或者受托方先将原材料卖给委托方，然后再接受加工的应税消费品，以及由受托方以委托方名义购进原材料生产的应税消费品，都不作为委托加工应税消费品，而应当按照销售自制应税消费品缴纳消费税。委托加工的应税消费品直接销售的，不再征收消费税。

受托方按应扣税款金额，借记"应收账款""银行存款"等科目，贷记"应交税费——应交消费税"科目。

委托加工应税消费品收回后，委托方直接用于销售的，应将代扣代交的消费税计入委托加工的应税消费品成本，借记"委托加工物资""生产成本"等科目，贷记"应付账款""银行存款"等科目，待委托加工应税消费品销售时，不需要再缴纳消费税。

委托加工的应税消费品收回后用于连续生产应税消费品，委托方所缴纳的消费税允许抵扣，委托方应按代扣代交的消费税款，借记"应交税费——应交消费税"科目，贷记"应付账款""银行存款"等科目，待用委托加工的应税消费品生产出应纳消费税的产品销售时，再缴纳消费税。

例9-22 甲公司委托乙公司加工半成品，发出原材料实际成本50 000元，加工费7 000元，消费税率5%。甲公司将加工完毕的材料提回时，支付受托方代扣代缴消费税。甲公司收回委托加工半成品后，50%直接对外销售，价格40 000元，增值税率13%，另外50%用于连续生产应税消费品，并于连续生产制成最终消费品后出售，价格80 000元，增值税率13%，消费税率5%，货款及增值税收妥。甲公司会计处理如下。

① 发出原材料时。

借：委托加工物资——委托加工半成品   50 000
    贷：原材料   50 000

② 支付加工费和消费税时。

借：委托加工物资——委托加工半成品   8 500
    应交税费——应交消费税   1 500
    应交税费——应交增值税（进项税额）   910
    贷：银行存款   10 910

③ 将委托加工半成品验收入库。

借：原材料——××半成品   58 500
    贷：委托加工物资——委托加工半成品   58 500

④ 销售50%时。

借：银行存款   45 200
    贷：其他业务收入   40 000
    应交税费——应交增值税（销项税额）   5 200
借：其他业务成本   30 000（25 000+3 500+1 500）
    贷：原材料——××半成品   30 000

⑤ 将另外50%加工成最终消费品销售时。

借：银行存款　　　　　　　　　　　　　　　　　　　　　90 400
　　贷：主营业务收入　　　　　　　　　　　　　　　　　　　　80 000
　　　　应交税费——应交增值税（销项税额）　　　　　　　　 10 400

⑥ 计算结转最终消费品应交消费税。

借：税金及附加　　　　　　　　　　　　　 4 000（80 000×5%）
　　贷：应交税费——应交消费税　　　　　　　　　　　　　　 4 000

⑦ 上交消费税。

借：应交税费——应交消费税　　　　　　　 2 500（4 000-1 500）
　　贷：银行存款　　　　　　　　　　　　　　　　　　　　　 2 500

⇨ 想一想

乙公司如何进行会计处理？

3. 其他应交税费

1）资源税

资源税是国家对在我国境内开采矿产品或者生产盐的单位和个人征收的税种。资源税按照应税产品的课税数量和规定的单位税额计算，公式为："应纳税额＝课税数量×单位税额。"这里的课税数量为：开采或者生产应税产品销售的，以销售数量为课税数量；开采或者生产应税产品自用的，以自用数量为课税数量。

2）城市维护建设税

为了加强城市的维护建设，扩大和稳定城市维护建设资金的来源，国家开征了城市维护建设税。在会计核算时，企业按规定计算出的城市维护建设税，借记"税金及附加""其他业务成本"等科目，贷记"应交税费——应交城市维护建设税"科目；实际上交时，借记"应交税费——应交城市维护建设税"科目，贷记"银行存款"科目。

3）所得税

企业的生产、经营所得和其他所得，依照有关《所得税暂行条例》及其细则的规定需要缴纳所得税。企业应缴纳的所得税，在"应交税费"账户下设置"应交所得税"明细账户核算；当期应计入损益的所得税，作为一项费用，在净收益前扣除。有关所得税的会计处理，详见本书第11章。

4）土地增值税

企业转让国有土地使用权与其地上建筑物及其附着物应交的土地增值税，一并在"固定资产"或"在建工程"科目核算的，转让时应缴纳的土地资源税，借记"固定资产清理""在建工程"科目，贷记"应交税费——应交土地增值税"科目。

5）教育费附加

教育费附加是国家为了发展我国的教育事业，提高人民的文化素质而征收的一项费用，按照企业缴纳流转税的一定比例计算，并与流转税一起缴纳。企业按规定计算出应缴纳的教育费附加，借记"税金及附加""其他业务成本"等科目，贷记"应交税费——应交教育费附加"科目。缴纳时，借记"应交税费——应交教育费附加"科目，贷记"银行存款"科目。

9.2　非流动负债

9.2.1　长期借款

长期借款是指企业向银行或其他金融机构借入的期限在 1 年以上（不含 1 年）的各项借款。企业需要设置"长期借款"科目，并按贷款银行和贷款种类，分别"本金""利息调整"等进行明细核算，主要会计处理如下。

（1）企业借入长期借款，应按实际收到的金额，借记"银行存款"科目，贷记"长期借款——本金"科目。如存在差额，还应借记"长期借款——利息调整"科目。

（2）资产负债表日，应按摊余成本和实际利率计算确定的长期借款的利息费用，实际利率与合同利率差异较小的，也可以采用合同利率计算确定利息费用，借记"在建工程""制造费用""财务费用""研发支出"等科目，按合同利率计算确定的应付未付利息，贷记"应付利息"科目，按其差额，贷记"长期借款——利息调整"。

（3）企业归还长期借款，按归还的长期借款本金，借记"长期借款——本金"科目，按转销的利息调整金额，贷记"长期借款——利息调整"科目，按实际归还的款项，贷记"银行存款"科目，按借贷双方之间的差额，借记"在建工程""财务费用""制造费用"等科目。

9.2.2　应付债券

1. 应付债券的性质及种类

应付债券是企业为筹集长期资金而发行的约定于一定日期支付一定的本金，以及定期支付一定的利息给持有者的一种书面凭证。企业发行债券筹集的资金可用于购建固定资产，也可用于补充流动资金。

债券票面上一般都载明以下内容：企业名称、债券面值、票面利率、还本期限和还本方式、利息支付的方式、债券的发行日期等。其中，债券面值、票面利率、利息支付的方式、到期日是会计处理中必须运用的内容，称之为基本要素。

企业发行的债券，可以按不同的方式进行分类。

按还本方式分为：一次还本债券，即在未来某一时日到期一次全部偿还本金的债券；分期还本债券，即在未来日期内分期偿还本金的债券。

按利息支付的方式分为：到期一次付息债券，即在到期日支付全部利息的债券；分期付息债券，即每隔一段时期支付一次利息的债券。

按有无担保品分为：抵押债券，即以特定的财产作为担保品，以保证其还本付息的债券；信用债券，即没有任何特定的财产作为担保品的债券。

按是否记名分为：记名债券，即将持有人的姓名登记于发行企业的债券；不记名债券，即不将持有人的姓名登记于发行企业的债券。

按特殊偿还方式分为：可赎回债券，即债券发行企业有权在债券到期日以前，按预先指定的价格提前赎回的债券；可转换债券，即债券发行一定期限后，持有人可以按一定价格转换成企业其他证券（比如普通股）的债券。

2. 应付债券的核算

应付债券的核算内容主要包括：应付债券的发行、计息、还本付息等，为此，企业应设置"应付债券"总分类账户，并设置债券面值、利息调整、应计利息三个明细科目，按债券种类设置明细账进行明细核算。

1) 债券发行的核算

在市场利率等于票面利率时，债券的发行价格会等于债券面值，称之为平价发行。若市场利率高于票面利率，债券的发行价格就会低于债券面值，称之为折价发行；反之，若市场利率低于票面利率，债券的发行价格就会高于债券面值，称之为溢价发行。无论折价还是溢价发行债券，发行收入与面值的差额记入"应付债券——利息调整"科目。相关交易费用于发生时计入初始确认金额。

例 9-23 甲公司 2×18 年 1 月 1 日发行 3 年期债券 2 000 份，每份面值 1 000 元，票面利率 8%，每年 6 月 30 日和 12 月 31 日各付息一次。发行时的市场利率为 8%，不考虑发行费用，发行收入已存入银行。甲公司会计处理如下。

借：银行存款　　　　　　　　　　　　　　　　　　　　　2 000 000
　　贷：应付债券——面值　　　　　　　　　　　　　　　　　　　2 000 000

⇨ **想一想**

若发生 5 000 元的发行费用，如何处理？

2) 债券存续期间的核算

应付债券存续期间的核算内容包括债券利息的计提、利息调整的摊销和债券利息支付等。

资产负债表日，对于分期付息、一次还本的债券，应按摊余成本和实际利率计算确定的债券利息费用，借记"在建工程""制造费用""财务费用""研发支出"等科目，按票面利率计算确定的应付未付利息，贷记"应付利息"或"银行存款"科目，按其差额，借记或贷记"应付债券——利息调整"科目。

对于一次还本付息的债券，企业应于资产负债表日按摊余成本和实际利率计算确定的债券利息费用，借记"在建工程""制造费用""财务费用""研发支出"等科目，按票面利率计算确定的应付未付利息，贷记"应付债券——应计利息"科目，按其差额，借记或贷记"应付债券——利息调整"科目。实际利率与票面利率差异较小的，也可以采用票面利率计算确定利息费用。

例 9-24 资料承例 9-23，假定按每年 6 月 30 日和 12 月 31 日支付利息。已知该批债券筹措的资金用于购建固定资产。甲公司每年 6 月 30 日和 12 月 31 日支付的利息金额为 80 000 元（2 000 000×8%×1/2），会计处理如下（假设全部符合资本化条件）。

借：在建工程　　　　　　　　　　　　　　　　　　　　　80 000
　　贷：银行存款　　　　　　　　　　　　　　　　　　　　　　80 000

想一想

假定该批债券筹集的资金用于日常经营活动,会计处理有何不同?

3) 债券的到期

采用一次还本付息方式的,企业应于债券到期支付债券本息时,借记"应付债券——面值、应计利息"科目,贷记"银行存款"科目。

采用一次还本、分期付息方式的,债券到期偿还本金并支付最后一期利息时,借记"应付债券——面值""在建工程""财务费用""制造费用""研发支出"等科目,贷记"银行存款"科目,按借贷双方之间的差额,借记或贷记"应付债券——利息调整"科目。

3. 可转换公司债券的会计处理

可转换公司债券是发行人依照法定程序发行的、在一定期限内依据约定的条件可以转换成发行企业股份的企业债券。

企业发行的可转换公司债券,应当在初始确认时将其包含的负债成分和权益成分进行分拆,将负债成分确认为应付债券,将权益成分确认为其他权益工具。在进行分拆时,应当先对负债成分的未来现金流量进行折现确定负债成分的初始确认金额,再按发行价格总额扣除负债成分初始确认金额后的金额确定权益成分的初始确认金额。发行可转换公司债券发生的交易费用,应当在负债成分和权益成分之间按照各自的相对公允价值进行分摊。企业应按实际收到的款项,借记"银行存款"等科目,按可转换公司债券包含的负债成分面值,贷记"应付债券——可转换公司债券(面值)"科目,按权益成分的公允价值,贷记"其他权益工具"科目,按借贷差额,借记或贷记"应付债券——可转换公司债券(利息调整)"科目。

对于可转换公司债券的负债成分,在转换为股份前,其会计处理与一般公司债券相同,即按照实际利率和摊余成本确认利息费用,按照面值和票面利率确认应付债券,差额作为利息调整。可转换公司债券持有者在债券存续期间内行使转换权利,将可转换公司债券转换为股份时,对于债券面额不足转换1股股份的部分,企业应当以现金偿还。

可转换公司债券持有人行使转换权利,将其持有的债券转换为股票,按可转换公司债券的余额,借记"应付债券——可转换公司债券(面值、利息调整)"科目,按其权益成分的金额,借记"其他权益工具"科目,按股票面值和转换的股数计算的股票面值总额,贷记"股本"科目,按其差额,贷记"资本公积——股本溢价"科目。如用现金支付不可转换股票的部分,还应贷记"库存现金""银行存款"等科目。

例9-25 甲公司经批准于2×18年1月1日按面值100元发行5年期一次还本、分期付息(次年1月1日付息)的可转换公司债券2 000 000份,共计200 000 000元,款项已收存银行,债券票面年利率为6%。债券发行1年后可转换为普通股股票,转股时每份债券可转10股,股票面值为每股1元。2×19年1月5日债券持有人将持有的可转换公司债券全部转换为普通股股票。甲公司发行可转换公司债券时二级市场上与之类似的没有转换权的债券市场利率为9%。该可转换债券发生的利息费用不符合资本化条件[$(P/F,9\%,5)=0.6499$,$(P/A,9\%,5)=3.8897$]。甲公司的会计处理如下。

① 2×18年1月1日发行可转换公司债券时。

可转换公司债券负债成分的公允价值 $=200\ 000\ 000 \times (P/F，9\%，5) +200\ 000\ 000 \times 6\% \times (P/A，9\%，5) = 200\ 000\ 000 \times 0.649\ 9 + 200\ 000\ 000 \times 6\% \times 3.889\ 7 = 176\ 656\ 400$（元）

可转换公司债券权益成分的公允价值 $=200\ 000\ 000 - 176\ 656\ 400 = 23\ 343\ 600$（元）

借：银行存款　　　　　　　　　　　　　　　　　　　　　 200 000 000

　　应付债券——可转换公司债券（利息调整）　　　　　　 23 343 600

　　贷：应付债券——可转换公司债券（面值）　　　　　　 200 000 000

　　　　其他权益工具　　　　　　　　　　　　　　　　　 23 343 600

② 2×18 年 12 月 31 日确认利息费用时。

　　　　应计入财务费用的利息 $=176\ 656\ 400 \times 9\% = 15\ 899\ 076$（元）

　　　　当期应付未付的利息费用 $=200\ 000\ 000 \times 6\% = 12\ 000\ 000$（元）

借：财务费用　　　　　　　　　　　　　　　　　　　　　 15 899 076

　　贷：应付债券——可转换公司债券（利息调整）　　　　 3 899 076

　　　　应付利息　　　　　　　　　　　　　　　　　　　 12 000 000

③ 2×19 年 1 月 1 日支付利息时。

借：应付利息　　　　　　　　　　　　　　　　　　　　　 12 000 000

　　贷：银行存款　　　　　　　　　　　　　　　　　　　 12 000 000

④ 2×19 年 1 月 5 日债券持有人行使转换权时。

转换的股份数 $=2\ 000\ 000 \times 10 = 20\ 000\ 000$（股）

借：应付债券——可转换公司债券（面值）　　　　　　　　 200 000 000

　　其他权益工具　　　　　　　　　　　　　　　　　　　 23 343 600

　　贷：股本　　　　　　　　　　　　　　　　　　　　　 20 000 000

　　　　应付债券——可转换公司债券（利息调整）　　　　 19 444 524

　　　　资本公积——股本溢价　　　　　　　　　　　　　 183 899 076

9.2.3　长期应付款

长期应付款核算企业除长期借款和应付债券以外的其他各种长期应付款项，包括应付融资租入固定资产的租赁费、以分期付款方式购入固定资产等发生的应付款项等。

企业购买资产有可能延期支付有关价款。如果延期支付的购买价款超过正常信用条件，实质上具有融资性质的，所购资产的成本应当以延期支付购买价款的现值为基础确定。实际支付的价款与购买价款的现值之间的差额，应当在信用期间内采用实际利率法进行摊销，符合资本化条件的，计入相关资产成本，否则计入当期损益。其具体的会计处理参见第 5 章。

9.2.4　预计负债

预计负债的确认与企业发生的或有事项相关，遵循或有事项准则的规范。

1. 或有事项及其相关概念

1）或有事项及特征

企业在经营活动中有时会面临诉讼、仲裁、重组，为其他单位提供债务担保，对消费者提供产品质量保证等一些具有较大不确定性的经济事项。这些不确定事项对企业的财务状况和经营成果可能会产生较大影响，其最终结果须由某些未来事项的发生或者不发生加以决定，会计上将这些不确定事项称为或有事项。《企业会计准则第 13 号——或有事项》（以下简称或有事项准则），对或有事项的确认、计量和相关信息的披露进行了规范，要求企业及时反映或有事项对企业潜在的财务影响，以及企业可能因此承担的风险。

或有事项是指由过去的交易或事项形成的，其结果须通过未来事项的发生或不发生予以证实。常见的或有事项有：未决诉讼或未决仲裁、债务担保、产品质量保证（含产品安全保证）、亏损合同、重组义务、承诺、环境污染整治等。

要正确地理解和把握或有事项准则所规范的或有事项，必须要掌握或有事项的特征。

（1）或有事项是过去的交易或事项形成的一种状况。

或有事项作为一种不确定事项，是因企业过去的交易或者事项形成的。即或有事项的现存状况是过去交易或者事项引起的客观存在。例如，企业由于为他人担保（过去的交易），而被担保人到期未能偿还借款，使得企业处于诉讼之中（现在的状况），这是一种现存的状况，而不是将来要发生的事项。基于这一特征，未来可能发生的自然灾害、交通事故、经营亏损等事项则不属于或有事项准则规范的或有事项。

（2）或有事项的结果具有不确定性。

由于决定或有事项最终结果的因素是不确定的，因此，或有事项的结果也具有不确定性。首先，或有事项的结果是否发生具有不确定性。例如，企业为其他单位提供债务担保，如果被担保方到期无力还款，担保方将负连带责任，担保所引起的可能发生的连带责任构成或有事项。但是，担保方在债务到期时是否一定承担和履行连带责任，需要根据被担保方能否按时还款决定，其结果在担保协议达成时具有不确定性。其次，或有事项的结果即使预计会发生，但发生的具体时间或金额具有不确定性。例如，某企业因生产排污治理不力并对周围环境造成污染而被起诉，如无特殊情况，该企业很可能败诉。但是，在诉讼成立时，该企业因败诉支出多少金额，或者何时发生这些支出，可能是难以确定的。

（3）或有事项的结果须由未来事项决定。

或有事项的结果只能由未来不确定事项的发生或者不发生才能决定。或有事项对企业产生有利影响还是不利影响，或虽已知是有利影响或不利影响，但影响有多大，在或有事项发生时是难以确定的。这种不确定的消失，只能由未来不确定事项的发生或者不发生才能证实。例如，企业为其他单位提供债务担保，该担保事项最终是否会要求企业履行偿还债务的连带责任，一般只能看被担保方的未来经营情况和偿债能力。

值得注意的是，虽然或有事项与不确定性联系在一起，但会计处理过程中存在的不确定事项并不都是或有事项准则所规范的或有事项，企业应当按照或有事项的定义和特征进行判断。例如，对固定资产计提折旧虽然涉及对固定资产预计净残值和使用寿命进行分析和判断，具有一定的不确定性，但是，固定资产折旧是已经发生的损耗、固定资产的原值是确定的，其价值最终会转移到成本或费用中也是确定的，该事项的结果是确定的，因此，对固定资产计提折旧不属于或有事项。

2）或有资产与或有负债

或有资产是指过去的交易或者事项形成的潜在资产，其存在须通过未来不确定事项的发生或不发生予以证实。

或有资产作为一种潜在资产，其结果具有较大的不确定性，只有随着经济情况的变化，通过某些未来不确定事项的发生或不发生才能证实其是否会形成企业真正的资产。如果某一时点企业基本确定能够收到这项潜在资产并且其金额能够可靠计量，则应当将其确认为企业的资产。

例如，甲公司向法院起诉乙公司侵犯了其商标权。法院尚未对该案件进行公开审理，甲公司是否胜诉尚难判断。对于甲公司而言，将来可能胜诉而获得的赔偿属于一项或有资产，但这项或有资产是否会转化为真正的资产，要由法院的判决结果确定。如果终审判决结果是甲公司胜诉，那么这项或有资产就转化为甲公司的一项资产。如果终审判决结果是甲公司败诉，那么或有资产就消失了，不会形成甲公司的资产。

如果或有事项的结果很可能导致经济利益流入企业，则形成或有资产。或有资产不可以确认入账，但需要在会计报表附注中加以披露。

或有负债是指过去的交易或者事项形成的潜在义务，其存在须通过未来不确定事项的发生或不发生予以证实；或过去的交易或者事项形成的现时义务，履行该义务不是很可能导致经济利益流出企业或该义务的金额不能可靠计量。例如，甲公司涉及一桩诉讼案，根据以往的审判案例推断，甲公司很可能败诉。但法院尚未判决，甲公司无法根据经验判断未来将要承担赔偿金额，因此该现时义务的金额不能可靠计量，该诉讼案即形成一项甲公司的或有负债。

或有负债涉及两类义务：一类是潜在义务；另一类是现时义务。潜在义务是指结果取决于未来不确定事项的可能义务。潜在义务最终是否转变为现时义务，由某些未来不确定事项的发生或不发生才能决定。或有负债作为一项潜在义务，其结果如何只能由未来不确定事项的发生或不发生来证实。现时义务是指企业在现行条件下已承担的义务。或有负债作为现时义务，其特征在于：该现时义务的履行不是很可能导致经济利益流出企业，或者该现时义务的金额不能可靠地计量。其中，"不是很可能导致经济利益流出企业"，是指该现时义务导致经济利益流出企业的可能性不超过 50%（含 50%）。"金额不能可靠计量"是指，该现时义务导致经济利益流出企业的"金额"难以合理预计，现时义务履行的结果具有较大的不确定性。

如果或有事项的结果很可能导致经济利益流出企业，同时满足负债的确认条件，则或有事项形成的这种负债作为预计负债入账；如果不满足确认条件，则形成或有负债，企业对或有事项形成的或有负债不确认入账，但需要在会计报表附注中披露。

例 9-26 乙公司 2×18 年 4 月从银行贷款 100 万元美元，期限 1 年，由甲公司担保 50%；2×18 年 6 月，C 公司通过银行从 D 公司贷款 1 000 万元人民币，期限 2 年，由甲公司全额担保。2×18 年 12 月 31 日，乙公司由于受政策影响和内部管理不善等原因，经营效益不如以往，可能不能偿还到期美元债务；C 公司经营情况良好，预期不存在还款困难。

本例中，对乙公司而言，甲公司可能需履行连带责任；就 C 公司而言，甲公司履行连带责任的可能性极小。根据或有事项准则的规定，这两项债务担保形成甲公司的或有负债，不符合预计负债的确认条件，甲公司应当在 2×18 年 12 月 31 日的财务报表附注中披露相关债务担保的被担保单位、担保金额及财务影响等。

影响或有负债和或有资产的因素是多方面的，而且这些因素处在不断变化当中。所以，企业应当持续对这些因素进行评价。随着时间的推移和事态的进展，或有负债对应的潜在义务可能转化为现时义务，原本不是很可能导致经济利益流出的现时义务也可能被证实将很可能导致企业流出经济利益，并且现时义务的金额也能够可靠计量。这时或有负债就转化为企业的负债，应当予以确认。或有资产也是一样，其对应的潜在资产最终是否能够流入企业会逐渐变得明确，如果某一时点企业基本确定能够收到这项潜在资产并且其金额能够可靠计量，则应当将其确认为企业的资产。

2. 或有事项的确认和计量

1) 或有事项的确认

或有事项形成的或有资产只有在企业基本确定能够收到的情况下，才转变为真正的资产，从而予以确认。与或有事项有关的义务应当在同时符合以下三个条件时确认为负债，作为预计负债进行确认和计量。

（1）该义务是企业承担的现时义务而非潜在义务。

现时义务和潜在义务是相对应的，随着时间的推移，潜在义务可能变成现时义务，也可能不形成任何义务。或有事项形成的需要确认的义务是现时义务，而不是潜在义务。通常情况下，过去的交易或事项是否导致现时义务是比较明确的，但也存在极少情况，如法律诉讼，特定事项是否已发生或这些事项是否已产生了一项现时义务可能难以确定，企业应当考虑包括资产负债表日后所有可获得的证据、专家意见等，以此确定资产负债表日是否存在现时义务。

例如，甲乙公司之间发生经济纠纷，甲公司向法院提起诉讼，至 12 月 31 日，法院仍没有做出判决。但法庭调查表明，乙公司的行为违反了国家的有关法规，说明乙公司由于过去发生的交易而形成了一项或有事项，该或有事项已经给乙公司产生了现时义务。

（2）该义务的履行很可能导致经济利益流出企业。

一般对或有事项确认时，通常根据其发生的概率进行判断。"很可能"是指企业履行因或有事项而承担的现时义务导致经济利益流出企业的可能性大于 50% 并不大于 95%；各种"可能"的含义与对应的概率区间如表 9-3 所示。

表 9-3　可能性判断表

结果的可能性	对应的概率区间
基本确定	大于 95% 但小于 100%
很可能	大于 50% 但不大于 95%
可能	大于 5% 但不大于 50%
极小可能	大于 0% 但不大于 5%

企业因或有事项承担了现时义务，并不说明该现时义务很可能导致经济利益流出企业。例如，2×18 年 6 月 1 日，甲公司与乙公司签订协议，承诺为乙公司的 2 年期银行借款提供全额担保。对于甲公司而言，由于担保事项而承担了一项现时义务，但这项义务的履行是否很可能导致经济利益流出企业，需依据乙公司的经营情况和财务状况等因素加以确定。假定 2×18 年年末，乙公司的财务状况恶化，且没有迹象表明可能发生好转。此种情况出现，表明乙公司很可能违约，从而甲公司履行承担的现时义务将很可能导致经济利益流出企业。

在实务中，存在很多类似义务，如产品保证或类似合同，履行时要求经济利益流出的可能性应通过总体考虑才能确定。对于某个项目而言，虽然经济利益流出的可能性较小，但包括该项目的该类义务很可能导致经济利益流出的，应当视同该项目的该类义务很可能导致经济利益流出企业。

（3）该义务的金额能够可靠地计量。

由于或有事项本身具有不确定性，其结果必然是，因或有事项产生的现时义务的金额也具有不确定性。因此，"该义务的金额能够可靠地计量"不是指或有事项产生的现时义务具有确定的金额，而是指这项现时义务的金额能够合理地估计出来。例如，甲公司（被告）涉及一桩诉讼案。根据以往的审判案例推断，甲公司很可能要败诉，相关的赔偿金额也可以估算出一个范围。这种情况下，可以认为甲公司因未决诉讼承担的现时义务的金额能够可靠地估计，如果同时满足其他两个条件，就可以将所形成的义务确认为一项负债。

另外，预计负债应当与应付账款、应计项目等其他负债进行严格区分。因为与预计负债相关的未来支出的时间或金额具有一定的不确定性。应付账款是为已收到或已提供的并已开具发票或已与供应商达成正式协议的货物或劳务支付的负债，应计项目是为已收到或已提供的但还未支付、未开具发票或未与供应商达成正式协议的货物或劳务支付的负债，尽管有时需要估计应计项目的金额和时间，但其不确定性通常远小于预计负债。应计项目经常作为应付账款和其他应付款的一部分进行列报，而预计负债则单独进行列报。

企业对符合确认条件的或有事项所应承担的义务应确认为负债入账，单独设置"预计负债"科目核算。该科目核算企业各项预计的负债，包括对外提供担保、商业承兑票据贴现、未决诉讼或未决仲裁、产品质量保证、亏损合同等很可能产生的负债。

企业按规定的预计项目和预计金额确认预计负债时，借记"管理费用""营业外支出"等科目，贷记"预计负债"科目；实际偿付负债时，借记"预计负债"科目，贷记"银行存款"等科目；确认的负债金额超过实际支付数时，借记"预计负债"科目，贷记"营业外支出"等科目；基本确定可获得补偿时，借记"其他应收款"等科目，贷记"营业外支出"等科目。

"预计负债"科目应按预计负债项目设置明细账，进行明细核算；期末贷方余额，反映企业已预计尚未支付的债务，并在资产负债表负债方单项列报。

2）预计负债的计量

（1）预计负债的计量包括的内容。

预计负债的计量主要解决当与或有事项有关的义务符合确认为负债的条件时，应以多少金额确认。根据或有事项准则的规定，预计负债应当按照履行相关现时义务所需支出的最佳估计数进行初始计量。

由于企业在履行或有事项所形成的义务时，还可能从第三方或其他方获得补偿，因此，预计负债的计量一般应包括两方面的内容：第一，最佳估计数的确定；第二，预期可获得补偿的确定。

① 最佳估计数的确定。

所需支出存在一个连续范围时，且该范围内各种结果发生的可能性相同，则最佳估计数应当按照该范围内的中间值，即上下限金额的平均数确定。所需支出不存在一个连续范围，或者虽然存在一个连续范围但该范围内各种结果发生的可能性不相同，最佳估计数按照如下方法确定：或有事项涉及单个项目的，按照最可能发生金额确定；或有事项涉及多个项目的，按照各种可能结果及相关概率计算确定。

例 9-27 A 银行 2×17 年 11 月 20 日批准乙公司的信用贷款（无担保、无抵押）申请，同意向其贷款 2 000 万元，期限 1 年，年利率 7.2%。2×18 年 11 月 20 日，乙公司的借款

（本金和利息）到期。乙公司具有还款能力，但因与A银行之间存在其他经济纠纷，而未按时归还A银行的贷款。A银行遂与乙公司协商，但没有达成协议。2×18年12月25日，A银行向法院提起诉讼。截至2×18年12月31日，法院尚未对A银行提起的诉讼进行审理。

本例中，A银行如无特殊情况很可能在诉讼中获胜。因此，从2×18年12月31日看，A银行可以作"很可能胜诉"的判断，并预计除可以收回本金和利息外，还可能获得罚息等。假定A银行根据规定的标准估计，将来最可能获得罚息等的收入24万元（这项金额在提起诉讼时已作估计）。根据或有事项准则的规定，A银行不应当确认这项或有资产，而应当在2×18年12月31日于资产负债表附注中披露或有资产24万元，同时说明很可能收回乙公司所欠的贷款本金和利息2 144万元。

乙公司如无特殊情况很可能败诉。为此，乙公司不仅需偿还贷款本金和利息，还需要支付罚息、诉讼费等费用。假定乙公司预计将要支付的罚息、诉讼费等费用估计为20万元至24万元之间，而且这个区间内每个金额的可能性都大致相同。根据或有事项准则的规定，乙公司应在2×18年12月31日确认一项预计负债22万元〔（20+24）/2=22，其中支付的诉讼费为3万元〕，同时在附注中进行披露。有关账务处理如下。

借：管理费用——诉讼费   30 000
    营业外支出——罚息支出   190 000
      贷：预计负债——未决诉讼   220 000

例9-28 甲公司2×18年11月2日因与乙公司签订了互相担保协议，成为相关诉讼的第二被告。截至2×18年12月31日，诉讼尚未判决。但由于乙公司经营困难，甲公司很可能要承担还款连带责任。据预计，甲公司承担还款金额200万元责任的可能性为60%，而承担还款金额100万元责任的可能性为40%（假定不考虑诉讼费）。

本例中，甲公司因连带责任而承担了现时义务，该义务的履行很可能导致经济利益流出企业，且该义务的金额能够可靠地计量。根据或有事项准则的规定，甲公司应在2×18年12月31日确认一项预计负债200万元（最可能发生金额），并在附注中作相关披露。有关账务处理如下。

借：营业外支出——赔偿支出   2 000 000
      贷：预计负债——担保   2 000 000

例9-29 乙公司2×18年销售产品3万件，销售额1.2亿元。乙公司的产品质量保证条款规定：产品售出后一年内，如发生正常质量问题，乙公司将免费负责修理。

根据以往的经验，如果出现较小的质量问题，则须发生的修理费为销售额的1%；而如果出现较大的质量问题，则须发生的修理费为销售额的2%。据预测，本年度已售产品中，有80%不会发生质量问题，有15%将发生较小质量问题，有5%将发生较大质量问题。

本例中，2×18年年末乙公司应确认的预计负债金额（最佳估计数）=（$1.2×1\%$）×15%+（$1.2×2\%$）×5%=0.003（亿元）。

② 预期可获得补偿的确定。

企业在将与或有事项有关的义务确认为预计负债时，如果预期能从第三方或其他方获得补偿，则此补偿金额只有在基本确定能够收到时，才能作为资产单独确认。其中，基本确定是指"获得补偿"的可能性大于95%但小于100%的情形。"可能获得补偿"的金额为"基本确定能收到"的金额。但是，这里应注意的是：确定的"可能获得补偿"的金额，不能超过所确认负债的账面价值。

可能获得补偿的情况通常有：发生交通事故等情况时，企业通常可以从保险公司获得合理的赔偿；在某些索赔诉讼中，企业可以通过反诉的方式对索赔人或第三方另行提起赔偿要求；在债务担保业务中，企业在履行担保义务的同时，通常可以向被担保企业提出额外追偿要求。

企业从第三方获得的补偿，是一种潜在资产，其最终是否会真的转化为企业真正的资产（即企业是否能够收到这项补偿）具有较大的不确定性，企业只能在基本确定收到补偿时才能对其进行确认。根据资产和负债不能随意抵销的原则，预期可获得的补偿在基本确定能够收到时应当确认为一项资产，而不能作为预计负债金额的扣减。

例如，甲公司因或有事项确认了一项预计负债 50 万元，同时，因该或有事项，甲公司还可从乙公司获得 35 万元的赔偿，且这项金额基本确定能收到。在这种情况下，甲公司应分别确认一项预计负债 50 万元和一项资产 35 万元。如果甲公司基本确定能从乙公司获得 50 万元的赔偿，则应分别确认一项预计负债 50 万元和一项资产 50 万元。

（2）预计负债的计量需要考虑的其他因素。

企业在确定最佳估计数时，应当综合考虑与或有事项有关的风险、不确定性和货币时间价值、未来事项等因素的影响。

风险是对过去的交易或事项结果的变化可能性的一种描述。风险的变动可能增加预计负债的金额。企业在不确定的情况下进行判断需要谨慎，使得收益或资产不会被高估，费用或负债不会被低估。但是，不确定性并不说明应当确认过多的预计负债和故意夸大负债。企业应当充分考虑与或有事项有关的风险和不确定性，既不能忽略风险和不确定性对或有事项计量的影响，也需要避免对风险和不确定性进行重复调整，从而在低估和高估预计负债金额之间寻找平衡点。

（3）对预计负债账面价值的复核。

企业应当在资产负债表日对预计负债的账面价值进行复核。有确凿证据表明该账面价值不能真实反映当前最佳估计数的，应当按照当前最佳估计数对该账面价值进行调整。例如，某化工企业对环境造成了污染，按照当时的法律规定，只需要对污染进行清理。随着国家对环境保护越来越重视，按照现在的法律规定，该企业不但需要对污染进行清理，还很可能要对居民进行赔偿。这种法律要求的变化，会对企业预计负债的计量产生影响。企业应当在资产负债表日对为此确认的预计负债金额进行复核，如有确凿证据表明预计负债金额不再能反映真实情况时，需要按照当前情况下企业清理和赔偿支出的最佳估计数对预计负债的账面价值进行相应的调整。

企业对已经确认的预计负债在实际支出发生时，应当仅限于最初为之确定的该预计负债的支出。也就是说，只有与该预计负债有关的支出才能冲减该预计负债，否则将会混淆不同预计负债确认事项的影响。

3. 其他或有事项的具体应用

企业除未决诉讼或未决仲裁、债务担保外，典型的或有事项还有产品质量保证、亏损合同、重组义务等。

1）*产品质量保证*

产品质量保证，通常指销售商或制造商在销售产品或提供劳务后，对客户提供服务的一种承诺。在约定期内（或终身保修），若产品或劳务在正常使用过程中出现质量或与之相关的其他属于正常范围的问题，企业负有更换产品、免费或只收成本价进行修理等责任。为此，企业应当在符合确认条件的情况下于销售成立时确认预计负债。

例 9-30 甲公司为机床生产和销售企业。2×18 年第一季度、第二季度、第三季度、第四季度分别销售机床 200 台、300 台、400 台和 350 台，每台售价为 5 万元。对购买其产品的消费者，甲公司做出如下承诺：机床售出后三年内如出现非意外事件造成的机床故障和质量问题，甲公司免费保修（含零部件的更换）。根据以往经验，发生的保修费一般为销售额的 1% 至 1.5% 之间。假定甲公司 2×18 年四个季度实际发生的维修费分别为 2 万元、20 万元、18 万元、35 万元；同时，假定 2×17 年 "预计负债——产品质量保证" 科目年末余额为 12 万元。甲公司会计处理如下。

① 第一季度，发生产品质量保证费用（维修费）。

借：预计负债——产品质量保证   20 000
  贷：银行存款或原材料等   20 000

第一季度末应确认的产品质量保证负债金额为

$$200 \times 50\ 000 \times (0.01 + 0.015)/2 = 12.5\ （万元）$$

借：销售费用——产品质量保证   125 000
  贷：预计负债——产品质量保证   125 000

第一季度末，"预计负债——产品质量保证" 科目余额为 225 000 元。

② 第二季度，发生产品质量保证费用（维修费）。

借：预计负债——产品质量保证   200 000
  贷：银行存款或原材料等   200 000

第二季度末应确认的产品质量保证负债金额为

$$300 \times 50\ 000 \times (0.01 + 0.015)/2 = 18.75\ （万元）$$

借：销售费用——产品质量保证   187 500
  贷：预计负债——产品质量保证   187 500

第二季度末，"预计负债——产品质量保证" 科目余额为 212 500 元。

③ 第三季度，发生产品质量保证费用（维修费）。

借：预计负债——产品质量保证   180 000
  贷：银行存款或原材料等   180 000

第三季度末应确认的产品质量保证负债金额为

$$400 \times 50\ 000 \times (0.01 + 0.015)/2 = 25\ （万元）$$

借：销售费用——产品质量保证   250 000
  贷：预计负债——产品质量保证   250 000

第三季度末，"预计负债——产品质量保证" 科目余额为 282 500 元。

④ 第四季度，发生产品质量保证费用（维修费）。

借：预计负债——产品质量保证   350 000
  贷：银行存款或原材料等   350 000

第四季度末应确认的产品质量保证负债金额为

$$350 \times 50\ 000 \times (0.01 + 0.015)/2 = 21.875\ （万元）$$

借：销售费用——产品质量保证   218 750

    贷：预计负债——产品质量保证   218 750

第四季度末，"预计负债——产品质量保证"科目余额为 151 250 元。

年末（12 月 31 日），甲公司应将"预计负债——产品质量保证"科目的余额 151 250 元，列入资产负债表中"预计负债"项目，并在会计报表附注中进行披露。

在对产品质量保证确认预计负债时，需要注意的是：如果企业发现保证费用的实际发生额与预计数相差较大，应及时对预计比例进行调整；如果企业针对特定批次产品确认预计负债，则在保修期结束时，应将"预计负债——产品质量保证"余额冲销，不留余额；已对其确认预计负债的产品，如企业不再生产了，那么应在相应的产品质量保证期满后，将"预计负债——产品质量保证"余额冲销，不留余额。

2）亏损合同

在讨论亏损合同之前，我们首先需要了解待执行合同。待执行合同，是指合同各方尚未履行任何合同义务，或部分履行了同等义务的合同。企业与其他企业签订的商品销售合同、劳务合同、租赁合同等，均属于待执行合同，待执行合同不属于或有事项准则规范的内容。但是，待执行合同变为亏损合同的，应当作为或有事项准则规范的或有事项。

亏损合同，是指在履行合同义务过程中，发生的成本预期将超过与合同相关的未来流入经济利益的合同。这里所称"发生的成本"，是指履行合同义务不可避免发生的成本，反映了退出该合同的最低净成本，即履行该合同的成本与未能履行该合同而发生的补偿或处罚两者之中的较低者。

亏损合同产生的义务满足预计负债确认条件的，应当确认为预计负债。预计负债的计量应当反映退出该合同的最低净成本，即履行该合同的成本与未能履行该合同而发生的补偿或处罚两者之中的较低者。企业与其他单位签订的商品销售合同、劳务合同、租赁合同等，均可能变为亏损合同。

企业对亏损合同进行会计处理，需要遵循以下两点原则。

首先，如果与亏损合同相关的义务不需支付任何补偿即可撤销，企业通常就不存在现时义务，不应确认预计负债；如果与亏损合同相关的义务不可撤销，企业就存在现时义务，同时满足该义务很可能导致经济利益流出企业和金额能够可靠计量的，通常应当确认预计负债。

其次，待执行合同变为亏损合同时，合同存在标的资产的，应当对标的资产进行减值测试并按规定确认减值损失，如果预计亏损超过该减值损失，应将超过部分确认为预计负债；合同不存在标的资产的，亏损合同相关义务满足预计负债确认条件时，应当确认为预计负债。

例 9-31　甲公司 2×17 年 1 月 1 日采用经营租赁方式租入一条生产线生产 A 产品，租赁期 4 年。甲公司利用该生产线生产的 A 产品每年可获利 10 万元。2×18 年 12 月 31 日，甲公司因市政规划调整不得不迁址，且因宏观政策调整决定停产 A 产品，但原经营租赁合同不可撤销，还要持续 2 年，且生产线无法转租给其他单位。

本例中，甲公司与其他公司签订了不可撤销的经营租赁合同，负有法定义务，必须继续履行租赁合同（交付租金）。同时，甲公司决定停产 A 产品。因此，甲公司执行原经营租赁合同不可避免要发生的费用很可能超过预期获得的经济利益，该经营租赁合同变成亏损合同，应当在 2×18 年 12 月 31 日根据未来应支付的租金的最佳估计数确认预计负债。

例 9-32　乙公司 2×17 年 12 月 1 日与某外贸公司签订了一项产品销售合同，约定在 2×18 年 5 月 15 日以每件产品 150 元的价格向外贸公司提供 1 万件 A 产品，若不能按期交货，将对乙公司处以总价款 30% 的违约金。由于这批产品为定制产品，签订合同时产品尚未开始生产。但企业开始筹备原材料以生产这批产品时，原材料价格突然上升，预计生产每件产品需要花费成本 175 元。

假设乙公司产品成本为每件 175 元，而销售为每件 150 元，每销售 1 件亏 25 元，不考虑预计销售费用，共计损失 25 万元。如果撤销合同，则需要缴纳 45 万元的违约金。因此，这项销售合同变成一项亏损合同。有关账务处理如下。

① 乙公司应当按照履行合同所需成本与违约金中的较低者（25 万元）确认一项预计负债。

借：营业外支出　　　　　　　　　　　　　　　　　　　　　250 000
　　贷：预计负债　　　　　　　　　　　　　　　　　　　　　　　　250 000

② 待相关产品生产完成后，将已确认的预计负债（25 万元）冲减产品成本。

借：预计负债　　　　　　　　　　　　　　　　　　　　　　250 000
　　贷：库存商品　　　　　　　　　　　　　　　　　　　　　　　　250 000

例 9-33　甲公司与乙公司于 2×18 年 8 月签订不可撤销合同，甲公司向乙公司销售设备 50 台，合同价格每台 100 万元（不含税）。该批设备在 2×19 年 1 月 25 日交货。至 2×18 年年末甲公司已生产 40 台设备，由于原材料价格上涨，单位成本达到 102 万元，本合同已成为亏损合同。预计其余未生产的 10 台设备的单位成本与已生产设备的单位成本相同，则甲公司对有标的部分应计提存货跌价准备，对没有标的部分确认预计负债，会计处理如下。

① 有标的部分，合同为亏损合同，确认减值损失。

借：资产减值损失　　　　　　　　　　　　　　　　　　　　800 000
　　贷：存货跌价准备　　　　　　　　　　　　　　　　　　　　　　800 000

② 无标的部分，合同为亏损合同，确认预计负债。

借：营业外支出　　　　　　　　　　　　　　　　　　　　　200 000
　　贷：预计负债　　　　　　　　　　　　　　　　　　　　　　　　200 000

在产品生产出来后，将预计负债冲减成本。

借：预计负债　　　　　　　　　　　　　　　　　　　　　　200 000
　　贷：库存商品　　　　　　　　　　　　　　　　　　　　　　　　200 000

这说明，待执行合同变成亏损合同的时候，就已经将损失反映在当期的损益中了。

◇ **想一想**

这样的处理思路体现了什么信息质量要求？

3）重组义务

重组是指企业制定和控制的，将显著改变企业组织形式、经营范围或经营方式的计划实施行为。属于重组的事项主要包括：出售或终止企业的部分业务；对企业的组织结构进行较大调整；关闭企业的部分营业场所，或将营业活动由一个国家或地区迁移到其他国家或地区。

企业应当将重组与企业合并、债务重组区别开。因为重组通常是企业内部资源的调整和组合，谋求现有资产效能的最大化；企业合并是在不同企业之间的资本重组和规模扩张；债务重组是债权人对债务人作出让步，债务人减轻债务负担，债权人尽可能减少损失。

企业只有在承诺出售部分业务（即签订了约束性出售协议）时，才能确认因重组而承担了重组义务。其会计处理思路如下。

（1）企业承担的重组义务满足预计负债确认条件的，应当确认为预计负债。如果企业已有详细、正式的重组计划，包括重组涉及的业务、主要地点、需要补偿的职工人数及其岗位性质、预计重组支出、计划实施时间等；且重组计划已对外公告，则表明企业承担了重组义务。企业应当按照与重组有关的直接支出确定该预计负债金额。直接支出不包括留用职工岗前培训、市场推广、新系统和营销网络投入等支出。

企业在计量预计负债时不应当考虑预期处置相关资产的利得，在计量与重组义务相关的预计负债时，不考虑处置相关资产（厂房、店面，有时是一个事业部整体）可能形成的利得或损失，即使资产的出售构成重组的一部分也是如此。

例 9-34 甲公司 2×18 年 12 月因第五业务分部长期亏损，决定进行重大业务重组。按照重组计划，需要发生直接重组支出 500 万元。该重组业务所涉及的人员，实施计划等详细计划已于 2×18 年年末前对外公布。甲公司应按或有事项准则确认预计负债 500 万元，其会计处理如下。

借：管理费用　　　　　　　　　　　　　　　　　　　　　　　5 000 000

　　贷：预计负债　　　　　　　　　　　　　　　　　　　　　　　　5 000 000

（2）企业承担的重组义务不满足预计负债确认条件的，不应当确认为预计负债。例如，某公司董事会决定关闭一个事业部。如果有关决定尚未传达到受影响的各方，也未采取任何措施实施该项决定，表明该公司没有承担重组义务，不应确认预计负债。

4. 或有事项的列报

1）预计负债的列报

在资产负债表中，因或有事项而确认的负债（预计负债）应与其他负债项目区别开来，单独反映。如果企业因多项或有事项确认了预计负债，在资产负债表上一般只需要通过"预计负债"项目进行总括反映。在将或有事项确认为负债的同时，应确认一项支出或费用。这项费用或支出在利润表中不应单列项目反映，而与其他费用或支出项目（如"销售费用""管理费用""营业外支出"等）合并反映。同时，为了使会计报表使用者获得充分、详细的有关或有事项的信息，企业还应在附注中披露下列信息：

（1）预计负债的种类、形成原因以及经济利益流出不确定性的说明；

（2）各类预计负债的期初、期末余额和本期变动情况；

（3）与预计负债有关的预期补偿金额和本期已确认的预期补偿金额。

2）或有负债的披露

或有负债无论作为潜在义务还是现时义务，均不符合负债的确认条件，因而不予确认。但是，除非或有负债极小可能导致经济利益流出企业，否则企业应在附注中披露或有负债的下列信息：

（1）或有负债的种类及其形成原因，包括已贴现商业承兑汇票、未决诉讼、未决仲裁、对外提供担保、产品质量保证（含产品安全保证）、承诺、亏损合同、重组义务、环境污染整治等形成的或有负债；

（2）经济利益流出不确定性的说明；

（3）或有负债预计产生的财务影响，以及获得补偿的可能性无法预计的，应当说明原因。

需要注意的是，在涉及未决诉讼、未决仲裁的情况下，如果披露与该或有事项有关的全部或部分信息预期会对企业造成重大不利影响的，企业无须披露这些信息，但应当披露该未决诉讼、未决仲裁的性质，以及没有披露这些信息的事实和原因。

例 9—35 甲公司为一家化工企业，生产过程中因意外事故导致有毒气体外泄，对临近乙公司造成严重污染，并发生职工中毒。为此，2×18 年 10 月 12 日，乙公司向法院提起诉讼，要求赔偿 2 000 万元，直到 2×18 年 12 月 31 日，该诉讼尚未判决。

甲公司因案情复杂，无法估计赔偿金额，未确认预计负债。对此，在会计报表附注中应披露如下。

或有事项：本公司因生产经营过程中发生意外事故，导致乙公司环境污染并发生人员中毒，乙公司向法院提起诉讼，要求本公司赔偿 2 000 万元。目前此案正在审理中。

3）或有资产的披露

或有资产作为一种潜在资产，不符合资产确认的条件，因而不予确认。企业通常不应当披露或有资产，但或有资产很可能会给企业带来经济利益的，应当在附注中披露其形成的原因、预计产生的财务影响等。

9.3 债务重组

9.3.1 债务重组的定义和重组方式

1. 债务重组含义

在激烈的市场竞争环境下，企业会因经营管理不善，或受外部不利因素的影响，致使盈利能力下降，资金周转不畅，出现暂时资金短缺，难以按期偿还债务的情况。债权人在这种情况下可以依法向法院申请破产，以其破产资产清偿债务，但由于破产程序繁杂且持续时间长，又不能保证其债权能全部收回，所以，双方也可选择另一种解决债务纠纷的方法，即债务重组。

某些情况下企业正常经营，债务人与债权人达成协议，同意债务人用其自身权益或者其他资产进行偿债，也是债务重组的形式。

债务重组是指在不改变交易对手方的情况下，经债权人和债务人协定或法院裁定，就清偿债务时间、金额或方式等重新达成协议的交易。

在确定债务重组时应注意以下问题：

（1）债务重组的前提是不改变交易对手方，双方重新达成协议。

（2）债务重组准则中的债权债务限定在金融工具范畴，即协议的两边，债务人这边是金融负债或衍生合同形成的义务，债权人这边对应的是金融资产或衍生合同形成的权利。

（3）债务重组最常见于贸易形成的应收应付，而预收预付由于贸易合同约定以贸易结算，而非现金或金融工具结算，不符合金融资产和金融负债的定义，因此预收预付的重组不在债务重组准则的范围内。

广义上讲，债务重组既包括债务人处于财务困难条件下的债务重组，也包括债务人不处于财务困难条件下的债务重组，还包括债务人处于清算或改组时的债务重组。但是有三种情况并不适用债务重组准则：一是债务重组中涉及的债权、重组债权、债务、重组债务和其他金融工具的确认、计量和列报；二是通过债务重组形成了企业合并；三是债权人或债务人中的一方直接或间接对另一方持股且以股东身份进行债务重组的，或者债权人与债务人在债务重组前后均受同一方或相同的多方最终控制，且该债务重组的交易实质是债权人或债务人进行了权益性分配或接受了权益性投入的，适用权益性交易的有关会计处理规定。

2. 债务重组方式

一般来说，债务重组主要有以下几种方式。

1）以资产清偿债务

以资产清偿债务，是指债务人转让其资产给债权人以清偿债务的债务重组方式。债务人用于清偿债务的资产通常包括存货、金融资产长期股权投资、固定资产、无形资产等。

2）将债务转为权益工具清偿债务

将债务转为资本，是指债务人将债务转为资本，同时，债权人将债权转为股权的债务重组方式。债务转为资本时，对股份有限公司而言，是将债务转为股本；对其他企业而言，是将债务转为实收资本。其结果是，债务人因此而增加股本（或实收资本），债权人因此而增加股权投资。债务人根据转换协议将应付可转换公司债券转为资本，属于正常情况下的转换，不能作为债务重组处理。

对于股份制企业来说，这种方式在法律上有一定的限制。例如，按照我国《公司法》规定，公司发行新股必须具备一定的条件。公司只有在满足《公司法》规定的条件后才能发行新股。也就是说，公司只有在满足国家规定条件的情况下，才能采用将债务转为资本的方式进行债务重组。

3）修改其他条款方式进行债务重组

修改其他条款方式是指除上述两种方式以外，采用调整债务本金、改变债务利息、变更还款期限等方式修改债权和债务的其他条款，形成重组债权和重组债务。

4）上述一种以上方式的组合清偿债务（以下简称"混合重组方式"）

上述一种以上方式的组合，是指采用上述一种以上方式共同清偿债务的债务重组方式。其组合偿债方式可能是：债务的一部分以资产清偿，一部分转为权益工具，另一部分则修改其他债权债务条款。例如，以转让资产、债务转为资本方式的组合清偿某项债务。再如，以转让资产清偿某项债务的一部分，并对该项债务的另一部分以修改其他债务条件进行债务重组。

3. 债务重组完成时点

债务重组可能发生在债务到期前、到期日或到期后。债务重组日是指债务重组完成日，通常有以下 3 种情况。

（1）债务人以资产偿还债务，以债权人收到了相关资产（有入库单，房产则应办理完产权过户等）并办理有关债务解除手续，作为债务重组完成日。

（2）将债务转为权益工具，以债务人办妥增资批准手续（即签发了新的营业执照）并向债权企业出具了出资证明，作为债务重组完成日。

（3）修改其他债务条件（延期还款），以修改后的偿债条件开始执行的日期，作为债务重组完成日。

9.3.2　债务重组的会计处理

1. 债务人以资产清偿债务

债务人以资产清偿债务方式进行债务重组的，应当在相关资产和所清偿债务符合终止确认条件时予以终止确认，将所清偿债务账面价值与转让资产账面价值之间的差额计入当期损益（单独涉及金融资产记入"投资收益"科目，涉及非金融资产或金融资产与非金融资产的组合记入"其他收益——债务重组收益"科目）。

对于债权人而言，以资产清偿债务方式进行债务重组的，债权人应当在相关资产符合其定义和确认条件时予以确认。放弃债权的公允价值与账面价值之间的差额，计入当期损益（"投资收益"科目）。

债权人受让包括现金在内的单项或多项金融资产的，应当按照金融工具准则的规定进行确认和计量。金融资产初始确认时应当以其公允价值计量，金融资产确认金额与债权终止确认日账面价值之间的差额，记入"投资收益"科目。但是，收取的金融资产的公允价值与交易价格（即放弃债权的公允价值）存在差异的，应当按照金融工具准则的规定处理。

债权人初始确认受让的金融资产以外的资产时，应当按照下列原则以成本计量，具体要求如下：

（1）抵债资产为存货的，存货的成本包括放弃债权的公允价值和使该项资产达到当前位置和状态所发生的可直接归属于该资产的税金、运输费、装卸费、保险费等其他成本；

（2）抵债资产为对联营企业或合营企业投资的，投资成本包括放弃债权的公允价值和直接可归属于该资产的税金等其他成本；

（3）抵债资产为投资性房地产的，投资性房地产的成本包括放弃债权的公允价值和可归属于该资产的税金等其他成本；

（4）抵债资产为固定资产的，固定资产的成本包括放弃债权的公允价值和使该资产达到预定可使用状态前所发生的可直接归属于该资产的税金、运输费、装卸费、安装费、专业人员服务费等其他成本；

（5）抵债资产为生物资产的，生物资产的成本包括放弃债权的公允价值和可直接归属于该资产的税金、运输费、保险费等其他成本；

（6）抵债资产为无形资产的，无形资产的成本包括放弃债权的公允价值和可直接归属于该资产达到预定用途所发生的税金等其他成本。

债权人受让多项非金融资产，或者包括金融资产、非金融资产在内的多项资产的，应当按照金融工具准则的规定确认和计量受让的金融资产；按照受让的金融资产以外的各项资产在债务重组合同生效日的公允价值比例，对放弃债权在合同生效日的公允价值扣除受让金融资产当日公允价值后的净额进行分配，并以此为基础分别确定各项资产的成本。放弃债权的公允价值与账面价值之间的差额，记入"投资收益"科目。

债务人以处置组清偿债务的，债权人应当分别按照金融工具准则和其他相关准则的规定，对处置组中的金融资产和负债进行初始计量，然后按照金融资产以外的各项资产在债务重组合同生效日的公允价值比例，对放弃债权在合同生效日的公允价值以及承担的处置组中负债的确认金额之和，扣除受让金融资产当日公允价值后的净额进行分配，并以此为基础分别确定各项资产的成本。放弃债权的公允价值与账面价值之间的差额，记入"投资收益"科目。

债务人以资产或处置组清偿债务，且债权人在取得日未将受让的相关资产或处置组作为非流动资产和非流动负债核算，而是将其划分为持有待售类别的，债权人应当在初始计量时，比较假定其不划分为持有待售类别情况下的初始计量金额和公允价值减去出售费用后的净额，以两者孰低计量。

例 9-36　甲公司 2×19 年年初从乙公司赊购原材料 50 万元（含税），由于财务困难无法归还，2×19 年 10 月 1 日进行债务重组。甲公司以长期股权投资抵偿债务。该长期股权投资账面余额为 40 万元，未计提减值准备；假设不考虑相关税费。乙公司对应收账款已计提坏账准备 4 万元，该债权的公允价值为 40 万元。乙公司取得该投资后作为对联营企业的投资核算，假设不考虑相关税费，甲、乙公司会计处理如下。

① 甲公司（债务人）

借：应付账款	500 000	
贷：长期股权投资		400 000
其他收益——债权重组收益		100 000

② 乙公司（债权人）

借：长期股权投资	400 000	
坏账准备	40 000	
投资收益	60 000	
贷：应收账款		500 000

⇨ **想一想**

该债务重组对双方当期损益的影响为多少？

例 9-37　2×19 年 12 月，甲公司欠乙公司应付账款 400 万元，与乙公司协商以其持有的一套机器设备偿还对甲公司的债务。甲公司该机器设备原值为 600 万元，累计折旧为 220 万元。乙公司为该债权计提坏账准备 10 万元。假设不考虑相关税费，该债权的公允价值为 380 万元。甲、乙公司的会计处理如下。

① 甲公司（债务人）

借：固定资产清理	3 800 000	
累计折旧	2 200 000	
贷：固定资产		6 000 000
借：应付账款	4 000 000	
贷：固定资产清理		3 800 000
其他收益——债务重组收益		200 000

② 乙公司（债权人）

借：固定资产	3 800 000
坏账准备	100 000
投资收益	100 000
贷：应收账款	4 000 000

2. 债务人以债务转为权益工具清偿债务

将债务转为权益工具方式进行债务重组的，债务人应当在所清偿债务符合终止确认条件时予以终止确认。债务人初始确认权益工具时应当按照权益工具的公允价值计量，权益工具的公允价值不能可靠计量的，应当按照所清偿债务的公允价值计量。所清偿债务账面价值与权益工具确认金额之间的差额，应当计入当期损益（"投资收益"科目）。

将债务转为权益工具方式进行债务重组导致债权人将债权转为对联营企业或合营企业的权益性投资的，债权人应当按照放弃债权的公允价值和可直接归属于该资产的税金等其他成本计量其初始投资成本。放弃债权的公允价值与账面价值之间的差额，应当计入当期损益（"投资收益"科目）。

例9-38　甲公司2×19年年初从乙公司购入原材料50万元（含税），由于财务困难无法归还，2×19年10月10日进行债务重组。甲公司将债务转为资本，债务转为资本后，乙公司所占份额为甲公司注册资本100万元的40%，该股权的公允价值为48万元。乙公司对该应收账款已计提坏账准备2万元，公允价值为45万元。甲、乙公司会计处理如下。

① 甲公司（债务人）

借：应付账款	500 000
贷：实收资本	400 000
资本公积——资本溢价	80 000
投资收益	20 000

② 乙公司（债权人）

借：长期股权投资——甲公司	450 000
坏账准备	20 000
投资收益	30 000
贷：应收账款	500 000

3. 债务人修改其他条款方式清偿债务

采用修改其他条款方式包括采用调整债务本金、改变债务利息、变更还款期限等方式进行债务重组的，债务人应当按照金融工具准则的规定确认和计量重组债务；债权人应当按照金融工具准则的规定确认和计量重组债权。

修改其他条款方式下，合同修改前后的交易对手方没有发生改变，合同涉及的本金、利息等现金流量很难在本息之间及债务重组前后做出明确分割，即很难单独识别合同的特定可辨认现金流量。因此通常情况下，应当整体考虑是否对全部债权的合同条款做出了实质性修改。如果做出实质性修改，或者债权人与债务人之间签订协议，以获取实质上不同的新金融资产方式替换债权，应当终止确认原债权，并按照修改后的条款或新协议确认新金融资产。

对于债务人，如果对债务或部分债务的合同条款做出"实质性修改"形成重组债务，或者债权人与债务人之间签订协议，以承担"实质上不同"的重组债务方式替换债务，债务人应当终止确认原债务，同时按照修改后的条款确认一项新金融负债。其中，如果重组债务未来现金流量（包括支付和收取的某些费用）现值与原债务的剩余期间现金流量现值之间的差异超过 10%，则意味着新的合同条款进行了"实质性修改"或者重组债务是"实质上不同"的，有关现值的计算均采用原债务的实际利率。

如果修改其他条款导致债务终止确认，债务人应当按照公允价值计量重组债务，终止确认的债务账面价值与重组债务确认金额之间的差额，记入"投资收益"科目。如果修改其他条款未导致债务终止确认，或者仅导致部分债务终止确认，对于未终止确认的部分债务，债务人应当根据其分类，继续以摊余成本、以公允价值计量且其变动计入当期损益或其他适当方法进行后续计量。对于以摊余成本计量的债务，债务人应当根据重新议定合同的现金流量变化情况，重新计算该重组债务的账面价值，并将相关利得或损失记入"投资收益"科目。重新计算的该重组债务的账面价值，应当根据将重新议定或修改的合同现金流量按债务的原实际利率或按套期会计准则规定的重新计算的实际利率（如适用）折现的现值确定。对于修改或重新议定合同所产生的成本或费用，债务人应当调整修改后的重组债务的账面价值，并在修改后重组债务的剩余期限内摊销。

如果修改其他条款导致全部债权终止确认，债权人应当按照修改后的条款以公允价值初始计量新的金融资产，新金融资产的确认金额与债权终止确认日账面价值之间的差额，记入"投资收益"科目。如果修改其他条款未导致债权终止确认，债权人应当根据其分类，继续以摊余成本、以公允价值计量且其变动计入其他综合收益，或者以公允价值计量且其变动计入当期损益进行后续计量。对于以摊余成本计量的债权，债权人应当根据重新议定合同的现金流量变化情况，重新计算该重组债权的账面余额，并将相关利得或损失记入"投资收益"科目。重新计算的该重组债权的账面余额，应当根据将重新议定或修改的合同现金流量按债权原实际利率折现的现值确定，购买或源生的已发生信用减值的重组债权，应按经信用调整的实际利率折现。对于修改或重新议定合同所产生的成本或费用，债权人应当调整修改后的重组债权的账面价值，并在修改后重组债权的剩余期限内摊销。

例 9-39 资料承例 9-38，甲公司与乙公司达成协议在一年后支付 42 万元，构成实质性修改。乙公司对应收账款已计提坏账准备 3 万元。甲、乙公司会计处理如下。

① 甲公司（债务人）

借：应付账款	500 000
贷：应付账款——债务重组	420 000
投资收益	80 000

② 乙公司（债权人）

借：应收账款——债务重组	420 000
坏账准备	30 000
投资收益	50 000
贷：应收账款	500 000

⇨ **想一想**

如果甲公司一年后除支付 42 万本金外，还需要按 8% 的年利率支付利息，会计处理有何不同？

4. 债务人以混合重组方式清偿债务

以多项资产清偿债务或者组合方式进行债务重组的，债务人应当按照前述规定确认和计量权益工具和重组债务，所清偿债务的账面价值与转让资产的账面价值以及权益工具和重组债务的确认金额之和的差额，应当计入当期损益（"其他收益——债务重组收益"科目，如涉及金融资产则记入"投资收益"科目）。

债权人应当首先按照金融工具准则的规定确认和计量受让的金融资产和重组债权，然后按照受让的金融资产以外的各项资产的公允价值比例，对放弃债权的公允价值扣除受让金融资产和重组债权确认金额后的净额进行分配，并以此为基础按照前述规定分别确定各项资产的成本。放弃债权的公允价值与账面价值之间的差额，计入当期损益（"投资收益"科目）。

9.3.3 债务重组的披露

（1）债务人应当在附注中披露与债务重组有关的下列信息。

① 根据债务重组方式，分组披露债务账面价值和债务重组相关损益。

② 债务重组导致的股本等所有者权益的增加额。

（2）债权人应当在附注中披露与债务重组有关的下列信息。

① 根据债务重组方式，分组披露债权账面价值和债务重组相关损益。

② 债务重组导致的对联营企业或合营企业的权益性投资增加额，以及该投资占联营企业或合营企业股份总额的比例。

9.4 借款费用

9.4.1 借款费用概述

1. 借款费用的概念与范畴

资金是企业生存和发展的生命源泉，无论是固定资产的购建、对外投资，还是材料或者商品的采购等，都需要资金。随着企业的发展，其对资金的需求也会大量增加。企业除了利用权益性资金解决部分资金来源外，通常会采取借款方式筹措生产经营所需资金。为了如实反映企业资金成本，以期客观地评估企业的财务状况和经营成果，企业需要正确地对借款费用进行会计核算。

借款费用是企业因借入资金所付出的代价，它包括借款利息、折价或溢价的摊销、辅助费用以及因外币借款而发生的汇兑差额等。企业发生的权益性融资费用不包括在借款费用中。承租人确认的融资租赁发生的融资费用属于借款费用。

（1）因借款而发生的利息。具体包括企业向银行或者其他金融机构等借入资金发生的利息、发行公司债券发生的利息，以及为购建或者生产符合资本化条件的资产而发生的带息债务所承担的利息等。

（2）因借款而发生的折价或溢价的摊销。企业发行债券所产生的折价或溢价，实质上是对债券票面利息的调整（即将债券票面利率调整为实际利率），因而属于借款费用范畴。

（3）因借款而发生的辅助费用。是指企业在借款过程中发生的诸如手续费、佣金、印刷费等费用。由于这些费用是因安排借款而发生的，属于借入资金所付出的代价，因而构成了借款费用的组成部分。

（4）因外币借款而发生的汇兑差额。是指由于汇率变动导致市场汇率与账面汇率出现差异，从而对外币借款本金及其利息的记账本位币金额产生的影响金额。由于这部分汇兑差额是与外币借款直接相联系的，因而包括在借款费用中。

2. 借款的范围

借款费用应予资本化的借款范围既包括专门借款，也包括一般借款。

专门借款，是指为购建或者生产符合资本化条件的资产而专门借入的款项。专门借款应当有明确的专门用途，即为购建或者生产某项符合资本化条件的资产而专门借入的款项，通常应当有标明专门用途的借款合同。比如，为购建厂房专门借入的长期借款；为生产轮船而借入的资金。

一般借款，是指除专门借款之外的借款，一般借款在借入时，其用途通常没有特指必须用于符合资本化条件的资产的购建或者生产。对于一般借款，只有在购建或者生产符合资本化条件的资产占用了一般借款时，才应将与一般借款相关的借款费用资本化；否则，所发生的借款费用应当计入当期损益。

3. 符合资本化条件的资产

符合资本化条件的资产，是指需要经过相当长时间的购建或者生产活动才能达到预定可使用或者可销售状态的固定资产、投资性房地产和存货等资产。其中"相当长时间"，通常为 1 年以上（含 1 年）。符合借款费用资本化条件的存货，主要包括房地产开发企业开发的用于对外出售的房地产开发产品、企业制造的用于对外出售的大型机械设备等。这类存货通常需要经过相当长时间的建造或者生产过程，才能达到预定可销售状态。建造合同成本、确认为无形资产的开发支出等在符合条件的情况下，也可以认定为符合资本化条件的资产。

在实务中，如果由于人为或者故意等非正常因素导致资产的购建或者生产时间相当长的，该资产不属于符合资本化条件的资产。购入即可使用的资产，或者购入后需要安装但所需安装时间较短的资产，或者需要建造或者生产但所需建造或者生产时间较短的资产，均不属于符合资本化条件的资产。

9.4.2 借款费用的确认

1. 借款费用确认的一般原则

企业发生的借款费用，可直接归属于符合资本化条件的资产的购建或者生产的，应当予以资本化，计入相关资产成本。其他借款费用，应当在发生时根据其发生额确认为费用，计入当期损益（财务费用）。

2. 借款费用资本化期间的确定

只有发生在资本化期间内的有关借款费用才允许资本化，资本化期间的确定是借款费用确认和计量的重要前提。借款费用资本化期间，是指从借款费用开始资本化时点到停止资本化时点的期间，但不包括借款费用暂停资本化的期间。

1）借款费用开始资本化的时点

借款费用允许开始资本化必须同时满足三个条件，即资产支出已经发生、借款费用已经发生、为使资产达到预定可使用或者可销售状态所必要的购建或者生产活动已经开始。

（1）资产支出已经发生。

是指为购建或者生产符合资本化条件的资产而以支付现金、转移非现金资产或者承担带息债务形式而发生的支出。

支付现金是指用货币资金支付符合资本化条件的资产的购建或者生产支出，例如，用银行存款购买工程用材料；用现金支付建造固定资产的职工薪酬；用银行存款向工程承包方支付工程进度款等。

转移非现金资产是指企业将自有的非现金资产直接用于符合资本化条件的资产的购建或者生产，例如，将自己生产的产品用于固定资产的建造，将自己生产的产品向其他企业换取用于固定资产建造的工程物资等。

承担带息债务是指企业为了购建或者生产符合资本化条件的资产所需用物资而承担的带息应付款项。例如，为购买工程用物资而开出一张带息应付票据等。但是，如果企业赊购这些物资承担的是不带息债务，就不应当将购买价款计入资产支出，因为该债务在偿付前不需要承担利息，也没有占用借款资金。只有等企业实际偿付债务，发生资源流出时，才能将其作为资产支出。此外，如果企业赊购这些物资承担的是带息债务时，该借款费用应作为资产支出，当带息债务发生时，视同资产支出已经发生。

例9-40 甲公司于2×18年12月10日购买一批工程用物资，开出并承兑商业汇票一张，面值为15万元，期限为4个月，年利率为5%。则根据上述资料，甲公司于2×18年12月31日编制资产负债表时，应将尚未支付的该笔应付票据本金15万元作为当月资产支出。

⇨ **想一想**

若甲公司开具的票据为不带息的商业承兑汇票，则应如何考虑资产支出？

（2）借款费用已经发生。

是指企业已经发生了因购建或者生产符合资本化条件的资产而专门借入款项的借款费用，或者占用了一般借款的借款费用（包括利息、折价或溢价的摊销和汇兑差额、辅助费用等借款费用）。例如，2×18年1月1日，甲公司为建造一幢厂房从中国建设银行专门借入20 000 000元的款项，当日开始计息。那么，在2×18年1月1日，即应当认为借款费用已经发生。再如，企业以发行债券方式筹集资金建造固定资产，在债券没有开始计息时，向承销商支付一笔承销费，此时，尽管债券还没有计息，但由于已经发生了专门借款的辅助费用，因此，应当认为借款费用已经发生。

（3）为使资产达到预定可使用状态或者可销售状态所必要的购建活动已经开始。

是指符合资本化条件的资产的实体建造或者生产工作已经开始。例如，主体设备的安装、厂房的实际开工建造等。它不包括仅仅持有资产，但没有发生为改变资产状态而进行建造活动的情况，例如，只购置了建筑用地但尚未开工兴建房屋或者发生有关房屋实体建造活动等。

企业只有在上述三个条件同时满足的情况下，有关借款费用才可开始资本化，只要其中有一个条件没有满足，借款费用就不能开始资本化，而应计入当期损益。例如，企业已经使用银行存款购买了建造某项固定资产所需的工程物资，固定资产的实体建造工作已经开始，但为建造该项固定资产专门借入的款项还没有到位，因此没有发生相应的借款费用。即尽管此时符合借款费用资本化的第一个和第三个条件，但由于为建造该项固定资产的专门借款没有到位，没有发生相应的借款费用，不符合借款费用开始资本化的第二个条件，所以，即使以后为此而专门借入款项，借款费用也不应从此时开始资本化，而应该从借款费用发生时开始资本化。

2）借款费用暂停资本化的时点

（1）暂停资本化的两个条件。

符合资本化条件的资产在购建或者生产过程中发生非正常中断且中断时间连续超过 3 个月，应当暂停借款费用的资本化，在中断期间发生的借款费用应当确认为费用，计入当期损益，直至资产的购建或者生产活动重新开始。中断的原因必须是非正常中断，如果中断是所购建或者生产符合资本化条件的资产达到预定可使用或者可销售状态必要的程序，属于正常中断，借款费用的资本化应当继续进行。实务工作中企业应遵循"实质重于形式"的原则来判断借款费用暂停资本化的时间，如果相关资产购建或者生产的中断时间较长且满足其他规定条件的，相关借款费用应当暂停资本化。

（2）非正常中断的判断。

非正常中断通常指由于企业管理决策上的原因或者其他不可预见的原因等所导致的中断。例如，企业因与施工方发生了质量纠纷，或者工程或生产用料没有及时供应，或者资金周转发生了困难，或者施工或生产发生了安全事故，或者发生了与资产购建或者生产有关的劳动纠纷等原因，导致资产购建或者生产活动发生中断，均属于非正常中断。也就是说计划以外的中断属于非正常中断。

非正常中断与正常中断有显著不同。正常中断仅限于因购建或者生产符合资本化条件的资产达到预定可使用或者可销售状态所必要的程序，或者事先可预见的不可抗力因素导致的中断。例如，某些工程建造到一定阶段必须暂停下来进行质量或者安全检查，检查通过后方可继续下一步的建造工作，这类中断是在施工前可以预见的，而且是工程建造必须经过的程序，即属于正常中断。

某些地区的工程在建造过程中，由于可预见的不可抗力因素（本地普遍存在的雨季或冰冻季节等原因）导致施工出现停顿，也属于正常中断。例如，甲公司在北方某地建造某工程期间，正遇冰冻季节，工程施工不得不中断，待冰冻季节过后才能继续施工。由于该地区在施工期间出现较长时间的冰冻是正常情况，由此而导致的施工中断属于因可预见的不可抗力因素导致的中断，是正常中断，借款费用的资本化可继续进行，不必暂停。

例 9-41 甲公司为建造一座办公楼于 2×18 年 1 月 1 日借入 600 万元借款，借期 2 年、同日开工兴建、2 月 1 日支付工程款 300 万元；从 5 月 1 日至 8 月 31 日工程因纠纷停工；9 月 1 日重新开始，于 2×18 年 12 月 31 日达到预定可使用状态。

则甲公司的资本化起点为 2×18 年 2 月 1 日，终点为 12 月 31 日，暂停资本化期间为 5、6、7、8 四个月；实际资本化时间为 2、3、4、9、10、11、12 共 7 个月。

⇨ **想一想**

如果从 5 月 1 日至 8 月 31 日该工程因该地区常见的梅雨季节停工，分析结果有何不同？

3）借款费用停止资本化的时点

购建或者生产符合资本化条件的资产达到预定可使用或者可销售状态时，借款费用应当停止资本化。在符合资本化条件的资产达到预定可使用或者可销售状态之后所发生的借款费用，应当在发生时根据其发生额确认为费用，计入当期损益（财务费用）。

资产达到预定可使用或者可销售状态，是指所购建或者生产的符合资本化条件的资产已经达到建造方、购买方或者企业自身等预先设计、计划或者合同约定的可以使用或者可以销售的状态。

企业在确定借款费用停止资本化的时点时，需要运用职业判断，遵循"实质重于形式"原则，具体问题具体分析。为了便于实际操作，通常所购建的固定资产满足以下条件之一，即应当认为资产已经达到了预定可使用状态，借款费用应当停止资本化。

（1）符合资本化条件的资产的实体建造（包括安装）或者生产工作已经全部完成或者实质上已经完成。

（2）所购建或者生产的符合资本化条件的资产与设计要求、合同规定或者生产要求相符或者基本相符，即使有极个别与设计、合同或者生产要求不相符的地方，也不影响其正常使用或者销售。

（3）继续发生在所购建或生产的符合资本化条件的资产上的支出金额很少或者几乎不再发生。

（4）购建或者生产符合资本化条件的资产需要试生产或者试运行的，在试生产结果表明资产能够正常生产出合格产品，或者试运行结果表明资产能够正常运转或者营业时，应当认为该资产已经达到预定可使用或者可销售状态。

（5）购建或者生产的符合资本化条件的资产的各部分分别完工，且每部分在其他部分继续建造过程中可供使用或者可对外销售，且为使该部分资产达到预定可使用或可销售状态所必要的购建或者生产活动实质上已经完成的，应当停止与该部分资产相关的借款费用的资本化。

（6）购建或者生产的资产的各部分分别完工，但必须等到整体完工后才可使用或者可对外销售的，应当在该资产整体完工时停止借款费用的资本化。

9.4.3 借款费用的计量

1. 利息资本化金额的确定

在资本化期间内，每一会计期间的利息（包括折价或溢价的摊销）资本化金额，应当按照下列规定确定：

为购建或者生产符合资本化条件的资产而借入专门借款的，应当以专门借款当期实际发生的利息费用，减去将尚未动用的借款资金存入银行取得的利息收入或进行暂时性投资取得的投资收益后的金额（利息净支出）确定，并应当在资本化期间内，将其计入符合资本化条件的资产成本。

例 9-42 甲公司为改善办公条件于 2×18 年 2 月 1 日开始动工兴建一栋办公楼,总投资 2 500 万元,工期 1 年半。为建造该办公楼甲公司于 3 月 1 日从建行借入资金 1 000 万元,借款期限 2 年,年利率 6%,利息在借款期限满 1 年时支付 1 次。3 月 1 日,甲公司支付 300 万元给建筑承包商丁公司;7 月 8 日,支付给建筑承包商工程款 300 万元;11 月 15 日,支付给建筑承包商 500 万元。假设甲公司只有这笔借款,该笔借款未支付的资金 2×18 年度利息收入为 15 万元,则甲公司 2×18 年有关借款及利息的会计处理如下。

2×18 年利息费用=1 000×(6%/12)×10=50(万元)

2×18 年利息资本化金额=利息费用-利息收入=50-15=35(万元)

① 2×18 年 3 月 1 日借入资金。

借:银行存款 10 000 000

贷:长期借款——本金 10 000 000

② 2×18 年年末计提利息。

借:在建工程 350 000

银行存款 150 000

贷:应付利息 500 000

为购建或者生产符合资本化条件的资产而占用了一般借款的,企业应当根据累计资产支出超过专门借款部分的资产支出加权平均数乘以所占用一般借款的资本化率,计算确定一般借款应予资本化的利息金额。资本化率应当根据一般借款加权平均利率计算确定。

累计支出加权平均数=∑(每笔资产支出金额×每笔资产占用的天数/

会计期间涵盖的天数)

资本化率的确定方法如下:如果只借入一笔借款,资本化率即为该项借款的利率;如果借入了一笔以上的借款,则资本化率即为加权平均利率。

一般借款加权平均利率=所占用一般借款当期实际发生的利息之和/

所占用一般借款本金加权平均数

例 9-43 甲公司于 2×18 年 1 月 1 日动工兴建一办公楼,工程采用出包方式,每半年支付一次工程进度款。工程于 2×19 年 6 月 30 日完工,达到预定可使用状态。建造工程资产支出表,如表 9-4 所示。

表 9-4 建造工程资产支出表 单位:万元

日 期	每期资产支出金额	资产支出累计金额
2×18 年 1 月 1 日	1 000	1 000
2×18 年 7 月 1 日	3 000	4 000
2×19 年 1 月 1 日	2 000	6 000
总计	6 000	

甲公司为建造办公楼于 2×18 年 1 月 1 日取得专门借款 2 000 万元,借款期限为 3 年,年利率为 8%,按年支付利息。除此之外,无其他专门借款。

办公楼的建造还占用两笔一般借款：A 银行长期贷款 2 000 万元，期限为 2×17 年 12 月 1 日至 2×20 年 12 月 1 日，年利率为 6%，按年支付利息。发行公司债券 8 000 万元，发行日为 2×17 年 1 月 1 日，期限为 5 年，年利率为 8%，按年支付利息。

闲置专门借款资金用于固定收益债券短期投资，假定短期投资月收益率为 0.5% 并收到款项存入银行。假定全年按 360 天计，不考虑一般借款闲置资金利息收入的会计处理。

甲公司 2×18 年和 2×19 年有关借款及利息的会计处理如下。

计算专门借款利息资本化金额。

2×18 年专门借款利息资本化金额 = 2 000×8%－1 000×0.5%×6 = 130（万元）

2×19 年专门借款利息资本化金额 = 2 000×8%×180/360 = 80（万元）

计算一般借款利息资本化金额。

一般借款资本化率（年）=（2 000×6%＋8 000×8%）/（2 000＋8 000）= 7.6%

2×18 年占用了一般借款资金的资产支出加权平均数 = 2 000×180/360 = 1 000（万元）

2×18 年一般借款利息资本化金额 = 1 000×7.6% = 76（万元）

2×19 年占用了一般借款资金的资产支出加权平均数 =（2 000＋2 000）×180/360 = 2 000（万元）

2×19 年一般借款利息资本化金额 = 2 000×7.6% = 152（万元）

计算利息资本化金额。

2×18 年利息资本化金额 = 130＋76 = 206（万元）

2×19 年利息资本化金额 = 80＋152 = 232（万元）

会计处理如下。

2×18 年

应付利息 = 2 000×8%＋（2 000×6%＋8 000×8%）= 920（万元）

借：在建工程		2 060 000
银行存款（1 000×0.5%×6）		300 000
财务费用		6 840 000
贷：应付利息		9 200 000

2×19 年

应付利息 =［2 000×8%＋（2 000×6%＋8 000×8%）］×180/360 = 460（万元）。

借：在建工程		2 320 000
财务费用		2 280 000
贷：应付利息		4 600 000

⇨ 想一想

如果 2×18 年 4 月 1 日工程因纠纷停工，直到 7 月 1 日继续施工，会计处理有何不同？

发行债券时存在折价或者溢价的，应当按照实际利率法确定每一会计期间应摊销的折价或者溢价金额，调整每期利息金额。如果按照名义（合同）利率和实际利率计算的每期利息费用相差不大的，也可以按照名义利率计算确定每期借款利息。

例 9-44　甲公司于 2×16 年 1 月 1 日折价发行了面值为 1 250 万元的公司债券，发行价格为 1 000 万元，票面利率为 4.72%，每年年末支付利息（1 250×4.72% = 59 万元），到期一次还本并支付最后一期利息。债券利息计算表如表 9-5 所示。假定甲公司发行公司债券募集的资金专门用于建造一条生产线，生产线从 2×16 年 1 月 1 日开始建设，于 2×18 年年底完工，达到预定可使用状态。甲公司会计处理如下。

首先，计算该公司债券实际利率 r。

$$1\ 000 = 59/(1+r) + 59/(1+r)^2 + 59/(1+r)^3 + 59/(1+r)^4 + (59+1\ 250)/(1+r)^5$$

由此计算得出 r=10%。

表 9-5 债券利息计算表 单位：万元

年份	期初公司债券余额（a）	实际利息费用（b）（按 10% 计算）	每年支付现金（c）	期末公司债券摊余成本（d=a+b-c）
2×16 年	1 000	100	59	1 041
2×17 年	1 041	104	59	1 086
2×18 年	1 086	109	59	1 136
2×19 年	1 136	113	59	1 190
2×20 年	1 190	119	1 250+59	

其次，各年利息确认的相关会计分录如下。

① 2×16 年确认利息。

借：在建工程 1 000 000
  贷：应付利息 590 000
    应付债券——利息调整 410 000

② 2×17 年确认利息。

借：在建工程 1 040 000
  贷：应付利息 590 000
    应付债券——利息调整 450 000

③ 2×18 年确认利息。

借：在建工程 1 090 000
  贷：应付利息 590 000
    应付债券——利息调整 500 000

④ 2×19 年确认利息。

借：财务费用 1 130 000
  贷：应付利息 590 000
    应付债券——利息调整 540 000

⑤ 2×20 年确认利息。

借：财务费用 1 190 000
  贷：应付利息 590 000
    应付债券——利息调整 600 000

2. 外币专门借款汇兑差额资本化金额的确定

在资本化期间内，外币专门借款本金及利息的汇兑差额，应当予以资本化，计入符合资本化条件的资产的成本。也就是说，在符合资本化条件的情况下，每期外币专门借款汇兑差额的资本化金额就是每期外币专门借款（包括利息）汇兑差额的实际发生额。除外币专门借款之外的其他外币借款本金及其利息所产生的汇兑差额，应当作为财务费用计入当期损益。

例 9-45 甲公司 2×18 年 1 月 1 日借入 100 万美元建造某项固定资产，年利率为 6%，期限为 3 年。建造工程从 1 月 1 日开始，当日发生支出 50 万美元，当日美元对人民币的汇率为 \$1＝¥6.29。1 月 31 日，汇率为 \$1＝¥6.28。甲公司按月计算应予资本化的借款费用金额，对外币账户采用交易发生时的汇率作为折算汇率。甲公司 2×18 年 1 月专门外币借款汇兑差额资本化金额的计算及会计处理如下。

1 月 31 日，以期末汇率调整长期借款外币账户余额之前，长期借款美元账户，本金外币余额为 100 万美元，人民币余额为 629 万元（100×6.29），应计利息外币余额为 0.5 万美元（100×6%×1/12），人民币余额为 3.14 万元（0.5×6.28），则 1 月份专门长期借款本金及利息汇兑差额为

$$100×6.28-629+0.5×6.28-3.14=-1（万元）$$
$$或=100×(6.28-6.29)+0.5×(6.28-6.28)=-1（万元）$$

借：长期借款——美元户   10 000
  贷：在建工程   10 000

⇨ **想一想**

假设 2 月 28 日，汇率为 \$1＝¥6.27，你能对 2 月份的汇兑差额进行会计处理吗？

3. 辅助费用资本化金额的确定

辅助费用是企业为了安排借款而发生的必要费用，包括借款手续费（如发行债券手续费）、佣金等。如果企业不发生这些费用，就无法取得借款。对于因安排借款而发生的辅助费用的确认原则为：

专门借款发生的辅助费用，在所购建或者生产的符合资本化条件的资产达到预定可使用或者可销售状态之前发生的，应当在发生时根据其发生额予以资本化，计入符合资本化条件的资产的成本；在所购建或者生产的符合资本化条件的资产达到预定可使用或者可销售状态之后发生的，应当在发生时根据其发生额确认为费用，计入当期财务费用。上述资本化或计入当期损益的辅助费用的发生额的计量，应依据《企业会计准则第 22 号——金融工具确认和计量》，按照实际利率法所确定的金融负债交易费用对每期利息费用的调整额。借款实际利率与合同利率差异较小的，也可以采用合同利率计算确定利息费用。

一般借款发生的辅助费用，也应当按照上述原则确定其发生额。鉴于借款辅助费用与金融负债交易费用是一致的，其会计处理相同。

9.4.4 借款费用的披露

按照借款费用准则的规定，企业应当在财务会计报告中披露下列与借款费用有关的信息。

1. 当期资本化借款费用金额

企业应当披露当期已计入固定资产成本中的各项借款费用之和，包括应予资本化的利

息、折价或溢价的摊销、汇兑差额及辅助费用。

2. 资本化率

企业应当披露当期用于确定资本化金额的资本化率。如果当期存在两项或两项以上的固定资产，每项固定资产的资本化率不同，则需要分别固定资产项目披露，否则，可以合并披露；如果报告期内各期资本化率不同，则需要分别各期披露，否则，可以合并披露。

1. 甲公司为增值税一般纳税人，2×18 年 9 月发生以下交易事项。

（1）1 日，向甲公司采购原材料一批，增值税专用发票上注明材料价值为 80 000 元，增值税额为 10 400 元，发票账单已收到，材料已验收入库，货款尚未支付，付款条件为"2/10，n/30"。公司按总价法核算应付账款。

（2）5 日，向乙公司购入原材料，增值税专用发票上注明材料价值为 100 000 元，增值税额为 13 000 元。发票账单已收到，材料已验收入库，公司开出一张面值为 113 000 元、2 个月到期的无息商业汇票。

（3）9 日，以银行存款支付 9 月 1 日的购货款。

（4）15 日，将上述向乙公司购入的材料全部用于在建工程。

（5）20 日，销售 A 产品 1 000 件，单位售价为 200 元，单位成本为 150 元。公司收到一张面值为 226 000 元、2 个月期的带息商业承兑汇票，利率为 6%。该产品的增值税率为 13%，消费税率为 10%。

（6）21 日，购入设备一台，增值税专用发票上注明设备价值为 500 000 元，增值税额为 65 000 元，发生运杂费 1 800 元，均用银行存款支付。

（7）委托某企业加工原材料，材料的实际成本为 150 000 元，加工费用为 40 000 元，由受托方代缴消费税 4 000 元，增值税率为 13%，材料加工收回后已验收入库。该受托加工材料收回后，用于连续加工应税消费品。

（8）22 日，购入免税农产品，实际支付价款 22 000 元（扣除率为 9%）。

（9）23 日，将 A 产品用于在建工程，实际成本为 150 000 元，计税价格为 200 000 元。

（10）26 日，出售房屋一幢，原价为 14 260 000 元，已提折旧为 11 200 000 元，出售得款 9 500 000 元，清理费用为 65 000 元，房屋已清理完毕，以上收支均以银行存款收付。

（11）27 日，用材料进行投资，该批材料的成本为 65 000 元，评估价为 70 000 元，计税价格为 70 000 元，增值税率为 13%。

（12）30 日，到银行提取现金 50 000 元，备发工资，并于当日发放完毕。分配工资时，生产车间生产工人的工资为 30 000 元，车间管理人员的工资为 5 000 元，行政管理部门人员的工资为 10 000 元，在建工程人员的工资为 3 500 元，工会人员的工资为 1 500 元。当天按工资总额的 14% 计提职工福利费。

要求：

（1）编制相关会计分录。

（2）计算并缴纳当期的应交增值税、应交消费税。

2. 甲公司是一家生产洗衣机的企业，有职工 200 名，其中一线生产工人为 180 名，总部管理人员为 20 名，2×18 年 3 月，甲公司决定以其生产的洗衣机作为福利发给职工。该洗衣机的单位成本为 2 000 元，单位计税价格为 3 000 元，适用的增值税率为 13%。

要求：编制相应的会计分录。

3. 乙公司为总部部门经理级别以上职工每人提供一辆某品牌汽车免费使用，该公司总部共有部门经理级别以上职工 15 名，假定每辆该品牌汽车每月计提折旧 1 000 元；该公司还为其 4 名高级管理人员每人租赁一套公寓免费使用，月租金为每套 7 000 元（假定上述发生的费用无法认定受益对象）。

要求：作出乙公司的会计处理。

4. 甲公司于 2×18 年 4 月 1 日发行公司债券一批，面值为 1 000 万元，发行价格为 1 060 万元，3 年期，票面利率为 5%，每年付息一次，到期一次还本并支付最后一期利息，付息日为 4 月 1 日；另发行费用为 3.43 万元，实际收到发行价款 1 056.57 万元存入银行。甲公司 12 月 31 日计息并摊销。

要求：

（1）计算甲公司债券实际利率 r。

（2）编制发行日的会计分录。

（3）采用实际利率法计算有关应付债券的利息费用，并编制会计分录。

5. 甲公司有关发行可转换债券的业务如下：

（1）2×18 年 1 月 1 日按每份面值 100 元发行了 5 000 万份可转换债券，取得总收入 510 000 万元。该债券期限为 3 年，票面年利率为 3%，分期付息，付息日为次年的 1 月 1 日；每份债券均可在债券发行 1 年后转换为 30 股该公司普通股。该公司发行该债券时，二级市场上与之类似但没有转股权的债券的市场利率为 5%。

（2）发行可转换公司债券所筹资金用于建造某固定资产项目。2×18 年 1 月 1 日支出 510 000 万元用于该项目。工程于当日开工，2×18 年 12 月 31 日建造的固定资产达到预定可使用状态。

（3）2×19 年 10 月 1 日某债券持有者将面值为 100 000 万元可转换公司债券申请转换股份，并于当日办妥相关手续。假定未支付的应付利息不再支付。相关手续已于当日办妥；未转为甲公司普通股的可转换债券持有至到期，其本金及最后一期利息一次结清。

要求：（$(P/F, 5\%, 3) = 0.863\ 8$；$(P/A, 5\%, 3) = 2.723\ 2$）

（1）计算负债部分的初始入账金额。

（2）计算权益部分的初始入账金额。

（3）编制有关发行可转换公司债券的会计分录。

（4）2×18 年 12 月 31 日计息并编制会计分录。

（5）2×19 年 10 月 1 日计息并编制会计分录。

（6）2×19 年 10 月 1 日编制转换股份的会计分录。

（7）2×19 年 12 月 31 日计息并编制会计分录。

6. 甲公司为机床生产和销售企业，2×18 年 12 月 31 日"预计负债——产品质量担保"科目年末余额为 10 万元。2×19 年第一季度、第二季度、第三季度、第四季度分别销售机床 100 台、200 台、220 台和 300 台，每台售价为 10 万元。对购买其产品的消费者，甲公司做出如下承诺：机床售出后三年内如出现非意外事件造成的机床故障和质量问题，甲公司免费负责保修（含零部件更换），根据以往的经验，发生的保修费一般为销售额的 1%～2%。假定甲公司 2×19 年四个季度实际发生的维修费用分别为 8 万元、22 万元、32 万元和 28 万元（假定上述费用以银行存款支付 50%，另 50% 为耗用的原材料，不考虑增值税进项税额转出）。

要求：

（1）编制每个季度发生产品质量保证费用的会计分录；

（2）分季度确认产品质量保证负债金额并编制相关会计分录；

（3）计算每个季度末"预计负债——产品质量担保"科目的余额。

7. 甲公司和乙公司所得税税率为 25%，假定不考虑纳税调整事项。甲、乙公司 2×18 年度的财务报告于 2×19 年 4 月 30 日批准对外报出。有关资料如下。

（1）甲公司 2×18 年 12 月 1 日，收到法院通知，被告知乙公司状告甲公司侵犯其专利权。乙公司认为，甲公司未经其同意，在试销的新产品中采用了乙公司的专利技术，要求甲公司停止该项新产品的生产和销售，要求赔偿损失 200 万元，乙公司 2×18 年 12 月 31 日，如果根据有关分析、测试情况及法律顾问的意见，认为新产品很可能侵犯了乙公司的专利权，甲公司估计败诉的可能性为 51%，胜诉的可能性为 49%；如败诉，赔偿金额估计在 150 万～225 万元之间，并需要支付诉讼费用 3 万元（假定此事项中败诉一方承担诉讼费用，乙公司在起诉时并未垫付诉讼费）。此外甲公司经过测试情况认为该新产品的主要技术部分是委托 W 公司开发的，经与 W 公司反复协商，甲公司基本确定可以从 W 公司获得赔偿 75 万元。截至 2×18 年 12 月 31 日，诉讼尚处在审理当中。

（2）2×19 年 2 月 15 日，法院判决甲公司向乙公司赔偿 172.50 万元，并负担诉讼费用 3 万元。甲公司和乙公司不再上诉。

（3）2×19 年 2 月 16 日，支付对乙公司的赔偿款和法院诉讼费用。

（4）2×19 年 3 月 17 日，甲公司从 W 公司获得赔偿 75 万元。

要求：

（1）编制甲公司有关会计分录；

（2）编制乙公司有关会计分录。

8. 甲公司委托某银行向乙公司贷款 1 000 万元，期限 2 年。由于经营困难的原因，乙公司无力偿还甲公司款项。为此，甲公司依法向法院起诉乙公司。2×18 年 12 月 10 日，法院一审判决甲公司胜诉，责成乙公司向甲公司偿付贷款本金和利息 1 100 万元，并支付罚息 20 万元，承担诉讼费用 5 万元，合计 1 125 万元。由于资金不足等原因，乙公司未能履行判决，至 2×18 年 12 月 31 日。甲公司也未采取进一步措施。

要求：分别说明甲、乙公司对此事项如何处理。需要确认和披露的，写出分录和简单披露；不需要确认的，只作简单披露。（答案中以万元为单位）

9. 甲公司 2×18 年 10 月与乙公司签订商品销售合同，在 2×19 年 5 月销售 10 000 件商品，单位成本估计为 1 100 元，合同单价 1 200 元；合同规定，如果甲公司在 2×19 年 5 月末未按时交货，延迟交货的商品单价降为 1 000 元。2×18 年 12 月，甲公司因生产线损坏，估计只能提供 9 000 件商品，其余 1 000 件尚未投入生产，估计在 2×19 年 6 月交货。

要求：对甲公司该项或有事项进行相关会计处理。

10. 甲公司与乙公司签订合同，销售 100 件商品，合同价格每件 1 000 元。

（1）假设 100 件商品已经存在，单位成本为 1 100 元。

（2）假设 100 件商品不存在，若要赶工生产该商品，单位成本将为 1 150 元。

要求：请分别就上面两种情况做出相应的会计处理。

11. 甲公司 2×19 年年初从乙公司赊购原材料 25 万元（含税），由于财务困难无法归还，2×19 年 10 月 1 日进行债务重组。甲公司以一项长期股权投资抵偿债务。该长期股权投资账面余额为 20 万元，未计提减值准备。乙公司对应收账款已计提坏账准备 2 万元，该债权的公允价值为 20 万元。乙公司取得该投资后作为对联营企业的投资核算，假设不考虑相关税费。

要求：对甲公司和乙公司上述事项进行会计处理。

12. 2×19 年 12 月，甲公司欠乙公司应付账款 800 万元，与乙公司协商以其持有的一套机器设备偿还对甲公司的债务。甲公司该机器设备原值为 1 200 万元，累计折旧为 500 万元。乙公司为该债权计提坏账准备 20 万元。假设不考虑相关税费，该债权的公允价值为 760 万元。

要求：对甲公司和乙公司上述事项进行会计处理。

13. 甲公司 2×19 年年初从乙公司购入原材料 100 万元（含税），由于财务困难无法归还，2×19 年 10 月 10 日进行债务重组。甲公司将债务转为资本后，乙公司所占份额为甲公司注册资本 200 万元的 40%，对甲公司具有重大影响。该股权的公允价值为 96 万元。乙公司对该应收账款已计提坏账准备 4 万元，公允价值为 90 万元。假设不考虑相关税费。

要求：对甲公司和乙公司上述事项进行会计处理。

14. 资料承 13 题，甲公司与乙公司达成协议在一年后支付 84 万元，构成实质性修改。乙公司对应收账款已计提坏账准备 6 万元。

要求：对甲公司和乙公司上述事项进行会计处理。

15. 甲公司于 2×18 年 1 月 1 日动工兴建一办公楼，工程采用出包方式，每半年支付一次工程进度款。工程于 2×19 年 6 月 30 日完工，达到预定可使用状态。甲公司建造工程资产支出如下。

（1）2×18 年 1 月 1 日，支出 3 000 万元；

（2）2×18 年 7 月 1 日，支出 5 000 万元，累计支出 8 000 万元；

（3）2×19 年 1 月 1 日，支出 3 000 万元，累计支出 11 000 万元。

甲公司为建造办公楼于 2×18 年 1 月 1 日专门借款 4 000 万元，借款期限为 3 年，年利率为 8%，按年支付利息。除此之外，无其他专门借款。

办公楼的建造还占用两笔一般借款。

（1）从 A 银行取得长期借款 4 000 万元，期限为 2×17 年 12 月 1 日至 2×20 年 12 月 1 日，年利率为 6%，按年支付利息。

（2）发行公司债券 2 亿元，发行日为 2×17 年 1 月 1 日，期限为 5 年，年利率为 8%，按年支付利息。闲置专门借款资金用于固定收益债券暂时性投资，假定暂时性投资月收益率为 0.5%。假定全年按 360 天计。

要求：

（1）计算 2×18 年和 2×19 年专门借款利息资本化金额。

（2）计算 2×18 年和 2×19 年一般借款利息资本化金额。

（3）计算 2×18 年和 2×19 年利息资本化金额。

（4）编制 2×18 年和 2×19 年有关各项借款利息的会计分录。

16. 甲公司 2×18 年 1 月 1 日开始建造一项固定资产，所占用的一般借款有两项（假定企业未发生相应的专门借款）：

（1）2×18 年 1 月 1 日借入的 3 年期借款 200 万元，年利率为 6%，按年支付利息；

（2）2×18 年 4 月 1 日发行的 3 年期一次还本付息债券 300 万元，利息不以复利计算，票面年利率为 5%，实际利率为 6%，债券发行价格为 285 万元，折价 15 万元（不考虑发行债券时发生的辅助费用）。有关资产支出如表 9-6 所示。

表 9-6　资产支出表

时　　间	支　　出
1 月 1 日	100 万元
2 月 1 日	50 万元
3 月 1 日	50 万元
4 月 1 日	200 万元
5 月 1 日	60 万元

假定资产建造从 1 月 1 日开始，工程项目于 2×18 年 6 月 30 日达到预定可使用状态。债券溢折价采用实际利率法摊销。

要求：

（1）分别计算 2×18 年第一季度和第二季度适用的资本化率；

（2）分别计算 2×18 年第一季度和第二季度应予资本化的利息金额并进行相应的会计处理。

17. 甲公司于 2×18 年 1 月 1 日从建行借入 3 年期借款 1 000 万元用于生产线工程建设，年利率 8%，利息按年支付。其他有关资料如下。

（1）工程于 2×18 年 1 月 1 日开工，甲公司于 2×18 年 1 月 1 日支付给建筑承包商乙公司 300 万元；2×18 年 1 月 1 日至 3 月末，该借款闲置的资金取得的存款利息收入为 4 万元。

（2）2×18 年 4 月 1 日工程因纠纷停工，直到 7 月 1 日继续施工。第二季度取得的该笔借款闲置资金存款利息收入为 4 万元。

（3）2×18 年 7 月 1 日又支付工程款 400 万元。第三季度，甲公司用该借款的闲置资金 300 万元购入交易性证券，获得投资收益 9 万元，已存入银行。

（4）2×18 年 10 月 1 日，甲公司从工商银行借入流动资金借款 500 万元，借期 1 年，年利率 6%。利息按季度支付，10 月 1 日甲公司支付工程进度款 500 万元，占用了该笔流动资金。

（5）至 2×18 年年末该工程尚未完工。

要求：

（1）判断专门借款在 2×18 年的资本化期间。

（2）按季计算 2×18 年与工程有关的利息、利息资本化金额，并进行会计处理。

案例与专题

1. 甲水泥厂是生产水泥的专业厂，属于增值税一般纳税人，年生产能力 8 万吨。2×18 年税务稽查员对该厂进行纳税检查。

税务人员在进厂时，发现该厂正在施工建设一幢楼房。在检查过程中，发现"在建工程"科目下有从某物资公司购进的钢材一批，金额为 30 000，时间是 2×18 年 5 月，凭证号为 48#。然而在检查"银行存款""应付账款"等科目时，均未发现有该笔交易的记录，检查人员进一步调阅 5 月份 48#凭证，发现企业所做的会计分录为：

借：在建工程——钢材　　　　　　　　　　　　　　　　　　　30 000
　　贷：库存商品——水泥　　　　　　　　　　　　　　　　　　　30 000

接着检查记账凭证所附的原始凭证，原始凭证共三张，一张是该厂开出的销售 300 吨水泥的普通发票记账联，一张是物资公司开出的钢材出售普通发票，还有一张是该厂基建仓库验收钢材的验收单，金额均为 30 000 元。显然该厂用本厂的水泥和物资公司换取了钢材。

请分析：

（1）您认为甲水泥厂在处理该笔交易中是否存在问题？存在什么问题？

（2）假定该厂生产的水泥每吨成本为 100 元，市场价（不含税）每吨 125 元，试对该厂的错误做法予以更正。

2. 远大股份有限公司（以下简称远大公司）在 2×18 年发生了如下事项。

（1）远大公司于 2×17 年 9 月对子公司甲公司的贷款本息提供担保，甲公司的贷款在 2×18 年 9 月到期，贷款本金 1 000 万元，甲公司尚未支付的贷款利息为 60 万元。甲公司因财务困难无法偿付到期债务。债权银行已于 2×18 年 12 月向当地法院提起诉讼，要求甲公司及远大公司偿付所欠款项。至年末诉讼尚在进行中。

远大公司的律师认为，根据担保合同的规定，远大公司应承担连带还款责任，本诉讼很可能要败诉，代甲公司偿还贷款本息合计 1 060 万元。代为偿还贷款后，远大公司有权对甲公司进行追偿。远大公司考虑到本诉讼尚未判决，其结果尚未确定，因而未对本事项进行会计处理，也未在报表附注中进行披露，等到法院判决后再进行会计处理。

（2）远大公司于 2×18 年 10 月收到不带息的商业承兑汇票一张，面值 500 万元，6 个月期限。远大公司因资金周转的需要，在 12 月 18 日贴现了此商业汇票。远大公司认为，承兑企业信誉很好，本公司发生连带还款的可能性极小，因而未在会计报表附注中披露这一事项。

（3）远大公司对其合营企业乙公司的长期借款本息提供担保。本笔贷款乙公司于 2×15 年 7 月 1 日借入，本金 2 500 万元，年利率 5%，借期 3 年。乙公司按期归还了利息，但 2×18 年 7 月 1 日本金到期后，因财务困难无法归还。银行将远大公司告上法庭，要求偿还本金 2 500 万元。2×18 年 12 月，法院判决，要求远大公司在 30 日内向债权银行支付上述全部 2 500 万元。远大公司于 2×18 年 12 月 15 日还清了本金。

对于上述债务担保，按照合同约定，在远大公司代乙公司偿付了有关贷款后，远大公司有权向乙公司追偿，乙公司对远大公司代为偿付的款项具有偿付责任。2×18 年 12 月 31 日，远大公司根据乙公司的经营情况，无法确定何时能取得已代乙公司支付的 2 500 万元本金。但远大公司认为，鉴于其与乙公司签订的合同中明确规定乙公司对远大公司代为支付的贷款本金有偿付责任，远大公司与乙公司之间的债权、债务关系成立，为此，远大公司在其2×18 年的会计报表中，确认了应收乙公司 2 500 万元的款项。

（4）2×16 年 10 月 1 日，远大公司的联营企业丙公司从建设银行取得 2 年期贷款 800万元用于工程建设，远大公司为其提供了担保，担保合同规定：

① 远大公司作为保证人，担保的范围包括丙公司与银行签订的贷款合同项下的贷款本金、利息、罚息及诉讼费、律师费等债权人实现债权的一切费用；

② 保证方式为连带责任保证；

③ 远大公司提供保证的期间为自贷款到期日算起的两年之内。在贷款到期日算起的两年之内，贷款银行有权向远大公司提起诉讼，要求其承担连带责任。如贷款银行在贷款到期日以后的两年期间未提起诉讼，则远大公司自动免除担保责任。

丙公司在贷款期间，由于财务困难，未归还利息；贷款到期后，也未归还本金，丙公司累计所欠本息合计为 880 万元。

贷款到期后，债权银行通知远大公司，由于丙公司无力偿还到期贷款，要求远大公司代为归还，否则将通过法律途径进行追偿。至 2×18 年 12 月 31 日，该银行尚未向法院提起诉讼。远大公司的法律顾问提供的意见认为，对于该笔债务担保，债权银行很可能向法院提起诉讼，而且一旦银行提起诉讼，远大公司按照担保合同规定，必将承担连带责任，支付全部本息 880 万元。

远大公司认为，由于债权银行尚未向法院提起诉讼，对于尚未提起诉讼的事项，不符合会计制度中关于确认负债的有关条件，对于上述债务担保可能产生的损失未在其 2×18 年度会计报表中确认任何预计负债。

（5）远大公司欠丁股份有限公司货款 300 万元，按合同规定，远大公司应在 2×18 年11 月 5 日前归还，但远大公司以丁股份有限公司提供的产品不合格为由，未按期付款；丁公司向法院提起诉讼，2×18 年 12 月 12 日，法院一审判决远大公司应向丁公司全额支付货款，同时还应承担诉讼费 2 万元。远大公司不服，以丁公司提供的产品不合格为由，反诉丁公司，提出索赔要求，金额为 50 万元，截至 2×18 年 12 月 31 日，该诉讼尚在进行中。

远大公司律师认为，由于对产品质量存在纠纷，本公司胜诉的可能性在 50% 以下，形势不容乐观。因此，远大公司在附注中未披露任何有关这一诉讼的信息。

（6）2×16 年 11 月 10 日，远大公司与丁公司签订了托管合同，合同约定：

① 从 2×17 年 1 月 1 日起 1 年内，由远大公司派出管理人员管理丁公司；

② 远大公司每年应保证丁公司实现净利润 500 万元，净利润超过 500 万元部分由远大公司享有，净利润低于 500 万元的部分应由远大公司补足。

2×17 年丁公司实现净利润 800 万元；2×18 年丁公司实现净利润 400 万元，远大公司补给丁公司 100 万元；2×18 年年末，鉴于丁公司所在行业竞争越来越激烈，产品更新换代缓慢的局面，预计 2×19 年很可能发生的亏损在 60 万元至 100 万元之间。为此，远大公司计提了预计负债 80 万元，并在会计报表附注中作了披露。

请分析：

远大公司对上述或有事项的会计处理是否正确，并说明理由。

3. 广东华龙集团股份有限公司（以下简称 ST 华龙）于 2000 年 12 月在上交所上市流通。2004 年至 2007 年广东华龙财务数据如表 9-7 所示。

表 9-7 广东华龙财务数据 单位：万元

	2004 年	2005 年	2006 年	2007 年
净利润	−12 965.31	−62 900.38	−11 330.38	720.32
扣除非经常性损益的净利润	−12 663.82	−34 208.25	−11 010.22	−3 646.42

由于 2004 年至 2006 年连续三年亏损，ST 华龙自 2007 年 5 月 25 日起暂停上市交易。

2007 年 12 月，公司与重庆新渝巨鹰实业发展有限公司等五家债权人签订了《债务重组协议》，根据协议约定，"公司向上述债权人支付 160 万元，债权人解除公司欠上述债权人账面价值 3 200.86 万元的债务，截至 2007 年 12 月 31 日债务和解已实施完毕"，共豁免公司债务 3 040.86 万元。同年，公司通过资产拍卖获得收益 803.58 万元，获得农业部渔用柴油补贴款收入 720.20 万元。

2008 年 5 月 8 日，该公司向上海证券交易所提交了股票恢复上市的申请。经上交所审核并结合公司股权分置改革，公司股票于 2009 年 1 月 5 日起在上海证券交易所恢复上市交易。

结合 2006 年以及 2019 年我国持续修订的债务重组准则，试回答以下问题：

（1）ST 华龙是如何神奇地扭亏为盈、成功复牌的？

（2）不考虑其他税费，试编制 ST 华龙债务重组的相关会计分录。

（3）结合此案例，谈谈你对债务重组准则持续修订的看法。

4. 渝钛白股份有限公司 1995 年将一项钛白粉工程投入试生产，1996 年开始生产合格产品。1997 年，发生钛白粉工程借款利息 8 064 万元，该公司将其计入钛白粉工程成本。渝钛白 1997 年度公司生产线已经完工，但仍然以工程未完工为由，将其借款上的应付利息 8 064 万元计入在建工程。

请分析：

（1）按照当时的会计制度，该公司的做法是否正确？为什么？

（2）按照现行会计准则，应如何核算该笔业务？

（3）分析两种处理方法对公司会计信息的影响，并简要论述你对借款费用准则的看法。

第10章

所有者权益

学习目标

学习本章后，应当能够：
☑ 了解所有者权益的构成；
☑ 区分不同企业组织形式实收资本或股本的核算；
☑ 掌握其他权益工具的相关知识；
☑ 明确资本或股本溢价与其他资本公积的区别；
☑ 正确理解其他综合收益的分类以及留存收益的形成与分配。

10.1 所有者权益概述

任何企业要进行生产经营活动，必须拥有一定数量的资产。其资产形成的资金来源渠道不外乎有两个：一是由投资者投入；二是由债权人提供。由于投资者、债权人都向企业提供了资产，因此，他们对企业资产都享有要求权，这种要求权在会计上称为"权益"。属于投资者的权益，称为所有者权益，属于债权人的权益，称为负债。

所有者权益是企业扣除负债后所有者享有的剩余权益，在数量上等于资产减负债。所有者权益根据其核算的内容和要求，可分为实收资本（股本）、其他权益工具、资本公积、其他综合收益、盈余公积和未分配利润等部分。其中，盈余公积和未分配利润统称为留存收益。

虽然企业的投资者和债权人都对企业资产享有要求权，但是两者在性质上具有本质的区别，主要表现在以下几个方面。

（1）性质不同。债权人对企业资产具有优先索偿权；投资者对企业全部资产减去负债后的剩余资产具有要求权，是一种滞后的权利。

（2）权利不同。投资者具有参与企业经营管理的权利；而债权人与企业只是债权债务关系，没有参与企业经营管理的权利。

（3）偿还期限不同。投资者对企业的投资可依法转让，但不能任意抽回，除企业终止经营外，在经营期间无须偿还；负债则必须按期偿还。

（4）承受风险不同。投资者可按投资比例享有利润分配权，但可分得的利润取决于企业的经营业绩；债权人不能参与利润分配，但除企业破产清算外，可按约定的条件取得利息。因此，债权人承担的风险较小，投资者则承担着较大的风险。

（5）计量不同。所有者权益本身不需单独核算，是对资产和负债计量后形成的结果，而负债必须在发生时按照规定的方法单独予以计量。

10.2 投入资本

10.2.1 投入资本的含义与分类

按照我国法律规定，投资者设立企业必须首先投入资本。投入资本是所有者在企业注册资本的范围内实际投入的资本，是指出资人作为资本实际投入企业的资金数额，是所有者权益的主要组成部分，表明所有者对企业的基本产权关系，也是企业存在的基础。我国实行的是注册资本制，因此在投资者足额缴纳资本之后，投入资本也就等于注册资本。根据不同的企业组织形式，所有者投入资本的核算方式不同，非股份有限公司的投入资本设置"实收资本"科目，股份有限公司的投入资本表现为"股本"。

1. 投入资本的分类

（1）按投入渠道不同分类。可分为国家投入资本（简称国家资本）、法人投入资本（简称法人资本）、个人投入资本（简称个人资本）和外商投入资本（简称外商资本）等。

（2）按投资形态不同分类。可分为现金资产投资和非现金资产投资。现金资产投资是指投资者直接以现金、银行存款等货币资产对企业的投资，包括人民币投资和外币投资。非现金资产投资是指投资者以非现金资产对企业的投资。非现金资产投资分为实物资产投资和无形资产投资。实物资产投资是指投资者以设备、材料、商品等实物资产对企业的投资；无形资产投资是指投资者以专利权、非专利技术、商标权、专有技术、土地使用权等无形资产对企业的投资。

2. 投入资本的计价

企业接受现金资产投资，可按实际出资额作为投入资本入账。企业接受非现金资产投资，通常采用投资者与企业双方认可的评估价值入账。

10.2.2 非股份有限公司实收资本的核算

企业是以营利为目的的经济组织，按组织形式分类可分为非公司企业组织和公司企业组织两种基本类型。其中，非公司企业组织还可分为独资企业和合伙企业。企业的组织形式不同，实收资本的含义和核算也就不同。

实收资本是指投资者按照企业章程或合同、协议的规定，实际投入企业的资本。非股份有限公司应设置"实收资本"科目，用来核算投资者投入资本的增减变动及结存情况。该账户的贷方登记企业收到投资者实际投入企业的资产价值或资本公积、盈余公积转增资本额；借方登记按规定程序实际减少的注册资本，其余额在贷方，反映公司资本实有额。实收资本科目按投资者名称设置明细科目进行核算。中外合作经营企业在合作期间归还投资者的投资，应在实收资本科目下设置"已归还投资"明细科目进行核算。此外，还应设置"实收资本备查簿"，详细记录核定的资本总额、各投资者的出资比例和认缴的资本金额。

企业收到投资者投入的货币资产时，按实际收到或存入开户银行的金额借记"库存现金"或"银行存款"科目；企业收到投资者投入的实物资产投资的，应在办理实物产权转移手续时，借记有关资产科目，以无形资产投资的，应按照合同、协议或公司章程规定在移交有关凭证时，借记"无形资产"科目，按评估价借记"固定资产""原材料""低值易耗品""库存商品""无形资产"等有关资产科目，按投入资本在注册资本或股本中所占份额，贷记"实收资本"科目，按差额，贷记"资本公积——资本溢价"。

例 10-1 甲公司于 2×18 年 1 月 1 日由 A、B 两股东各投入 5 000 000 元成立，其中，A 以现金出资，B 以专利权和使用过的固定资产出资，经评估，专利权的价值为 1 000 000 元，固定资产的价值为 4 000 000 元，则公司收到投资的相关会计处理如下。

借：银行存款	5 000 000	
固定资产	4 000 000	
无形资产	1 000 000	
贷：实收资本——A		5 000 000
实收资本——B		5 000 000

10.2.3 股份有限公司股本的核算

股份有限公司是指其全部资本分为等额股份，通过发行股票筹集资本。公司的股本总额为股票面值与股份总额的乘积，一般等于注册资本。

1. 股份的种类

股份有限公司的股份可按不同标准分类。

1) 按投资的主体分类

股份按投资主体可分为国有股、法人股、社会公众股和外资股 4 类。

（1）国有股，又称政府股，指有权代表国家的政府部门或机构以国有资产投入企业形成的股份。它由国务院授权的部门、机构或根据国务院规定，由地方人民政府授权的部门或机构持有。

（2）法人股，是指企业法人或具有法人资格的事业单位和社会团体以其依法可支配的资产投入企业形成的股份。

（3）社会公众股，是指我国境内个人以其合法的财产投入公司形成的股份。

（4）外资股，是指外国和我国香港、澳门、台湾地区投资者以其资产向企业投资形成的股份。

2) 按股东享有的权利分类

股份按股东享有的权利可分为普通股和优先股两类。

（1）普通股及其权利。

普通股是股份公司资本构成中最普遍、最基本、不享受特别权利的股份。普通股股东主要有以下 4 项权利。

投票表决权。公司以股东大会为最高权力机构，股东大会由普通股股东或股东代表组成，股东有权出席股东大会，可按其持股比例行使表决权和选举权，选举公司的董事会和监事会；股东有权查阅公司章程、股东会议记录和会计报表；有权对公司的经营活动进行监督，对经营管理发表意见，并有权对公司章程的修改、资本结构的改变、公司规模的扩展方式等重大问题投赞成或反对票。

利润分配权。公司实现的税后利润经董事会宣布发放股利时，普通股股东有权按其持股比例获得股利。但普通股可分得的股利，并不预先确定，视公司经营业绩的优劣而定。因此，普通股股东承担的投资风险较大。

剩余财产要求权。股东对剩余资产的要求权，可用每位股东持有的股份占公司总股份的比例表示，当公司解散、清算或出售时，在以资产清偿全部债务后，股东有权按其持股比例分享公司剩余财产。

优先认股权。公司为增加资本而增发新的普通股股票时，原普通股股东有权按原来股份的比例优先认购，以便保持其在公司中的股东权益比例。

（2）优先股及其权利。

优先股是指优先于普通股分配公司收益和剩余资产的股份。优先股股东的优先权主要有以下几项。

优先分配股利权。在分派普通股股利之前，有权按约定的股利率或金额优先分得股利，收入稳定。因此，优先股股东的投资风险较小。

优先分得剩余财产权。公司终止营业、清算解散时，在以资产清偿了全部债务后，优先于普通股股东分得剩余财产。若剩余财产不足以偿还优先股股本时，按各优先股股东所持股权比例分配。

对公司净资产享有的权益以优先股股份的面值为限，无权分享盈余公积。

在特殊情况下可行使表决权。通常，优先股股东在股东大会上没有表决权，但公司连续三年未支付优先股股利时，优先股股东即可出席或委托代理人出席股东大会，并行使表决权。

2. 股票发行的核算

股票是指股份有限公司签发的、证明股东按其所持股份享有权力和承担义务的书面凭证。按我国股票发行的有关规定，主要事项为：公司名称；公司成立日期；股票种类、票面金额及代表的股份数；股票的编号。股票由法人签名，公司盖章。发起人的股票应当标明发起人股票字样。

1）股票发行价格

发行股票时，以面值为发行价格，称为面值发行；发行价格高于面值，称为溢价发行；根据我国《公司法》的有关规定，股票的发行价格可以高于或等于面值，但不能低于面值。

2）股票发行的会计处理

股份有限公司发行股票时，会发生发行费用。股票发行费用是指与股票发行直接相关的费用。包括股票支付的手续费、佣金及与发行股票直接相关的费用。股份有限公司通常是委托证券公司发行股票，股票发行完毕后，证券公司将发行金额扣除发行费用后的数额交付给股份有限公司。股份有限公司应将相当于股票面值部分记入"股本"科目，其余部分在扣除发行费用后记入"资本公积——股本溢价"科目。溢价收入不足冲减的，应冲减盈余公积和未分配利润。

发行股票应通过"股本"账户进行核算。该账户的贷方登记按照核定的股份总额发行的股票面值；借方登记按法定程序报经批准注销的股票面值，但根据资本保全要求，股本一般不予退还，只有在终止经营清算时，才将剩余财产退还给股东，所以，该账户借方平时没有发生额，余额在贷方，反映公司的股本实有额。股本账户应按普通股、优先股等股票类别设置明细账，进行明细分类核算。

例 10-2　甲股份有限公司 2×18 年 6 月 1 日委托 A 证券公司发行普通股 2 000 000 股，每股面值 1 元；优先股 100 000 股，每股面值 5 元；普通股的发行价格为每股 3 元，优先股的发行价格为每股 8 元；发行费用为发行收入的 3%，发行收入扣除手续费后的股款已存入银行，甲公司的会计处理如下。

$$发行费用 = (2\ 000\ 000 \times 3 + 100\ 000 \times 8) \times 3\% = 204\ 000（元）$$

$$公司实际收到股款 = 6\ 800\ 000 - 204\ 000 = 6\ 596\ 000（元）$$

借：银行存款　　　　　　　　　　　　　　　　　　　　　　6 596 000
　　贷：股本——普通股　　　　　　　　　　　　　　　　　　　　2 000 000
　　　　　　——优先股　　　　　　　　　　　　　　　　　　　　　500 000
　　　　资本公积——股本溢价　　　　　　　　　　　　　　　　　4 096 000

10.2.4　实收资本或股本变动的核算

根据我国有关法律规定，企业资本（或股本）在经营期间除下列情况外，不得随意变动：一是符合增资条件，并经有关部门批准增加注册资本；二是企业按法定程序报经批准减少注册资本。

1. 企业增资的核算

企业符合增资条件，并经有关部门批准，在办理增资手续后，可增加注册资本。企业增加注册资本的途径主要有：原股东追加投资和新增加的投资者投资、资本公积转增资本、盈余公积转增资本、采用发放股票股利方式增资等。

1）原股东追加投资和新增加的投资者投资

企业按规定增资扩股，接受原股东追加投资和新增加的投资者投资时，应按实际收到的款项或其他资产，借记"银行存款""固定资产""原材料"等科目，按增加的实收资本或股本金额，贷记"实收资本"或"股本"科目，其中实际收到新增加的投资者投入企业的资产超过其在该企业注册资本中所占份额的部分，贷记"资本公积——资本溢价"或"资本公积——股本溢价"科目。

2）资本公积转增资本（或股本）

企业用资本公积转增资本（或股本）时，应按照转增的实收资本或股本金额，借记"资本公积——资本溢价"或"资本公积——股本溢价"科目，贷记"实收资本"或"股本"科目。

3）盈余公积转增资本

企业用盈余公积转增资本（或股本）时，应按照转增的实收资本或股本金额，借记"盈余公积"科目，贷记"实收资本"或"股本"科目。

其中，资本公积和盈余公积转增资本时，独资企业直接结转即可，股份有限公司或有限责任公司，应按原投资者所持股份同比例增加各股东股权。按照《公司法》的规定，法定公积金（资本公积和盈余公积）转为资本时，所留存的该项公积金不得少于转增前公司注册资本的 25%。

4）采用发放股票股利方式增资

股份有限公司经股东大会或类似机构批准采用发放股票股利方式增资时，公司应在实施该方案并办理完增资手续后，根据实际发放的股票股利额，借记"利润分配"科目，贷记"股本"科目。若实际发放的股票股利的金额与股票票面的金额不一致，应按其差额贷记"资本公积——股本溢价"科目。股东不足 1 股股票股利的，可按以下两种方法处理：一是将不足 1 股的股票股利改为现金股利；二是由股东相互转让，凑成整股。

5）可转换公司债券持有人行使转换权利

具体内容详见本书第 9 章。

6）企业将重组债务转为资本（重组时）

具体内容详见本书第 9 章。

7）以权益结算的股份支付的行权（行权日）

以权益结算的股份支付换取职工或其他方提供服务的，应在行权日，按实际行权情况确定的金额，借记"资本公积——其他资本公积"科目，按应记入实收资本或股本的金额，贷记"实收资本"或"股本"科目。

2. 企业减资的核算

1）非股份有限公司减资

公司可能因为资本过剩或发生重大亏损等原因而需要减少注册资本。非股份有限公司按法定程序报经批准减少注册资本的，借记"实收资本"，贷记"银行存款""库存现金"等科目，同时企业应当将因减资而使股份发生变动的情况，在"实收资本"的有关明细科目及备查账簿中详细记录。

2）股份有限公司减资

股份有限公司由于是通过发行股票筹集股本，返还股款时，需回购发行股票，因为股票发行价格和股票面值可能不同，股票回购价格和发行价格也可能不同，会计处理相对复杂。

公司不得收购本公司股份。但是，有下列情形之一的除外：

（1）减少公司注册资本；

（2）与持有本公司股份的其他公司合并；

（3）将股份用于员工持股计划或者股权激励；

（4）股东因对股东大会做出的公司合并、分立决议持异议，要求公司收购其股份；

（5）将股份用于转换上市公司发行的可转换为股票的公司债券；

（6）上市公司为维护公司价值及股东权益所必需。

公司收购本公司股份后，属于第（1）项情形的，应当自收购之日起 10 日内注销；属于第（2）项、第（4）项情形的，应当在 6 个月内转让或者注销。公司依照第（3）、（5）、（6）项规定收购的本公司股份，公司合计持有的本公司已发行股份总额的百分之十，并应当在三年内转让或注销，且应当通过公开的集中交易方式进行。

按法定程序减少股本时，应借记"股本"科目，贷记"库存现金""银行存款"等科目；

采用收购本公司股票方式减资时，应按实际支付的金额，借记"库存股"科目，贷记"银行存款"等科目。注销库存股时，按股票面值和注销股数计算的股票面值总额，借记"股本"科目，按注销库存股的账面余额，贷记"库存股"科目，按其差额冲减股票发行时原记入资本公积的溢价部分，借记"资本公积——股本溢价"科目，回购股票价格超过上述冲减"股本"及"资本公积——股本溢价"科目的部分，依次借记"盈余公积""利润分配——未分配利润"等科目；如果回购价格低于回购股份所对应的股本，注销库存股的账面余额与冲减股本的差额作为增加股本溢价处理，按回购股份所对应的股本面值，借记"股本"科目，按注销库存股的账面余额，贷记"库存股"科目，按其差额贷记"资本公积——股本溢价"科目。

例 10-3　甲公司 2×18 年 12 月 31 日的股本为 10 000 000 股，面值 1 元，资本公积为 3 000 000 元，盈余公积为 4 000 000 元，经股东大会批准，甲公司以现金回购本公司股票 2 000 000 股并注销，假定回购价格为每股 2 元，不考虑其他因素，甲公司会计处理如下。

① 回购股票时。

借：库存股　　　　　　　　　　　　　　　　　　　　　　　4 000 000

　　贷：银行存款　　　　　　　　　　　　　　　　　　　　　　　　4 000 000

② 注销时。

借：股本　　　　　　　　　　　　　　　　　　　　　　　　2 000 000

　　资本公积　　　　　　　　　　　　　　　　　　　　　　　2 000 000

　　贷：库存股　　　　　　　　　　　　　　　　　　　　　　　　　4 000 000

> **想一想**
>
> 若回购价格为每股 0.9 元，应怎样进行会计处理？

3）中外合作经营企业在合作期间归还投资者的投资

中外合作经营企业按照合同规定在合作期间归还投资者的投资，借记"实收资本——已归还投资"科目，贷记"银行存款"科目；同时，借记"利润分配——利润归还投资"科目，贷记"盈余公积——利润归还投资"科目。清算时，借记"实收资本""资本公积""盈余公积""利润分配——未分配利润"等科目，贷记"实收资本——已归还投资""银行存款"等科目。

10.3　其他权益工具

10.3.1　其他权益工具会计处理的基本原则

其他权益工具是属于所有者权益类科目，核算企业发行的除普通股（作为实收资本或股本）以外的，按照金融负债和权益工具区分原则分类为权益工具的其他权益工具。本科目应按发行金融工具的种类等进行明细核算。

企业发行的金融工具应该按照金融工具准则进行初始确认和计量，之后，在每个资产负债表日计提利息或分派股利，按照相关具体企业会计准则进行处理。即企业应当以所发行金融工具的分类为基础，确定该工具利息支出或股利分配等的会计处理。

对于归类为权益工具的金融工具，无论其名称中是否包含"债"，其利息支出或股利分配都应当作为发行企业的利润分配，其回购、注销等作为权益的变动处理。

对于归类为金融负债的金融工具，无论其名称中是否包含"股"，其利息支出或股利分配原则上按照借款费用进行处理，其回购或赎回产生的利得或损失等计入当期损益。

企业（发行方）发行金融工具，其发生的手续费、佣金等交易费用，如分类为债务工具且以摊余成本计量的，应当计入所发行工具的初始计量金额；如分类为权益工具的，应当从权益（其他权益工具）中扣除。

10.3.2　其他权益工具会计核算的科目

金融工具发行方应当设置下列会计科目，对发行的金融工具进行会计核算。

（1）发行方对于归类为金融负债的金融工具在"应付债券"科目核算。"应付债券"科目应当按照发行的金融工具种类进行明细核算，并在各类工具中按"面值""利息调整""应计利息"设置明细账，进行明细核算（发行方发行的符合流动负债特征并归类为流动负债的金融工具，以相关流动性质的负债类科目进行核算。

对于需要拆分且形成衍生金融负债或衍生金融资产的，应将拆分的衍生金融负债或衍生金融资产按照其公允价值在"衍生工具"科目核算。对于发行的且嵌入了非紧密相关的衍生金融资产或衍生金融负债的金融工具，如果发行方选择将其整体指定为以公允价值计量且其变动计入当期损益的，则应将发行的金融工具的整体在以公允价值计量且其变动计入当期损益的"金融负债"等科目核算。

（2）在所有者权益类科目中设置"其他权益工具"科目，核算企业发行的除普通股以外的归类为权益工具的各种金融工具。"其他权益工具"科目应按发行金融工具的种类等进行明细核算。

10.3.3　其他权益工具的核算

1. 其他权益工具核算

（1）发行方发行的金融工具归类为债务工具并以摊余成本计量的，应按实际收到的金额，借记"银行存款"等科目，按债务工具的面值，贷记"应付债券——优先股、永续债等（面值）"科目，按其差额，贷记或借记"应付债券——优先股、永续债等（利息调整）"科目。

在该工具存续期间，计提利息并对账面的利息调整进行调整等的会计处理，按照金融工具确认和计量准则中有关金融负债按摊余成本后续计量的规定进行会计处理。

（2）发行方发行的金融工具归类为权益工具的，应按照实际收到的金额，借记"银行存款"等科目，贷记"其他权益工具——优先股、永续债等"科目。

分类为权益工具的金融工具，在存续期间分派股利（含分类为权益工具的工具所产生的利息，下同）的，作为利润分配处理。发行方应根据经批准的股利分配方案，按应分配给金融工具持有者的股利金额，借记"利润分配——应付优先股股利、应付永续债利息等"科目，贷记"应付股利——优先股股利、永续债利息等"科目。

（3）发行方发行的金融工具为复合金融工具的，应按实际收到的金额，借记"银行存款"等科目，按金融工具的面值，贷记"应付债券——优先股、永续债等（面值）"科目，按照负债成分的公允价值与金融工具面值之间的差额，借记或贷记"应付债券——优先股、永续债等（利息调整）"科目，按照实际收到的金额扣除负债成分的公允价值后的金额，贷记"其他权益工具——优先股、永续债等"科目。

发行复合金融工具发生的交易费用，应当在负债成分和权益成分之间按照各自占总发行价款的比例进行分摊。与多项交易相关的共同交易费用，应当在合理的基础上，采用与其他类似交易一致的方法，在各项交易之间进行分摊。

（4）发行的金融工具本身是衍生金融负债或衍生金融资产或者内嵌了衍生金融负债或衍生金融资产的，按照金融工具确认和计量准则中有关衍生工具的规定进行处理。

（5）由于发行的金融工具原合同条款约定的条件或事项随着时间的推移或经济环境的改变而发生变化，导致原归类为权益工具的金融工具重分类为金融负债的，应当于重分类日，按该工具的账面价值，借记"其他权益工具——优先股、永续债等"科目，按照该工具的面值，贷记"应付债券——优先股、永续债等（面值）"科目，按照该工具的公允价值与面值之间的差额，借记或贷记"应付债券——优先股、永续债等（利息调整）"科目，按照该工具的公允价值与账面价值的差额，贷记或借记"资本公积——资本溢价（或股本溢价）"科目，如果资本公积不够冲减的，依次冲减盈余公积和未分配利润。发行方以重分类日计算的实际利率作为应付债券后续计量利息调整等的基础。

因发行的金融工具原合同条款约定的条件或事项随着时间的推移或经济环境的改变而发生变化，导致原归类为金融负债的金融工具重分类为权益工具的，应于重分类日，按金融负债的面值，借记"应付债券——优先股、永续债等（面值）"科目，按利息调整余额，借记或贷记"应付债券——优先股、永续债等（利息调整）"科目，按照金融负债的账面价值，贷记"其他权益工具——优先股、永续债等"科目。

（6）发行方按照合同条款约定赎回发行的除普通股以外的分类为权益工具的金融工具，按赎回价格，借记"库存股——其他权益工具"科目，贷记"银行存款"等科目；注销所购回的金融工具，按照该工具对应的其他权益工具的账面价值，借记"其他权益工具"科目，按该工具的赎回价格，贷记"库存股——其他权益工具"科目，按其差额，借记或贷记"资本公积——资本溢价（或股本溢价）"科目，如资本公积不够冲减的，依次冲减盈余公积和未分配利润。

发行方按合同条款约定赎回所发行的分类为金融负债的金融工具，按该工具赎回日的账面价值，借记"应付债券"等科目，按照赎回价格，贷记"银行存款"等科目，按其差额，借记或贷记"财务费用"科目。

（7）发行方按合同条款约定将发行的除普通股以外的金融工具转换为普通股的，按该工具对应的金融负债或其他权益工具的账面价值，借记"应付债券""其他权益工具"等科目，按普通股的面值，贷记"实收资本（或股本）"科目，按其差额，贷记"资本公积——资本溢价（或股本溢价）"科目（如转股时金融工具的账面价值不足转换为1股普通股而以现金或其他金融资产支付的，还需按支付的现金或其他金融资产的金额，贷记"银行存款"等科目）。

2. 投资方其他权益工具核算

金融工具投资方（持有人）考虑持有的金融工具或其组成部分是权益工具还是债务工具投资时，应当遵循金融工具确认和计量准则的相关要求，通常应当与发行方对金融工具的权益或负债属性的分类保持一致。例如，对于发行方归类为权益工具的非衍生金融工具，投资方通常应当将其归类为权益工具投资。

如果投资方因持有发行方发行的金融工具而对发行方拥有控制、共同控制或重大影响的，按照《企业会计准则第2号——长期股权投资》和《企业会计准则第20号——企业合并》进行确认和计量；投资方需编制合并财务报表的，按照《企业会计准则第33号——合并财务报表》的规定编制合并财务报表。

10.4 资本公积

10.4.1 资本公积概述

1. 资本公积的含义及构成

资本公积是指企业收到投资者出资额超出其在注册资本或股本中所占份额的资本溢价或股本溢价部分以及其他资本公积。资本公积所有权归属于投资者，在转增资本时，按投资者在实收资本（股本）中所占比例，分别转增各投资者的投资额。

企业应设置"资本公积"账户，用来核算资本公积的增减变动及结余情况。该账户性质属于所有者权益类，其贷方登记资本公积的增加，借方登记资本公积的减少，余额在贷方，反映企业实有的资本公积。在"资本公积"总账下，还应设置"资本（或股本）溢价""其他资本公积"明细科目，进行明细分类核算。

2. 资本公积和盈余公积、实收资本的关系

（1）资本公积与盈余公积：两者同属于所有者权益，但有所不同。盈余公积是从净利润中取得的，而资本公积具有特定来源，与公司净利润无关。

（2）资本公积与实收资本（或股本）：两者都是外部对公司的资本投入，但有所区别。实收资本（或股本）是投资者对公司的资本投入，并通过投资谋求一定的经济利益，金额上也有严格的限制；而资本公积来源多样化，某些来源所形成的资本公积并不是原投资者的投入，也不谋求投资回报，金额上并无严格限制。

10.4.2 资本公积的核算

1. 资本溢价

资本溢价是指非股份有限公司的投资者投入的资金超过其在注册资本中所占份额的部分。在公司创立时，投资者的出资额全部记入"实收资本"科目。在公司扩大规模并有新的投资者加入时，为了维护原有投资者的权益，新加入的投资者的出资额并不一定全部作为实收资本。因为走上正常生产经营的公司，其资本利润率一般高于初创阶段，原有投资者为此付出了代价。同时，公司经营过程中实现利润的一部分，形成留存收益，公司的净资产往往大于其注册资本。因此，新加入的投资者要付出大于原有投资者的出资额，才能取得与原有投资者相同的投资比例。在会计处理上，应将与注册资本份额相等的新增资本记入"实收资本"科目，将为达到投资目的而多缴入的资本作为资本溢价，记入"资本公积"科目。

例10-4 甲公司由A、B、C股东各出资200万元设立，设立时的实收资本为600万元。经过3年的经营，公司留存收益为300万元。此时D投资者愿意加入甲公司，并愿意出

资 300 万元占该企业股份的 25%。甲公司的会计处理如下。

借：银行存款 3 000 000

    贷：实收资本——D 股东 2 000 000

        资本公积——资本溢价 1 000 000

2. 股本溢价

股本溢价，是指股份有限公司的股东投入的资金超过其在注册资本中所占份额的部分。股东按其持有公司股份享有权利并承担义务，公司的股本总额是按照股票的面值与股份总额的乘积来计算的。国家规定，实收资本总额应与注册资本相等。因此，公司发行股票等于面值部分的发行收入，记入"股本"科目，超过面值的发行收入扣除发行费用后，应作为股本溢价记入"资本公积"科目。

3. 其他资本公积

其他资本公积是除资本溢价（或）股本溢价以外的资本公积，一般由特定交易事项产生，如以权益结算的股份支付在授予日确认的权益工具的公允价值。因此，其他资本公积不得用于转增资本。

10.5 其他综合收益与留存收益

10.5.1 其他综合收益

其他综合收益，是指企业根据其他会计准则规定未在当期损益中确认的各项利得和损失。包括以后会计期间不能重分类进损益的其他综合收益和以后会计期间满足规定条件时将重分类进损益的其他综合收益两类。

1. 以后会计期间不能重分类进损益的其他综合收益项目

主要包括重新计量设定受益计划净负债或净资产导致的变动、按照权益法核算因被投资单位重新计量设定受益计划净负债或净资产变动导致的权益变动，投资企业按持股比例计算确认的该部分其他综合收益项目，以及在初始确认时，企业可以将非交易性权益工具指定为以公允价值计量且其变动计入其他综合收益的金融资产，该指定后不得撤销，即当该类非交易性权益工具终止确认时原计入其他综合收益的公允价值变动损益不得重分类进损益。

2. 以后会计期间有满足规定时将重分类进损益的其他综合收益项目

（1）符合金融工具准则规定，同时符合以下两个条件的金融资产应当分类为以公允价值计量且其变动计入其他综合收益。

① 企业管理该金融资产的业务模式既以收取合同现金流量为目标又以出售该金融资产为目标；

② 该金融资产的合同条款规定，在特定日期产生的现金流量，仅为对本金和以未偿付本金金额为基础的利息的支付。当该类金融资产终止确认时，之前计入其他综合收益的累计利得或损失应当从其他综合收益中转出，计入当期损益。

（2）按照金融工具准则规定，将以公允价值计量且其变动计入其他综合收益的债务工具投资重分类为以摊余成本计量的金融资产的，或重分类为以公允价值计量且其变动计入当期损益的金融资产的，按规定可以将原计入其他综合收益的利得或损失转入当期损益的部分。

（3）采用权益法核算的长期股权投资。采用权益法核算的长期股权投资，按照被投资单位实现其他综合收益以及持股比例计算应享有或分担的金额，调整长期股权投资的账面价值，同时增加或减少其他综合收益，其会计处理为：借记（或贷记）"长期股权投资——其他综合收益"科目，贷记（或借记）"其他综合收益"，待该项股权投资处置时，将原计入其他综合收益的金额转入当期损益。

（4）存货或自用房地产转换为投资性房地产。企业将作为存货的房地产转换为采用公允价值模式计量的投资性房地产时，应当按该项房地产在转换日的公允价值，借记"投资性房地产——成本"科目，原已计提存货跌价准备的，借记"存货跌价准备"科目，按其账面余额，贷记"开发产品"等科目；同时，转换日的公允价值小于账面价值的，按其差额，借记"公允价值变动损益"科目，转换日的公允价值大于账面价值的，按其差额，贷记"其他综合收益"科目。

企业将自用的建筑物等转换为采用公允价值模式计量的投资性房地产时，应当按照该项房地产在转换日的公允价值，借记"投资性房地产——成本"科目，原已计提减值准备的，借记"固定资产减值准备"科目，按已计提的累计折旧等，借记"累计折旧"等科目，按其账面余额，贷记"固定资产"等科目；同时，转换日的公允价值小于账面价值的，按其差额，借记"公允价值变动损益"科目，转换日的公允价值大于账面价值的，按其差额，贷记"其他综合收益"科目。

待该项投资性房地产处置时，因转换计入其他综合收益的部分应转入当期损益。

（5）现金流量套期工具产生的利得或损失中属于有效套期的部分。

（6）外币财务报表折算差额。按照外币折算的要求，企业在处置境外经营的当期，将已列入合并财务报表所有者权益的外币报表折算差额中与该境外经营相关部分，自其他综合收益项目转入处置当期损益。如果是部分处置境外经营，应当按处置的比例计算处置部分的外币报表折算差额，转入处置当期损益。

⇨ 想一想

哪些交易或事项形成的其他综合收益在处置相关资产时应转入当期损益？

10.5.2 留存收益

留存收益是股东权益的重要构成部分，是企业从历年实现的利润中提取或形成的留存于企业的内部积累，来源于企业在生产经营过程中所实现的净利润。其目的是在保证企业实现的净利润有一部分留存于企业，不完全分配给投资者，这样，一方面可以满足企业维持或扩大再生产的资金需求，另一方面也可以保障企业有足够的偿债资金，以此来保护债权人的权益，所以，对于留存收益的提取和使用，除企业的自主行为外，往往在法律上也有诸多限制和规定。留存收益主要包括盈余公积和未分配利润。

1. 盈余公积

盈余公积，是指企业按规定从净利润中提取的各种积累资金，是已指定用途的留存收益。盈余公积分为法定盈余公积和任意盈余公积。两者的区别在于计提的顺序和依据不同，公司在提取法定盈余公积后，才能提取任意盈余公积，前者的依据是国家法律或行政规章，后者由企业自行决定。

1）盈余公积的账户设置

企业应设置"盈余公积"账户对盈余公积的提取、使用及结存情况进行核算和监督。该账户性质属于所有者权益类。其贷方登记按规定提取的盈余公积数额，借方登记已使用的盈余公积，余额在贷方，反映企业提取的盈余公积结存额。在盈余公积总账下，应设置"法定盈余公积""任意盈余公积"等明细账。外商投资企业还应设置"储备基金""企业发展基金"明细账；中外合作经营在合作期间归还投资者的投资，还应设置"利润归还投资"明细账，进行明细分类核算。

2）盈余公积的用途

企业提取的盈余公积的用途主要有以下几方面。

（1）弥补亏损。企业发生亏损一般应自行弥补，其弥补方式主要有 3 种：税前弥补、税后利润弥补和用盈余公积弥补。因税前弥补亏损会影响国家税收，按规定一般不得超过 5 年，超过规定期限仍未弥补的亏损，用税后利润弥补；税后利润弥补，应在提取盈余公积之前进行，在亏损未弥补完之前，不得提取盈余公积；按规定用税后利润弥补的亏损，若数额较大，经董事会提议、股东大会批准，也可用盈余公积弥补，弥补时借记"盈余公积——法定盈余公积"科目，贷记"利润分配——盈余公积补亏"科目。但资本公积不能用于弥补亏损。

（2）转增资本（或股本）。为了满足公司扩大再生产对资本增加的需求，经公司决策机构决议，盈余公积可按规定转增资本（或股本）。转增资本（或股本）时，首先应办理增资手续，必须经股东大会决议批准并按原投资者的投资比例转增，以保证转增后原有的投资比例不变。股份有限公司可采用增发新股或增加每股面值的方法转增股本。但转增后留存的盈余公积不得少于转增前公司注册资本的 25%。

转增资本时，应借记"盈余公积——法定盈余公积"科目，贷记"实收资本（或股本）"科目；股份有限公司派送新股时，按派送金额借记"盈余公积——法定盈余公积"科目，按股票面值和派送新股总数计算的金额，贷记"股本"科目，按派送金额与派送新股面值总额的差额，贷记"资本公积——股本溢价"科目。

（3）扩大企业生产经营。企业盈余公积结余构成所有者权益，是企业资金的来源之一，表现为一定的货币资金或实物资产，随同其他来源所形成的资金进行循环周转，用于企业的生产经营。

3）法定盈余公积的确认与计量

法定盈余公积，是指企业按照规定的比例从净利润中提取的盈余公积。为了强制企业积累，减少经营风险，对于法定盈余公积的提取，国家法律及相关法规有一定限制。

（1）法定盈余公积的提取。

我国《公司法》规定，公司分配当年税后利润时，应当提取利润的百分之十列入公司法定公积金。公司法定公积金累计额为公司注册资本的百分之五十以上的，可以不再提取。公司的法定公积金不足以弥补以前年度亏损的，在按规定提取法定公积金之前，应当先用当年利润弥补亏损。

在计算提取法定盈余公积的基数时，不应包括企业年初未分配利润。

（2）法定盈余公积的使用。

企业经股东大会或类似机构决议，用盈余公积分配现金股利或利润时，借记"盈余公积——法定盈余公积"科目，贷记"应付股利"科目。用盈余公积分配股票股利时，借记"盈余公积"科目，贷记"实收资本（或股本）"科目。

4）任意盈余公积的确认与计量

任意盈余公积，是指企业股东大会或类似机构批准，按照一定的比例从净利润中提取的盈余公积。非公司制企业经类似权力机构批准，也可提取任意盈余公积。

任意盈余公积是公司出于实际需要或采取谨慎的经营策略，自愿提取的一项积累资金，其数额也视实际情况而定。任意盈余公积作为压低当年股利的一种手段，一经指定用途就不能再用于分配股利。提取任意公积金的目的在于：在获利较多的年度，积蓄财力，以便用于发生特殊情况或亏损的年度，使各期股利的水平不致差距过大，避免股价波动。任意盈余公积提取和使用的核算，可参照法定盈余公积的账务处理进行。

例 10-5 甲公司注册资本为 24 000 000 元，累计盈余公积已达 8 000 000 元，2×18 年实现净利润 1 000 000 元，无以前年度亏损需要弥补，假设公司按净利润的 10% 提取法定盈余公积，按净利润的 4% 提取任意盈余公积，则甲公司的会计处理如下。

$$法定盈余公积提取数 = 1\ 000\ 000 \times 10\% = 100\ 000\ （元）$$
$$任意盈余公积提取数 = 1\ 000\ 000 \times 4\% = 40\ 000\ （元）$$

借：利润分配——提取法定盈余公积   100 000
　　　　　　——提取任意盈余公积   40 000
　　贷：盈余公积——法定盈余公积   100 000
　　　　　　——任意盈余公积   40 000

例 10-6 甲公司 2×18 年发生亏损 900 000 元，以前年度累计的盈余公积为 8 000 000 元。经股东大会决议，动用以往年度累计的盈余公积弥补亏损，同时为了维护公司股票的信誉，决定按 1 100 000 元发放现金股利。甲公司的会计处理如下。

① 以盈余公积弥补亏损时。

借：盈余公积   900 000
　　贷：利润分配——盈余公积补亏   900 000

② 宣告发放现金股利时。

借：利润分配——应付普通股股利   1 100 000
　　贷：应付股利——普通股股利   1 100 000

③ 实际发放现金股利时。

借：应付股利——应付普通股股利   1 100 000
　　贷：银行存款   1 100 000

2. 未分配利润

未分配利润是指企业留待以后年度分配的留存收益，既是企业净利润尚未分配的数额，也是企业所有者权益的组成部分。相对其他部分而言，企业对于未分配利润的使用和分配有较大的自主权。未分配利润有两层含义：一是这部分净利润尚留待以后年度处理，未分配给投资者；二是这部分净利润未指定特定用途，在使用分配上有较大的自主权。

未分配利润从数量上讲，是企业实现的净利润（或亏损）与已分配利润的差额。由于企业的生产经营活动是连续不断进行的，当年未分配的利润（或未弥补亏损）结转到下一年度，又要参与下一年度的分配，分配后的结余部分又形成新的未分配利润（或未弥补亏损）。因此，未分配利润是历年的累计。可用公式表示为：

年末未分配利润＝年初未分配利润（或未弥补的亏损）＋本年净利润（或亏损）－

本年利润分配合计（或弥补亏损额）

其中，本年利润分配合计指本年提取的各项盈余公积和分配给投资者的利润。另外公式中括号内的数字应以负数表示，年末未分配利润是负数，表示年末未弥补的亏损额。

从性质上看，亏损表示投资者投入资本的耗蚀，企业若发生亏损，应动用盈余公积或由以后年度的利润来弥补，未弥补亏损是负的净收益，在资产负债表上作为所有者权益的减项反映，具体列示在"未分配利润"项目中用负数表示。

在会计核算上，企业历年未分配利润或未弥补亏损通过"利润分配"科目进行核算，"利润分配"科目应当设置"提取法定盈余公积""提取任意盈余公积""应付现金股利或利润""转作股本的股利""盈余公积补亏""未分配利润"等进行明细分类核算。年度终了，企业将全年实现的利润，自"本年利润"账户转入"利润分配——未分配利润"账户，若为盈利，应借记"本年利润"账户，贷记"利润分配——未分配利润"账户；若为亏损，则做相反分录。同时，将"利润分配"账户下的其他明细账的余额转入"未分配利润"明细账。结转后，"未分配利润"明细账若为贷方余额，表示年末未分配利润的金额，若为借方余额，表示年末未弥补亏损的金额。

例 10-7 甲公司 2×18 年年初未分配利润为 300 000 元，本年实现净利润 1 000 000 元，按 10% 提取法定盈余公积，5% 提取任意盈余公积，发放现金股利 150 000 元，股票股利 100 000 元。甲公司的会计处理如下。

① 结转本年实现的净利润。

借：本年利润　　　　　　　　　　　　　　　　　　　　　　　　1 000 000

　　贷：利润分配——未分配利润　　　　　　　　　　　　　　　　　　　1 000 000

② 按规定进行利润分配。

借：利润分配——提取法定盈余公积　　　　　　　　　　　　　　　100 000

　　　　　　——提取任意盈余公积　　　　　　　　　　　　　　　　50 000

　　　　　　——应付现金股利　　　　　　　　　　　　　　　　　150 000

　　　　　　——转作股本的股利　　　　　　　　　　　　　　　　100 000

　　贷：盈余公积——法定盈余公积　　　　　　　　　　　　　　　　　100 000

　　　　　　　——任意盈余公积　　　　　　　　　　　　　　　　　　50 000

　　　应付股利　　　　　　　　　　　　　　　　　　　　　　　　150 000

　　　股本　　　　　　　　　　　　　　　　　　　　　　　　　100 000

③ 结转全年利润分配额。

借：利润分配——未分配利润　　　　　　　　　　　　　　　　　400 000

　　贷：利润分配——提取法定盈余公积　　　　　　　　　　　　　　　100 000

　　　　　　　——提取任意盈余公积　　　　　　　　　　　　　　　　50 000

　　——应付现金股利　　　　　　　　　　　　　　　　　150 000

　　——转作股本的股利　　　　　　　　　　　　　　　　100 000

　　该公司的年末未分配利润＝1 000 000＋300 000－400 000＝900 000（元）。

练习题

　　1. 甲公司为非股份有限公司，乙公司为股份有限公司，2×18 年发生的部分交易事项如下。

　　（1）甲公司收到 A 公司投资的现金 500 000 元，已存入银行。

　　（2）甲公司收到 B 公司投资的专利权一项，经评估确认价值为 300 000 元。

　　（3）甲公司收到 C 公司投入的原材料一批，货款 400 000 元（不含税），C 公司已开增值税发票，增值税税率为 13%，材料已验收入库。

　　（4）甲公司 2×18 年实现利润 1 800 000 元，不存在纳税调整事项，按 25% 计算所得税，并按税后利润的 10% 提取法定盈余公积，按 5% 提取任意盈余公积。

　　（5）乙公司因扩大经营规模的需要按法定程序将资本公积 100 000 元，盈余公积 50 000 元转增资本。

　　（6）乙公司经股东大会决议，并报有关部门批准，以每股 3 元的回购价格回购本公司股票 50 000 股，股票每股面值 1 元；后经过股东大会决议，并报核准后将回购股票注销。

　　要求：根据上述交易事项编制甲、乙公司有关会计分录。

　　2. 甲公司 2×18 年有关交易事项如下。

　　（1）委托某证券公司代理发行普通股 1 000 000 股，每股面值 1 元，按每股 1.2 元的价格发行。经双方约定，手续费等交易费用为 30 000 元，并从发行收入中扣除，假设收到的股款已存入银行。

　　（2）3 月 1 日，甲公司采用同一控制下控股合并方式取得乙公司 60% 的股权，合并日被合并方所有者权益为 1 000 000 元，以银行存款支付对价 500 000 元。

　　（3）4 月 10 日，处置采用权益法核算的长期股权投资，账面价值为 1 100 000 元（其中成本为 800 000 元，损益调整为 100 000 元，其他权益变动为 200 000 元），出售价款为 1 500 000 元。

　　（4）12 月 31 日，该公司其他权益工具投资的公允价值上升 200 000 元。

　　要求：根据上述交易事项，编制有关会计分录。

　　3. 甲公司的股本总额为 8 000 000 元，每股面值为 1 元，均为普通股，累计盈余公积为 700 000 元。该公司近两年发生的部分交易事项如下。

　　（1）该公司以前年度累计未弥补的亏损为 400 000 元，按规定已超过以税前利润弥补亏损的期间。2×16 年，公司董事会决定并经股东大会批准，以盈余公积弥补以前年度的全部亏损。

　　（2）2×17 年实现净利润 12 800 000 元，公司董事会于 2×18 年 2 月 1 日提出公司当年的利润分配方案：按 10% 提取法定盈余公积；按 5% 提取任意盈余公积；每股派发现金股利

0.9 元，并经股东大会批准。

要求：根据上述交易事项，编制有关会计分录。

📃 案例与专题

B 公司 2×17 年实现净利润 500 000 元，该公司的有关交易事项如下。

（1）该公司董事会于 2×18 年 2 月 1 日提出如下利润分配方案：

① 按净利润的 10% 提取法定盈余公积；

② 按净利润的 10% 提取任意盈余公积；

③ 分配现金股利 200 000 元；

④ 分配股票股利（分配 200 000 股，每股面值 1 元，共 200 000 元）。

（2）2×18 年 3 月 20 日，该公司召开股东大会，审议董事会提出的利润分配方案，决定将全部现金股利改为股票股利（200 000 股，每股面值 1 元），其余利润分配方案保持不变。

（3）股东大会通过的利润分配方案于 2×18 年 3 月 25 日实施。

请问：

（1）对该公司董事会提出的利润分配方案应如何进行账务处理？

（2）对股东大会通过的利润分配方案应如何进行账务处理？

（3）对实施股东大会通过的利润分配方案应如何进行账务处理？

（4）请分析两种利润分配方案对公司的影响。

第 11 章

收入、费用和利润

学习本章后，应当能够：

☑ 解释怎样用收入和费用来计量会计期间的利润；

☑ 对企业以各种方式取得的收入进行确认和计量；

☑ 对企业发生的各种费用进行确认和计量。

11.1 收入

11.1.1 收入的概念

收入是指企业在日常活动中形成的，会导致所有者权益增加的、与所有者投入资本无关的经济利益的总流入。其中，日常活动是指企业为完成其经营目标所从事的经常性活动以及与之相关的其他活动。例如，工业企业制造并销售产品、商品流通企业销售商品、咨询公司提供咨询服务、软件公司为客户开发软件、安装公司提供安装服务、建筑企业提供建造服务等，均属于企业的日常活动。日常活动所形成的经济利益的流入应当确认为收入。

由该定义可知，我国会计准则界定的收入是企业主要的、经常性的业务收入，而不是从偶发的经济业务中取得的。那些从偶发的经济业务中取得，属于不经过经营过程就能取得或不曾期望获得的收益，是企业的利得，而不是收入。如企业收取的罚款收入、接受捐赠等。收入可能表现为企业资产的增加，也可能表现为负债的减少，其最终会导致企业所有者权益的增加。

按照企业从事日常活动的重要性，收入可以划分为主营业务收入和其他业务收入，企业可以设置"主营业务收入"和"其他业务收入"科目分别对其进行核算。"主营业务收入"核算企业确认的销售商品、提供服务等主营业务的收入。"其他业务收入"核算企业确认的除主营业务活动以外的其他经营活动实现的收入，包括出租固定资产、出租无形资产、出租包装物和商品、销售材料、用材料进行非货币性资产交换（非货币性资产交换具有商业实质且公允价值能够可靠计量）或债务重组等实现的收入。

我国收入准则及应用指南对企业取得的收入的核算有如下基本要求。

1. 企业应正确确认和计量收入

企业应根据《企业会计准则第 14 号——收入》的要求规范收入的确认、计量和相关信息的披露。企业确认收入的方式应当反映其向客户转让商品或提供服务（以下简称"商品"）的模式，收入的金额应当反映企业因转让这些商品或提供这些服务而预期有权收取的对价金额，以如实反映企业的生产经营成果，核算企业实现的损益。企业应用收入准则，应当向财务报表使用者提供与客户之间的合同产生的收入及现金流量的性质、金额、时间分布和不确定性等相关的有用信息。

📌 **想一想**

已经收到货款，但不符合收入的确认条件，那收到的货款如何处理？

2. 企业应及时结转与收入相关的成本

为了正确反映每一会计期间的收入、成本和利润情况，企业应在确认收入的同时或同一会计期间结转相关成本。结转成本时还应注意两点：一是在收入确认的同一会计期间，相关成本必须结转；二是如果一项交易的收入尚未确认，即使商品已经发出，相关的成本也不能结转。

📌 **想一想**

商品已发出，但成本不能结转，如何进行会计处理？

11.1.2　收入的确认与计量

企业应当在履行了合同中的履约义务，即在客户取得相关商品控制权时确认收入。取得相关商品控制权，是指能够主导该商品的使用并从中获得几乎全部的经济利益，也包括有能力阻止其他方主导该商品的使用并从中获得经济利益。企业在判断商品的控制权是否发生转移时，应当从客户的角度进行分析，即客户是否取得了相关商品的控制权以及何时取得该控制权。取得商品控制权同时包括下列三项要素。

一是能力。企业只有在客户拥有现时权利，能够主导该商品的使用并从中获得几乎全部经济利益时，才能确认收入。如果客户只能在未来的某一期间主导该商品的使用并从中获益，则表明其尚未取得该商品的控制权。例如，企业与客户签订合同为其生产产品，虽然合同约定该客户最终将能够主导该产品的使用，并获得几乎全部的经济利益，但是，只有在客户真正获得这些权利时（根据合同约定，可能是在生产过程中或更晚的时点），企业才能确认收入，在此之前，企业不应当确认收入。

二是主导该商品的使用。客户有能力主导该商品的使用，是指客户在其活动中有权使用该商品，或者能够允许或阻止其他方使用该商品。

三是能够获得几乎全部的经济利益。客户必须拥有获得商品几乎全部经济利益的能力，才能被视为获得了对该商品的控制。商品的经济利益，是指该商品的潜在现金流量，既包括现金"流入"的增加，也包括现金"流出"的减少。客户可以通过使用、消耗、出售、处置、交换、抵押或持有等多种方式直接或间接地获得商品的经济利益。

收入确认和计量大致分为五步：第一步，识别与客户订立的合同；第二步，识别合同中的单项履约义务；第三步，确定交易价格；第四步，将交易价格分摊至各单项履约义务；第五步，履行各单项履约义务时确认收入。其中，第一步、第二步和第五步主要与收入的确认有关，第三步和第四步主要与收入的计量有关。

1. 识别与客户订立的合同

1) 合同识别

（1）合同的含义。

合同，是指双方或多方之间订立有法律约束力的权利义务的协议。合同有书面形式、口头形式以及其他形式。企业与客户之间的合同同时满足下列五项条件的，企业应当在履行了合同中的履约义务，即在客户取得相关商品控制权时确认收入：

一是合同各方已批准该合同并承诺将履行各自义务；

二是该合同明确了合同各方与所转让商品或提供劳务相关的权利和义务；

三是该合同有明确的与所转让商品相关的支付条款；

四是该合同具有商业实质，即履行该合同将改变企业未来现金流量的风险、时间分布或金额；

五是企业因向客户转让商品而有权取得的对价很可能收回。

企业在进行上述判断时，需要注意下列三点。

① 合同约定的权利和义务是否具有法律约束力，需要根据企业所处的法律环境和实务操作进行判断。不同的企业可能采取不同的方式和流程与客户订立合同，同一企业在与客户订立合同时，对于不同类别的客户以及不同性质的商品也可能采取不同的方式和流程。企业在判断其与客户之间的合同是否具有法律约束力，以及这些具有法律约束力的权利和义务在何时设立时，应当考虑上述因素的影响。合同各方均有权单方面终止完全未执行的合同，且无须对合同其他方作出补偿的，在应用收入准则时，该合同应当被视为不存在。

② 合同具有商业实质，是指履行该合同将改变企业未来现金流量的风险、时间分布或金额。关于商业实质，应按照非货币性资产交换的有关规定进行判断。

③ 企业在评估其因向客户转让商品而有权取得的对价是否很可能收回时，仅应考虑客户到期时支付对价的能力和意图（即客户的信用风险）。当对价是可变对价时，由于企业可能会向客户提供价格折让，企业有权收取的对价金额可能会低于合同标价。企业向客户提供价格折让的，应当在估计交易价格时进行考虑。

企业应设置"合同资产"科目核算企业已向客户转让商品而有权收取对价的权利，仅取决于时间流逝因素的权利在"应收账款"科目核算。企业在客户实际支付合同对价或在该对价到期应付之前，已经向客户转让了商品的，应当按因已转让商品而有权收取的对价金额，借记"合同资产"或"应收账款"科目，贷记"主营业务收入""其他业务收入"等科目；企业取得无条件收款权时，借记"应收账款"等科目，贷记"合同资产"科目。涉及增值税的，还应进行相应的处理。为了反映合同资产可能发生的减值，企业应设置"合同资产减值准备"科目核算合同资产的减值准备，借记"资产减值损失"科目，贷记"合同资产减值准备"科目；转回已计提的资产减值准备时，做相反的会计分录。

企业设置"合同负债"科目核算企业已收或应收客户对价而应向客户转让商品的义务。企业在向客户转让商品之前，客户已经支付了合同对价或企业已经取得了无条件收取合同对价权利的，企业应当在客户实际支付款项与到期应支付款项孰早时点，按照该已收或应收的金额，借记"银行存款""应收账款""应收票据"等科目，贷记"合同负债"科目；企业向客户转让相关商品时，借记"合同负债"科目，贷记"主营业务收入""其他业务收入"等科目。涉及增值税的，还应进行相应的处理。

例 11-1　2×18 年 1 月 1 日，甲房地产开发公司与乙公司签订合同，向其销售一栋建筑物，合同价款为 200 万元。该建筑物的成本为 120 万元，乙公司在合同开始日即取得了该建筑物的控制权。根据合同约定，乙公司在合同开始日支付了 5% 的保证金 10 万元，并就剩余 95% 的价款与甲公司签订了不附追索权的长期融资协议，如果乙公司违约，甲公司可重新拥有该建筑物，即使收回的建筑物不能涵盖所欠款项的总额，甲公司也不能向乙公司索取进一步的赔偿。

乙公司计划在该建筑物内开设一家快餐厅，并以该快餐厅的收益偿还甲公司的欠款。但是，在该建筑物所在的地区，餐饮行业面临激烈的竞争，且乙公司缺乏餐饮行业的经营经验。

本例中，乙公司计划以该快餐厅产生的收益偿还甲公司的欠款，除此之外并无其他的经济来源，乙公司也未对该笔欠款设定任何担保。如果乙公司违约，则甲公司可重新拥有该建筑物，但是，根据合同约定，即使收回的建筑物不能涵盖所欠款项的总额，甲公司也不能向乙公司索取进一步的赔偿。因此，甲公司对乙公司还款的能力和意图存在疑虑，认为该合同不满足合同价款很可能收回的条件。甲公司应当将收到的 10 万元确认为一项负债。

对于不能满足上述收入确认的五项条件的合同，企业只有在不再负有向客户转让商品的剩余义务（例如，合同已完成或取消），且已向客户收取的对价（包括全部或部分对价）无须退回时，才能将已收取的对价确认为收入；否则，应当将已收取的对价作为负债进行会计处理，该负债代表了企业在未来向客户转让商品或者支付退款的义务。其中，企业向客户收取无须退回的对价的，应当在已经将该部分对价所对应的商品的控制权转移给客户，并且已经停止向客户转让额外的商品，也不再负有此类义务时；或者，相关合同已经终止时，将该部分对价确认为收入。

（2）合同的持续评估。

企业与客户之间的合同，在合同开始日即满足上述收入确认的五项条件的，企业在后续期间无须对其进行重新评估，除非有迹象表明相关事实和情况发生重大变化。合同开始日，是指合同开始赋予合同各方具有法律约束力的权利和义务的日期，通常是指合同生效日。

例 11-2　2×18 年 1 月 1 日，甲公司与乙公司签订合同，将一项专利技术授权给乙公司使用，并按其使用情况收取特许权使用费。甲公司评估认为，该合同在合同开始日满足收入确认的五项条件。该专利技术在合同开始日即授权给乙公司使用。在合同开始日后的第一年内，乙公司每季度向甲公司提供该专利技术的使用情况报告，并在约定期间内支付特许权使用费。在合同开始日后的第二年内，乙公司继续使用该专利技术，但是，乙公司的财务状况下滑，融资能力下降，可用资金不足，因此，乙公司仅按合同支付了当年第一季度的特许权使用费，而后三个季度仅按象征性金额付款。在合同开始日后的第三年内，乙公司继续使用甲公司的专利技术。但是，甲公司得知，乙公司已经完全丧失了融资能力，且流失了大部分客户，因此，乙公司的付款能力进一步恶化，信用风险显著升高。

本例中，该合同在合同开始日满足上述收入确认的五项条件，因此，甲公司在乙公司使用该专利技术的行为发生时，按照约定的特许权使用费确认收入。合同开始后的第二年，由于乙公司的信用风险升高，甲公司在确认收入的同时，按照金融工具确认和计量的要求对乙公司的应收款项进行减值测试。合同开始日后的第三年，由于乙公司的财务状况恶化，信用风险显著升高，甲公司对该合同进行了重新评估，认为不再满足"企业因向客户转让商品而有权取得的对价很可能收回"这一条件，因此，甲公司不再确认特许权使用费收入，同时，金融工具确认和计量对现有应收款项是否发生减值继续进行评估。

企业与客户之间的合同，不符合上述收入确认的五项条件的，企业应当在后续期间对其进行持续评估，判断其能否满足五项条件。如果企业在此之前已经向客户转移了部分商品，当该合同在后续期间满足五项条件时，企业应当将在此之前已经转移的商品所分摊的交易价格确认为收入。

（3）合同存续期间的确定。

合同存续期间是合同各方拥有现时可执行的具有法律约束力的权利和义务的期间。实务中，有些合同可能有固定的期间，有些合同则可能没有（如无固定期间且合同各方可随时要求终止或变更的合同、定期自动续约的合同等）。企业应当确定合同存续期间，并在该期间内按照收入准则规定对合同进行会计处理。

在确定合同存续期间时，无论该合同是否有明确约定的合同期间，该合同的存续期间都不会超过已经提供的商品所涵盖的期间；当合同约定任何一方在某一特定期间之后才可以随时无代价地终止合同时，该合同的存续期间不会超过该特定期间；当合同约定任何一方均可以提前终止合同，但要求终止合同的一方需要向另一方支付重大的违约金时，合同存续期间很可能与合同约定的期间一致，这是因为该重大的违约金实质上使得合同双方在合同约定的整个期间内均具有有法律约束力的权利和义务；当只有客户拥有无条件终止合同的权利时，客户的该项权利才会被视为客户拥有的一项续约选择权，重大的续约选择权应当作为单项履约义务进行会计处理。

例 11-3　2×18 年 1 月 1 日，甲公司与乙公司签订合同，每月为乙公司提供一次保洁服务，合同期限为 2 年。

情形一：2 年内，合同各方均有权在每月末无理由要求终止合同，只需提前 10 个工作日通知对方，无须向对方支付任何违约金。

情形二：2 年内，客户有权在每月末要求提前终止合同，且无须向甲公司支付任何违约金。

情形三：2 年内，客户有权在每月末要求提前终止合同，但是客户如果在合同开始日之后的 12 个月内要求终止合同，必须向甲公司支付一定金额的违约金。

本例中，对于情形一，尽管合同约定的服务期为 2 年，但是在已提供服务的期间之外，该合同对于合同双方均未产生具有法律约束力的权利和义务，因此该合同应被视为逐月订立的合同。

对于情形二，该合同应视为逐月订立的合同，同时，客户拥有续约选择权，甲公司应当判断提供给客户的该续约选择权是否构成重大权利，从而应作为单项履约义务进行会计处理。

对于情形三，甲公司需要判断合同约定的违约金是否足够重大，以至于使该合同在合同开始日之后的 12 个月内对于合同双方都产生了具有法律约束力的权利和义务，如果是，则该合同的存续期间为 12 个月；否则，与情形二相同，该合同应视为逐月订立的合同。

2）合同合并

企业与同一客户（或该客户的关联方）同时订立或在相近时间内先后订立的两份或多份合同，在满足下列条件之一时，应当合并为一份合同进行会计处理：

（1）该两份或多份合同基于同一商业目的而订立并构成一揽子交易，如一份合同在不考虑另一份合同的对价的情况下将会发生亏损；

（2）该两份或多份合同中的一份合同的对价金额取决于其他合同的定价或履行情况，如一份合同如果发生违约，将会影响另一份合同的对价金额；

（3）该两份或多份合同中所承诺的商品（或每份合同中所承诺的部分商品）构成收入准则第九条规定的单项履约义务。两份或多份合同合并为一份合同进行会计处理的，仍然需要区分该一份合同中包含的各单项履约义务。

3）合同变更

合同变更，是指经合同各方批准对原合同范围或价格作出的变更。合同变更既可能形成新的具有法律约束力的权利和义务，也可能是变更了合同各方现有的具有法律约束力的权利和义务。企业应当区分下列三种情形对合同变更分别进行会计处理。

（1）合同变更部分作为单独合同。

合同变更增加了可明确区分的商品及合同价款，且新增合同价款反映了新增商品单独售价的，应当将该合同变更部分作为一份单独的合同进行会计处理。此类合同变更不影响原合同的会计处理。

判断新增合同价款是否反映了新增商品的单独售价时，应当考虑为反映该特定合同的具体情况而对新增商品价格所做的适当调整。

例 11-4 2×18 年 1 月 1 日，甲公司承诺向乙公司销售 160 件产品，每件产品售价 100元。该批产品彼此之间可明确区分，且将于未来 6 个月内陆续转让给该客户。甲公司将其中的 80 件产品转让给该客户后，双方对合同进行了变更，甲公司承诺向该客户额外销售 40件相同的产品，这 40 件产品与原合同中的产品可明确区分，其售价为每件 95 元（假定该价格反映了合同变更时该产品的单独售价）。上述价格均不包含增值税。

本例中，由于新增的 40 件产品是可明确区分的，且新增的合同价款反映了新增产品的单独售价，因此，该合同变更实际上构成了一份单独的、在未来销售 40 件产品的新合同，该新合同并不影响对原合同的会计处理。甲公司应当对原合同中的 160 件产品按每件产品100 元确认收入，对新合同中的 40 件产品按每件产品 95 元确认收入。

（2）合同变更作为原合同终止及新合同订立。

合同变更不属于上述第（1）种情形，且在合同变更日已转让的商品或已提供的服务（以下简称"已转让的商品"）与未转让的商品或未提供的服务（以下简称"未转让的商品"）之间可明确区分的，应当视为原合同终止，同时，将原合同未履约部分与合同变更部分合并为新合同进行会计处理。

未转让的商品既包括原合同中尚未转让的商品，也包括合同变更新增的商品。新合同的交易价格应当为下列两项金额之和：一是原合同交易价格中尚未确认为收入的部分（包括已从客户收取的金额）；二是合同变更中客户已承诺的对价金额。

例 11-5 承例 11-4，甲公司新增销售的 40 件产品售价为每件 80 元（假定该价格不能反映合同变更时该产品的单独售价）。同时，由于乙公司发现甲公司已转让的 80 件产品存在瑕疵，要求甲公司对已转让的产品提供每件 15 元的销售折让以弥补损失。经协商，双方同意将价格折让在销售新增的 40 件产品的合同价款中进行抵减，金额为 1 200 元。上述价格均不包含增值税。

本例中，由于 1 200 元的折让金额与已经转让的 80 件产品有关，因此应当将其作为已销售的 80 件产品的销售价格的抵减，在该折让发生时冲减当期销售收入。

对于合同变更新增的 40 件产品，由于其售价不能反映该产品在合同变更时的单独售价，因此，该合同变更不能作为单独合同进行会计处理。由于尚未转让给客户的产品（包括原合同中尚未交付的 80 件产品以及新增的 40 件产品）与已转让的产品是可明确区分的，因此，甲公司应当将该合同变更作为原合同终止，同时，将原合同的未履约部分与合同变更合并为新合同进行会计处理。该新合同中，剩余产品为 120 件，其对价为 11 200 元，即原合同下尚未确认收入的客户已承诺对价 8 000 元（100×80）与合同变更部分的对价 3 200 元（80×40）之和，新合同中的 120 件产品每件产品应确认的收入为 93.33 元（11 200/120）。

（3）合同变更部分作为原合同的组成部分。

合同变更不属于上述第（1）种情形，且在合同变更日已转让的商品与未转让的商品之间不可明确区分的，应当将该合同变更部分作为原合同的组成部分，在合同变更日重新计算履约进度，并调整当期收入和相应成本等。

例 11-6 2×18 年 2 月 1 日，甲建筑公司和乙公司签订了一项总金额为 2 000 万元的固定造价合同，在乙公司自有土地上建造一幢办公楼，预计合同总成本为 1 400 万元。假定该建造服务属于在某一时段内履行的履约义务，并根据累计发生的合同成本占合同预计总成本的比例确定履约进度。

截至 2×18 年年末，甲公司累计已发生成本 840 万元，履约进度为 60%（840/1 400）。因此，甲公司在 2×18 年确认收入 1 200 万元（2 000×60%）。

2×19 年年初，合同双方同意更改该办公楼屋顶的设计，合同价格和预计总成本因此而分别增加 400 万元和 240 万元。在本例中，由于合同变更后拟提供的剩余服务与在合同变更日或之前已提供的服务不可明确区分（即该合同仍为单项履约义务），因此，甲公司应当将合同变更作为原合同的组成部分进行会计处理。合同变更后的交易价格为 2 400 万元（2 000+400），甲公司重新估计的履约进度为 51.2%［840/（1 400+240）］，甲公司在合同变更日应额外确认收入 28.8 万元（51.2%×2 400-1 200）。

如果在合同变更日未转让的商品为上述第（2）和第（3）种情形的组合，企业应当分别按照上述第（2）或第（3）种情形的方式对合同变更后尚未转让（或部分未转让）的商品进行会计处理。

2. 识别合同中的单项履约义务

履约义务，是指合同中企业向客户转让可明确区分商品的承诺。履约义务既包括合同中明确的承诺，也包括由于企业已公开宣布的政策、特定声明或以往的习惯做法等导致合同订立时客户合理预期企业将履行的承诺。企业为履行合同而应开展的初始活动，通常不构成履约义务，除非该活动向客户转让了承诺的商品。

合同开始日，企业应当对合同进行评估，识别该合同所包含的各单项履约义务，并确定各单项履约义务是在某一时段内履行，还是在某一时点履行，然后，在履行了各单项履约义务时分别确认收入。下列情况下，企业应当将向客户转让商品的承诺作为单项履约义务：

一是企业向客户转让可明确区分商品（或者商品的组合）的承诺；

二是企业向客户转让一系列实质相同且转让模式相同的、可明确区分商品的承诺。

在识别合同中的单项履约义务时，如果合同承诺的某项商品不可明确区分，企业应当将该商品与合同中承诺的其他商品进行组合，直到该组合满足可明确区分的条件。某些情况下，合同中承诺的所有商品组合在一起构成单项履约义务。

1）可明确区分的商品

实务中，企业向客户承诺的商品可能包括企业为销售而生产的产品、为转售而购进的商品或使用某商品的权利（如机票等）、向客户提供的各种服务、随时准备向客户提供商品或提供随时可供客户使用的服务（如随时准备为客户提供软件更新服务等）、安排他人向客户提供商品、授权使用许可、可购买额外商品的选择权等。其中，企业随时准备向客户提供商品，是指企业保证客户在其需要时能够随时取得相关商品，而不一定是所提供的每一件具体商品或每一次具体服务本身。企业向客户承诺的商品同时满足下列两项条件的，应当作为可明确区分的商品。

（1）客户能够从该商品本身或从该商品与其他易于获得资源一起使用中受益，即该商品本身能够明确区分。

当客户能够使用、消耗或以高于残值的价格出售商品，或者以能够产生经济利益的其他方式持有商品时，表明客户能够从该商品本身获益。对于某些商品而言，客户可以从该商品本身获益，而对于另一些商品而言，客户可能需要将其与其他易于获得的资源一起使用才能从中获益。其他易于获得的资源，是指企业（或其他企业）单独销售的商品，或者客户已经从企业获得的资源（包括企业按照合同将会转让给客户的商品）或从其他交易或事项中获得的资源。表明客户能够从某项商品本身或者将其与其他易于获得的资源一起使用获益的因素有很多，例如，企业通常会单独销售该商品等。

需要特别指出的是，在评估某项商品是否能够明确区分时，应当基于该商品自身的特征，而与客户可能使用该商品的方式无关。因此，企业无须考虑合同中可能存在的阻止客户从其他来源取得相关资源的限制性条款。

（2）企业向客户转让该商品的承诺与合同中其他承诺可单独区分，即转让该商品的承诺在合同中是可明确区分的。

企业确定了商品本身能够明确区分后，还应当在合同层面继续评估转让该商品的承诺是否与合同中其他承诺彼此之间可明确区分。这一评估的目的在于确定承诺的性质，即根据合同约定，企业承诺转让的究竟是每一单项商品，还是由这些商品组成的一个或多个组合产出。很多情况下，组合产出的价值应当高于或者显著不同于各单项商品的价值总和。

在确定企业转让商品的承诺是否可单独区分时，需要运用判断并综合考虑所有事实和情况。下列情形通常表明企业向客户转让商品的承诺与合同中的其他承诺不可单独区分。

一是企业需提供重大的服务以将该商品与合同中承诺的其他商品进行整合，形成合同约定的某个或某些组合产出转让给客户。换言之，企业以该商品作为投入，生产或向客户交付其所要求的组合产出。因此，企业应当评估其在合同中承诺的每一单项商品本身就是合同约定的各项产出，还是仅为一个或多个组合产出的投入。

二是该商品将对合同中承诺的其他商品予以重大修改或定制。如果某项商品将对合同中的其他商品作出重大修改或定制，实质上每一项商品将被整合在一起（即作为投入）以生产合同约定的组合产出。

三是该商品与合同中承诺的其他商品具有高度关联性。也就是说，合同中承诺的每一单项商品均受到合同中其他商品的重大影响。合同中包含多项商品时，如果企业无法通过单独交付其中的某一单项商品而履行其合同承诺，可能表明合同中的这些商品会受到彼此的重大影响。

例11-7 2×18年1月1日，甲公司与乙公司签订合同，向乙公司销售一款软件，提供软件安装服务，并且在三年内向客户提供不定期的软件升级和技术支持服务。甲公司通常也会单独销售该款软件，提供安装服务、软件升级服务和技术支持服务。甲公司提供的安装服务通常也可由其他方执行，且不会对软件作出重大修改。甲公司销售的该软件无须升级和技术支持服务也能正常使用。

本例中，甲公司的承诺包括销售软件，提供安装服务、软件升级服务和技术支持服务。甲公司通常会单独销售软件，提供安装服务、软件升级服务和技术支持服务。该软件先于其他服务交付，且无须升级和技术支持服务也能正常使用，安装服务是常规性的且可以由其他服务供应商提供，客户能够从该软件与市场上其他供应商提供的此项安装服务一起使用中获益，也能够从安装服务以及软件升级服务与已经取得的软件一起使用中获益。因此，客户能够从单独使用该合同中承诺的各项商品和服务中获益，或从将其与易于获得的其他商品一起使用中获益，表明这些商品和服务能够明确区分；此外，甲公司虽然需要将软件安装到客户的系统中，但是该安装服务是常规性的，并未对软件作出重大修改，不会重大影响客户使用该软件并从中获益的能力，软件升级服务也一样，合同中承诺的各项商品和服务没有对彼此作出重大修改或定制；甲公司也没有提供重大服务将这些商品和服务整合成一组组合产出；由于甲公司在不提供后续服务的情况下也能够单独履行其销售软件的承诺，因此，软件和各项服务之间不存在高度关联性，表明这些商品在合同中彼此之间可明确区分。因此，该合同中包含四项履约义务，即销售软件、安装服务、软件升级服务以及技术支持服务。

例11-8 2×18年1月1日，甲公司与乙公司签订合同，向乙公司销售一台其生产的可直接使用的医疗设备，并且在未来2年内向该客户提供用于该设备的专用耗材。该耗材只有甲公司能够生产，因此乙公司只能从甲公司购买该耗材。该耗材既可与设备一起销售，也可单独对外销售。

本例中，甲公司在合同中对客户的承诺包括销售设备和专用耗材，虽然客户同时购买了设备和专用耗材，但是由于耗材可以单独出售，客户可以从将设备与单独购买的耗材一起使用中获益，表明设备和专用耗材能够明确区分；此外，甲公司未对设备和耗材提供重大的整合服务以将两者形成组合产出，设备和耗材并未彼此作出重大修改或定制，也不具有高度关联性（这是因为，尽管没有耗材，设备无法使用，耗材也只有用于设备才有用，但是甲公司能够单独履行其在合同中的每一项承诺，也就是说，即使客户没有购买任何耗材，甲公司也可以履行其转让设备的承诺；即使乙公司单独购买设备，甲公司也可以履行其提供耗材的承诺），表明设备和耗材在合同中彼此之间可明确区分。因此，该项合同包含两项履约义务，即销售设备和提供专用耗材。

需要说明的是，在企业向客户销售商品的同时，约定企业需要将商品运送至客户指定地点的情况下，企业需要根据相关商品的控制权转移时点判断该运输活动是否构成单项履约义务。通常情况下，控制权转移给客户之前发生的运输活动不构成单项履约义务，而只是企业为了履行合同而从事的活动，相关成本应当作为合同履约成本；相反，控制权转移给客户之后发生的运输活动则可能表明企业向客户提供了一项运输服务，企业应当考虑该项服务是否构成单项履约义务。

⇨ **想一想**

企业销售商品的同时，将商品运送至客户指定地点发生的运输活动，如何进行会计处理？

2）一系列实质相同且转让模式相同的、可明确区分的商品

当企业向客户连续转让某项承诺的商品时，如每天提供类似劳务的长期劳务合同等，如果这些商品属于实质相同且转让模式相同的一系列商品，企业应当将这一系列商品作为单项履约义务。其中，转让模式相同，是指每一项可明确区分的商品均满足收入准则规定的在某一时段内履行履约义务的条件，且采用相同方法确定其履约进度。

例 11-9 2×18 年 1 月 1 日，甲公司与乙公司签订为期一年的保洁服务合同，承诺每天为客户提供保洁服务。

本例中，甲公司每天所提供的服务都是可明确区分且实质相同的，并且，根据控制权转移的判断标准，每天的服务都属于在某一时段内履行的履约义务。因此，甲公司应当将每天提供的保洁服务合并在一起作为单项履约义务进行会计处理。

企业在判断所转让的一系列商品是否实质相同时，应当考虑合同中承诺的性质，当企业承诺的是提供确定数量的商品时，需要考虑这些商品本身是否实质相同；当企业承诺的是在某一期间内随时向客户提供某项服务时，需要考虑企业在该期间内的各个时间段（如每天或每小时）的承诺是否相同，而并非具体的服务行为本身。

3. 确定交易价格

交易价格，是指企业因向客户转让商品而预期有权收取的对价金额。企业应当按照分摊至各单项履约义务的交易价格计量收入。企业代第三方收取的款项以及企业预期将退还给客户的款项，应当作为负债进行会计处理，不计入交易价格。企业应当根据合同条款，并结合其以往的习惯做法确定交易价格。在确定交易价格时，企业应当考虑可变对价、合同中存在的重大融资成分、非现金对价、应付客户对价等因素的影响。

1）可变对价

企业与客户的合同中约定的对价金额可能是固定的，也可能会因折扣、价格折让、返利、退款、奖励积分、激励措施、业绩奖金、索赔等因素而变化。此外，企业有权收取的对价金额，将根据一项或多项或有事项的发生有所不同的情况，也属于可变对价的情形。企业在判断交易价格是否为可变对价时，应当考虑各种相关因素（如企业已公开宣布的政策、特定声明、以往的习惯做法、销售战略以及客户所处的环境等），以确定其是否会接受一个低于合同标价的金额，即企业向客户提供一定的价格折让。

⇨ **想一想**

2×18 年 1 月 1 日甲公司销售一批商品给乙公司，售价 100 元，销项税 13 元，付款条件为"2/30，n/60"。现金折扣只对收入折扣。请问甲公司应如何进行会计处理？

例 11-10 2×18 年 1 月 1 日，甲公司为乙公司建造一栋厂房，合同约定的价款为 200

万元，但是，如果甲公司不能在合同签订之日起的 180 天内竣工，则须支付 20 万元罚款，该罚款从合同价款中扣除。上述金额均不含增值税。

本例中，该合同的对价金额实际由两部分组成，即 180 万元的固定价格以及 20 万元的可变对价。

企业在判断合同中是否存在可变对价时，不仅应当考虑合同条款的约定，在下列情况下，即使合同中没有明确约定，合同的对价金额也是可变的：一是根据企业已公开宣布的政策、特定声明或者以往的习惯做法等，客户能够合理预期企业将会接受低于合同约定的对价金额，即企业会以折扣、返利等形式提供价格折让；二是其他相关事实和情况表明，企业在与客户签订合同时即打算向客户提供价格折让。合同中存在可变对价的，企业应当对计入交易价格的可变对价进行估计。

（1）可变对价最佳估计数的确定。

在对可变对价进行估计时，企业应当按照期望值或最可能发生金额确定可变对价的最佳估计数。这并不意味着企业可以在两种方法之间随意进行选择，而是应当选择能够更好地预测其有权收取的对价金额的方法，并且对于类似的合同，应当采用相同的方法进行估计。

期望值是按照各种可能发生的对价金额及相关概率计算确定的金额。如果企业拥有大量具有类似特征的合同，企业据此估计合同可能产生多个结果时，按照期望值估计可变对价金额通常是恰当的。

例 11-11 甲公司生产和销售电视机。2×18 年 2 月，甲公司向零售商乙公司销售 2 000 台电视机，每台价格为 6 000 元，合同价款合计 1 200 万元。甲公司向乙公司提供价格保护，同意在未来 10 个月内，如果同款电视机售价下降，则按照合同价格与最低售价之间的差额向乙公司支付差价。甲公司根据以往执行类似合同的经验，预计各种结果发生的概率，如表 11-1 所示。

表 11-1　合同价款降价金额及其概率

未来 10 个月内的降价金额/（元/台）	概率
0	40%
400	30%
1 000	20%
2 000	10%

上述价格均不包含增值税。本例中，甲公司认为期望值能够更好地预测其有权获取的对价金额。假定不考虑收入准则有关将可变对价计入交易价格的限制要求，在该方法下，甲公司估计交易价格为每台 5 480 元（6 000×40%＋5 600×30%＋5 000×20%＋4 000×10%）。

最可能发生金额是一系列可能发生的对价金额中最可能发生的单一金额，即合同最可能产生的单一结果。当合同仅有两个可能结果时，按照最可能发生金额估计可变对价金额可能是恰当的。

例 11-12 承例 11-10，甲公司对合同结果的估计如下：工程按时完工的概率为 90%，工程延期的概率为 10%。本例中，由于该合同涉及两种可能结果，甲公司认为按照最可能发生金额能够更好地预测其有权获取的对价金额。因此，甲公司估计的交易价格为 200 万元，即为最可能发生的单一金额。

需要说明的是，对于某一事项的不确定性对可变对价金额的影响，企业应当在整个合同期间一致地采用同一种方法进行估计。但是，当存在多个不确定事项均会影响可变对价金额时，企业可以采用不同的方法对其进行估计。企业在对可变对价进行估计时，应当考虑能够合理获得的所有信息（包括历史信息、当前信息以及预测信息），并且在合理的数量范围内估计各种可能发生的对价金额以及概率。通常情况下，企业在估计可变对价金额时使用的信息，应当与其在对相关商品进行投标或定价时所使用的信息一致。

（2）计入交易价格的可变对价金额的限制。

企业按照期望值或最可能发生金额确定可变对价金额之后，计入交易价格的可变对价金额还应该满足限制条件，即包含可变对价的交易价格，应当不超过在相关不确定性消除时，累计已确认的收入极可能不会发生重大转回的金额。企业在评估与可变对价相关的不确定性消除时，累计已确认的收入金额是否极可能不会发生重大转回时，应当同时考虑收入转回的可能性及转回金额的比重。其中，"极可能"是一个比较高的门槛，其发生的概率应远高于"很可能"（可能性超过 50%），但不要求达到"基本确定"（可能性超过 95%），其目的是避免因为一些不确定性因素的发生导致之前已经确认的收入发生转回；在评估收入转回金额的比重时，应同时考虑合同中包含的固定对价和可变对价，也就是说，企业应当评估可能发生的收入转回金额相对于合同总对价（包括固定对价和可变对价）而言的比重。企业应当将满足上述限制条件的可变对价的金额，计入交易价格。

需要说明的是，将可变对价计入交易价格的限制条件不适用于企业向客户授予知识产权许可并约定按客户实际销售或使用情况收取特许权使用费的情况。

每一资产负债表日，企业应当重新估计可变对价金额（包括重新评估对可变对价的估计是否受到限制），以如实反映报告期末存在的情况以及报告期内发生的情况变化。

例 11-13　2×18 年 12 月 1 日，甲公司与其分销商乙公司签订合同，向乙公司销售 1 000 件产品，每件产品的售价为 100 元，合同总价为 10 万元，乙公司当日取得这些产品的控制权。乙公司通常在取得产品后的 90 天内将其对外售出，且乙公司在这些产品售出后才向甲公司支付货款。上述价格均不包含增值税。该合同中虽然约定了销售价格，但是基于甲公司过往的实务经验，为了维护与乙公司的客户关系，甲公司预计会向乙公司提供价格折扣，以便乙公司能够以更加优惠的价格向最终客户销售这些产品，从而促进该产品的整体销量。因此，甲公司认为该合同的对价是可变的。

甲公司已销售该产品及类似产品多年，积累了丰富的经验，可观察的历史数据表明，甲公司以往销售此类产品时会给予客户大约 20% 的折扣。同时，根据当前市场信息分析，20% 的降价幅度足以促进该产品的销量，从而提高其周转率。甲公司多年来向客户提供的折扣从未超过 20%。

本例中，甲公司按照期望值估计可变对价的金额，因为该方法能够更好地预测其有权获得的对价金额。甲公司估计的交易价格为 80 000 元〔100×(1−20%)×1 000〕。同时，甲公司还需考虑有关将可变对价计入交易价格的限制要求，以确定能否将估计的可变对价金额 80 000 元计入交易价格。根据其销售此类产品的历史经验、所取得的当前市场信息以及对当前市场的估计，甲公司预计，尽管存在某些不确定性，但是该产品的价格将可在短期内确定。因此，甲公司认为，在不确定性消除（折扣的总金额最终确定）时，已确认的累计收入金额 80 000 元极可能不会发生重大转回。因此，甲公司应当于 2×18 年 12 月 1 日将产品控制权转移给乙公司时，确认收入 80 000 元。

例 11-14 2×18 年 1 月 1 日，甲公司与乙公司签订合同，向其销售 X 产品。合同约定，当乙公司在 2×18 年的采购量不超过 2 000 件时，每件产品的价格为 80 元，当乙公司在 2×18 年的采购量超过 2 000 件时，每件产品的价格为 70 元。乙公司在第一季度的采购量为 150 件，甲公司预计乙公司全年的采购量不会超过 2 000 件。2×18 年 4 月，乙公司因完成产能升级而增加了原材料的采购量，第二季度共向甲公司采购 X 产品 1 000 件，甲公司预计乙公司全年的采购量将超过 2 000 件，因此，全年采购量适用的产品单价均将调整为 70 元。

本例中，2×18 年第一季度，甲公司根据以往经验估计乙公司全年的采购量将不会超过 2 000 件，甲公司按照 80 元的单价确认收入，满足在不确定性消除之后（即乙公司全年的采购量确定之后），累计已确认的收入将极可能不会发生重大转回的要求，因此，甲公司在第一季度确认的收入金额为 12 000 元（80×150）。2×18 年第二季度，甲公司对交易价格进行重新估计，由于预计乙公司全年的采购量将超过 2 000 件，按照 70 元的单价确认收入，才满足极可能不会导致累计已确认的收入发生重大转回的要求。因此，甲公司在第二季度确认收入 68 500 元 [70×（1 000+150）-12 000]。

2）重大的融资成分

当企业将商品的控制权转移给客户的时间与客户实际付款的时间不一致时，如企业以赊销的方式销售商品，或者要求客户支付预付款等，如果各方以在合同中明确（或者以隐含的方式）约定的付款时间为客户或企业就转让商品的交易提供了重大融资利益，则合同中即包含了重大融资成分，企业在确定交易价格时，应当对已承诺的对价金额作出调整，以剔除货币时间价值的影响。合同中存在重大融资成分的，企业应当按照假定客户在取得商品控制权时即以现金支付的应付金额（现销价格）确定交易价格。在评估合同中是否存在融资成分以及该融资成分对于该合同而言是否重大时，企业应当考虑所有相关的事实和情况，包括：

一是已承诺的对价金额与已承诺商品的现销价格之间的差额，如果企业（或其他企业）在销售相同商品时，不同的付款时间会导致销售价格有所差别，则通常表明各方知晓合同中包含了融资成分。

二是企业将承诺的商品转让给客户与客户支付相关款项之间的预计时间间隔和相应的市场现行利率的共同影响，尽管向客户转让商品与客户支付相关款项之间的时间间隔并非决定性因素，但是该时间间隔与现行利率两者的共同影响可能提供了是否存在重大融资利益的明显迹象。

企业向客户转让商品与客户支付相关款项之间存在时间间隔并不足以表明合同包含重大融资成分。企业向客户转让商品与客户支付相关款项之间虽然存在时间间隔，但两者之间的合同没有包含重大融资成分的情形有：

一是客户就商品支付了预付款，且可以自行决定这些商品的转让时间；

二是客户承诺支付的对价中有相当大的部分是可变的，该对价金额或付款时间取决于某一未来事项是否发生，且该事项实质上不受客户或企业控制；

三是合同承诺的对价金额与现销价格之间的差额是由于向客户或企业提供融资利益以外

的其他原因所导致的，且这一差额与产生该差额的原因是相称的。

例 11-15 2×18 年 1 月 1 日，甲公司与乙公司签订合同，向其销售一批产品。合同约定，该批产品将于 2 年之后交货。合同中包含两种可供选择的付款方式，即乙公司可以在 2 年后交付产品时支付 449.44 万元，或者在合同签订时支付 400 万元。乙公司选择在合同签订时支付货款。该批产品的控制权在交货时转移。甲公司于 2×18 年 1 月 1 日收到乙公司支付的货款。上述价格均不包含增值税，且假定不考虑相关税费影响。

本例中，按照上述两种付款方式计算的内含利率为 6%。考虑到乙公司付款时间和产品交付时间之间的间隔以及现行市场利率水平，甲公司认为该合同包含重大融资成分，在确定交易价格时，应当对合同承诺的对价金额进行调整，以反映该重大融资成分的影响。假定该融资费用不符合借款费用资本化的要求。甲公司的账务处理为：

① 2×18 年 1 月 1 日收到货款。

借：银行存款　　　　　　　　　　　　　　　　　　4 000 000
　　未确认融资费用　　　　　　　　　　　　　　　　494 400
　　　贷：合同负债　　　　　　　　　　　　　　　　　　　4 494 400

② 2×18 年 12 月 31 日确认融资成分的影响。

借：财务费用　　　　　　　　　　240 000（4 000 000×6%）
　　　贷：未确认融资费用　　　　　　　　　　　　　　　240 000

③ 2×19 年 12 月 31 日交付产品。

借：财务费用　　　　　　　　　　254 400（4 240 000×6%）
　　　贷：未确认融资费用　　　　　　　　　　　　　　　254 400
借：合同负债　　　　　　　　　　　　　　　　　　4 494 400
　　　贷：主营业务收入　　　　　　　　　　　　　　　　4 494 400

为简化实务操作，如果在合同开始日，企业预计客户取得商品控制权与客户支付价款间隔不超过一年的，可以不考虑合同中存在的重大融资成分。企业应当对类似情形下的类似合同一致地应用这一简化处理方法。

企业在编制利润表时，应当将合同中存在的重大融资成分的影响（利息收入和利息支出）与按照收入准则确认的收入区分开来，分别列示。企业在按照收入准则对与客户的合同进行会计处理时，只有在确认了合同资产（或应收款项）和合同负债时，才应当分别确认相应的利息收入和利息支出。

3）非现金对价

当企业因转让商品而有权向客户收取的对价是非现金形式时，如实物资产、无形资产、股权、客户提供的广告服务等。企业通常应当按照非现金对价在合同开始日的公允价值确定交易价格。非现金对价公允价值不能合理估计的，企业应当参照其承诺向客户转让商品的单独售价间接确定交易价格。

非现金对价的公允价值可能会因对价的形式而发生变动，也可能会因为其形式以外的原因而发生变动。合同开始日后，非现金对价的公允价值因对价形式以外的原因而发生变动的，应当作为可变对价，按照与计入交易价格的可变对价金额的限制条件相关的规定进行处理；合同开始日后，非现金对价的公允价值因对价形式而发生变动的，该变动金额不应计入交易价格。

例 11-16　2×18 年 1 月 1 日，甲公司为乙公司生产一台专用设备。双方约定，如果甲公司能够在 30 天内交货，则可以额外获得 100 股客户的股票作为奖励。合同开始日，该股票的价格为每股 5 元；由于缺乏执行类似合同的经验，当日，甲公司估计，该 100 股股票的公允价值计入交易价格将不满足累计已确认的收入极可能不会发生重大转回的限制条件。合同开始日之后的第 25 天，企业将该设备交付给客户，从而获得了 100 股股票，该股票在此时的价格为每股 6 元。假定企业将该股票作为以公允价值计量且其变动计入当期损益的金融资产。

本例中，合同开始日，该股票的价格为每股 5 元，由于缺乏执行类似合同的经验，当日，甲公司估计，该 100 股股票的公允价值计入交易价格将不满足累计已确认的收入极可能不会发生重大转回的限制条件，因此，甲公司不应将该 100 股股票的公允价值 500 元计入交易价格。合同开始日之后的第 25 天，甲公司获得了 100 股股票，该股票在此时的价格为每股 6 元。甲公司应当将股票（非现金对价）的公允价值因对价形式以外的原因而发生的变动，即 500 元（5×100）确认为收入，因对价形式原因而发生的变动，即 100 元（600-500）计入公允价值变动损益。

企业在向客户转让商品的同时，如果客户向企业投入材料、设备或人工等商品，以协助企业履行合同，企业应当评估其是否取得了对这些商品的控制权，取得这些商品控制权的，企业应当将这些商品作为从客户收取的非现金对价进行会计处理。

4）应付给客户的对价

企业在向客户转让商品的同时，需要向客户或第三方支付对价的，应当将该应付对价冲减交易价格，但应付客户对价是为了自客户取得其他可明确区分商品的除外。这里的应付客户对价还包括可以抵减应付企业金额的相关项目金额，如优惠券、兑换券等。这里的第三方通常指向企业的客户购买本企业商品的一方，即处于企业分销链上的"客户的客户"。有时，企业需要向其支付款项的第三方是本企业客户的客户，但处于企业分销链之外，如果企业认为该第三方也是本企业的客户，或者根据企业与其客户的合同约定，企业有义务向该第三方支付款项，则企业向该第三方支付的款项也应被视为应付客户对价进行会计处理。应付客户对价中包含可变金额的，企业应当根据收入准则有关可变对价的相关规定对其进行估计。

企业应付客户对价是为了自客户取得其他可明确区分商品的，应当采用与企业其他采购相一致的方式确认所购买的商品。企业应付客户对价超过自客户取得的可明确区分商品公允价值的，超过金额应当作为应付客户对价冲减交易价格。自客户取得的可明确区分商品公允价值不能合理估计的，企业应当将应付客户对价全额冲减交易价格。

在对应付客户对价冲减交易价格进行会计处理时，企业应当在确认相关收入与支付（或承诺支付）客户对价二者孰晚的时点冲减当期收入。

4. 将交易价格分摊至各单项履约义务

1）基本原则

合同中包含两项或多项履约义务的，企业应当在合同开始日，按照各单项履约义务所承诺商品的单独售价的相对比例，将交易价格分摊至各单项履约义务。企业不得因合同开始日之后单独售价的变动而重新分摊交易价格。

例 11-17　2×18 年 1 月 1 日，甲公司与客户签订合同，向其销售 X、Y、Z 三件产品，合同价款为 10 000 元。X、Y、Z 产品的单独售价分别为 5 000 元、2 500 元和 7 500 元，合计 15 000 元。上述价格均不包含增值税。

本例中，根据上述交易价格分摊原则，X 产品应当分摊的交易价格为 3 333 元（5 000/15 000×10 000），Y 产品应当分摊的交易价格为 1 667 元（2 500/15 000×10 000），Z 产品应当分摊的交易价格为 5 000 元（7 500/15 000×10 000）。

单独售价，是指企业向客户单独销售商品的价格。企业在类似环境下向类似客户单独销售某商品的价格，应作为确定该商品单独售价的最佳证据。合同或价目表上的标价可能是商品的单独售价，但不能默认其一定是该商品的单独售价。

2）单独售价无法直接观察

企业在类似环境下向类似客户单独销售商品的价格，应作为确定该商品单独售价的最佳证据。单独售价无法直接观察的，企业应当综合考虑其能够合理取得的全部相关信息，采用市场调整法、成本加成法、余值法等方法合理估计单独售价。在估计单独售价时，企业应当最大限度地采用可观察的输入值，并对类似的情况采用一致的估计方法。

市场调整法，是指企业根据某商品或类似商品的市场售价，考虑本企业的成本和毛利等进行适当调整后的金额，确定其单独售价的方法。成本加成法，是指企业根据某商品的预计成本加上其合理毛利后的金额，确定其单独售价的方法。余值法，是指企业根据合同交易价格减去合同中其他商品可观察单独售价后的余额，确定某商品单独售价的方法。企业在商品近期售价波动幅度巨大，或者因未定价且未曾单独销售而使售价无法可靠确定时，可采用余值法估计其单独售价。

3）合同折扣的分摊

当客户购买的一组商品中所包含的各单项商品的单独售价之和高于合同交易价格时，表明客户因购买该组商品而取得了合同折扣。合同折扣，是指合同中各单项履约义务所承诺商品的单独售价之和高于合同交易价格的金额。企业应当在各单项履约义务之间按比例分摊合同折扣。有确凿证据表明合同折扣仅与合同中一项或多项（而非全部）履约义务相关的，企业应当将该合同折扣分摊至相关的一项或多项履约义务。

同时满足下列三项条件时，企业应当将合同折扣全部分摊至合同中的一项或多项（而非全部）履约义务：

一是企业经常将该合同中的各项可明确区分商品单独销售或者以组合的方式单独销售；

二是企业也经常将其中部分可明确区分的商品以组合的方式按折扣价格单独销售；

三是归属于上述第二项中每一组合的商品的折扣与该合同中的折扣基本相同，且针对每一组合中的商品的分析为将该合同的整体折扣归属于某一项或多项履约义务提供了可观察的证据。

例 11-18　2×18 年 1 月 1 日，甲公司与乙公司签订合同，向其销售 X、Y、Z 三种产品，合同总价款为 120 万元，这三种产品构成三项履约义务。企业经常以 50 万元单独出售 X 产品，其单独售价可直接观察；Y 产品和 Z 产品的单独售价不可直接观察，企业采用市场调整法估计的 Y 产品单独售价为 25 万元，采用成本加成法估计的 Z 产品单独售价为 75 万元。甲公司通常以 50 万元的价格单独销售 X 产品，并将 Y 产品和 Z 产品组合在一起以 70 万元的价格销售。上述价格均不包含增值税。

本例中，三种产品的单独售价合计为 150 万元，而该合同的价格为 120 万元，该合同的整体折扣为 30 万元。由于甲公司经常将 Y 产品和 Z 产品组合在一起以 70 万元的价格销售，该价格与其单独售价之和（100 万元）的差额为 30 万元，与该合同的整体折扣一致，而 X 产品单独销售的价格与其单独售价一致，证明该合同的整体折扣仅应归属于 Y 产品和 Z 产品。因此，在该合同下，分摊至 X 产品的交易价格为 50 万元，分摊至 Y 产品和 Z 产品的交易价格合计为 70 万元，甲公司应当进一步按照 Y 产品和 Z 产品的单独售价的相对比例将该价格在二者之间进行分摊：Y 产品应分摊的交易价格为 17.5 万元 [（25/100）×70]，Z 产品应分摊的交易价格为 52.5 万元 [（75/100）×70]。

有确凿证据表明，合同折扣仅与合同中的一项或多项（而非全部）履约义务相关，且企业采用余值法估计单独售价的，应当首先在该一项或多项（而非全部）履约义务之间分摊合同折扣，然后再采用余值法估计单独售价。

例 11-19 承例 11-18，X、Y、Z 产品的单独售价均不变，合计为 150 万元，Y、Z 产品组合销售的折扣仍为 30 万元。但是，合同总价款为 160 万元，甲公司与该客户签订的合同中还包括销售 D 产品。D 产品的价格波动巨大，甲公司向不同的客户单独销售 D 产品的价格在 20 万元至 60 万元之间。

本例中，由于 D 产品价格波动巨大，甲公司计划用余值法估计其单独售价。由于合同折扣 30 万元仅与 Y、Z 产品有关，因此，甲公司首先应当在 Y、Z 产品之间分摊合同折扣。X、Y 和 Z 产品在分摊了合同折扣之后的单独售价分别为 50 万元、17.5 万元和 52.5 万元，合计 120 万元。然后，甲公司采用余值法估计 D 产品的单独售价为 40 万元（160-120），该金额在甲公司以往单独销售 D 产品的价格区间之内，表明该分摊结果符合分摊交易价格的目标，即该金额能够反映甲公司因转让 D 产品而预期有权收取的对价金额。

假定合同总价款不是 160 万元，而是 125 万元时，甲公司采用余值法估计的 D 产品的单独售价仅为 5 万元（125-120），该金额在甲公司过往单独销售 D 产品的价格区间之外，表明该分摊结果可能不符合分摊交易价格的目标，即该金额不能反映甲公司因转让 D 产品而预期有权收取的对价金额。在这种情况下，用余值法估计 D 产品的单独售价可能是不恰当的，甲公司应当考虑采用其他的方法估计 D 产品的单独售价。

4）可变对价及可变对价的后续变动

合同开始日之后，由于相关不确定性的消除或环境的其他变化等原因，交易价格可能会发生变化，从而导致企业因向客户转让商品而预期有权收取的对价金额发生变化。交易价格发生后续变动的，企业应当按照在合同开始日所采用的基础将该后续变动金额分摊至合同中的履约义务。企业不得因合同开始日之后单独售价的变动而重新分摊交易价格。

对于可变对价及可变对价的后续变动额，企业应当将其分摊至与之相关的一项或多项履约义务，或者分摊至构成单项履约义务的一系列可明确区分商品中的一项或多项商品。

对于已履行的履约义务，其分摊的可变对价后续变动额应当调整变动当期的收入。

5）合同变更之后发生可变对价的后续变动

合同变更之后发生可变对价后续变动的，企业应当区分下列三种情形分别进行会计处理：

（1）合同变更属于本节合同变更（1）规定情形的，企业应当判断可变对价后续变动与哪一项合同相关，并按照分摊可变对价的相关规定进行会计处理。

（2）合同变更属于本节合同变更（2）规定情形，且可变对价后续变动与合同变更前已承诺可变对价相关的，企业应当首先将该可变对价后续变动额以原合同开始日确定的基础进行分摊，然后再将分摊至合同变更日尚未履行履约义务的该可变对价后续变动额以新合同开始日确定的基础进行二次分摊。

（3）合同变更之后发生除上述（1）、（2）规定情形以外的可变对价后续变动的，企业应当将该可变对价后续变动额分摊至合同变更日尚未履行的履约义务。

例 11-20 2×18 年 10 月 1 日，甲公司与乙公司签订合同，向其销售 X 产品和 Y 产品。X 产品和 Y 产品均为可明确区分商品且两种产品单独售价相同，也均属于在某一时点履行的履约义务。合同约定，X 产品和 Y 产品分别于 2×18 年 12 月 1 日和 2×19 年 1 月 31 日交付给乙公司。合同约定的对价包括 2 000 万元的固定对价和估计金额为 400 万元的可变对价。假定甲公司将 400 万元的可变对价计入交易价格，满足收入准则有关将可变对价金额计入交易价格的限制条件。因此，该合同的交易价格为 2 400 万元。上述价格均不包含增值税。

2×18 年 12 月 15 日，双方对合同范围进行了变更，乙公司向甲公司额外采购 Z 产品，合同价格增加 600 万元，Z 产品与 X、Y 两种产品可明确区分，但该增加的价格不反映 Z 产品的单独售价。Z 产品的单独售价与 X 产品和 Y 产品相同。Z 产品将于 2×19 年 3 月 30 日交付给乙公司。

2×18 年 12 月 31 日，企业预计有权收取的可变对价的估计金额由 400 万元变更为 480 万元，该金额符合将可变对价金额计入交易价格的限制条件。因此，合同的交易价格增加了 80 万元，且甲公司认为该增加额与合同变更前已承诺的可变对价相关。

假定上述三种产品的控制权均随产品交付而转移给乙公司。

本例中，在合同开始日，该合同包含两项履约义务，甲公司应当将估计的交易价格分摊至这两项履约义务。由于两种产品的单独售价相同，且可变对价不符合分摊至其中一项履约义务的条件，因此，甲公司将交易价格 2 400 万元平均分摊至 X 产品和 Y 产品，即 X 产品和 Y 产品各自分摊的交易价格均为 1 200 万元。

2×18 年 12 月 1 日，当 X 产品交付给客户时，甲公司相应确认收入 1 200 万元。

2×18 年 12 月 15 日，双方进行了合同变更。该合同变更属于本节合同变更（2）规定情形，因此该合同变更应当作为原合同终止，并将原合同的未履约部分与合同变更部分合并为新合同进行会计处理。在该新合同下，合同的交易价格为 1 800 万元（1 200+600），由于 Y 产品和 Z 产品的单独售价相同，分摊至 Y 产品和 Z 产品的交易价格的金额均为 900 万元。

2×18 年 12 月 31 日，甲公司重新估计可变对价，增加了交易价格 80 万元。由于该增加额与合同变更前已承诺的可变对价相关，因此应首先将该增加额分摊给 X 产品和 Y 产品，之后再将分摊给 Y 产品的部分在 Y 产品和 Z 产品形成的新合同中进行二次分摊。在本例中，由于 X、Y 和 Z 产品的单独售价相同，在将 80 万元的可变对价后续变动分摊至 X 产品和 Y 产品时，各自分摊的金额为 40 万元。由于甲公司已经转让了 X 产品，在交易价格发生变动的当期即应将分摊至 X 产品的 40 万元确认为收入。之后，甲公司将分摊至 Y 产品的 40 万元平均分摊至 Y 产品和 Z 产品，即各自分摊的金额为 20 万元，经过上述分摊后，Y 产品和 Z 产品的交易价格金额均为 920 万元（900+20）。因此，甲公司分别在 Y 产品和 Z 产品控制权转移时确认收入 920 万元。

5. 履行每一单项履约义务时确认收入

企业应当在履行了合同中的履约义务，即客户取得相关商品控制权时确认收入。企业将商品的控制权转移给客户，该转移可能在某一时段内（即履行履约义务的过程中）发生，也可能在某一时点（即履约义务完成时）发生。企业应当根据实际情况，首先判断履约义务是否满足在某一时段内履行的条件，如不满足，则该履约义务属于在某一时点履行的履约义务。对于在某一时段内履行的履约义务，企业应当选取恰当的方法来确定履约进度；对于在某一时点履行的履约义务，企业应当综合分析控制权转移的迹象，判断其转移时点。

1）在某一时段内履行的履约义务

（1）在某一时段内履行履约义务的条件。满足下列条件之一的，属于在某一时段内履行履约义务，相关收入应当在该履约义务履行的期间内确认。

① 客户在企业履约的同时即取得并消耗企业履约所带来的经济利益。

企业在履约过程中是持续地向客户转移企业履约所带来的经济利益的，该履约义务属于在某一时段内履行的履约义务，企业应当在履行履约义务的期间确认收入。对于难以通过直观判断获知结论的情形，企业在进行判断时，可以假定在企业履约的过程中更换为其他企业继续履行剩余履约义务，当该继续履行合同的企业实质上无须重新执行企业累计至今已经完成的工作时，表明客户在企业履约的同时即取得并消耗了企业履约所带来的经济利益。企业在判断其他企业是否实质上无须重新执行企业累计至今已经完成的工作时，应当基于下列两个前提：一是不考虑可能会使企业无法将剩余履约义务转移给其他企业的潜在限制，包括合同限制或实际可行性限制；二是假设继续履行剩余履约义务的其他企业将不会享有企业目前已控制的且在剩余履约义务转移给其他企业后仍然控制的任何资产的利益。

② 客户能够控制企业履约过程中在建的商品。

企业在履约过程中在建的商品包括在产品、在建工程、尚未完成的研发项目、正在进行的服务等，由于客户控制了在建的商品，客户在企业提供商品的过程中获得其利益，因此，该履约义务属于在某一时段内履行的履约义务，应当在该履约义务履行期间确认收入。

例11-21 2×18年1月1日，甲公司与乙公司签订合同，在客户拥有的土地上按照客户的设计要求为其建造厂房。在建造过程中客户有权修改厂房设计，并与甲公司重新协商设计变更后的合同价款。客户每月末按当月工程进度向甲公司支付工程款。如果客户终止合同，已完成建造部分的厂房归客户所有。

本例中，甲公司为客户建造厂房，该厂房位于客户的土地上，客户终止合同时，已建造的厂房归客户，所有这些均表明客户在该厂房建造过程中就能够控制该在建的厂房。因此，甲公司提供的该建造服务属于在某一时段内履行的履约义务，企业应当在提供该服务的期间内确认收入。

③ 企业履约过程中所产出的商品具有不可替代用途，且该企业在整个合同期间内有权就累计至今已完成的履约部分收取款项。

一是商品具有不可替代用途。具有不可替代用途，是指因合同限制或实际可行性限制，企业不能轻易地将商品用于其他用途。当企业产出的商品只能提供给某特定客户，而不能被轻易地用于其他用途时，该商品就具有不可替代用途。在判断商品是否具有不可替代用途时，企业既应当考虑合同限制，也应当考虑实际可行性限制，但无须考虑合同被终止的可能性。

二是企业在整个合同期间内有权就累计至今已完成的履约部分收取款项。有权就累计至今已完成的履约部分收取款项，是指在由于客户或其他方原因终止合同的情况下，企业有权就累计至今已完成的履约部分收取能够补偿其已发生成本和合理利润的款项，并且该权利具有法律约束力。需要强调的是，合同终止必须是由于客户或其他方而非企业自身的原因所致，在整个合同期间内的任一时点，企业均应当拥有此项权利。

例 11-22 2×18 年 1 月 1 日，甲公司与乙公司签订合同，针对乙公司的实际情况和面临的具体问题，为改善其业务流程提供咨询服务，并出具专业的咨询意见。双方约定，甲公司仅需要向乙公司提交最终的咨询意见，而无须提交任何其在工作过程中编制的工作底稿和其他相关资料；在整个合同期间内，如果乙公司单方面终止合同，乙公司需要向甲公司支付违约金，违约金的金额等于甲公司已发生的成本加上 20% 的毛利率，该毛利率与甲公司在类似合同中能够赚取的毛利率大致相同。

本例中，在合同执行过程中，由于乙公司无法获得甲公司已经完成工作的工作底稿和其他任何资料，假设在执行合同的过程中，因甲公司无法履约而需要由其他公司来继续提供后续咨询服务并出具咨询意见时，其需要重新执行甲公司已经完成的工作，表明乙公司并未在甲公司履约的同时即取得并消耗了甲公司履约所带来的经济利益。然而，由于该咨询服务是针对乙公司的具体情况而提供的，甲公司无法将最终的咨询意见用作其他用途，表明其具有不可替代用途；此外，在整个合同期间内，如果乙公司单方面终止合同，甲公司根据合同条款可以主张其已发生的成本及合理利润，表明甲公司在整个合同期间内有权就累计至今已完成的履约部分收取款项。因此，甲公司向乙公司提供的咨询服务属于在某一时段内履行的履约义务，甲公司应当在其提供服务的期间内按照适当的履约进度确认收入。

例 11-23 甲公司是一家造船企业，2×18 年 1 月 1 日与乙公司签订了一份船舶建造合同，按照乙公司的具体要求设计和建造船舶。甲公司在自己的厂区内完成该船舶的建造，乙公司无法控制在建过程中的船舶。甲公司如果想把该船舶出售给其他客户，需要发生重大的改造成本。双方约定，如果乙公司单方面解约，乙公司需向甲公司支付相当于合同总价 20% 的违约金，且建造中的船舶归甲公司所有。假定该合同仅包含一项履约义务，即设计和建造船舶。

本例中，船舶是按照乙公司的具体要求进行设计和建造的，甲公司需要发生重大的改造成本将该船舶改造之后才能将其出售给其他客户，因此，该船舶具有不可替代用途。然而，如果乙公司单方面解约，仅需向甲公司支付相当于合同总价 20% 的违约金，表明甲公司无法在整个合同期间内都有权就累计至今已完成的履约部分收取能够补偿其已发生成本和合理利润的款项。因此，甲公司为乙公司设计和建造船舶不属于在某一时段内履行的履约义务。

综上所述，商品具有不可替代用途和企业在整个合同期间内有权就累计至今已完成的履约部分收取款项这两个要素，在判断是否满足在某一时段履行的履约义务的第③种情况时缺一不可，且均与控制权的判断有关联。这是因为，当企业无法轻易地将产出的商品用于其他用途时，企业实际上是按照客户的要求生产商品，在这种情况下，如果合同约定，由于客户或其他方的原因导致合同被终止时，客户必须就企业累计至今已完成的履约部分支付款项，且该款项能够补偿企业已经发生的成本和合理利润，那么企业将因此而防止终止合同时企业未保留该商品或只保留几乎无价值的商品的风险。这与商品购销交易中，客户通常只有在取得对商品的控制权时才有义务支付相应的合同价款是一致的。因此，客户有义务（或无法避免）就企业已经完成的履约部分支付相应款项的情况表明，客户已获得企业履约所带来的经济利益。

（2）在某一时段内履行的履约义务的收入确认。

对于在某一时段内履行的履约义务，企业应当在该段时间内按照履约进度确认收入，但是，履约进度不能合理确定的除外。企业应当考虑商品的性质，采用产出法或投入法确定恰当的履约进度，并且在确定履约进度时，应当扣除那些控制权尚未转移给客户的商品和服务。企业按照履约进度确认收入时，通常应当在资产负债表日按照合同的交易价格总额乘以履约进度扣除以前会计期间累计已确认的收入后的金额，确认为当期收入。

① 产出法。产出法是根据已转移给客户的商品对于客户的价值确定履约进度的方法，通常可采用实际测量的完工进度、评估已实现的结果、已达到的里程碑、时间进度、已完工或交付的产品等产出指标确定履约进度。企业在评估是否采用产出法确定履约进度时，应当考虑具体的事实和情况，并选择能够如实反映企业履约进度和向客户转移商品控制权的产出指标。当选择的产出指标无法计量控制权已转移给客户的商品时，不应采用产出法。

例11-24　2×18 年 1 月 1 日，甲公司与乙公司签订合同，为该客户拥有的一条铁路更换 200 根铁轨，合同价格为 20 万元（不含税价）。截至 2×18 年 12 月 31 日，甲公司共更换铁轨 160 根，剩余部分预计在 2×19 年 3 月 31 日之前完成。该合同仅包含一项履约义务，且该履约义务满足在某一时段内履行的条件。假定不考虑其他情况。

本例中，甲公司提供的更换铁轨的服务属于在某一时段内履行的履约义务，甲公司按照已完成的工作量确定履约进度。因此，截至 2×18 年 12 月 31 日，该合同的履约进度为80%（160/200），甲公司应确认的收入为 16 万元（20×80%）。

产出法是根据能够代表向客户转移商品控制权的产出指标直接计算履约进度的，因此通常能够客观地反映履约进度。但是，产出法下有关产出指标的信息有时可能无法直接观察获得，企业为获得这些信息需要花费很高的成本，这就可能需要采用投入法来确定履约进度。

② 投入法。投入法是根据企业履行履约义务的投入确定履约进度的方法，通常可采用投入的材料数量、花费的人工工时或机器工时、发生的成本和时间进度等投入指标确定履约进度。当企业从事的工作或发生的投入是在整个履约期间内平均发生时，企业也可以按照直线法确认收入。

例11-25　甲公司经营一家健身俱乐部。2×18 年 7 月 1 日，某客户与甲公司签订合同，成为甲公司的会员，并向甲公司支付会员费 4 800 元（不含税价），可在未来的 12 个月内在该俱乐部健身，且没有次数的限制。

本例中，客户在会籍期间可随时来俱乐部健身，且没有次数限制，客户已使用俱乐部健身的次数不会影响其未来继续使用的次数，甲公司在该合同下的履约义务是承诺随时准备在客户需要时为其提供健身服务，因此，该履约义务属于在某一时段内履行的履约义务，并且该履约义务在会员的会籍期间内随时间的流逝而被履行。因此，甲公司按照直线法确认收入，即每月应当确认的收入 400 元（4 800/12），截至 2×18 年 12 月 31 日，甲公司应确认的收入为 2 400 元（400×6）。需要说明的是，如果客户购买的是确定数量的服务，如在未来 12 个月内，客户可随时来健身俱乐部健身 300 次，则甲公司的履约义务是为客户提供这300 次健身服务，而不是随时准备为其提供健身服务的承诺。因此，甲公司应当按照客户已使用健身服务的次数确认收入。

投入法所需要的投入指标虽然易于获得，但是，投入指标与企业向客户转移商品的控制权之间未必存在直接的对应关系。因此，企业在采用投入法确定履约进度时，应当扣除那些虽然已经发生但是未导致向客户转移商品的投入。

实务中，通常按照累计实际发生的成本占预计总成本的比例（成本法）确定履约进度，累计实际发生的成本包括企业向客户转移商品过程中所发生的直接成本和间接成本，如直接人工、直接材料、分包成本以及其他与合同相关的成本。在下列情形下，企业在采用成本法确定履约进度时，可能需要对已发生的成本进行适当的调整。

一是已发生的成本并未反映企业履行履约义务的进度。

二是已发生的成本与企业履行履约义务的进度不成比例。当企业已发生的成本与履约进度不成比例，企业在采用成本法确定履约进度时需要进行适当调整，通常仅以其已发生的成本为限确认收入。对于施工中尚未安装、使用或耗用的商品（本段的商品不包括服务）或材料成本等，当企业在合同开始日就预期将能够满足下列所有条件时，应在采用成本法确定履约进度时不包括这些成本：第一，该商品或材料不可明确区分，即不构成单项履约义务；第二，客户先取得该商品或材料的控制权，之后才接受与之相关的服务；第三，该商品或材料的成本相对于预计总成本而言是重大的；第四，企业自第三方采购该商品或材料，且未深入参与其设计和制造，对于包含该商品的履约义务而言，企业是主要责任人。

例 11-26　2×18 年 9 月，甲公司与乙公司签订合同，为客户装修一栋办公楼，包括安装一部电梯，合同总金额为 500 万元。甲公司预计的合同总成本为 400 万元，其中包括电梯的采购成本 150 万元。

2×18 年 11 月，甲公司将电梯运达施工现场并经过客户验收，客户已取得对电梯的控制权，但是，根据装修进度，预计到 2×19 年 1 月才会安装该电梯。截至 2×18 年 12 月，甲公司累计发生成本 200 万元，其中包括支付给电梯供应商的采购成本 150 万元以及因采购电梯发生的运输和人工等相关成本 25 万元。假定：该装修服务（包括安装电梯）构成单项履约义务，并属于在某一时段内履行的履约义务，甲公司是主要责任人，但不参与电梯的设计和制造；甲公司采用成本法确定履约进度；上述金额均不含增值税。

本例中，截至 2×18 年 12 月，甲公司发生成本 200 万元，甲公司认为其已发生的成本和履约进度不成比例，因此需要对履约进度的计算作出调整，将电梯的采购成本排除在已发生成本和预计总成本之外。在该合同中，该电梯不构成单项履约义务，其成本相对于预计总成本而言是重大的，甲公司是主要责任人，但是未参与该电梯的设计和制造，客户先取得了电梯的控制权，随后才接受与之相关的安装服务，因此，甲公司在客户取得该电梯控制权时，按照该电梯采购成本的金额确认转让电梯产生的收入。

2×18 年 12 月，该合同的履约进度为 20%[（200-150）/（400-150）]，应确认的收入和成本金额分别为 220 万元[（500-150）×20%+150]和 200 万元[（400-150）×20%+150]。

每一资产负债表日，企业应当对履约进度进行重新估计。当客观环境发生变化时，企业也需要重新评估履约进度是否发生变化，以确保履约进度能够反映履约情况的变化，该变化应当作为会计估计变更进行会计处理。对于每一项履约义务，企业只能采用一种方法来确定其履约进度，并加以一贯运用。对于类似情况下的类似履约义务，企业应当采用相同的方法确定履约进度。

对于在某一时段内履行的履约义务，只有当其履约进度能够合理确定时，才应当按照履约进度确认收入。企业如果无法获得确定履约进度所需的可靠信息，则无法合理地确定其履行履约义务的进度。当履约进度不能合理确定时，企业已经发生的成本预计能够得到补偿的，应当按照已经发生的成本金额确认收入，直到履约进度能够合理确定为止。

2）在某一时点履行的履约义务

对于不属于在某一时段内履行的履约义务，应当属于在某一时点履行的履约义务，企业应当在客户取得相关商品控制权时点确认收入。在判断客户是否已取得商品控制权（即客户是否能够主导该商品的使用并从中获得几乎全部的经济利益）时，企业应当考虑下列五个迹象。

（1）企业就该商品享有现时收款权利，即客户就该商品负有现时付款义务。

当企业就该商品享有现时收款权利时，可能表明客户已经有能力主导该商品的使用并从中获得几乎全部的经济利益。

（2）企业已将该商品的法定所有权转移给客户，即客户已拥有该商品的法定所有权。

当客户取得了商品的法定所有权时，可能表明其已经有能力主导该商品的使用并从中获得几乎全部的经济利益，或者能够阻止其他企业获得这些经济利益，即客户已取得对该商品的控制权。如果企业仅仅是为了确保到期收回货款而保留商品的法定所有权，那么该权利通常不会对客户取得对该商品的控制权构成障碍。

（3）企业已将该商品实物转移给客户，即客户已占有该商品实物。

客户如果已经占有商品实物，则可能表明其有能力主导该商品的使用并从中获得其几乎全部的经济利益，或者使其他企业无法获得这些利益。需要说明的是，客户占有了某项商品实物并不意味着其就一定取得了该商品的控制权，反之亦然。

委托代销安排。这一安排是指委托方和受托方签订代销合同或协议，委托受托方向终端客户销售商品。在这种安排下，企业应当评估受托方在企业向其转让商品时是否已获得对该商品的控制权，如果没有，企业不应在此时确认收入，通常应当在受托方售出商品时确认销售商品收入；受托方应当在商品销售后，按合同或协议约定的方法计算确定的手续费确认收入。表明一项安排是委托代销安排的迹象包括但不限于：一是在特定事件发生之前，企业拥有对商品的控制权；二是企业能够要求将委托代销的商品退回或者将其销售给其他方；三是尽管受托方可能被要求向企业支付一定金额的押金，但是，其并没有承担对这些商品无条件付款的义务。

例11-27 2×18年10月1日，甲公司委托乙公司销售X商品2 000件，X商品已经发出，每件成本为60元。合同约定乙公司应按每件100元对外销售，甲公司按不含增值税的销售价格的10%向乙公司支付手续费。除非这些商品在乙公司存放期间内由于乙公司的责任发生毁损或丢失，否则在X商品对外销售之前，乙公司没有义务向甲公司支付货款。乙公司不承担包销责任，没有售出的X商品须退回给甲公司，同时，甲公司也有权要求收回X商品或将其销售给其他客户。乙公司对外实际销售2 000件，开出的增值税专用发票上注明的销售价格为200 000元，增值税税额为32 000元，款项已经收到，乙公司立即向甲公司开具代销清单并支付货款。甲公司收到乙公司开具的代销清单时，向乙公司开具一张相同金额的增值税专用发票。假定甲公司发出X商品时纳税义务尚未发生，手续费增值税税率为6%，不考虑其他因素。

本例中，甲公司将 X 商品发送至乙公司后，乙公司虽然已经实物占有 X 商品，但是仅是接受甲公司的委托销售 X 商品，并根据实际销售的数量赚取一定比例的手续费。甲公司有权要求收回 X 商品或将其销售给其他客户，乙公司并不能主导这些商品的销售，这些商品对外销售与否、是否获利以及获利多少等不由乙公司控制，乙公司没有取得这些商品的控制权。因此，甲公司将 X 商品发送至乙公司时，不应确认收入，而应当在乙公司将 X 商品销售给最终客户时确认收入。

根据上述资料，甲公司的账务处理如下：

① 发出商品。

借：发出商品——乙公司	120 000	
贷：库存商品——X 商品		120 000

② 收到代销清单，同时发生增值税纳税义务。

借：应收账款——乙公司	226 000	
贷：主营业务收入——销售 X 商品		200 000
应交税费——应交增值税（销项税额）		26 000
借：主营业务成本——销售 X 商品	120 000	
贷：发出商品——乙公司		120 000
借：销售费用——代销手续费	20 000	
应交税费——应交增值税（进项税额）	1 200	
贷：应收账款——乙公司		21 200

③ 收到乙公司支付的货款。

借：银行存款	204 800	
贷：应收账款——乙公司		204 800

乙公司的账务处理如下：

① 收到商品。

借：受托代销商品——甲公司	200 000	
贷：受托代销商品款——甲公司		200 000

② 对外销售。

借：银行存款	226 000	
贷：受托代销商品——甲公司		200 000
应交税费——应交增值税（销项税额）		26 000

③ 收到增值税专用发票。

借：受托代销商品款——甲公司	200 000	
应交税费——应交增值税（进项税额）	26 000	
贷：应付账款——甲公司		226 000

④ 支付货款并计算代销手续费。

借：应付账款——甲公司	226 000	
贷：银行存款		204 800
其他业务收入——代销手续费		20 000
应交税费——应交增值税（销项税额）		1 200

售后代管商品安排。售后代管商品是指根据企业与客户签订的合同,已经就销售的商品向客户收款或取得了收款权利,但是直到在未来某一时点将该商品交付给客户之前,仍然继续持有该商品实物的安排。实务中,客户可能会因为缺乏足够的仓储空间或生产进度延迟而要求与销售方订立此类合同。在这种情况下,尽管企业仍然持有商品的实物,但是,当客户已经取得了对该商品的控制权时,即使客户决定暂不行使实物占有的权利,其依然有能力主导该商品的使用并从中获得几乎全部的经济利益。因此,企业不再控制该商品,而只是向客户提供了代管服务。

在售后代管商品安排下,除了应当考虑客户是否取得商品控制权的迹象之外,还应当同时满足下列四项条件,才表明客户取得了该商品的控制权:一是该安排必须具有商业实质;二是属于客户的商品必须能够单独识别;三是该商品可以随时交付给客户;四是企业不能自行使用该商品或将该商品提供给其他客户。实务中,越是通用的、可以和其他商品互相替换的商品,越有可能难以满足上述条件。

需要注意的是,如果在满足上述条件的情况下,企业对尚未发货的商品确认了收入,则企业应当考虑是否还承担了其他的履约义务,从而应当将部分交易价格分摊至该履约义务。

(4)企业已将该商品所有权上的主要风险和报酬转移给客户,即客户已取得该商品所有权上的主要风险和报酬。

企业向客户转移了商品所有权上的主要风险和报酬,可能表明客户已经取得了主导该商品的使用并从中获得其几乎全部经济利益的能力。但是,在评估商品所有权上的主要风险和报酬是否转移时,不应考虑导致企业在除所转让商品之外产生其他单项履约义务的风险。

(5)客户已接受该商品。

如果客户已经接受了企业提供的商品,可能表明客户已经取得了该商品的控制权。合同中有关客户验收的条款,可能允许客户在商品不符合约定规格的情况下解除合同或要求企业采取补救措施。因此,企业在评估是否已经将商品的控制权转移给客户时,应当考虑此类条款。当企业能够客观地确定其已经按照合同约定的标准和条件将商品的控制权转移给客户时,客户验收只是一项例行程序,并不影响企业判断客户取得该商品控制权的时点。实务中,企业应当根据过去执行类似合同积累的经验以及客户验收的结果取得相应证据。当在客户验收之前确认收入时,企业还应当考虑是否还存在剩余的履约义务,如设备安装等,并且评估是否应当对其单独进行会计处理。

相反,当企业无法客观地确定其向客户转让的商品是否符合合同规定的条件时,在客户验收之前,企业不能认为已经将该商品的控制权转移给了客户。这是因为,在这种情况下,企业无法确定客户是否能够主导该商品的使用并从中获得其几乎全部的经济利益。实务中,定制化程度越高的商品,越难以证明客户验收仅仅是一项例行程序。

此外,如果企业将商品发送给客户供其试用或者测评,且客户并未承诺在试用期结束前支付任何对价,则在客户接受该商品或者在试用期结束之前,该商品的控制权并未转移给客户。

需要强调的是,在上述五个迹象中,并没有哪一个或哪几个迹象是决定性的,企业应当根据合同条款和交易实质进行分析,综合判断其是否将商品的控制权转移给客户以及何时转移的,从而确定收入确认的时点。此外,企业应当从客户的角度进行评估,而不应当仅考虑企业自身的看法。

11.1.3　合同成本

1. 合同履约成本

企业为履行合同可能会发生各种成本，企业应当对这些成本进行分析，属于存货、固定资产以及无形资产等规范范围的，应当按照相关要求进行会计处理；不属于其他章节规范范围且同时满足下列条件的，应当设置"合同履约成本"科目进行单独核算将其确认为一项资产。

（1）该成本与一份当前或预期取得的合同直接相关。

预期取得的合同应当是企业能够明确识别的合同，例如，现有合同续约后的合同、尚未获得批准的特定合同等。与合同直接相关的成本包括直接人工、直接材料、制造费用、明确由客户承担的成本以及仅因该合同而发生的其他成本。

（2）该成本增加了企业未来用于履行（包括持续履行）履约义务的资源。

（3）该成本预期能够收回。

企业发生上述合同履约成本时，借记"合同履约成本"科目，贷记"银行存款""应付职工薪酬""原材料"等科目；涉及增值税的，还应进行相应的处理。

企业应当在下列支出发生时，将其计入当期损益：一是管理费用，除非这些费用明确由客户承担；二是非正常消耗的直接材料、直接人工和制造费用（或类似费用），这些支出为履行合同发生，但未反映在合同价格中；三是与履约义务中已履行（包括已全部履行或部分履行）部分相关的支出，即该支出与企业过去的履约活动相关；四是无法在尚未履行的与已履行（或已部分履行）的履约义务之间区分的相关支出。

例 11-28　甲公司与乙公司签订合同，为乙公司信息中心提供管理服务，合同期限为 3 年。在向乙公司提供服务之前，甲公司设计并搭建了一个信息技术平台供其内部使用，该信息技术平台由相关的硬件和软件组成。甲公司需要提供设计方案，将该信息技术平台与乙公司现有的信息系统对接，并进行相关测试。该平台并不会转让给乙公司，但是，将用于向乙公司提供服务。甲公司为该平台的设计、购买硬件和软件以及信息中心的测试发生了成本。除此之外，甲公司专门指派两名员工，负责向乙公司提供服务。

本例中，甲公司为履行合同发生的上述成本中，购买硬件和软件的成本应当分别按照固定资产和无形资产准则进行会计处理；设计服务成本和信息中心的测试成本不属于其他企业会计准则的规范范围，但是这些成本与履行该合同直接相关，并且增加了甲公司未来用于履行履约义务（即提供管理服务）的资源，如果甲公司预期该成本可通过未来提供服务收取的对价收回，则甲公司应当将这些成本确认为一项资产。甲公司向两名负责该项目的员工支付的工资费用，虽然与向乙公司提供服务有关，但是由于其并未增加企业未来用于履行履约义务的资源，因此，应当于发生时计入当期损益。

2. 合同取得成本

企业为取得合同发生的增量成本预期能够收回的，应当设置"合同取得成本"科目进行单独核算将其确认为一项资产。增量成本，是指企业不取得合同就不会发生的成本，如销售佣金等。企业发生上述合同取得成本时，借记"合同取得成本"科目，贷记"银行存款""其他应付款"等科目，涉及增值税的，还应进行相应的处理。为简化实务操作，该资产摊销期限不超过一年的，可以在发生时计入当期损益。企业采用该简化处理方法的，应当对所有类似合同一致采用。

企业为取得合同发生的、除预期能够收回的增量成本之外的其他支出，应当在发生时计入当期损益，除非这些支出明确由客户承担。

例 11-29　甲公司是一家管理咨询公司，其通过竞标赢得一个新客户，为取得与该客户的合同，甲公司聘请外部律师进行尽职调查支付相关费用为 3 万元，为投标而发生的差旅费为 2 万元，支付销售人员佣金 1 万元。甲公司预期这些支出未来均能够收回。此外，甲公司根据其年度销售目标、整体盈利情况及个人业绩等，向销售部门经理支付年度奖金 2 万元。

本例中，甲公司因签订该客户合同而向销售人员支付的佣金 1 万元属于为取得合同发生的增量成本，应当将其作为合同取得成本确认为一项资产。甲公司聘请外部律师进行尽职调查发生的支出 3 万元、为投标发生的差旅费 2 万元，无论是否取得合同都会发生，不属于增量成本，因此，应当于发生时直接计入当期损益。甲公司向销售部门经理支付的年度奖金 2 万元也不是为取得合同发生的增量成本，这是因为该奖金发放与否以及发放金额还取决于其他因素（包括公司的盈利情况和个人业绩），并不能直接归属于可识别的合同。

企业因现有合同续约或发生合同变更需要支付的额外佣金，也属于为取得合同发生的增量成本。实务中，当涉及合同取得成本的安排比较复杂时，企业需要运用判断，对发生的合同取得成本进行恰当的会计处理。

例 11-30　根据甲公司的相关政策，销售部门员工每新签一份合同，可以获得提成 100元，现有合同每续约一次，可以获得提成 50 元，甲公司预期上述提成均能够收回。

本例中，甲公司为取得新合同支付给员工的提成 100 元，属于为取得合同发生的增量成本，且预期能够收回，因此，应当确认为一项资产。同样地，甲公司为现有合同续约支付给员工的提成 50 元，也属于为取得合同发生的增量成本，这是因为如果不发生合同续约，就不会支付相应的提成，由于该提成预期能够收回，甲公司应当在每次续约时将应支付的相关提成确认为一项资产。

假定：除上述规定外，甲公司相关政策规定，当合同变更时，如果客户在原合同的基础上，向甲公司支付额外的对价以购买额外的商品，则甲公司需根据该新增的合同金额向销售人员支付一定的提成。在这种情况下，无论相关合同变更属于收入准则规定的哪一种情形，甲公司均应当将应支付的提成视同为取得合同（变更后的合同）发生的增量成本进行会计处理。

为取得合同需要支付的佣金在履行合同的过程中分期支付且客户违约时企业无须支付剩余佣金的，如果该合同在合同开始日即满足收入准则规定的五项条件，该佣金预期能够从客户支付的对价中获得补偿，且取得合同后，收取佣金的一方不再为企业提供任何相关服务，则企业应当将应支付的佣金全额作为合同取得成本确认为一项资产。后续期间，如果客户的履约情况发生变化，企业应当评估该合同是否仍然满足收入准则规定的五项条件以及确认为资产的合同取得成本是否发生减值，并进行相应的会计处理。这一处理也同样适用于客户违约可能导致企业收回已经支付的佣金的情况。当企业发生的合同取得成本与多份合同相关（例如，企业支付的佣金取决于累计取得的合同数量或金额）时，情况可能更为复杂，企业应当根据实际情况进行判断，并进行相应的会计处理。

3. 与合同履约成本和合同取得成本有关的资产的摊销和减值

1）摊销

对于确认的与合同履约成本和合同取得成本有关的企业资产，应当采用与该资产相关的商品收入确认相同的基础（即在履约义务履行的时点或按照履约义务的履约进度）进行摊销，计入当期损益。对合同履约成本进行摊销时，借记"主营业务成本""其他业务成本"等科目，贷记"合同履约成本"科目。对合同取得成本进行摊销时，按照其相关性借记"销售费用"等科目，贷记"合同取得成本"科目。

在确定与合同成本有关的资产的摊销期限和方式时，如果该资产与一份预期将要取得的合同（如续约后的合同）相关，则在确定相关摊销期限和方式时，应当考虑该将要取得的合同的影响。但是，对于合同取得成本而言，如果合同续约时，企业仍需要支付与取得原合同相当的佣金，这表明取得原合同时支付的佣金与未来预期取得的合同无关，该佣金只能在原合同的期限内进行摊销。企业为合同续约仍需支付的佣金是否与原合同相当，需要根据具体情况进行判断。

某些情况下，企业将为取得某份合同发生的增量成本确认为一项资产，但是该合同中包含多项履约义务，且这些履约义务在不同的时点或时段内履行。在确定该项资产的摊销方式时，企业可以基于各项履约义务分摊的交易价格的相对比例，将该项资产分摊至各项履约义务，再以与该履约义务（可明确区分的商品）的收入确认相同的基础进行摊销；或者，企业可以考虑合同中包含的所有履约义务，采用恰当的方法确定合同的完成情况，即应当最能反映该资产随相关商品的转移而被"耗用"的情况，并以此为基础对该资产进行摊销。通常情况下，上述两种方法的结果可能是近似的，但是，后者无须将合同取得成本特别分摊至合同中的各项履约义务。

企业应当根据向客户转让与上述资产相关的商品的预期时间变化，对资产的摊销情况进行复核并更新，以反映该预期时间的重大变化。此类变化应当作为会计估计变更进行会计处理。

2）减值

企业应设置"合同履约成本减值准备"和"合同取得成本减值准备"科目核算与合同履约成本和合同取得成本有关的资产的减值准备。

合同履约成本和合同取得成本，其账面价值高于下列第一项减去第二项的差额的，超出部分应当计提减值准备，借记"资产减值损失"，贷记"合同履约成本减值准备""合同取得成本减值准备"：一是企业因转让与该资产相关的商品预期能够取得的剩余对价；二是为转让该相关商品估计将要发生的成本。这里，企业应当按照确定交易价格的原则（关于可变对价估计的限制要求除外）预计其能够取得的剩余对价。估计将要发生的成本主要包括直接人工、直接材料、制造费用（或类似费用）、明确由客户承担的成本以及仅因该合同而发生的其他成本等。

以前期间减值的因素之后发生变化，使得企业上述第一项减去第二项后的差额高于该资产账面价值的，应当转回原已计提的资产减值准备，并计入当期损益，借记"合同履约成本减值准备""合同取得成本减值准备"，贷记"资产减值损失"，但转回后的资产账面价值不应超过假定不计提减值准备情况下该资产在转回日的账面价值。

在确定合同履约成本和合同取得成本的减值损失时，企业应当首先对按照其他相关企业会计准则确认的、与合同有关的其他资产确定减值损失；然后，按照前述要求确定与合同成本有关的资产的减值损失。企业按照资产减值准则测试相关资产组的减值情况时，应当将按照上述要求确定上述资产减值后的新账面价值计入相关资产组的账面价值。

11.1.4 特定交易的会计处理

1. 附有销售退回条件的商品销售

企业将商品转让给客户之后，可能会因为各种原因允许客户选择退货。附有销售退回条款的销售，是指客户依照有关合同有权退货的销售方式。合同中有关退货权的条款可能会在合同中明确约定，也有可能是隐含的。隐含的退货权可能来自企业在销售过程中向客户作出的声明或承诺，也有可能是来自法律法规的要求或企业以往的习惯做法等。客户选择退货时，可能有权要求返还其已经支付的全部或部分对价、抵减其对企业已经产生或将会产生的欠款或者要求换取其他商品。

客户取得商品控制权之前退回该商品不属于销售退回。需要说明的是，企业在允许客户退货的期间内随时准备接受退货的承诺，并不构成单项履约义务，但可能会影响收入确认的金额。企业应当遵循可变对价（包括将可变对价计入交易价格的限制要求）的处理原则来确定其预期有权收取的对价金额，即交易价格不应包含预期将会被退回的商品的对价金额。

企业应当在客户取得相关商品控制权时，按照已收或应收的合同价款，加上应收取的增值税额，借记"银行存款""应收账款""应收票据""合同资产"等科目，按照因向客户转让商品而预期有权收取的对价金额（不包含预期因销售退回将退还的金额）贷记"主营业务收入"科目，按照预期因销售退回将退还的金额贷记"预计负债——应付退货款"科目，按应收取的增值税额，贷记"应交税费——应交增值税（销项税额）"科目；同时，按照预期将退回商品转让时的账面价值，扣除收回该商品预计发生的成本（包括退回商品的价值减损）后的余额，借记"应收退货成本"科目，按照所转让商品转让时的账面价值，扣除上述资产成本的净额借记"主营业务成本"科目，按所转让商品转让时的账面价值贷记"库存商品"科目。每一资产负债表日，企业应当重新估计未来销售退回情况，并对上述资产和负债进行重新计量。如有变化，应当作为会计估计变更进行会计处理。

例 11-31 甲公司 2×18 年 1 月 1 日，甲公司向乙公司销售 500 件某商品，单位销售价格为 50 元，单位成本为 40 元，开出的增值税专用发票上注明的销售价格为 2.5 万元，增值税额为 0.325 万元。协议约定，乙公司应于 2×18 年 12 月 1 日之前支付货款，在 2×19 年 6 月 30 日之前有权退还该商品。商品已经发出，甲公司开出的增值税专用发票，款项尚未收到。假定甲公司根据过去的经验，估计该批商品退货率约为 20%；在 2×18 年 12 月 31 日，甲公司对退货率进行了重新评估，认为只有 10% 的商品会被退回。甲公司为增值税一般纳税人，商品发出时纳税义务已经发生，实际发生退回时取得税务机关开具的红字增值税专用发票。假定商品发出时控制权转移给乙公司。甲公司的会计处理如下。

① 2×18 年 1 月 1 日发出商品时。

借：应收账款　　　　　　　　　　　　　　　　　　　　　　　　28 250

　　贷：主营业务收入　　　　　　　　　　　　　　　　　　　　　　20 000

　　　　预计负债——应付退货款　　　　　　　　　　　　　　　　　5 000

　　　　应交税费——应交增值税（销项税额）　　　　　　　　　　　3 250

借：主营业务成本　　　　　　　　　　　　　　　　　　　　　　16 000

　　应收退货成本　　　　　　　　　　　　　　　　　　　　　　　4 000

　　贷：库存商品　　　　　　　　　　　　　　　　　　　　　　　20 000

② 2×18 年 12 月 1 日前收到货款。

借：银行存款　　　　　　　　　　　　　　　　　　　　　　　　　28 250
　　贷：应收账款　　　　　　　　　　　　　　　　　　　　　　　　　28 250

2×18 年 12 月 31 日，甲公司对退货率进行重新评估。

借：预计负债——应付退货款　　　　　　　　　　　　　　　　　　　 2 500
　　贷：主营业务收入　　　　　　　　　　　　　　　　　　　　　　　 2 500

借：主营业务成本　　　　　　　　　　　　　　　　　　　　　　　　 2 000
　　贷：应收退货成本　　　　　　　　　　　　　　　　　　　　　　　 2 000

③ 2×19 年 6 月 30 日退回 50 件，退货款项已经支付。

将退回的 50 件商品计入库存商品，同时转销已计负债。

借：库存商品　　　　　　　　　　　　　　　　　　　　　　　　　　 2 000
　　应交税费——应交增值税（销项税额）　　　　　　　　　　　　　　 325
　　预计负债——应付退货款　　　　　　　　　　　　　　　　　　　　 2 500
　　贷：应收退货成本　　　　　　　　　　　　　　　　　　　　　　　 2 000
　　　　银行存款　　　　　　　　　　　　　　　　　　　　　　　　　 2 825

④ 如果实际退货量为 40 件时，将退回的 40 件商品计入库存商品，同时转销已计负债，冲回多冲的收入和成本。

借：库存商品　　　　　　　　　　　　　　　　　　　　　　　　　　 1 600
　　应交税费——应交增值税（销项税额）　　　　　　　　　　　　　　 260
　　预计负债——应付退货款　　　　　　　　　　　　　　　　　　　　 2 500
　　贷：应收退货成本　　　　　　　　　　　　　　　　　　　　　　　 1 600
　　　　主营业务收入　　　　　　　　　　　　　　　　　　　　　　　 500
　　　　银行存款　　　　　　　　　　　　　　　　　　　　　　　　　 2 260

借：主营业务成本　　　　　　　　　　　　　　　　　　　　　　　　 400
　　贷：应收退货成本　　　　　　　　　　　　　　　　　　　　　　　 400

⇨ 想一想

如果实际退货量为 60 件时，甲公司应该如何进行会计处理？

附有销售退回条款的销售，在客户要求退货时，如果企业有权向客户收取一定金额的退货费，则企业在估计预期有权收取的对价金额时，应当将该退货费包括在内。

例 11-32　2×18 年 1 月 1 日，甲公司向乙家具店销售 10 套沙发，每套沙发的价格为 2 000 元，成本为 1 500 元。根据合同约定，乙家具店有权在收到沙发的 30 天内退货，但是需要向甲公司支付 10% 的退货费（即每套沙发的退货费为 200 元）。根据历史经验，甲公司预计的退货率为 10%，且退货过程中，甲公司预计为每套退货的沙发发生的成本为 100 元。上述价格均不包含增值税，假定不考虑相关税费影响，甲公司在将沙发的控制权转移给乙家具店时的账务处理为：

借：应收账款　　　　　　　　　　　　　　　　　　　　　　　　　　20 000
　　贷：主营业务收入　　　　　　　　　　　　　　　　　　　　　　　18 200

预计负债——应付退货款	1 800
借：主营业务成本	13 600
应收退货成本	1 400
贷：库存商品	15 000

例11-33 2×18年1月1日，甲公司与乙公司签订合同，向其销售X产品。客户在合同开始日即取得了X产品的控制权，并在90天内有权退货。由于X产品是最新推出的产品，甲公司尚无有关该产品退货率的历史数据，也没有其他可以参考的市场信息。该合同对价为24 200元，根据合同约定，客户应于合同开始日后的第二年年末付款。X产品在合同开始日的现销价格为20 000元。X产品的成本为16 000元。退货期满后，未发生退货。上述价格均不包含增值税，假定不考虑相关税费影响。

本例中，客户有退货权，因此，该合同的对价是可变的。由于甲公司缺乏有关退货情况的历史数据，考虑将可变对价计入交易价格的限制要求，在合同开始日不能将可变对价计入交易价格，因此，甲公司在X产品控制权转移时确认的收入为0，其应当在退货期满后，根据实际退货情况，按照预期有权收取的对价金额确定交易价格。此外，考虑到X产品控制权转移与乙公司付款之间的时间间隔以及该合同对价与X产品现销价格之间的差异等因素，甲公司认为该合同存在重大融资成分。甲公司的账务处理如下：

① 在合同开始日，甲公司将X产品的控制权转移给客户。

借：应收退货成本	16 000
贷：库存商品	16 000

② 在90天的退货期内，甲公司尚未确认合同资产和应收款项，因此，无须确认重大融资成分的影响。

③ 退货期满日（假定应收款项在合同开始日和退货期满日的公允价值无重大差异）。

借：长期应收款	24 200
贷：主营业务收入	20 000
未实现融资收益	4 200
借：主营业务成本	16 000
贷：应收退货成本	16 000

在后续期间，甲公司应当考虑在剩余合同期限确定实际利率，将上述应收款项的金额与合同对价之间的差额（4 200元）按照实际利率法进行摊销，确认相关的利息收入。此外，甲公司还应当按照金融工具相关会计准则评估上述应收款项是否发生减值，并进行相应的会计处理。

需要说明的是，客户以一项商品换取类型、质量、状况及价格均相同的另一项商品，不应被视为退货。此外，如果合同约定客户可以将质量有瑕疵的商品退回以换取正常的商品，企业应当按照附有质量保证条款的销售进行会计处理。对于具有类似特征的合同组合，企业也可以在确定退货率、坏账率、合同存续期间等方面运用组合法进行估计。

2. 附有质量保证条款的销售

企业在向客户销售商品时，根据合同约定、法律规定或本企业以往的习惯做法等，可能会为所销售的商品提供质量保证，这些质量保证的性质可能因行业或者客户而不同。其中，有一些质量保证是为了向客户保证所销售的商品符合既定标准，即保证类质量保证；而另一些质量保证则是在向客户保证所销售的商品符合既定标准之外提供了一项单独的服务，即服务类质量保证。

企业应当对其所提供的质量保证的性质进行分析，对于客户能够选择单独购买质量保证的，表明该质量保证构成单项履约义务；对于客户虽然不能选择单独购买质量保证，但是，如果该质量保证在向客户保证所销售的商品符合既定标准之外提供了一项单独服务的，也应当作为单项履约义务。作为单项履约义务的质量保证应当按收入准则规定进行会计处理，并将部分交易价格分摊至该项履约义务。对于不能作为单项履约义务的质量保证，企业应当按照或有事项的规定进行会计处理。

企业在评估一项质量保证是否在向客户保证所销售的商品符合既定标准之外提供了一项单独的服务时，应当考虑以下因素。

（1）该质量保证是否为法定要求。当法律要求企业提供质量保证时，该法律规定通常表明企业承诺提供的质量保证不是单项履约义务，这是因为，这些法律规定通常是为了保护客户，以免其购买瑕疵或缺陷商品，而并非为客户提供一项单独的服务。

（2）质量保证期限。企业提供质量保证的期限越长，越有可能表明企业向客户提供了保证商品符合既定标准之外的服务。因此，企业承诺提供的质量保证越有可能构成单项履约义务。

（3）企业承诺履行任务的性质。如果企业必须履行某些特定的任务以保证所销售的商品符合既定标准，则这些特定的任务可能不构成单项履约义务。

例 11-34　2×18 年 1 月 1 日，甲公司与乙客户签订合同，销售一台笔记本电脑。该电脑自售出起一年内如果发生质量问题，甲公司负责提供质量保证服务。此外，在此期间内，由于客户使用不当（例如电脑进水）等原因造成的产品故障，甲公司也免费提供维修服务。该维修服务不能单独购买。

本例中，甲公司的承诺包括：销售电脑、提供质量保证服务以及维修服务。甲公司针对产品的质量问题提供的质量保证服务是为了向客户保证所销售商品符合既定标准，因此不构成单项履约义务；甲公司对由于客户使用不当而导致的产品故障提供的免费维修服务，属于在向客户保证所销售商品符合既定标准之外提供的单独服务，尽管其没有单独销售，该服务与电脑可明确区分，但应该作为单项履约义务。因此，在该合同下，甲公司的履约义务有两项：销售电脑和提供维修服务，甲公司应当按照其各自单独售价的相对比例，将交易价格分摊至这两项履约义务，并在各项履约义务履行时分别确认收入。甲公司提供的质量保证服务，应当按照或有事项的规定进行会计处理。

企业提供的质量保证同时包含保证类质量保证和服务类质量保证的，应当分别对其进行会计处理；无法合理区分的，应当将这两类质量保证一起作为单项履约义务按照收入准则进行会计处理。

当企业销售的商品对客户造成损害或损失时，如果相关法律法规要求企业需要对此进行赔偿，该法定要求不会产生单项履约义务。如果企业承诺，当企业向客户销售的商品由于专利权、版权、商标或其他侵权等原因被索赔而对客户造成损失时，向客户赔偿该损失，该承诺也不会产生单项履约义务。企业应当按照或有事项的规定对上述义务进行会计处理。

3. 主要责任人和代理人

当企业向客户销售商品涉及其他方参与其中时，企业应当确定其自身在该交易中的身份是主要责任人还是代理人。主要责任人应当按照已收或应收对价总额确认收入；代理人应当按照预期有权收取的佣金或手续费的金额确认收入。

1）主要责任人或代理人的判断原则

企业在判断其是主要责任人还是代理人时，应当根据其承诺的性质，也就是履约义务的性质，确定企业在某项交易中的身份是主要责任人还是代理人。企业承诺自行向客户提供特定商品的，其身份是主要责任人；企业承诺安排他人提供特定商品的，即为他人提供协助的，其身份是代理人。自行向客户提供特定商品可能也包含委托另一方（包括分包商）代为提供特定商品。

在确定企业承诺的性质时，企业应当首先识别向客户提供的特定商品。这里的特定商品，是指向客户提供的可明确区分的商品或可明确区分的一揽子商品，根据前述可明确区分的商品的内容，该特定的商品也包括享有由其他方提供的商品的权利。当企业与客户订立的合同中包含多项特定商品时，对于某些商品而言，企业可能是主要责任人，而对于其他商品而言，企业可能是代理人。然后，企业应当评估特定商品在转让给客户之前，企业是否控制该商品。企业在将特定商品转让给客户之前控制该商品的，表明企业的承诺是自行向客户提供该商品，或委托另一方（包括分包商）代其提供该商品，因此，企业为主要责任人；相反，企业在特定商品转让给客户之前不控制该商品的，表明企业的承诺是安排他人向客户提供该商品，是为他人提供协助，因此，企业为代理人。当企业仅仅是在特定商品的法定所有权转移给客户之前，暂时性地获得该商品的法定所有权时，并不意味着企业一定控制了该商品。

2）企业作为主要责任人的情况

当存在第三方参与企业向客户提供商品时，企业向客户转让特定商品之前能够控制该商品的，应当作为主要责任人。企业作为主要责任人的情形包括：

（1）企业自该第三方取得商品或其他资产控制权后，再转让给客户。这里的商品或其他资产也包括企业向客户转让的未来享有由其他方提供服务的权利。企业应当评估在转让给客户前，企业是否控制该权利。在进行上述评估时，企业应当考虑该权利是仅在转让给客户时才产生，还是在转让给客户之前就已经存在，且企业一直能够主导其使用，如果该权利在转让给客户之前不存在，则企业实质上并不能在该权利转让给客户之前控制该权利。

例 11-35 甲公司是一家旅行社，从 A 航空公司购买了一定数量的折扣机票，并对外销售。甲公司向旅客销售机票时，可自行决定机票的价格，未售出的机票不能退还给 A 航空公司。

本例中，甲公司向客户提供的特定商品或服务为机票，该机票代表了客户可以乘坐特定航班（即享受航空公司提供的飞行服务）的权利。甲公司在确定特定客户之前已经预先从航空公司购买了机票，因此，该权利在转让给客户之前已经存在。甲公司从航空公司购入机票之后，可以自行决定该机票的用途，即是否用于对外销售，以何等价格以及向哪些客户销售等，甲公司有能力主导该机票的使用并且能够获得其几乎全部的经济利益。因此，甲公司在将机票销售给客户之前，能够控制该机票，甲公司在向旅客销售机票的交易中的身份是主要责任人。

例 11-36 甲公司经营某购物网站，消费者可以明确获知在该网站上销售的商品均为其他零售商直接销售的商品，这些零售商负责发货以及售后服务等。甲公司与零售商签订的合同约定，该网站所售商品的采购、定价、发货以及售后服务等均由零售商自行负责，甲公司仅负责协助零售商和消费者结算货款，并按照每笔交易实际销售额收取 8% 的佣金。

本例中，甲公司经营的购物网站是一个购物平台，零售商可以在该平台发布所销售商品信息，消费者可以从该平台购买零售商销售的商品。消费者在该网站购物时，向其提供的特定商品为零售商在网站上销售的商品，除此之外，甲公司并未提供任何其他的商品。这些特定商品在转移给消费者之前，甲公司没有能力主导这些商品的使用，例如，甲公司不能将这些商品提供给购买该商品的消费者之外的其他方，也不能阻止零售商向该消费者转移这些商品，甲公司并未控制这些商品，甲公司的履约义务是安排零售商向消费者提供相关商品，而非自行提供这些商品，甲公司在该交易中的身份是代理人。

（2）企业能够主导第三方代表本企业向客户提供服务。当企业承诺向客户提供服务，并委托第三方（例如分包商、其他服务提供商等）代表企业向客户提供服务时，如果企业能够主导该第三方代表本企业向客户提供服务，则表明企业在相关服务提供给客户之前能够控制该相关服务。

例 11-37 2×18 年 1 月 1 日，甲公司与乙公司签订合同，为其写字楼提供保洁服务，并商定了服务范围及其价格。甲公司每月按照约定的价格向乙公司开具发票，乙公司按照约定的日期向甲公司付款。双方签订合同后，甲公司委托服务提供商丙公司代表其为乙公司提供该保洁服务，与其签订了合同。甲公司和丙公司商定了服务价格，双方签订的合同付款条款大致上与甲公司和乙公司约定的付款条款一致。当丙公司按照与甲公司的合同约定提供了服务时，无论乙公司是否向甲公司付款，甲公司都必须向丙公司付款。乙公司无权主导丙公司提供未经甲公司同意的服务。

本例中，甲公司向乙公司提供的特定服务是写字楼的保洁服务，除此之外，甲公司并没有向乙公司承诺任何其他的商品。根据甲公司与丙公司签订的合同，甲公司能够主导丙公司所提供的服务，包括要求丙公司代表甲公司向乙公司提供保洁服务，相当于甲公司利用其自身资源履行了该合同。乙公司无权主导丙公司提供未经甲公司同意的服务。因此，甲公司在丙公司向乙公司提供保洁服务之前控制了该服务，甲公司在该交易中的身份为主要责任人。

（3）企业自第三方取得商品控制权后，通过提供重大的服务将该商品与其他商品整合成合同约定的某组合产出转让给客户。此时，企业承诺提供的特定商品就是合同约定的组合产出。企业只有获得为生产该特定商品所需要的投入（包括从第三方取得的商品）的控制权，才能将这些投入加工整合为合同约定的组合产出。

例 11-38 2×18 年 1 月 1 日，甲公司与乙公司签订合同，向其销售一台特种设备，并商定了该设备的具体规格和销售价格，甲公司负责按照约定的规格设计该设备，并按双方商定的销售价格向乙公司开具发票。该特种设备的设计和制造高度相关。为履行该合同，甲公司与其供应商丙公司签订合同，委托丙公司按照其设计方案制造该设备，并安排丙公司直接向乙公司交付设备。丙公司将设备交付给乙公司后，甲公司按与丙公司约定的价格向丙公司支付制造设备的对价；丙公司负责设备质量问题，甲公司负责设备由于设计原因引致的问题。

本例中，甲公司向乙公司提供的特定商品是其设计的专用设备。虽然甲公司将设备的制造工作分包给丙公司进行，但是，甲公司认为该设备的设计和制造高度相关，不能明确区分，应当作为单项履约义务。由于甲公司负责该合同的整体管理，如果在设备制造过程中发现需要对设备规格作出任何调整，甲公司需要负责制定相关的修订方案，通知丙公司进行相关调整，并确保任何调整均符合修订后的规格要求。甲公司主导了丙公司的制造服务，并通过必需的重大整合服务，将其整合作为向乙公司转让的组合产出（专用设备）的一部分，在该专用设备转让给客户前控制了该专用设备。因此，甲公司在该交易中的身份为主要责任人。

企业无论是主要责任人还是代理人，均应当在履约义务履行时确认收入。企业为主要责任人的，应当按照其自行向客户提供商品而有权收取的对价总额确认收入；企业为代理人的，应当按照其因安排他人向客户提供特定商品而有权收取的佣金或手续费的金额确认收入，该金额可能是按照既定的佣金金额或比例确定，也可能是按照已收或应收对价总额扣除应支付给提供该特定商品的其他方的价款后的净额确定。

3）需要考虑的相关事实和情况

实务中，企业在判断其在向客户转让特定商品之前是否已经拥有对该商品的控制权时，不应仅局限于合同的法律形式，而应当综合考虑所有相关事实和情况进行判断，这些事实和情况包括但不仅限于：

（1）企业承担向客户转让商品的主要责任。

该主要责任包括就特定商品的可接受性承担责任等。当存在第三方参与向客户提供特定商品时，如果企业就该特定商品对客户承担主要责任，则可能表明该第三方是在代表企业提供该特定商品。企业在评估是否承担向客户转让商品的主要责任时，应当从客户的角度进行评估，即客户认为哪一方承担了主要责任。

（2）企业在转让商品之前或之后承担了该商品的存货风险。

当企业在与客户订立合同之前已经购买或者承诺将自行购买特定商品时，这可能表明企业在将该特定商品转让给客户之前，承担了该特定商品的存货风险，企业有能力主导特定商品的使用并从中取得几乎全部的经济利益。在附有销售退回条款的销售中，企业将商品销售给客户之后，客户有权要求向该企业退货，这可能表明企业在转让商品之后仍然承担了该商品的存货风险。

（3）企业有权自主决定所交易商品的价格。

企业有权决定与客户交易的特定商品的价格，可能表明企业有能力主导该商品的使用并从中获得几乎全部的经济利益。然而，在某些情况下，代理人可能在一定程度上也拥有定价权，以便其在代表主要责任人向客户提供商品时，能够吸引更多的客户，从而赚取更多的收入。

需要强调的是，企业在判断其是主要责任人还是代理人时，应当以该企业在特定商品转让给客户之前是否能够控制该商品为原则。上述相关事实和情况仅为支持对控制权的评估，不能取代控制权的评估，也不能凌驾于控制权评估之上，更不是单独或额外的评估；并且这些事实和情况并无权重之分，其中某一项或几项也不能被孤立地用于支持某一结论。企业应当根据相关商品的性质、合同条款的约定以及其他具体情况，综合进行判断。不同的合同可能需要采用上述不同的事实和情况提供支持证据。

当第三方承担了企业的履约义务并享有了合同中的权利，从而使企业不再负有自行向客户转让特定商品的义务时，企业不再是主要责任人，不应再按照主要责任人确认收入，而应当评估其履约义务是否是为该第三方取得合同，即企业是否为代理人，并确认相应的收入。

4. 附有客户额外购买选择权的销售

某些情况下，企业在销售商品的同时，会向客户授予选择权，允许客户可以据此免费或者以折扣价格购买额外的商品。企业向客户授予的额外购买选择权的形式包括销售激励、客户奖励积分、未来购买商品的折扣券以及合同续约选择权等。

对于附有客户额外购买选择权的销售，企业应当评估该选择权是否向客户提供了一项重大权利。如果客户只有在订立了一项合同的前提下才取得了额外购买选择权，并且客户行使该选择权购买额外商品时，能够享受到超过该地区或该市场中其他同类客户所能够享有的折扣，则通常认为该选择权向客户提供了一项重大权利。该选择权向客户提供了重大权利的，应当作为单项履约义务。在这种情况下，客户在该合同下支付的价款实际上购买了两项单独的商品：一是客户在该合同下原本购买的商品；二是客户可以免费或者以折扣价格购买额外商品的权利。企业应当将交易价格在这两项商品之间进行分摊，其中，分摊至后者的交易价格与未来的商品相关，因此，企业应当在客户未来行使该选择权取得相关商品的控制权时，或者在该选择权失效时确认为收入。在考虑授予客户的该项权利是否重大时，应根据其金额和性质综合判断。

⮕ 想一想

企业实施的奖励积分计划是否向客户提供了重大权利？

当企业向客户提供了额外购买选择权，但客户在行使该选择权购买商品的价格反映了该商品的单独售价时，即使客户只能通过与企业订立特定合同才能获得该选择权，该选择权也不应被视为企业向该客户提供了一项重大权利。

企业提供的额外购买选择权构成单项履约义务的，企业应当按照交易价格分摊的相关原则，将交易价格分摊至该履约义务。客户额外购买选择权的单独售价无法直接观察的，企业应当综合考虑客户行使和不行使该选择权所能获得的折扣的差异以及客户行使该选择权的可能性等全部相关信息后，予以合理估计。

例 11-39 2×18 年 1 月 1 日，甲公司以 100 元的价格向客户销售 A 商品，购买该商品的客户可得到一张 40% 的折扣券，客户可以在未来的 30 天内使用该折扣券购买甲公司原价不超过 100 元的任一商品。同时，甲公司计划推出季节性促销活动，在未来 30 天内针对所有产品均提供 10% 的折扣。上述两项优惠不能叠加使用。根据历史经验，甲公司预计有 80% 的客户会使用该折扣券，额外购买的商品的金额平均为 50 元。上述金额均不包含增值税，且假定不考虑相关税费影响。

本例中，购买 A 商品的客户能够取得 40% 的折扣券，其远高于所有客户均能享有的 10% 的折扣，因此，甲公司认为该折扣券向客户提供了重大权利，应当作为单项履约义务。考虑到客户使用该折扣券的可能性以及额外购买的金额，甲公司估计该折扣券的单独售价为 12 元〔50×80%×（40%−10%）〕。甲公司按照 A 商品和折扣券单独售价的相对比例对交易价格进行分摊，

A 商品分摊的交易价格为 89 元｛〔100/（100+12）〕×100｝，折扣券选择权分摊的交易价格为 11 元｛〔12/（100+12）〕×100｝。甲公司在销售 A 商品时的账务处理如下：

借：银行存款   100
  贷：主营业务收入   89
    合同负债   11

例 11-40　2×18 年 1 月 1 日，甲公司开始推行一项奖励积分计划。根据该计划，客户在甲公司每消费 10 元可获得 1 个积分，每个积分从次月开始在购物时可以抵减 1 元。截至 2×18 年 1 月 31 日，客户共消费 100 000 元，可获得 10 000 个积分，根据历史经验，甲公司估计该积分的兑换率为 95%。上述金额均不包含增值税，且假定不考虑相关税费影响。

本例中，甲公司认为其授予客户的积分为客户提供了一项重大权利，应当作为单项履约义务。客户购买商品的单独售价合计为 100 000 元，考虑积分的兑换率，甲公司估计积分的单独售价为 9 500 元（1×10 000×95%）。甲公司按照商品和积分单独售价的相对比例对交易价格进行分摊：

商品分摊的交易价格 = ［100 000/（100 000+9 500）］×100 000 = 91 324（元），积分分摊的交易价格 = ［9 500/（100 000+9 500）］×100 000 = 8 676（元）。因此，甲公司应当在商品的控制权转移时确认收入 91 324 元，同时，确认合同负债 8 676 元。

截至 2×18 年 12 月 31 日，客户共兑换了 4 500 个积分，甲公司对该积分的兑换率进行了重新估计，仍然预计客户将会兑换的积分总数为 9 500 个。因此，甲公司以客户兑换的积分数占预期将兑换的积分总数的比例为基础确认收入。积分当年应当确认的收入为 4 110 元［（4 500/9 500）×8 676］；剩余未兑换的积分为 4 566 元（8 676 - 4 110），仍然作为合同负债。

截至 2×19 年 12 月 31 日，客户累计兑换了 8 500 个积分。甲公司对该积分的兑换率进行了重新估计，预计客户将会兑换的积分总数为 9 700 个。积分当年应当确认的收入为 3 493 元（8 500/9 700×8 676 - 4 110）；剩余未兑换的积分为 1 073 元（8 676 - 4 110 - 3 493），仍然作为合同负债。

需要说明的是，企业向客户授予奖励积分，该积分可能有多种使用方式，例如该积分只能用于兑换本企业提供的商品、只能用于兑换第三方的商品，或者客户可以在二者中进行选择。企业授予客户的奖励积分为客户提供了重大权利从而构成单项履约义务时，企业应当根据具体情况确定收入确认的时点和金额。具体而言，该积分只能用于兑换本企业提供的商品的，企业通常只能在将相关商品转让给客户或该积分失效时，确认与积分相关的收入；该积分只能用于兑换第三方提供的商品的，企业应当分析，对于该项履约义务而言，其身份是主要责任人还是代理人，企业是代理人的，通常应在完成代理服务时（例如协助客户自第三方兑换完积分时）按照其有权收取的佣金等确认收入；客户可以选择兑换由本企业或第三方提供的商品的，在客户选择如何兑换积分或该积分失效之前，企业需要随时准备为客户兑换积分提供商品，当客户选择兑换本企业的商品时，企业通常只能在将相关商品转让给客户或该积分失效时确认相关收入，当客户选择兑换第三方提供的商品时，企业需要分析其是主要责任人还是代理人，并进行相应的会计处理。

当客户享有的额外购买选择权是一项重大权利时，如果客户行使该权利购买的额外商品与原合同下购买的商品类似，且企业将按照原合同条款提供该额外商品的，则企业可以无须估计该选择权的单独售价，而是直接把其预计将提供的额外商品的数量以及预计将收取的相应对价金额纳入原合同，并进行相应的会计处理。这是一种便于实务操作的简化处理方式，常见于企业向客户提供续约选择权的情况。

例 11-41 2×18 年 1 月 1 日，甲公司与 100 位客户签订为期一年的服务合同，每份合同的价格均为 20 000 元，并在当日全额支付了款项。该项服务是甲公司推出的一项新业务。为推广该业务，该合同约定，客户有权在 2×18 年年末选择以同样的价格续约一年并立即支付 20 000 元；选择在 2×18 年年末续约的客户还有权在 2×19 年年末选择以同样的价格再续约一年并立即支付 20 000 元。甲公司在 2×19 年和 2×20 年将对该项服务的价格分别提高至每年 60 000 元和 100 000 元。2×18 年年末及其后，没有续约但之后又向甲公司购买该项服务的客户以及新客户都将适用当年涨价后的价格。假定甲公司提供该服务属于在一段时间内履行的履约义务，并按照成本法确定履约进度。上述金额均不包含增值税。合同开始日即 2×18 年 1 月 1 日，甲公司估计有 90% 的客户（即 90 位客户）会在 2×18 年年末选择续约，其中又有 90% 的客户（即 81 位客户）会在 2×19 年年末再次选择续约。2×18 年至 2×20 年的合同预计成本分别为 12 000 元、15 000 元和 20 000 元。

本例中，只有签订了该合同的客户才有权选择续约，且客户行使该权利续约时所能够享受的价格远低于该项服务当时的市场价格，因此，甲公司认为该续约选择权向客户提供了重大权利，且符合简化处理的条件，即甲公司无须估计该续约选择权的单独售价，而是直接把其预计将提供的额外服务以及预计将收取的相应对价金额纳入原合同，进行会计处理。

在合同开始日，甲公司根据其对客户续约选择权的估计，估计每份合同的交易价格为 54 200 元（20 000+20 000×90%+20 000×81%），预计每份合同各年应分摊的交易价格如表 11-2 所示。

表 11-2　每份合同各年应分摊的交易价格计算表　　　　　单位：元

年度	预计成本	考虑续约可能性调整后的成本	分摊的交易价格
2×18	12 000	12 000（12 000×100%）	15 597［（12 000/41 700）×54 200］
2×19	15 000	13 500（15 000×90%）	17 547［（13 500/41 700）×54 200］
2×20	20 000	16 200（20 000×81%）	21 056［（16 200/41 700）×54 200］
合计	47 000	41 700	54 200

假定客户实际选择续约的情况与甲公司的估计一致。甲公司在各年收款、确认收入以及年末合同负债的情况如表 11-3 所示。

表 11-3　甲公司在各年收款、确认收入以及年末合同负债的情况表　　　　单位：元

年度	收款	确认收入	合同负债
2×18	3 800 000	1 559 700	2 240 300
2×19	1 620 000	1 754 700	2 105 600
2×20	—	2 105 600	
合计	5 420 000	5 420 000	

如果客户实际选择续约的情况与甲公司的估计不一致，则甲公司需要根据实际情况对于交易价格、履约进度以及各年确认的收入进行相应调整。

5. 授予知识产权许可

授予知识产权许可，是指企业授予客户对企业拥有的知识产权享有相应权利。常见的知

识产权包括软件和技术、影视和音乐等的版权、特许经营权以及专利权、商标权和其他版权等。

1）授予知识产权许可是否构成单项履约义务

企业向客户授予知识产权许可时，可能也会同时销售商品，这些承诺可能在合同中明确约定，也可能隐含于企业已公开宣布的政策、特定声明或者企业以往的习惯做法中。在这种情况下，企业应当评估授予客户的知识产权许可是否可与所售商品明确区分，即该知识产权许可是否构成单项履约义务，并进行相应的会计处理。

授予客户的知识产权许可不构成单项履约义务的，企业应当将该知识产权许可和所售商品一起作为单项履约义务进行会计处理。知识产权许可与所售商品不可明确区分的情形包括：一是该知识产权许可构成有形商品的组成部分并且对于该商品的正常使用不可或缺；二是客户只有将该知识产权许可和相关服务一起使用才能够从中获益。

例11-42 2×18年1月1日，甲制药公司将其拥有的某合成药的专利权许可证授予乙公司，授权期限为10年。同时，甲公司承诺为乙公司生产该种药品。除此之外，甲公司不会从事任何与支持该药品相关的活动。该药品的生产流程特殊性极高，没有其他公司能够生产该药品。

本例中，甲公司向乙公司授予专利权许可，并为其提供生产服务。由于市场上没有其他公司能够生产该药品，客户将无法从该专利权许可中单独获益，因此，该专利权许可和生产服务不可明确区分，应当将其一起作为单项履约义务进行会计处理。

相反，如果该药品的生产流程特殊性不高，其他公司也能够生产该药品，则该专利权许可和生产服务可明确区分，应当各自分别作为单项履约义务进行会计处理。

2）授予知识产权许可属于在某一时段履行的履约义务

授予客户的知识产权许可构成单项履约义务的，企业应当根据该履约义务的性质，进一步确定其是在某一时段内履行还是在某一时点履行。企业向客户授予的知识产权许可，同时满足下列三项条件的，应当作为在某一时段内履行的履约义务确认相关收入；否则，应当作为在某一时点履行的履约义务确认相关收入。

（1）合同要求或客户能够合理预期企业将从事对该项知识产权有重大影响的活动。

企业向客户授予知识产权许可之后，还可能会从事一些后续活动，这些活动可能会在企业与客户的合同中明确约定，也可能是客户基于企业公开宣布的政策、特定声明或者企业以往的习惯做法而合理预期企业将会从事这些活动。如果企业和客户之间约定共享该知识产权的经济利益，虽然并非决定性因素，但是这可能表明客户能够合理预期企业将从事对该项知识产权有重大影响的活动。

企业从事的活动存在下列情况之一的，将会对该项知识产权有重大影响：一是这些活动预期将显著改变该项知识产权的形式（如知识产权的设计、内容）或者功能（如执行某任务的能力）；二是客户从该项知识产权中获益的能力在很大程度上来源于或者取决于这些活动，即这些活动会改变该项知识产权的价值。当该项知识产权具有重大的独立功能，且该项知识产权绝大部分的经济利益来源于该项功能时，客户从该项知识产权中获得的利益可能不受企业从事的相关活动的重大影响，除非这些活动显著改变了该项知识产权的形式或者功能。具有重大独立功能的知识产权主要包括软件、生物合成物或药物配方以及已完成的媒体内容版权等。

（2）该活动对客户将产生有利或不利影响。

企业从事的这些后续活动将直接导致相关知识产权许可对客户产生影响，且这种影响既包括有利影响，也包括不利影响。如果企业从事的后续活动并不影响授予客户的知识产权许可，那么企业的后续活动只是在改变其自己拥有的资产。虽然这些活动可能影响企业提供未来知识产权许可的能力，但将不会影响客户已控制或使用的内容。

（3）该活动不会导致向客户转让某项商品。

企业向客户授予知识产权许可，并承诺从事与该许可相关的某些后续活动时，如果这些活动本身构成了单项履约义务，那么企业在评估授予知识产权许可是否属于在某一时段履行的履约义务时应当不予考虑。

例 11-43 甲公司是一家设计制作连环漫画的公司，乙公司是一家大型游轮运营商。2×18 年 1 月 1 日，甲公司授权乙公司可在 3 年内使用其 2 部连环漫画中的角色形象和名称，乙公司可以以不同的方式（例如，展览或演出）使用这些漫画中的角色。甲公司的每部连环漫画都有相应的主要角色，并会定期创造新的角色，角色的形象也会随时演变。合同要求乙公司必须使用最新的角色形象。在授权期内，甲公司每年向乙公司收取 2 000 万元。

本例中，甲公司除了授予知识产权许可外不存在其他履约义务。也就是说，与知识产权许可相关的额外活动并未向客户提供其他商品，因为这些活动是企业授予知识产权许可承诺的一部分，且实际上改变了客户享有知识产权许可的内容。甲公司基于下列因素的考虑，认为该许可的相关收入应当在某一时段内确认：一是乙公司合理预期（根据甲公司以往的习惯做法），甲公司将实施对该知识产权许可产生重大影响的活动，包括创作角色及出版包含这些角色的连环漫画等；二是合同要求乙公司必须使用甲公司创作的最新角色，这些角色塑造得成功与否，会直接对乙公司产生有利或不利影响；三是尽管乙公司可以通过该知识产权许可从这些活动中获益，但在这些活动发生时并没有导致向乙公司转让任何商品。

由于合同规定乙公司在一段固定期间内可无限制地使用其取得授权许可的角色，因此，甲公司按照时间进度确定履约进度。

3）授予知识产权许可属于在某一时点履行的履约义务

授予知识产权许可不属于在某一时段内履行的履约义务的，应当作为在某一时点履行的履约义务，在履行该履约义务时确认收入。在客户能够使用某项知识产权许可并开始从中获利之前，企业不能对此类知识产权许可确认收入。

例 11-44 2×18 年 1 月 1 日，甲音乐唱片公司将其拥有的一首经典民歌的版权授予乙公司，并约定乙公司在三年内有权在国内所有商业渠道（包括电视、广播和网络广告等）使用该经典民歌。因提供该版权许可，甲公司每季度收取 5 000 元的固定对价。除该版权之外，甲公司无须提供任何其他的商品。该合同不可撤销。

本例中，甲公司除了授予该版权许可外不存在其他履约义务。甲公司并无任何义务从事改变该版权的后续活动，该版权也具有重大的独立功能（即民歌的录音可直接用于播放），乙公司主要通过该重大独立功能获利，而非甲公司的后续活动。因此，合同未要求甲公司从事对该版权许可有重大影响的活动，乙公司对此也没有形成合理预期，甲公司授予该版权许可属于在某一时点履行的履约义务，应在乙公司能够主导该版权的使用并从中获得几乎全部经济利益时，全额确认收入。

此外，由于甲公司履约的时间与客户付款时间（三年内每季度支付）之间间隔较长，甲公司需要判断该项合同中是否存在重大的融资成分，并进行相应的会计处理。

值得注意的是，在判断某项知识产权许可是属于在某一时段内履行的履约义务还是在某一时点履行的履约义务时，企业不应考虑下列因素：一是该许可在时间、地域、排他性以及相关知识产权消耗和使用方面的限制，这是因为这些限制界定了已承诺的许可的属性，并不能界定企业是在某一时点还是在某一时段内履行其履约义务；二是企业就其拥有的知识产权的有效性以及防止未经授权使用该知识产权许可所提供的保证，这是因为保护知识产权的承诺并不构成履约义务，该保护行为是为了保护企业知识产权资产的价值，并且就所转让的知识产权许可符合合同约定的具体要求而向客户提供保证。

4）基于销售或使用情况的特许权使用费

企业向客户授予知识产权许可，并约定按客户实际销售或使用情况（如按照客户的销售额）收取特许权使用费的，应当在客户后续销售或使用行为实际发生与企业履行相关履约义务二者孰晚的时点确认收入。这是估计可变对价的一个例外规定，该例外规定只有在下列两种情形下才能使用：一是特许权使用费仅与知识产权许可相关；二是特许权使用费可能与合同中的知识产权许可和其他商品都相关，但是，与知识产权许可相关的部分占有主导地位。当企业能够合理预期，客户认为知识产权许可的价值远高于合同中与之相关的其他商品时，该知识产权许可可能是占有主导地位的。对于不适用该例外规定的特许权使用费，应当按照估计可变对价的一般原则进行处理。

例 11-45　甲电影发行公司与乙公司签订合同，将其拥有的一部电影的版权授权给乙公司，乙公司可在其旗下的影院放映该电影，放映期间为 6 周。除了将该电影版权授权给乙公司之外，甲公司还同意在该电影放映之前，向乙公司提供该电影的片花，在乙公司的影院播放，并且在该电影放映期间在当地知名的广播电台播放广告。甲公司将获得乙公司播放该电影的票房分成。

本例中，甲公司的承诺包括授予电影版权许可、提供电影片花以及提供广告服务。甲公司在该合同下获得的对价为按照乙公司实际销售情况收取的特许权使用费，与之相关的授予电影版权许可是占有主导地位的，这是因为，甲公司能够合理预期，客户认为该电影版权许可的价值远高于合同中提供的电影片花和广告服务。因此，甲公司应当在乙公司放映该电影的期间按照约定的分成比例确认收入。如果授予电影版权许可、提供电影片花以及广告服务分别构成单项履约义务，甲公司应当将该取得的分成收入在这些履约义务之间进行分摊。

此外，企业使用上述例外规定时，应当对特许权使用费整体采用该规定，而不应当将特许权使用费进行分拆，即部分采该例外规定进行处理，而其他部分按照估计可变对价的一般原则进行处理。

例 11-46　甲公司是一家著名的篮球俱乐部，授权乙公司在其设计生产的服装、帽子、毛巾以及水杯等产品上使用甲公司球队的名称和图标，授权期间为 3 年。合同约定，甲公司收取的合同对价由两部分组成：一是 300 万元固定金额的使用费；二是按照乙公司销售上述商品所取得销售额的 8% 计算的提成。乙公司预期甲公司会继续参加当地顶级联赛，并取得优异的成绩。

本例中，该合同仅包括一项履约义务，即授予使用权许可，甲公司继续参加比赛并取得优异成绩等活动是该许可的组成部分。由于乙公司能够合理预期甲公司将继续参加比赛，甲公司的成绩将会对其品牌（包括名称和图标等）的价值产生重大影响，而该品牌价值可能会进一步影响乙公司产品的销量，甲公司从事的上述活动并未向乙公司转让任何可明确区分的商品，因此，甲公司授予的该使用权许可，属于在 3 年内履行的履约义务。甲公司收取的 300 万元固定金额的使用费应当在 3 年内平均确认收入，按照乙公司销售相关商品所取得销售额的 8% 计算的提成应当在乙公司的销售发生时确认收入。

6. 售后回购

售后回购，是指企业销售商品的同时承诺或有权选择日后再将该商品购回的销售方式。被购回的商品包括原销售给客户的商品、与该商品几乎相同的商品，或者以该商品作为组成部分的其他商品。一般来说，售后回购通常有三种形式：一是企业和客户约定企业有义务回购该商品，即存在远期安排；二是企业有权利回购该商品，即企业拥有回购选择权；三是当客户要求时，企业有义务回购该商品，即客户拥有回售选择权。对于不同类型的售后回购交易，企业应当区分下列两种情形分别进行会计处理。

1）企业因存在与客户的远期安排而负有回购义务或企业享有回购权利

企业因存在与客户的远期安排而负有回购义务或企业享有回购权利的，尽管客户可能已经持有了该商品的实物，但是，由于企业承诺回购或者有权回购该商品，导致客户主导该商品的使用并从中获取几乎全部经济利益的能力受到限制，因此，在销售时点，客户并没有取得该商品的控制权。在这种情况下，企业应根据下列情况分别进行相应的会计处理：一是回购价格低于原售价的，应当视为租赁交易，按照租赁的相关规定进行会计处理；二是回购价格不低于原售价的，应当视为融资交易，在收到客户款项时确认金融负债，而不是终止确认该资产，并将该款项和回购价格的差额在回购期间内确认为利息费用等。

例 11-47 2×18 年 3 月 1 日，甲公司向乙公司销售一台大型机械设备，销售价格为 400 万元，同时双方约定两年之后，即 2×20 年 3 月 1 日，甲公司将以 240 万元的价格回购该设备。

本例中，根据合同约定，甲公司负有在两年后回购该设备的义务，因此，乙公司并未取得该设备的控制权。假定不考虑货币时间价值，该交易的实质是乙公司支付了 160 万元（400-240）的对价，取得了该设备 2 年的使用权。甲公司应当将该交易作为租赁交易进行会计处理。

⇨ **想一想**

承例 11-47，假定甲公司将在 2×20 年 3 月 1 日不是以 240 万元，而是以 500 万元的价格回购该设备。甲公司应该如何进行会计处理？

2）企业应客户要求回购商品

企业负有应客户要求回购商品义务的，应当在合同开始日评估客户是否具有行使该要求权的重大经济动因。客户具有行使该要求权的重大经济动因的，企业应当将回购价格与原售价进行比较，并按照上述第 1 种情形下的原则将该售后回购作为租赁交易或融资交易进行相应的会计处理。客户不具有行使该要求权的重大经济动因的，企业应当将该售后回购作为附有销售退回条款的销售交易进行相应的会计处理。

在判断客户是否具有行权的重大经济动因时，企业应当综合考虑各种相关因素，包括回购价格与预计回购时市场价格之间的比较以及权利的到期日等。当回购价格明显高于该资产回购时的市场价值时，通常表明客户有行权的重大经济动因。

例 11-48　甲公司向乙公司销售其生产的一台大型机械设备，销售价格为 4 000 万元，双方约定，乙公司在 3 年后有权要求甲公司以 3 000 万元的价格回购该设备。甲公司预计该设备在回购时的市场价值将远低于 3 000 万元。

本例中，假定不考虑时间价值的影响，甲公司的回购价格 3 000 万元低于原售价 4 000 万元，但远高于该设备在回购时的市场价值，甲公司判断乙公司有重大的经济动因行使其权利要求甲公司回购该设备。因此，甲公司应当将该交易作为租赁交易进行会计处理。

对于上述两种情形，企业在比较回购价格和原销售价格时，应当考虑货币的时间价值。在企业有权要求回购或者客户有权要求企业回购的情况下，企业或者客户到期未行使权利的，应在该权利到期时终止确认相关负债，同时确认收入。

7. 客户未行使的权利

企业因销售商品向客户收取的预收款，赋予了客户一项在未来从企业取得该商品的权利，并使企业承担了向客户转让该商品的义务，因此，企业应当将预收的款项确认为合同负债，待未来履行了相关履约义务，即向客户转让相关商品时，再将该负债转为收入。

某些情况下，企业收取的预收款无须退回，但是客户可能会放弃其全部或部分合同权利，例如，放弃储值卡的使用等。企业预期将有权获得与客户所放弃的合同权利相关的金额的，应当按照客户行使合同权利的模式按比例将上述金额确认为收入；否则，企业只有在客户要求其履行剩余履约义务的可能性极低时，才能将相关负债余额转为收入。企业在确定其是否预期将有权获得与客户所放弃的合同权利相关的金额时，应当考虑将估计的可变对价计入交易价格的限制要求。

如果相关法律规定，企业所收取的、与客户未行使权利相关的款项须转交给其他方的，企业不应将其确认为收入。

例 11-49　甲公司经营快餐连锁店。2×18 年，甲公司向客户销售了 4 000 张储值卡，每张卡的面值为 500 元，总额为 2 000 000 元。客户可在甲公司经营的任何一家门店使用该储值卡进行消费。根据历史经验，甲公司预期客户购买的储值卡中将有大约相当于储值卡面值金额 5% 的部分不会被消费。截至 2×18 年 12 月 31 日，客户使用该储值卡消费的金额为 800 000 元。甲公司为增值税一般纳税人，在客户使用该储值卡消费时发生增值税纳税义务。

本例中，甲公司预期将有权获得与客户未行使的合同权利相关的金额为 100 000 元，该金额应当按照客户行使合同权利的模式按比例确认为收入。因此，甲公司在 2×18 年销售的储值卡应当确认的收入金额为 745 226 元 [（800 000+100 000×800 000/1 900 000）／（1+13%）]。甲公司的账务处理为：

① 销售储值卡：

借：库存现金	2 000 000
贷：合同负债	1 769 912
应交税费——待转销项税额	230 088

② 根据储值卡的消费金额确认收入，同时将对应的待转销项税额确认为销项税额：

借：合同负债	745 226
应交税费——待转销项税额	96 879
贷：主营业务收入	745 226
应交税费——应交增值税（销项税额）	96 879

8. 无须退回的初始费

企业在合同开始日（或邻近合同开始日）向客户收取的无须退回的初始费通常包括入会费、接驳费、初装费等。企业收取该初始费时，应当评估该初始费是否与向客户转让已承诺的商品相关。该初始费与向客户转让已承诺的商品相关，且该商品构成单项履约义务的，企业应当在转让该商品时，按照分摊至该商品的交易价格确认收入；该初始费与向客户转让已承诺的商品相关，但该商品不构成单项履约义务的，企业应当在包含该商品的单项履约义务履行时，按照分摊至该单项履约义务的交易价格确认收入；该初始费与向客户转让已承诺的商品不相关的，该初始费应当作为未来将转让商品的预收款，在未来转让该商品时确认为收入。当企业向客户授予了续约选择权，且该选择权向客户提供了重大权利时，这部分收入确认的期间将可能长于初始合同期限。

在合同开始日（或邻近合同开始日），企业通常必须开展一些初始活动，为履行合同进行准备，如一些行政管理性质的准备工作，这些活动虽然与履行合同有关，但并没有向客户转让已承诺的商品，因此，不构成单项履约义务。在这种情况下，即使企业向客户收取的无须退还的初始费与这些初始活动有关，也不应在这些活动完成时将该初始费确认为收入，而应当将该初始费作为未来将转让商品的预收款，在未来转让该商品时确认为收入。

企业为履行合同开展初始活动，但这些活动本身并没有向客户转让已承诺的商品的，企业为开展这些活动所发生的支出，应当按照收入准则的有关合同履约成本的相关规定确认为一项资产或计入当期损益，并且企业在确定履约进度时，也不应当考虑这些成本，因为这些成本并不反映企业向客户转让商品的进度。

例 11-50　甲公司经营一家会员制健身俱乐部。甲公司与乙公司签订了为期 2 年的合同，客户入会之后可以随时在该俱乐部健身。除俱乐部的年费 5 000 元之外，甲公司还向客户收取了 100 元的入会费，用于补偿俱乐部为客户进行注册登记、准备会籍资料以及制作会员卡等初始活动所花费的成本。甲公司收取的入会费和年费均无须返还。

本例中，甲公司承诺的服务是向客户提供健身服务（即可随时使用的健身场地），而甲公司为会员入会所进行的初始活动并未向客户提供其所承诺的服务，而只是一些内部行政管理性质的工作。因此，甲公司虽然为补偿这些初始活动向客户收取了入会费，但是该入会费实质上是客户为健身服务所支付的对价的一部分，故应当作为健身服务的预收款，与收取的年费一起在 2 年内分摊确认为收入。

11.1.5　列报和披露

1. 列报

1）合同资产和合同负债

合同一方已经履约的，即企业依据合同履行履约义务或客户依据合同支付合同对价，企业应当根据其履行履约义务与客户付款之间的关系，在资产负债表中列示合同资产或合同负债。企业拥有的、无条件（即仅取决于时间流逝）向客户收取对价的权利应当作为应收款项单独列示。

企业应当按照金融工具确认和计量的要求评估合同资产的减值，该减值的计量、列报和披露应当按照金融工具确认和计量、金融工具列报的规定进行会计处理。

合同资产和合同负债应当在资产负债表中单独列示。同一合同下的合同资产和合同负债应当以净额列示，不同合同下的合同资产和合同负债不能互相抵销。

通常情况下，企业对其已向客户转让商品而有权收取的对价金额应当确认为合同资产或应收账款；对于其已收或应收客户对价而应向客户转让商品的义务，应当按照已收或应收的金额确认合同负债。由于同一合同下的合同资产和合同负债应当以净额列示，企业也可以设置"合同结算"科目（或其他类似科目），以核算同一合同下属于在某一时段内履行履约义务涉及与客户结算对价的合同资产或合同负债，并在此科目下设置"合同结算——价款结算"科目反映定期与客户进行结算的金额，设置"合同结算——收入结转"科目反映按履约进度结转的收入金额。资产负债表日，"合同结算"科目的期末余额在借方的，根据其流动性，在资产负债表中分别列示为"合同资产"或"其他非流动资产"项目；期末余额在贷方的，根据其流动性，在资产负债表中分别列示为"合同负债"或"其他非流动负债"项目。

例 11-51　2×18 年 1 月 1 日，甲建筑公司与乙公司签订一项大型设备建造工程合同，根据双方合同，该工程的造价为 12 600 万元，工程期限为 1 年半，甲公司负责工程的施工及全面管理，乙公司按照第三方工程监理公司确认的工程完工量，每半年与甲公司结算一次；预计 2×19 年 6 月 30 日竣工；预计可能发生的总成本为 8 000 万元。假定该建造工程整体构成单项履约义务，并属于在某一时段履行的履约义务，甲公司采用成本法确定履约进度，增值税税率为 9%，不考虑其他相关因素。具体工程成本、合同结算与款项支付情况见表 11-4。

表 11-4　工程成本、合同结算与款项支付情况　　　　　　　　单位：万元

	工程累计实际发生成本	甲公司与乙公司结算合同价款	甲公司实际收到价款
2×18 年 6 月 30 日	3 000	5 000	4 000
2×18 年 12 月 31 日	6 000	2 200	2 000
2×19 年 6 月 30 日	8 200	5 400	6 600

上述价款均不含增值税额。假定甲公司与乙公司结算时即发生增值税纳税义务，乙公司在实际支付工程价款的同时支付其对应的增值税款。

甲公司的账务处理为：

① 2×18 年 1 月 1 日至 6 月 30 日实际发生工程成本时。

借：合同履约成本　　　　　　　　　　　　　　　　　　　　　30 000 000
　　贷：原材料、应付职工薪酬等　　　　　　　　　　　　　　　　30 000 000

② 2×18 年 6 月 30 日。

履约进度 = 3 000/8 000 = 37.5%

合同收入 = 12 600×37.5% = 4 725（万元）

借：合同结算——收入结转　　　　　　　　　　　　　　　　　47 250 000
　　贷：主营业务收入　　　　　　　　　　　　　　　　　　　　　47 250 000

借：主营业务成本　　　　　　　　　　　　　　　　　　　　　30 000 000
　　贷：合同履约成本　　　　　　　　　　　　　　　　　　　　　30 000 000

借：应收账款   54 500 000

    贷：合同结算——价款结算   50 000 000

        应交税费——应交增值税（销项税额）   4 500 000

借：银行存款   43 600 000

    贷：应收账款   43 600 000

当日，"合同结算"科目的余额为贷方 275 万元（5 000-4 725），表明甲公司已经与客户结算但尚未履行履约义务的金额为 275 万元，由于甲公司预计该部分履约义务将在 2×18 年年内完成，因此，应在资产负债表中作为合同负债列示。

③ 2×18 年 7 月 1 日至 12 月 31 日实际发生工程成本时。

借：合同履约成本   30 000 000

    贷：原材料、应付职工薪酬等   30 000 000

④ 2×18 年 12 月 31 日。

$$履约进度 = 6\ 000/8\ 000 = 75\%$$

$$合同收入 = 12\ 600 \times 75\% - 4\ 725 = 4\ 725（万元）$$

借：合同结算——收入结转   47 250 000

    贷：主营业务收入   47 250 000

借：主营业务成本   30 000 000

    贷：合同履约成本   30 000 000

借：应收账款   23 980 000

    贷：合同结算——价款结算   22 000 000

        应交税费——应交增值税（销项税额）   1 980 000

借：银行存款   21 800 000

    贷：应收账款   21 800 000

当日，"合同结算"科目的余额为借方 2 250 万元（4 725-2 200-275），表明甲公司已经履行履约义务但尚未与客户结算的金额为 2 250 万元，由于该部分金额将在 2×19 年年内结算，因此，应在资产负债表中作为合同资产列示。

⑤ 2×19 年 1 月 1 日至 6 月 30 日实际发生工程成本时。

借：合同履约成本   22 000 000

    贷：原材料、应付职工薪酬等   22 000 000

⑥ 2×19 年 6 月 30 日。由于当日该工程已竣工决算，其履约进度为 100%。

$$合同收入 = 12\ 600 - 4\ 725 - 4\ 725 = 3\ 150（万元）$$

借：合同结算——收入结转   31 500 000

    贷：主营业务收入   31 500 000

借：主营业务成本   22 000 000

    贷：合同履约成本   22 000 000

借：应收账款   58 860 000

    贷：合同结算——价款结算   54 000 000

        应交税费——应交增值税（销项税额）   4 860 000

借：银行存款　　　　　　　　　　　　　　　　　　71 940 000
　　贷：应收账款　　　　　　　　　　　　　　　　　　71 940 000

当日，"合同结算"科目的余额为 0（2 250+3 150-5 400）。

2）合同履约成本和合同取得成本

企业确认为资产的合同履约成本，初始确认时摊销期限不超过一年或一个正常营业周期的，在资产负债表中计入"存货"项目；初始确认时摊销期限在一年或一个正常营业周期以上的，在资产负债表中计入"其他非流动资产"项目。

企业确认为资产的合同取得成本，初始确认时摊销期限不超过一年或一个正常营业周期的，在资产负债表中计入"其他流动资产"项目；初始确认时摊销期限在一年或一个正常营业周期以上的，在资产负债表中计入"其他非流动资产"项目。

2. 披露

企业应当在财务报表附注中充分披露与收入有关的下列定性和定量信息，以使财务报表使用者能够了解与客户之间的合同产生的收入及现金流量的性质、金额、时间分布和不确定性等相关信息。

1）收入确认和计量所采用的会计政策，对于确定收入确认的时点和金额具有重大影响的判断以及这些判断的变更

在披露这些判断及其变更时，企业应当披露下列信息。

（1）履约义务履行的时点。

对于在某一时段内履行的履约义务，企业应当披露确认收入所采用的方法，以及该方法为何能够如实地反映商品的转让的说明性信息。对于在某一时点履行的履约义务，企业应当披露在评估客户取得所承诺商品控制权时点时所作出的重大判断。

（2）交易价格以及分摊至各单项履约义务的金额。

企业应当披露在确定交易价格（包括但不限于估计可变对价、调整货币时间价值的影响以及计量非现金对价等）、估计计入交易价格的可变对价、分摊交易价格（包括估计所承诺商品的单独售价、将合同折扣以及可变对价分摊至合同中的某一特定部分等）以及计量预期将退还给客户的款项等类似义务时所采用的方法、输入值以及各项假设等信息。

2）与合同相关的信息

企业应当单独披露与客户的合同相关的下列信息，除非这些信息已经在利润表中单独列报。

（1）本期确认的收入。

与本期确认收入相关的信息，包括与客户之间的合同产生的收入、该收入按主要类别（如商品类型、经营地区、市场或客户类型、合同类型、商品转让的时间、合同期限、销售渠道等）分解的信息以及该分解信息与每一报告分部的收入之间的关系等。

（2）应收款项、合同资产和合同负债的账面价值。

企业应当披露与应收款项、合同资产和合同负债的账面价值有关的下列信息：

① 应收款项、合同资产和合同负债的期初和期末账面价值；

② 对上述应收款项和合同资产确认的减值损失；

③ 在本期确认的包括在合同负债期初账面价值中的收入；

④ 前期已经履行（或部分履行）的履约义务在本期确认的收入（例如，交易价格的变动）。

企业应当说明其履行履约义务的时间与通常的付款时间之间的关系，以及此类因素对合同资产和合同负债账面价值的影响的定量或定性信息。企业还应当以定性和定量信息的形式说明合同资产和合同负债的账面价值在本期内发生的重大变动。合同资产和合同负债的账面价值发生变动的情形包括：

① 企业合并导致的变动；

② 对收入进行累积追加调整导致的相关合同资产和合同负债的变动，此类调整可能源于估计履约进度的变化、估计交易价格的变化（包括对于可变对价是否受到限制的评估发生变化）或者合同变更；

③ 合同资产发生减值；

④ 对合同对价的权利成为无条件权利（即合同资产重分类为应收款项）的时间安排发生变化；

⑤ 履行履约义务（即从合同负债转为收入）的时间安排发生变化。

（3）履约义务。

企业应当披露与履约义务相关的信息包括：

① 企业通常在何时履行履约义务，包括在售后代管商品的安排中履行履约义务的时间，例如，发货时、交付时、服务提供时或服务完成时等；

② 重要的支付条款，例如，合同价款通常何时到期、合同是否存在重大融资成分、合同对价是否为可变金额以及对可变对价的估计是否通常受到限制等；

③ 企业承诺转让的商品的性质，如有企业为代理人的情形，需要着重说明；

④ 企业承担的预期将退还给客户的款项等类似义务；

⑤ 质量保证的类型及相关义务。

（4）分摊至剩余履约义务的交易价格。

企业应当披露与剩余履约义务有关的下列信息：

① 分摊至本期末尚未履行（或部分未履行）履约义务的交易价格总额；

② 上述金额确认为收入的预计时间，企业可以按照对于剩余履约义务的期间而言最恰当的时间段为基础提供有关预计时间的定量信息，或者使用定性信息进行说明。

3）与合同成本有关的资产相关的信息

企业应当披露与合同成本有关的资产相关的下列信息：

① 在确定该资产的金额时所运用的判断；

② 该资产的摊销方法；

③ 按该资产的主要类别（如为取得合同发生的成本、为履行合同开展的初始活动发生的成本等）披露合同取得成本或合同履约成本的期末账面价值以及本期确认的摊销以及减值损失的金额等。

4）有关简化处理方法的披露

如果企业选择对于合同中存在的重大融资成分或为取得合同发生的增量成本采取简化的处理方法，即企业因预计客户取得商品控制权与客户支付价款间隔未超过一年而未考虑合同中存在的重大融资成分，或者因与合同取得成本有关的资产的摊销期限未超过一年而将其在发生时计入当期损益的，企业应当对这一事实进行披露。

11.2 费用

11.2.1 费用的概念及确认

1. 费用的概念

费用有广义和狭义之分。费用的产生会减少企业的资源，最终会使企业所有者权益减少。关于费用概念的界定，国际上存在不同的看法。国际会计准则委员会在"编报财务报表的框架"中，将费用定义为"费用是指会计期间经济利益的减少，其形式表现为资产的流出、折耗或负债的承担而引起业主权益的减少，但不包括与所有者分配有关的类似事项"。美国财务会计准则委员会在第6号概念公告中，将费用描述为"一个主体在某一期间由于销售或生产货物，或从事构成该主体不断进行的主要经营活动或其他业务而发生的现金流出或其他资产的耗用或债务的承担"。我国基本会计准则将费用定义为"费用是指企业在日常活动中发生的，会导致所有者权益减少的，与所有者分配利润无关的经济利益的总流出"。从定义上看，我国基本会计准则规定的费用不包括非经常性活动中所发生的支出或损失，即我国的费用是指狭义的费用。对于由于投资所产生的投资损失，与正常经营活动无直接关系的营业外支出等非经常性活动中发生的支出，不包括在费用的范围内。

2. 费用的确认

费用的确认一般应遵循以下三项原则。

1）配比原则

配比原则是指，由于因果关系或时间关系而用费用抵减收入的原则。收入的实现一定伴随着资源的消耗或其他费用的发生，因此，在确认收入的期间，要同时确认与取得该项收入有关的费用，以收入和相关费用的差额计算当期净收益。

2）划分资本性支出和收益性支出原则

如果一项支出，能够为企业带来超过一个会计期间的效益，则该项支出为资本性支出，应该资本化，再在以后使用期间逐次转化为费用，如固定资产。如果一项支出的效益仅在当期，则为收益性支出，在支出当期即确认为费用。

3）费用的权责发生制原则

费用的确认应该以其发生时间为准，凡是属于当期发生的，无论是否支付，均应作为当期费用确认；凡是不属于本期发生的，即使支付，也不确认为当期费用。

3. 不同类型费用的关系

在确认费用时，还应注意划清以下几个关系。

1）生产费用与非生产费用的界线

生产费用是指与企业日常生产经营活动有关的费用，通常包括生产产品所发生的直接材料、直接人工和制造费用。非生产费用是指不应由生产费用负担的费用，如购置固定资产所发生的支出。

2）划清生产费用与产品成本的界限

产品成本是与一定数量和品种的产品相联系的生产费用，而不论发生在哪一期，是"对象化"的生产费用。生产费用则与一定的期间相联系，而与生产的产品无关。

3）生产费用与期间费用的界限

企业发生的生产费用应当计入所生产的产品、所提供劳务的成本中，并随着产品的销售和劳务的提供而计入当期损益。企业发生的期间费用是指本期发生的、不能直接或间接归入某种产品成本的费用，这部分费用直接计入当期损益。由于生产费用的核算属于成本会计学的范畴，所以本节所论述的费用主要指期间费用以及最后环节的所得税费用。

11.2.2　期间费用

企业的期间费用主要包括销售费用、管理费用和财务费用三种。

1. 销售费用

销售费用是指企业在销售商品和材料、提供劳务的过程中发生的各种费用，包括企业在销售商品过程中发生的保险费、包装费、展览费和广告费、商品修理费、预计产品质量保证损失、运输费、装卸费等以及为销售本企业商品而专设的销售机构（含销售网点、售后服务网点等）的职工薪酬、业务费、折旧费等费用。

企业应设置"销售费用"账户，用来核算企业发生的各种销售费用，并按照费用项目设置明细账，进行明细核算，期末将"销售费用"科目的余额转入"本年利润"科目，结转后"销售费用"科目无余额。

2. 管理费用

管理费用是指企业为组织和管理企业生产经营所发生的各种费用。包括企业在筹建期间内发生的开办费、董事会和行政管理部门在企业的经营管理中发生的或者应当由企业统一负担的公司经费（包括行政管理部门职工工资及福利费、物料消耗、低值易耗品摊销、办公费和差旅费等）、工会经费、董事会费（包括董事会成员津贴、会议费和差旅费等）、聘请中介机构费、待业保险费、咨询费（含顾问费）、诉讼费、业务招待费、房产税、车船使用税、土地使用税、印花税、技术转让费、研究费用、排污费以及企业生产车间（部门）和行政管理部门等发生的固定资产修理费用等。

企业应设置"管理费用"账户，用来核算企业发生的各种管理费用，并按管理部门或费用项目设置明细账，进行明细核算，期末将"管理费用"科目的余额转入"本年利润"科目，结转后"管理费用"科目无余额。

3. 财务费用

财务费用是指企业为筹集生产经营所需资金等而发生的费用。财务费用包括应当作为期间费用的利息支出（减利息收入）、汇兑损失（减汇兑收益）以及相关的手续费、企业发生的现金折扣。"财务费用"项目下的"利息费用"项目，反映企业为筹集生产经营所需资金等而发生的应予费用化的利息支出。"财务费用"项目下的"利息收入"项目，反映企业按照相关会计准则确认的应冲减财务费用的利息收入。

为购建固定资产的专门借款所发生的借款费用，在固定资产达到预定可使用状态前按规定应予资本化的部分，不包括在财务费用内。

企业应设置"财务费用"账户，用来核算企业发生的各种财务费用，并按费用项目设置明细，进行明细核算。期末将"财务费用"科目的余额转入"本年利润"科目，结转后"财务费用"科目无余额。

想一想

企业发生一笔支出，是计入生产成本，还是计入制造费用，还是计入三大期间费用，对会计信息有何不同的影响？

11.2.3 所得税费用

所得税费用是指应在会计税前利润中扣除的所得税费用，包括当期所得税和递延所得税费用（或收益）。我国《企业会计准则第 18 号——所得税》规定，所得税费用的确认应采用资产负债表债务法。

资产负债表债务法是从资产负债表出发，通过分析暂时性差异产生的原因及其性质，将其对未来所得税的影响分别确认为递延所得税负债和递延所得税资产，并在此基础上倒推出各期所得税费用的一种方法。其具体核算程序如下。

（1）按照相关会计准则的规定确定资产负债表中除递延所得税资产和递延所得税负债以外的其他资产和负债项目的账面价值。资产、负债的账面价值，是指企业按照相关会计准则的规定进行核算后在资产负债表中列示的金额。

（2）确定资产负债表中有关资产或负债项目的计税基础。资产、负债的计税基础，应按照会计准则中规定的资产、负债计税基础的确定方法，以适用的税收法规为基础进行确定。

（3）分析暂时性差异的类型，确定当期递延所得税。比较资产、负债的账面价值与计税基础，对于两者之间有差异的，分析其性质，分别确认应纳税暂时性差异和可抵扣暂时性差异。根据企业会计准则的规定，按照应纳税暂时性差异和适用税率确定递延所得税负债期末余额，按照可抵扣暂时性差异乘以适用税率确定递延所得税资产期末余额，并与两项目期初余额比较，确定当期应予进一步确认或应予转回的递延所得税负债和递延所得税资产的金额。将两项目的差额作为计算利润表中所得税费用的一部分——递延所得税。

（4）确定当期所得税。按税法规定计算当期应纳税所得额，并依照企业的适用税率计算当期应交所得税，作为构成利润表中所得税费用的另一个组成部分——当期所得税。

（5）确定利润表中的所得税费用。利润表中的所得税费用包括当期所得税和递延所得税两个组成部分，企业在计算确定了当期所得税和递延所得税后，两者之和（或之差），就是利润表中的所得税费用。

1. 资产和负债的计税基础

资产的计税基础是指企业收回资产账面价值（即未来产生经济利益）的过程中，计算应纳税所得额时按照税法规定可以自应税经济利益中抵扣的金额，即该项资产在未来使用或最终处置时，税法允许作为成本、费用或损失于税前列支的金额：

资产的计税基础=未来期间按照税法规定可以税前扣除的金额

负债的计税基础，是指负债的账面价值减去未来期间计算应纳税所得额时按照税法规定可予抵扣的金额：

负债的计税基础=账面价值-未来期间按照税法规定可以税前扣除的金额

2. 暂时性差异

暂时性差异是指资产或负债的账面价值与其计税基础不同产生的差额。根据暂时性差异对未来期间应纳税所得额影响的不同，分为应纳税暂时性差异和可抵扣暂时性差异。

某些不符合资产、负债的确认条件，未作为资产、负债确认的项目，如果按照税法规定可以确定其计税基础的，该计税基础与其账面价值之间的差额也属于暂时性差异。另外，对于税法规定的可以结转以后年度的未弥补亏损及税款抵减，也视同可抵扣暂时性差异处理。

1）应纳税暂时性差异

应纳税暂时性差异是指在未来收回资产或清偿负债的期间，由于该暂时性差异的转回，会增加转回期间的应纳税所得额和应纳所得税额的暂时性差异。因此在该暂时性差异产生时，应当确认相关的递延所得税负债。应纳税暂时性差异通常产生于以下情况。

（1）资产的账面价值大于计税基础。一项资产的账面价值代表的是企业在持续使用或最终出售该项资产时会产生的经济利益流入的总额，而计税基础代表的是一项资产在未来期间可在税前扣除的金额。资产的账面价值大于其计税基础，该项资产未来期间产生的经济利益不能全部税前扣除，两者之间的差额需要纳税，产生应纳税暂时性差异。

（2）负债的账面价值小于其计税基础。一项负债的账面价值为企业预计在未来期间清偿该项负债时经济利益的流出，而其计税基础代表的是账面价值在扣除未来期间计算应纳税所得额时准予抵扣的金额后的差额。负债的账面价值与其计税基础不同产生的暂时性差异，实质上是依照税法规定该项负债在未来期间可以税前扣除的金额。即：

$$负债产生的暂时性差异=账面价值-计税基础$$
$$=账面价值-（账面价值-未来期间按照税法规定$$
$$可以税前抵扣的金额）$$
$$=未来期间按照税法规定可以税前抵扣的金额$$

负债的账面价值小于其计税基础，意味着该项负债在未来期间可以税前扣除的金额为负数，应调整增加未来期间的应纳税所得额，增加企业的应纳所得税额，产生应纳税暂时性差异，应确认相应的递延所得税负债。

2）可抵扣暂时性差异

可抵扣暂时性差异是指在确定未来收回资产或清偿负债期间的应纳税所得额时，将导致产生可抵扣金额的暂时性差异。该暂时性差异在未来期间转回时会减少转回期间的应纳税所得额、降低转回期间的应纳所得税额。在可抵扣暂时性差异产生的当期，应当确认相关的递延所得税资产。可抵扣暂时性差异一般产生于以下情况。

（1）资产的账面价值小于其计税基础。从经济含义来看，某项资产在未来期间产生的经济利益低于按照税法规定允许税前扣除的金额，则就该项资产的账面价值与计税基础之间的差额，企业在未来期间可以减少应纳税所得额并减少应交所得税，符合有关条件时，应当确认相关的递延所得税资产。

（2）负债的账面价值大于其计税基础，意味着未来期间按照税法规定与该项负债相关的全部或部分支出可以从未来应税经济利益中扣除，从而减少未来期间的应纳税所得额和应纳所得税额，形成可抵扣暂时性差异。

3）特殊项目产生的暂时性差异

一般情况下暂时性差异来源于资产或负债账面价值与计税基础的差额，但有些项目虽然没有作为资产、负债体现在企业的会计记录中，其在未来期间也会对企业的应纳税所得额产生影响，对此，也应确认相关的递延所得税资产或负债。常见特殊情况如下。

（1）未作为资产、负债确认的项目产生的暂时性差异。某些交易或事项发生以后，因为不符合资产、负债的确认条件而未体现为资产负债表中的资产或负债，但按照税法规定能够确定其计税基础的，其账面价值 0 与计税基础之间的差异会形成暂时性差异。如税法规定企业在筹建期发生的开办费，应当从开始生产、经营月份的次月起，在不短于 5 年的期限内分期摊销；而会计准则规定，企业在开始正常的生产经营活动前发生的筹建费用，应在发生时计入当期损益，不体现为资产。这类事项虽不形成资产负债表中的资产，但按照税法规定可以确定其计税基础，两者之间的差异也构成暂时性差异。

例 11-52　甲公司 2×18 年发生了业务宣传费 1 200 万元，发生时作为销售费用计入了当期损益。税法规定，该类支出不超过当年销售收入 15% 的部分允许在发生当期税前扣除，超过部分可结转以后年度扣除。甲公司当年实现销售收入 7 500 万元。

该业务宣传费支出因按照会计准则规定在发生时计入当期损益，不体现为期末资产负债表的资产，如果将其视为资产，账面价值为 0。

按照税法规定的扣除限额，当期可于税前扣除 1 125 万元（7 500×15%），未能当期扣除的 75 万元可向以后年度结转，其计税基础为 75 万元。

因此，账面价值 0 与计税基础 75 万元之间产生了 75 万元的暂时性差异，符合确认条件时，应确认相关的递延所得税资产。

⇨ 想一想

企业支付的业务招待费，如果预计未来期间都会超过税法规定的限额时，如何处理？

（2）可抵扣亏损及税款抵减产生的暂时性差异。对于税法规定的可以结转以后年度的未弥补亏损及税款抵减，虽不是因资产、负债的账面价值与计税基础不同产生的差异，但本质上与可抵扣暂时性差异具有相同的作用，均能够减少未来期间的应纳税所得额，在会计处理上，视同可抵扣暂时性差异，符合条件的情况下，应确认与其相关的递延所得税资产。

例 11-53　甲公司 2×18 年发生经营性亏损 180 万元，按照税法规定，该亏损可用于抵减以后 5 个年度的应纳税所得额。该公司预计其于未来 5 年内能够获得足够的应纳税所得额弥补亏损，则甲公司发生的经营性亏损虽不是因资产、负债的账面价值与计税基础不同产生的，但从性质上看可以减少未来 5 年的应纳税所得额，属于可抵扣暂时性差异。由于该公司预计未来 5 年内能够获得足够的应纳税所得额用来弥补 180 万元的亏损，应确认与其相关的递延所得税资产。

3. 递延所得税负债及递延所得税资产的确认和计量

企业在确定了应纳税暂时性差异和可抵扣暂时性差异后，应该按照暂时性差异乘以未来该差异转回时的税率计算对未来应交所得税的影响，并根据影响方向的不同分别确认为递延所得税负债和递延所得税资产。

1）递延所得税负债的确认和计量

递延所得税负债是指由应纳税暂时性差异产生的导致未来应纳所得税额的增加额。企业在确认和计量因应纳税暂时性差异产生的递延所得税负债时，应遵循以下原则。

（1）除所得税准则中明确规定可不确认递延所得税负债的情况以外，企业对于所有的应纳税暂时性差异均应确认相关的递延所得税负债。

（2）除与直接计入所有者权益的交易或事项以及企业合并中取得的资产、负债以外的情况，在确认递延所得税负债的同时，应增加利润表中的所得税费用。

（3）递延所得税负债的计量，应当反映清偿负债方式的所得税影响，即计量递延所得税负债，应按照预期清偿该负债期间的适用税率计量。企业不应对递延所得税负债进行折现。

例 11-54　甲公司于 2×14 年年末购入一台设备，成本为 105 000 元，预计使用年限为 6 年，预计净残值为 0。会计上采用直线法计提折旧，计税时按照年数总和法计列折旧，假定税法规定的使用年限及净残值均与会计相同。甲公司各会计期间均未对固定资产计提减值准备，除该项固定资产产生的会计与税收之间的差异外，不存在其他会计与税收处理的差异。甲公司各年的适用税率均为 25%。甲公司会计处理如下。

① 甲公司每年因固定资产账面价值与计税基础不同应予确认的递延所得税计算表如表 11-5 所示。

表 11-5　递延所得税计算表　　　　　　　　　　　　　　　　单位：元

	2×15 年	2×16 年	2×17 年	2×18 年	2×19 年	2×20 年
实际成本	105 000	105 000	105 000	105 000	105 000	105 000
累计会计折旧	17 500	35 000	52 500	70 000	87 500	105 000
账面价值	87 500	70 000	52 500	35 000	17 500	0
累计税折旧	30 000	55 000	75 000	90 000	100 000	105 000
计税基础	75 000	50 000	30 000	15 000	5 000	0
暂时性差异	12 500	20 000	22 500	20 000	12 500	0
适用税率	25%	25%	25%	25%	25%	25%
递延所得税负债余额	3 125	5 000	5 625	5 000	3 125	0

注：账面价值=实际成本-累计会计折旧；计税基础=实际成本-累计计税折旧。

② 2×15 年资产负债表日确认递延所得税负债。

因账面价值 87 500 元大于其计税基础 75 000 元，两者之间产生的 12 500 元差异，会增加未来期间的应纳税所得额和应交所得税，属于应纳税暂时性差异，应确认与其相关的递延所得税负债 3 125 元（12 500 ×25%）。

借：所得税费用　　　　　　　　　　　　　　　　　　　　　　　3 125
　　贷：递延所得税负债　　　　　　　　　　　　　　　　　　　　　3 125

③ 2×16 年资产负债表日确认递延所得税负债。

因账面价值 70 000 元大于其计税基础 50 000 元，两者之间的差异为应纳税暂时性差异，应确认与其相关的递延所得税负债 5 000 元，但递延所得税负债的期初余额为 3 125 元，当期应进一步确认递延所得税负债 1 875 元。

借：所得税费用　　　　　　　　　　　　　　　　　　　　　　　1 875
　　贷：递延所得税负债　　　　　　　　　　　　　　　　　　　　　1 875

④ 2×17 年资产负债表日确认递延所得税负债。

因账面价值 52 500 元大于其计税基础 30 000 元，两者之间的差异为应纳税暂时性差异，应确认与其相关的递延所得税负债 5 625 元，但递延所得税负债的期初余额为 5 000 元，当期应进一步确认递延所得税负债 625 元。

  借：所得税费用   625

    贷：递延所得税负债   625

  ⑤ 2×18 年资产负债表日转回递延所得税负债。

因账面价值 35 000 元大于其计税基础 15 000 元，两者之间的差异为应纳税暂时性差异，应确认与其相关的递延所得税负债 5 000 元，但递延所得税负债的期初余额为 5 625 元，当期应转回原已确认的递延所得税负债 625 元。

  借：递延所得税负债   625

    贷：所得税费用   625

  ⑥ 2×19 年资产负债表日转回递延所得税负债。

因账面价值 17 500 元大于其计税基础 5 000 元，两者之间的差异为应纳税暂时性差异，应确认与其相关的递延所得税负债 3 125 元，但递延所得税负债的期初余额为 5 000 元，当期应转回递延所得税负债 1 875 元。

  借：递延所得税负债   1 875

    贷：所得税费用   1 875

  ⑦ 2×20 年资产负债表日转回递延所得税负债。

该项固定资产的账面价值及计税基础均为零，两者之间不存在暂时性差异，原已确认的与该项资产相关的递延所得税负债应予全额转回。

  借：递延所得税负债   3 125

    贷：所得税费用   3 125

 2）递延所得税资产的确认和计量

递延所得税资产是指根据可抵扣暂时性差异计算的减少未来期间应交所得税的金额。可抵扣暂时性差异在转回期间将减少未来期间以应交所得税的方式流出企业的经济利益，发生时，应确认相关的递延所得税资产。会计准则规定，应当以可抵扣暂时性差异转回期间很可能取得的应纳税所得额为限，确认相关的递延所得税资产。

同递延所得税负债的确认相同，有关交易或事项发生时，对税前会计利润或应纳税所得额产生影响的，所确认的递延所得税资产应作为利润表中所得税费用的调整；有关的可抵扣暂时性差异产生于直接计入所有者权益的交易或事项的，确认的递延所得税资产也应计入所有者权益；企业合并中取得的各项可辨认资产、负债的入账价值与其计税基础之间形成的可抵扣暂时性差异，其所得税影响应调整合并中确认的商誉或计入合并当期损益的金额。

 4. 所得税费用的确认和计量

 1）当期所得税

当期所得税是指企业按照税法规定计算确定的针对当期发生的交易和事项应上交的企业所得税金额，即当期应交所得税。

$$当期所得税=当期应交所得税=应纳税所得额×适用的所得税税率$$

当期应交所得税应按照企业适用的税法规定计算确定。纳税人在计算应纳税所得额时，其会计处理方法同国家有关税收法规相抵触的，应当按照国家有关税收的规定计算确定。一般情况下，应纳税所得额可以在会计利润的基础上，考虑会计与税收之间的差异，将会计利润调整为应纳税所得额。

2）递延所得税

递延所得税是指按照所得税准则规定应予以确认的递延所得税资产和递延所得税负债在期末应有的金额相对于原已确认金额之间的差额，即递延所得税资产及递延所得税负债当期发生额的综合结果。用公式表示如下：

递延所得税=（递延所得税负债的期末余额-递延所得税负债的期初余额）-
（递延所得税资产的期末余额-递延所得税资产的期初余额）

企业因确认递延所得税资产和递延所得税负债产生的递延所得税，一般应当记入所得税费用，但以下两种情况除外。

（1）某项交易或事项按照会计准则规定应计入所有者权益的，由该项交易或事项产生的递延所得税资产或递延所得税负债及其变化亦应计入所有者权益，不构成利润表中的递延所得税费用（或收益）。

（2）企业合并中取得的资产、负债，其账面价值与计税基础不同，应确认相关递延所得税的，该递延所得税的确认影响合并中产生的商誉或是计入合并当期损益的金额，不影响所得税费用。

3）所得税费用

计算确定了当期所得税及递延所得税后，利润表中应予确认的所得税费用为两者之和，即：

所得税费用=当期所得税+递延所得税

例 11-55　甲公司 2×18 年度利润表中利润总额为 1 800 万元，该公司适用的所得税税率为 25%。递延所得税资产及递延所得税负债不存在期初余额。2×18 年发生的有关交易和事项中，会计处理与税收处理存在差别的有以下几项。

① 2×18 年 1 月开始计提折旧的一项固定资产，成本为 900 万元，使用年限为 10 年，净残值为 0，会计处理按双倍余额递减法计提折旧，税法规定按直线法计提折旧。假定税法规定的使用年限及净残值与会计处理相同。

② 向关联企业捐赠现金 300 万元。税法规定，企业向关联方的捐赠不允许税前扣除。

③ 3 月份在二级市场以 1 500 万元购入的甲公司股票作为交易性金融资产处理，由于股价下跌，至 12 月 31 日其公允价值为 1 800 万元。

④ 因违法经营支付罚款 150 万元。

⑤ 期末对持有的存货计提了 50 万元的存货跌价准备。

甲公司的会计处理如下。

① 计算 2×18 年度应交所得税。

应纳税所得额=1 800+90+300-300+150+50=2 090（万元）

应交所得税=2 090×25%=522.5（万元）

② 计算 2×18 年度递延所得税。

该公司 2×18 年度资产负债表相关项目金额及其计税基础如表 11-6 所示。

表 11-6　2×18 年度资产负债表相关项目金额及其计税基础　　　　　单位：万元

项　目	账面价值	计税基础	差　异	
			应纳税暂时性差异	可抵扣暂时性差异
存货	1 200	1 250		50
固定资产：				
固定资产原价	900	900		
减：累计折旧	180	90		
固定资产账面价值	720	810		90
交易性金融资产	1 800	1 500	300	
总计			300	140

$$递延所得税资产 = 140 \times 25\% = 35（万元）$$
$$递延所得税负债 = 300 \times 25\% = 75（万元）$$
$$递延所得税 = 75 - 35 = 40（万元）$$

③ 确认所得税费用。

$$所得税费用 = 522.5 + 40 = 562.5（万元）$$

借：所得税费用　　　　　　　　　　　　　　　　　　5 625 000
　　递延所得税资产　　　　　　　　　　　　　　　　　350 000
　　　贷：应交税费——应交所得税　　　　　　　　　　　　5 225 000
　　　　　递延所得税负债　　　　　　　　　　　　　　　　750 000

例 11-56　资料承例 11-55，假定甲公司 2×19 年当期应交所得税为 693 万元。资产负债表中有关资产、负债的账面价值与其计税基础相关资料如表 11-7 所示，除所列项目外，其他资产、负债项目不存在会计和税收的差异。甲公司 2×19 年的会计处理如下。

表 11-7　账面价值与其计税基础相关资料　　　　　单位：万元

项　目	账面价值	计税基础	差　异	
			应纳税暂时性差异	可抵扣暂时性差异
存货	2 400	2 520		120
固定资产：				
固定资产原价	900	900		
减：累计折旧	324	180		
减：固定资产减值准备	30	0		
固定资产账面价值	546	720		174
交易性金融资产	1 700	1 500	200	
预计负债	150	0		150
总计			200	444

期末递延所得税负债（200×25%）	50
期初递延所得税负债	<u>75</u>
递延所得税负债减少	25
期末递延所得税资产（44 4×25%）	111
期初递延所得税资产	<u>35</u>
递延所得税资产增加	76

$$递延所得税 = -25 - 76 = -101（万元）$$
$$所得税费用 = 693 - 101 = 592（万元）$$

借：所得税费用	5 920 000
递延所得税资产	760 000
递延所得税负债	250 000
贷：应交税费——应交所得税	6 930 000

11.3　利润

11.3.1　利润的构成

利润是企业在一定会计期间的经营成果，既包括企业生产经营活动产生的收入扣除发生费用后的净额，也包括与生产经营活动无直接关系但需要计入当期利润的利得和损失。直接计入当期利润的利得和损失，是指应当计入当期损益、会导致所有者权益发生增减变动的、与所有者投入资本或者向所有者分配利润无关的利得或者损失。

我国有关利润的概念主要有营业利润、利润总额和净利润。相关计算公式如下：

营业利润=营业收入-营业成本-税金及附加-销售费用-管理费用-研发费用-财务费用+
　　　　其他收益+投资收益（-投资损失）+净敞口套期收益（-净敞口套期损失）+
　　　　公允价值变动收益（-公允价值变动损失）-信用减值损失-资产减值损失+
　　　　资产处置收益（-资产处置损失）

其中，营业收入是指企业经营业务所实现的收入总额，包括主营业务收入和其他业务收入。营业成本是指企业经营业务所发生的实际成本总额，包括主营业务成本和其他业务成本。

利润总额=营业利润+营业外收入-营业外支出

其中，营业外收入（或支出）是指企业发生的与日常活动无直接关系的各项利得（或损失）。

净利润=利润总额-所得税费用

其中，所得税费用是指企业确认的应从当期利润总额中扣除的所得税费用。

11.3.2　营业外收支

企业在经营活动过程中，会发生一些与企业正常的生产经营活动没有直接关系的事项，这些事项具有偶然性，不经常发生，产生的收入不需要相应的成本费用相配比，发生的支出也没有相应的收入相补偿。这部分事项所带来的收入和支出，即为企业的营业外收入和营业外支出。可以说，营业外收支与企业的营业利润无关，但对企业的利润总额有影响，所以在核算利润时，将营业外收支分别单独核算，并在利润表上分列项目反映。

营业外收支的核算包括营业外收入和营业外支出两部分内容。营业外收入是指企业发生的与日常活动无直接关系的各项利得。主要包括非流动资产毁损报废利得、与企业日常活动无关的政府补助、盘盈利得、捐赠利得等。营业外支出是指企业发生的与日常活动无直接关系的各项损失，主要包括非流动资产毁损报废损失、盘亏损失、捐赠支出、非常损失等。

企业应设置"营业外收入"账户，用来核算发生的与生产经营活动无直接关系的各项利得，并按利得项目设置明细账，进行明细核算。期末将"营业外收入"科目的余额转入"本年利润"科目，结转后"营业外收入"科目无余额。

企业应设置"营业外支出"账户，用来核算发生的与企业生产经营活动无直接关系的各项损失，并按损失项目设置明细账，进行明细核算。期末将"营业外支出"科目的余额转入"本年利润"科目，结转后"营业外支出"科目无余额。

11.3.3 本年利润的结转

为核算企业本年实现的利润总额或亏损总额，企业应设置"本年利润"账户。期末，企业应将各收益类科目的余额转入"本年利润"科目的贷方，即借记各收益类科目，贷记"本年利润"科目；将各费用损失类科目的余额转入"本年利润"科目的借方，即借记"本年利润"科目，贷记各费用损失类科目；结转后，"本年利润"科目如为贷方余额，则表示本年度自年初开始累计实现的净利润；如为借方余额，则表示本年度自年初开始累计产生的净亏损；年度终了，将"本年利润"科目的全部累计余额，转入"利润分配"科目，如为净利润，借记"本年利润"科目，贷记"利润分配"科目；如为净亏损，借记"利润分配"科目，贷记"本年利润"科目，年度结账后，"本年利润"科目无余额。

例 11-57 甲公司 2×18 年 12 月 31 日各损益类科目的余额如表 11-8 所示。

表 11-8　损益类科目余额表　　　　　　　　　　　单位：元

科　　目	贷方余额	科　　目	借方余额
主营业务收入	9 000 000	主营业务成本	5 500 000
其他业务收入	200 000	税金及附加	450 000
投资收益	450 000	销售费用	30 000
营业外收入	250 000	管理费用	155 000
		财务费用	100 000
		其他业务成本	178 000
		营业外支出	255 000
		所得税费用	1 066 560

则甲公司 12 月 31 日应做如下会计处理。

① 结转收入类科目的余额

借：主营业务收入 9 000 000
　其他业务收入 200 000
　投资收益 450 000
　营业外收入 250 000
　贷：本年利润 9 900 000
② 结转损失类科目的余额
借：本年利润 7 734 560
　贷：主营业务成本 5 500 000
　　税金及附加 450 000
　　销售费用 30 000
　　管理费用 155 000
　　财务费用 100 000
　　其他业务成本 178 000
　　营业外支出 255 000
　　所得税费用 1 066 560
③ 结转本年利润
　　本年实现净利润=9 900 000-7 734 560=2 165 440（元）
借：本年利润 2 165 440
　贷：利润分配——未分配利润 2 165 440

11.3.4 利润分配

1. 利润分配的程序

企业当期实现的净利润，加上年初未分配利润（或减去年初未弥补亏损）和其他转入后的余额，为企业可供分配的利润。这部分可供分配的利润，一般按下列顺序分配：

（1）提取法定盈余公积；

（2）提取任意盈余公积；

（3）向投资者分配利润或股利。

在以上分配程序中，提取法定盈余公积和提取任意盈余公积的核算详见第 10 章。

年度终了，企业应将全年实现的净利润，自"本年利润"科目转入"利润分配（未分配利润）"科目；同时，将"利润分配"科目下的其他明细科目的余额也转入"利润分配"科目的"未分配利润"明细科目；结转后，除"未分配利润"明细科目外，"利润分配"科目的其他明细科目应无余额。

"利润分配"科目的年末余额，反映企业历年积存的未分配利润或未弥补亏损。

2. 向投资者分配利润或股利

1）向投资者分配利润或现金股利

非股份有限公司和股份有限公司在提取法定盈余公积后，即可向投资者分配利润或现金股利。企业董事会或类似机构提请股东大会或类似机构批准年度利润分配方案时，借记"利润分配（应付现金股利或利润）"科目，贷记"应付股利"科目。

例 11-58 甲公司 2×19 年 2 月 10 日根据股东大会决议，宣布发放每股 0.5 元的现金股利，并于 2×19 年 3 月 20 日发放。该公司流通在外的普通股股数为 75 000 000 股，假定无优先股。则甲公司有关会计处理如下。

2 月 10 日发放现金股利 = 75 000 000×0.5 = 37 500 000（元）。

借：利润分配——应付现金股利　　　　　　　　　　　　　　　37 500 000
　　贷：应付股利　　　　　　　　　　　　　　　　　　　　　　　　37 500 000

3 月 20 日

借：应付股利　　　　　　　　　　　　　　　　　　　　　　　　37 500 000
　　贷：银行存款　　　　　　　　　　　　　　　　　　　　　　　　37 500 000

2）向投资者分配股票股利

除现金股利外，企业还可以以送股的形式向投资者发放利润。企业分配股票股利，不会对所有者权益产生影响，而只是将留存收益转作投入资本。企业经股东大会或类似机构批准分派股票股利，应于实际分派股票股利时，借记"利润分配（转作股本的股利）"科目，贷记"实收资本"或"股本"科目。

例 11-59 假设例 11-58 中，甲公司发放的不是现金股利，而是每 10 股送 1 股的股票股利，股票面值 1 元，则甲公司 3 月 20 日做会计处理如下。

借：利润分配——转作股本的股利　　　　　　　　　　　　　　7 500 000
　　贷：股本　　　　　　　　　　　　　　　　　　　　　　　　　7 500 000

练习题

1. 甲公司为某森林公园提供游客运输服务，并与该森林公园主管方 2×18 年 1 月 1 日签订了一年的合同。合同约定，甲公司为该公园提供定时定点的游客运输，获得每年 80 万元的固定收入，款项分两次收取。分别为 2×18 年 6 月 30 日、2×18 年 12 月 31 日分别收取合同固定收入的 50%。此外，根据游客候车时间及准点率，甲公司可获得一定的奖励，奖励金额在 0 元至 40 万元之间。根据公园历史客流量、游客路线等经验，甲公司获得不同金额奖励的可能性如表 11-9 所示。

表 11-9　甲公司获得不同金额奖励的可能性　　　　　　　　　　单位：万元

奖励金额	可能性
0	30%
10	30%
20	35%
40	5%

具体奖励金额由该森林公园在 2×19 年 1 月 31 日支付。

要求：

（1）甲公司如何对奖励金额进行估计？

（2）假设甲公司可以获得四种固定金额的奖励：0 元、10 万元、20 万元、40 万元。甲公司如何对奖励金额进行估计？

（3）分别对两种情况的收入确认进行相应的会计处理。

2. B 公司与客户签订了一项出售存货的合同。对该存货的控制权将于两年后转移给客户。合同包括两种可供选择的付款方式：在两年后当客户获得对存货的控制时支付 5 000 万元，或在合同签订时支付 4 000 万元。客户选择在合同签订时支付 4 000 万元的方式购买该存货。假设当前市场利率为 8%，该存货在转让时点的成本为 3 500 万元。

要求：B 公司应当在何时确认收入？应确认收入的金额是多少？并对该业务进行相关的会计处理。

3. A 公司以每台 1 000 元的价格向客户出售 50 台电子设备，客户在 30 天内可以无理由退货并获得全额退款。每台设备的成本为 500 元。A 公司采用期望值法，估计 6% 的销售将会退回。A 公司在交付客户商品转移其控制权后没有其他义务，不考虑因退货而导致的额外支出或损失。不考虑相关税费。

要求：

（1）分析 A 公司针对该笔交易应如何进行收入的确认和计量以及列报。

（2）写出相关的会计分录。

4. A 公司定期委托一些第三方服务供应商向其客户提供服务。A 公司与客户 B 公司订立合同，为其提供写字楼物业服务。A 公司与 B 公司确定服务范围并商定价格，A 公司负责确保按照合同条款和条件提供服务。A 公司在与 B 公司签订合同后，与其一家服务供应商 C 公司签订合同，合同约定 C 公司为 B 公司提供写字楼物业服务。A 公司与 C 公司订立的合同付款条款大致上同 A 公司与 B 公司订立的付款条款一致。并且，即使 B 公司不能付款，A 公司都必须向 C 公司付款。

要求：分析 A 公司属于"主要责任人"还是"代理人"，给出相关的分析依据。

5. A 公司与其客户签订的销售合同中为客户提供了购买商品的质量保证，此项质量保证条款保证商品符合约定规格，且自购买日起一年内能按合同中的约定正常运行，同时为客户提供获得最多 20 小时有关如何操作商品的培训服务的权利。此前，A 公司在定期单独出售此类商品时并未附加该类培训服务，合同中未收取任何额外费用。

要求：分析 A 公司应如何对该项质量保证服务进行会计处理，给出相关的分析依据。

6. A 企业在向客户销售商品的同时会向客户进行积分奖励，客户每购买 10 元商品奖励其 1 积分，每个积分可在未来购买本主体商品时按 1 元折扣抵现，积分有效期为自授予之日起两年。本年度向客户销售商品 100 000 元，奖励客户 10 000 个积分。企业预计未来将有 9 500 个积分被兑现。基于兑现可能性计算出的每个积分单独售价 0.95 元，共 9 500 元。

本年末，有 4 500 个积分被兑现，A 企业预计该笔积分将有 9 500 个积分被兑现。

第二年年末，累计有 8 500 个积分被兑现，A 企业继续预计该笔积分将有 9 500 个积分被兑现。

要求：分析 A 企业应如何对该笔积分进行会计处理？（不考虑相关税费）

7. 甲公司为一家投资控股型公司，拥有各项业务的子公司。

（1）甲公司的子公司——乙公司是一家建筑承包商。从事办公室设计和建造业务。2×18 年 2 月 1 日，乙公司与 A 公司签订办公室建造合同，按照 A 公司的特殊约定在 A 公司的土地上建造一栋办公楼。根据合同约定，建造办公楼的总价款为 16 000 万元，款项分三次收取，即合同签订日、完工进度到 50%、竣工日分别收取合同造价的 20%、30%、50%。

该工程于 2×18 年 2 月开工，预计 2×20 年年底完工。乙公司预计建造总成本 13 000 万元。截止到 2×18 年 12 月 31 日，累计实际发生的成本为 7 800 万元，乙公司根据累计实际发生的成本占预计总成本的比例确定履约进度。

（2）甲公司的子公司——丙公司为一家生产通信设备的公司。2×18 年 1 月 1 日，与 B 公司签订专利技术合同，约定 B 公司可在 5 年内使用该专利技术生产 X 产品。丙公司按照两部分金额收取专利技术使用费：一是固定金额 300 万元，每年年底收取；二是按 B 公司销售 X 产品收入的 2% 提成，于第二年年初收取。根据以往的经验与做法，丙公司预计不会对该专利技术实施重大影响活动。

2×18 年 12 月 31 日，丙公司收到 B 公司支付的固定金额 300 万元。2×18 年度，B 公司销售 A 产品收入 90 000 万元。

其他相关资料：

第一，合同均符合企业会计准则，且均经各方管理层批准。

第二，丙公司和乙公司估计，各方由于转让商品和提供服务存在的对价很可能收回。

第三，不考虑货币时间价值，不考虑税费及其他因素。

要求：

（1）根据资料（1），判断乙公司建造办公楼属于某一时段内履行的履约义务还是某一时点履行的履约义务，并说明理由。

（2）根据资料（1），判断 2×18 年乙公司建造办公楼的履约进度，以及确认的收入和成本，并编制相关会计分录。

（3）根据资料（2），判断丙公司授权 B 公司专利技术使用权属于某一时段内履行的履约义务还是某一时点履行的履约义务，并说明理由；丙公司按 B 公司销售 X 产品收入的 2% 收取的提成何时确认收入。

（4）根据资料（2），编制 2×18 年丙公司与收入确认相关的分录。

8. 指出下列项目是否会形成暂时性差异？若形成暂时性差异，应确认相关的递延所得税资产还是递延所得税负债？

（1）期末应收账款 1 400 万元，对其计提了 300 万元的坏账准备。

（2）对售出的 X 商品承诺提供售后服务，预计在售后服务期间发生费用 200 万元，已计入当期损益。当年未发生售后服务支出。

（3）对价值 1 850 万元的存货计提了 150 万元的跌价准备。

（4）交易性金融资产，取得成本 3 000 万元，期末公允价值 3 700 万元。

（5）以公允价值计量且其变动计入其他综合收益的非交易性权益工具投资取得成本 500 万元，期末公允价值 530 万元。

9. 甲公司采用资产负债表债务法核算所得税费用，所得税税率为 25%。2×18 年利润总额为 1 200 万元。当年发生交易或事项中，会计与税法规定存在差异项目如下。

（1）2×17 年 12 月购入一台新设备并投入使用，原值 80 万元，预计净残值 5%，折旧年限 5 年，会计用双倍递减法提折旧，税法按直线法提折旧且无残值。

（2）2×18 年年末一项存货原值 75 万元，已提存货跌价准备 5 万元。

（3）2×18 年 12 月 31 日为销售产品提供保修服务，确认预计负债 12 万元。

（4）2×18 年 12 月 31 日收到一笔 10 万元的合同预付款，将其作为预收账款核算。

（5）2×18 年 12 月 31 日，持有交易性证券以其公允价值 180 万元计价，该批交易性金融证券的成本 130 万元；购买国库券在 2×18 年 12 月获 20 万元利息收入；期初递延所得税资产余额 7 万元，递延所得税负债没有余额。

要求：计算甲公司 2×18 年所得税费用，并编制会计分录。

📑 案例与专题

1. 李永的麻烦

李永是甲公司的财务人员，最近遇到一件麻烦事。事情是这样的：甲公司是一家贸易公司，从生产商品的企业购进商品，然后再转卖于其他企业。由于企业资金有限，该公司一般是先赊购商品，等购货方将货款支付以后，再偿还供应方货款。供应方每次在提供商品时，有一定的折扣政策。

其中，万达公司规定：凡甲公司每次购买甲商品达到 1 000 件，降低价格 1%；每次购买甲商品达到 2 000 件，降低价格 2%。同时，若甲公司能在 10 天之内付款，给予 2% 的现金折扣；若甲公司超过 10 天付款，没有折扣，须付全额。假定甲商品目录价为每件 1 000 元。

李永面对这样的条件，不知该如何下手，他有三个疑问：一是我们公司每次购买多少件甲商品是合适的？二是究竟应在 10 天之内付款呢，还是超过 10 天付款？三是不同的折扣条件，在会计上如何处理呢？

请分析：

（1）请你帮助李永解决这几个疑问。

（2）假定 2×18 年 11 月，甲公司决定购买甲商品 1 200 件，并在 10 天之内付款，要求你采用总价法、净价法进行会计处理。

（3）根据（2）中的核算，你认为哪一种方法更能够体现折扣对企业的影响？

2. 运输公司

王先生从张先生手中购买了一家小型运输公司。合同规定，王先生用现金支付部分购买款项，并将公司后 3 年每年净收入的 30% 用来偿还剩下的欠款。当公司第一年的净收入大大低于张先生的预期时，他非常沮丧。

王先生和张先生所签订的合同并没有对"净收入"下一个严格的定义。他们两个人对会计都了解不多。在合同中，仅仅提到应该以"公正和合理的方式"来计算净收入。

在计算净收入时，王先生应用了如下规则。

（1）从客户手中收到现金或支票时才确认收入。大多数顾客都用现金或支票支付，但是少部分顾客被允许在 30 天内付清。

（2）购买的用于修理运输设备的工具的支出直接计入了费用。

（3）王先生将自己的年薪定为 5 万元，张先生认为这比较合理。但是王先生同时还支付给他的家人每人 1 万元年薪。他的家人不是公司的员工，但如果需要，有时会到公司帮忙。

（4）所得税费用包括了公司应交纳的所得税和王先生家人的个人所得税。

（5）公司新购买了一辆运输卡车，王先生购买它的时候花了 20 万元，第一年的利润表中包括了这项 20 万元的费用。

请分析:

(1) 讨论这些计算收入和费用的做法的公正性和合理性,并充分说明理由。

(2) 如果你是张先生,你会如何做?

3. 中国铝业股份有限公司

中国铝业股份有限公司(简称"中国铝业")于 2001 年 9 月 10 日在中华人民共和国注册成立,控股股东是中国铝业公司。中国铝业是目前中国铝行业唯一集铝土矿、煤炭、铁矿石资源勘探、开采,氧化铝、原铝和铝加工生产、销售,技术研发于一体的大型铝生产经营企业,是中国最大的氧化铝、原铝和铝加工生产商,是全球第二大氧化铝生产商、第三大原铝生产商。中国铝业股票分别在美国纽约证券交易所、香港联交所和上海证券交易所挂牌交易(股票代码:纽约 ACH,香港 2600,上海 601600),被列入香港恒生综合指数成分股。

中国铝业注册资本 135.24 亿元,截至 2010 年,公司资产总额 1 413 亿元,员工 11 万人,有 49 家分(子)公司,分布在国内 17 个省、市、自治区。

中国铝业曾一度经营良好,持续盈利,但 2009 年发生的 46.46 亿的巨额亏损,引起了业界人士的广泛关注。中国铝业对此的解释是,铝产品价格下跌的同时生产成本上升,导致巨额亏损。为扭转亏损局面,中国铝业进行了一系列结构调整、制定了应对措施,在 2010 年成功扭亏为盈。表 11-10 为中国铝业利润表,表 11-11 为资产减值准备发生额,表 11-12 为投资收益情况。

表 11-10　中国铝业利润表　　　　　　　　　　单位:人民币千元

项　　目	2010 年	2009 年	2008 年
一、营业收入	120 994 847	70 268 005	76 725 941
减:营业成本	113 188 357	69 045 690	69 864 632
营业税金及附加	342 304	279 344	336 841
销售费用	1 573 301	1 264 920	1 562 409
管理费用	2 454 114	2 816 198	2 370 577
财务费用	2 536 001	2 169 471	1 734 544
资产减值损失	891 099	670 226	883 521
加:公允价值变动收益	56 440	-34 012	-21 450
投资收益	879 072	491 856	305 157
其中:对联营企业和合营企业的投资收益	473 812	26 664	11 717
二、营业利润	945 183	-5 520 000	257 124
加:营业外收入	515 657	199 235	271 433
减:营业外支出	80 486	69 832	403 742
其中:非流动资产处置损失	10 623	-33 176	67 354
三、利润总额	1 380 354	-5 390 597	124 815
减:所得税费用	411 216	-707 829	-33 557
四、净利润	969 138	-4 682 768	158 372

表 11-11 资产减值准备发生额 单位：人民币千元

	2010 年	2009 年	2008 年
坏账损失	（27 734）	（12 679）	34 090
存货跌价损失	（161 584）	（33 756）	（916 256）
固定资产减值损失	（329 152）	（464 208）	（1 334）
在建工程减值损失	（372 629）	（159 583）	—
合计	（891 099）	（670 226）	（883 500）

表 11-12 投资收益情况 单位：人民币千元

	2010 年	2009 年	2008 年
成本法核算的长期股权投资（a）	395	3 028	2 516
权益法核算的长期股权投资收益（b）	473 812	26 664	11 717
持有交易性金融资产期间取得的投资收益	154 696	456 337	288 778
处置可供出售金融资产等取得的投资收益／（亏损）	248 799	5 827	（324）
委托贷款投资收益	1 370	—	2 470
合计	879 072	491 856	305 157

请你通过互联网了解中国铝业的其他信息，结合以上数据，分析：

（1）中国铝业 2009 年发生亏损的原因；

（2）中国铝业 2010 年扭亏为盈的原因；

（3）分析中国铝业近几年存在的问题，谈谈自己的看法。

财 务 报 告

第12章

📖 **学习目标**

学习本章后，应当能够：
- ☑ 解释资产负债表、利润表、现金流量表及所有者权益变动表之间的逻辑关系；
- ☑ 说明资产负债表、利润表、现金流量表、所有者权益变动表的结构；
- ☑ 正确编制资产负债表、利润表、现金流量表、所有者权益变动表；
- ☑ 明确报表附注需要披露的内容。

12.1 财务报告概述

会计披露起源于复式簿记，由于会计环境的变化，其先后经历以账簿为主体、财务报表及现代的财务报告披露为主体的发展阶段。现代的企业会计披露作为会计循环中重要的程序之一，通过对日常核算的资料进行整理、分类、计算、汇总等编制成财务报表，为企业现实和潜在的投资者、债权人和其他信息使用者提供总括性的信息资料，以帮助他们作出合理的决策。因此，财务报告就是指企业对外提供的反映企业某一特定日期的财务状况和某一会计期间的经营成果、现金流量等会计信息的文件，包括财务报表和其他应当在财务报告中披露的相关信息和资料。

12.1.1 财务报表的构成

财务报表是对企业财务状况、经营成果和现金流量的结构性表述。列报是指交易和事项在报表中的列示和在附注中的披露。在财务报表的列报中，"列示"通常反映资产负债表、利润表、现金流量表和所有者权益变动表等报表中的信息，"披露"通常反映附注中的信息。

为了达到财务报表决策有用和评价企业管理层受托责任的目标，一套完整的财务报表至少应当包括"四表一注"，即资产负债表、利润表、现金流量表、所有者权益变动表以及附注。

12.1.2 财务报表列报基本要求

1. 依据各项会计准则确认和计量的结果编制财务报表

企业应当根据实际发生的交易和事项，遵循各项具体会计准则的规定进行确认和计量，并在此基础上编制财务报表。企业应当在附注中对遵循企业会计准则编制的财务报表做出声明，只有遵循了企业会计准则的所有规定时，财务报表才应当被称为"遵循了企业会计准则"。

企业不应该以在附注中披露代替对交易和事项的确认和计量。也就是说，企业如果采用不恰当的会计政策，不得通过在附注中披露等其他形式予以更正。

2. 列报基础

持续经营是会计的基本前提，也是会计确认、计量及编制财务报表的基础。企业会计准则规范的是持续经营条件下企业对所发生交易和事项确认、计量及报表列报；相反，如果企业经营出现了非持续经营，致使以持续经营为基础编制财务报表不再合理的，企业应当采用其他基础编制财务报表。

3. 重要性和项目列报

项目在财务报表中是单独列报还是合并列报，应当依据重要性原则来判断。如果某项目单个看不具有重要性，则可将其与其他项目合并列报；如具有重要性，则应当单独列报。企业在进行重要性判断时，应当根据所处环境，从项目的性质和金额大小两方面予以判断：一方面，应当考虑该项目的性质是否属于企业日常活动、是否对企业的财务状况和经营成果具有较大影响等因素；另一方面，判断项目金额大小的重要性，应当通过单项金额占资产总额、负债总额、所有者权益总额、营业收入总额、净利润等直接相关项目金额的比重加以确定。

4. 列报的一致性

根据可比性质量要求，财务报表项目的列报应当在各个会计期间保持一致，不得随意变更，这一要求不只针对财务报表中的项目名称，还包括财务报表项目的分类、排列顺序等方面。当然，当会计准则要求改变、企业经营业务的性质发生重大变化或对企业经营影响较大的交易或事项发生后，变更财务报表项目的列报能够提供更可靠、更相关的会计信息时，财务报表项目的列报是可以改变的。

5. 财务报表项目金额间的相互抵销

财务报表项目应当以总额列报，不得以净额列报，资产和负债、收入和费用不能相互抵销。这是因为，如果相互抵销，所提供的信息就不完整，信息的可比性大为降低，难以在同一企业不同期间以及同一期间不同企业的财务报表之间实现相互可比，报表使用者难以据以做出判断。如收入和费用反映了企业投入和产出之间的关系，是企业经营成果的两个方面，为了更好地反映经济交易的实质、考核企业经营管理水平以及预测企业未来现金流量，收入和费用不得相互抵销。但以下三种情况不属于抵销，可以以净额列示：① 一组类似交易形成的利得和损失以净额列示；② 资产项目按扣除减值准备后的净额列示；③ 非日常活动产生的损益以同一交易形成的收入扣减费用后的净额列示。

6. 比较信息的列报

企业在列报当期财务报表时，至少应当提供所有列报项目上一可比会计期间的比较数据，以及与理解当期财务报表相关的说明，目的是向报表使用者提供对比数据，提高信息在会计期间的可比性，以反映企业财务状况、经营成果和现金流量的发展趋势，提高报表使用者的判断与决策能力。

在财务报表项目的列报确需发生变更的情况下，企业应当对上期比较数据按照当期的列报要求进行调整，并在附注中披露调整的原因和性质，以及调整的各项目金额。但是，在某些情况下，对上期比较数据进行调整是不切实可行的，则应当在附注中披露不能调整的原因。

7. 财务报表表首的列报要求

财务报表一般分为表首、正表两部分，其中，在表首部分企业应当概括地说明下列基本信息：① 编报企业的名称，如企业名称在所属当期发生了变更的，还应明确标明；② 资产负债表须披露资产负债表日，而利润表、现金流量表、所有者权益变动表则须披露报表涵盖的会计期间；③ 货币名称和单位，按照我国企业会计准则的规定，企业应当以人民币作为记账本位币列报，并标明金额单位，如人民币元、人民币万元等；④ 财务报表是合并财务报表的，应当予以标明。

8. 报告期间

会计年度自公历 1 月 1 日起至 12 月 31 日止。在编制年度财务报表时，可能存在企业在年度中间（如 4 月 1 日）开始设立等，年度财务报表涵盖的期间短于一年的情况，在这种情况下，企业应当披露年度财务报表的实际涵盖期间及其短于一年的原因，并应当说明由此引起财务报表项目与比较数据不具可比性这一事实。

12.2　资产负债表

12.2.1　资产负债表的性质与作用

资产负债表是反映企业在某一特定日期（月末、季末、半年末、年末）财务状况的报表，又称财务状况表。财务状况是指一个企业资产、负债、所有者权益及其相互关系。因此，资产负债表列示了企业在特定日期的资产、负债、所有者权益及其相互关系的信息。

资产负债表作为企业主要财务报表之一，对企业财务报告的使用者分析评价企业的财务状况具有以下作用：

（1）通过资产负债表可以了解企业所掌握的经济资源及这些资源的分布与结构；

（2）通过资产负债表可以了解企业资金来源的构成和企业的偿债能力；

（3）通过资产负债表可以了解企业未来财务状况的发展趋势。

⇨ 想一想

我国上市公司 2007 年开始实行的企业会计准则，在基础观念上由利润表观转变为资产负债表观，这一变化对资产负债表的主要影响是什么？

12.2.2　资产负债表列报要求

1. 资产负债表列报总体要求

1）分类别列报

资产负债表列报，最根本的目标就是应如实反映企业在资产负债表日所拥有的资源、所承担的负债以及所有者所拥有的权益。因此，资产负债表应当按照资产、负债和所有者权益三大类别分类列报。

2）资产和负债按流动性列报

资产和负债应当按照流动性分别分为流动资产和非流动资产、流动负债和非流动负债列示。流动性，通常按资产的变现或耗用时间长短或者负债的偿还时间长短来确定。企业按照财务报表列报准则的规定，应先列报流动性强的资产或负债，再列报流动性弱的资产或负债。

3）列报相关的合计、总计项目

资产负债表中的资产类至少应当列示流动资产和非流动资产的合计项目；负债类至少应当列示流动负债、非流动负债以及负债的合计项目；所有者权益类应当列示所有者权益的合计项目。

资产负债表遵循了"资产＝负债+所有者权益"这一会计恒等式，把企业在特定时日所拥有的经济资源和与之相对应的企业所承担的债务及偿债以后属于所有者的权益充分反映出来。因此，资产负债表应当分别列示资产总计项目和负债与所有者权益之和的总计项目，并且这二者的金额应当相等。

2. 资产的列报要求

资产负债表中的资产除按照流动资产和非流动资产两大类别列示外，还应进一步按性质分项列示。

1）流动资产和非流动资产的划分

资产负债表中的资产应当分流动资产和非流动资产列报，因此区分流动资产和非流动资产十分重要。资产满足下列条件之一的，应当归类为流动资产。

（1）预计在一个正常营业周期中变现、出售或耗用。包括存货、应收账款等，变现一般针对应收账款等而言，指将资产变为现金；出售一般针对产品等存货而言；耗用一般指将存货（如原材料）转变成另一种形态（如产成品）。

（2）主要为交易目的而持有。主要指交易性金融资产。

（3）预计在资产负债表日起一年内（含一年）变现。

（4）自资产负债表日起一年内，交换其他资产或清偿负债的能力不受限制的现金或现金等价物。如用途受到限制，则不能作为流动资产列报，否则可能高估了流动资产金额，从而高估流动比率等财务指标，影响到使用者的决策。

2）正常营业周期

判断流动资产、流动负债时所称的一个正常营业周期，是指企业从购买用于加工的资产起至实现现金或现金等价物的期间。正常营业周期通常短于一年，在一年内有几个营业周期。但是，也存在正常营业周期长于一年的情况，如房地产开发企业开发用于出售的房地产开发产品，造船企业制造的用于出售的大型船只等。当正常营业周期不能确定时，应当以一年（12 个月）作为正常营业周期。

3. 负债的列报要求

资产负债表中的负债按照流动负债和非流动负债在资产负债表中进行列示，在流动负债和非流动负债类别下再进一步按性质分项列示。

1）流动负债与非流动负债的划分

流动负债的判断标准与流动资产的判断标准相对应。满足下列条件之一的，应当归类为流动负债：① 预计在一个正常营业周期中清偿；② 主要为交易目的而持有；③ 自资产负债表日起一年内到期应予以清偿；④ 企业无权自主地将清偿推迟至资产负债表日后一年以上。

有些流动负债，如应付账款、应付职工薪酬等，属于企业正常营业周期中使用的营运资金的一部分。尽管这些经营性项目有时在资产负债表日后超过一年才到期清偿，但是它们仍应划分为流动负债。

2）资产负债表日后事项对流动负债与非流动负债划分的影响

流动负债与非流动负债的划分是否正确，直接影响到对企业短期和长期偿债能力的判断。这种划分，应当反映在资产负债表日有效的合同安排，考虑在资产负债表日起一年内企业是否必须无条件清偿。但是，资产负债表日之后、财务报告批准报出日前的再融资等行为，与资产负债表日判断负债的流动性状况无关。因为资产负债表日后的再融资、展期或贷款人提供宽限期等，都不能改变企业应向外部报告的在资产负债表日合同性（契约性）的义务。

（1）资产负债表日起一年内到期的负债。对于在资产负债表日起一年内到期的负债，企业预计能够自主地将清偿义务展期至资产负债表日后一年以上的，应当归类为非流动负债；不能自主地将清偿义务展期的，即使在资产负债表日后、财务报告批准报出日前签订了重新安排清偿计划协议，从资产负债表日来看，此项负债仍应当归类为流动负债。

（2）违约长期债务。企业在资产负债表日或之前违反了长期借款协议，导致贷款人可随时要求清偿的负债，应当归类为流动负债。在这种情况下，债务清偿的主动权并不在企业，企业只能被动地无条件归还贷款，而且该事实在资产负债表日已存在，所以该负债应当作为流动负债列报。但是，如果贷款人在资产负债表日或之前同意提供在资产负债表日后一年以上的宽限期，企业能够在此期限内改正违约行为，且贷款人不能要求随时清偿时，在资产负债表日的此项负债并不符合流动负债的判断标准，应当归类为非流动负债。

4. 所有者权益的列报要求

资产负债表中的所有者权益是企业资产扣除负债后的剩余权益，反映企业在某一特定日期股东投资者拥有的净资产的总额。资产负债表中的所有者权益类一般按照净资产的不同来源和特定用途进行分类，分为实收资本（或股本）、资本公积、盈余公积、未分配利润等项目列示。

12. 2. 3 资产负债表的编制方法

为了便于报表使用者通过比较不同时点资产负债表的数据，掌握企业财务状况的变动情况及发展趋势，资产负债表各项目分为"年初余额"和"期末余额"两栏分别填列。"年初余额"栏内各项数字，应根据上年年末资产负债表"期末余额"栏内所列数字填列。如果企业发生了会计政策变更、前期差错更正，应当对"年初余额"栏中的有关项目进行调整。如果上年度资产负债表规定的各个项目的名称和内容同本年度不一致，应对上年年末资产负债表各项目的名称和数字按照本年度的规定进行调整，填入表中"年初余额"栏内。

资产负债表"期末余额"栏内各项数字，一般应根据资产、负债和所有者权益类科目的期末余额填列。具体方法如下。

（1）根据总账科目的余额直接填列。资产负债表中的有些项目，可直接根据有关总账科目的余额填列，如"交易性金融资产""短期借款""应付票据""应付职工薪酬"等项目。

（2）根据几个总账科目的余额计算填列，如"货币资金"项目，需根据"库存现金""银行存款""其他货币资金"三个总账科目余额的合计数填列。

（3）根据有关明细账科目的余额分析计算填列，例如，

应付账款=应付账款所属明细科目贷方余额+预付账款所属明细科目贷方余额

应收账款=应收账款所属明细科目借方余额+预收账款所属明细科目借方余额−与应收账款有关坏账准备贷方余额

"开发支出"项目，应根据"研发支出"科目中所属的"资本化支出"明细科目期末余额填列；"未分配利润"项目，应根据"利润分配"科目中所属的"未分配利润"明细科目期末余额填列。

➡ 想一想

资产负债表中预收账款和预付款项两个项目应该如何填列？

（4）根据总账科目和明细账科目的余额分析计算填列，如：

①"长期借款"项目，需根据"长期借款"总账科目余额扣除"长期借款"科目所属的明细科目中将在资产负债表日起一年内到期且企业不能自主地将清偿义务展期的长期借款后的金额计算填列；

②"长期应收款"项目，需根据"长期应收款"总账科目余额，扣除"未实现融资收益"总账科目余额，再减去所属明细科目中将在资产负债表日起一年内到期的部分填列；

③"长期应付款"项目，需根据"长期应付款"总账科目余额，扣除"未确认融资费用"总账科目余额，再减去所属明细科目中将在资产负债表日起一年内到期的部分填列。

（5）根据有关科目余额减去其备抵科目余额后的净额填列。如资产负债表中的"应收账款""长期股权投资"等项目，应根据"应收账款""长期股权投资"等科目的期末余额减去"坏账准备""长期股权投资减值准备"等科目余额后的净额填列；"固定资产"项目，应根据"固定资产"科目的期末余额减去"累计折旧""固定资产减值准备"科目余额后的净额填列。

（6）综合运用上述填列方法分析填列。如资产负债表中的"存货"项目，需根据"原材料""库存商品""委托加工物资""周转材料""材料采购""在途物资""发出商品""材料成本差异"等总账科目期末余额的分析汇总数，再减去"存货跌价准备"科目余额后的金额填列。

例 12−1　甲公司 2×20 年年末有关账户期末余额如表 12−1 所示。

表 12-1 甲公司 2×20 年 12 月 31 日科目余额表 单位：元

账户名称	借方余额	账户名称	贷方余额
库存现金	24 000	短期借款	1 260 000
银行存款	4 512 000	应付票据	431 100
其他货币资金	2 112 000	应付账款	1 861 200
应收票据	450 000	其他应付款	156 900
应收账款	3 300 000	应付职工薪酬	114 000
预付账款	608 400	应交税费	612 000
其他应收款	42 000	长期借款	15 000 000
材料采购	2 707 500	股本	30 000 000
原材料	3 600 000	盈余公积	3 000 000
包装物	970 200	利润分配（未分配利润）	1 420 500
低值易耗品	770 400	坏账准备	18 000
库存商品	1 620 000	累计折旧	7 203 000
长期股权投资	1 524 600		
固定资产	34 227 000		
在建工程	2 416 200		
无形资产	1 821 600		
长期待摊费用	370 800		
合计	61 076 700	合计	61 076 700

根据上述资料可以编制该公司 2×20 年 12 月 31 日资产负债表期末数栏，如表 12-2 所示。

表 12-2 资产负债表

编制单位：甲公司　　　　　　　　2×20 年 12 月 31 日　　　　　　　　单位：元

资产	期末余额	年初余额（略）	负债及股东权益	期末余额	年初余额（略）
流动资产：			流动负债：		
货币资金	6 648 000		短期借款	1 260 000	
交易性金融资产			交易性金融负债		
衍生金融资产			衍生金融负债		
应收票据	450 000		应付票据	431 100	
应收账款	3 282 000		应付账款	1 861 200	
应收款项融资			预收款项		
预付款项	608 400		合同负债		

资产	期末余额	年初余额（略）	负债及股东权益	期末余额	年初余额（略）
其他应收款	42 000		应付职工薪酬	114 000	
存货	9 668 100		应交税费	612 000	
合同资产			其他应付款	156 900	
持有待售资产			持有待售负债		
一年内到期的非流动资产			一年内到期的非流动负债	2 400 000	
其他流动资产			其他流动负债		
流动资产合计	20 698 500		流动负债合计	6 835 200	
非流动资产：			非流动负债：		
债权投资			长期借款	12 600 000	
其他债权投资			应付债券		
长期应收款			其中：优先股		
长期股权投资	1 524 600		永续债		
其他权益工具投资			租赁负债		
其他非流动金融资产			长期应付款		
投资性房地产			预计负债		
固定资产	27 024 000		递延收益		
在建工程	2 416 200		递延所得税负债		
生产性生物资产			其他非流动负债		
油气资产			非流动负债合计	12 600 000	
使用权资产			负债合计	19 435 200	
无形资产	1 821 600		所有者权益（或股东权益）：		
开发支出			实收资本（或股本）	30 000 000	
商誉			其他权益工具		
长期待摊费用	370 800		其中：优先股		
递延所得税资产			永续债		
其他非流动资产			资本公积		
非流动资产合计：	33 157 200		减：库存股		
			其他综合收益		
			专项储备		
			盈余公积	3 000 000	
			未分配利润	1 420 500	
			所有者权益（或股东权益）合计	34 420 500	
资产合计	53 855 700		负债及所有者权益（或股东权益）总计	53 855 700	

⇨ **想一想**

若表12-2中应收账款包括"应收账款——丙企业"贷方余额10 000元,应付账款包括"应付账款——乙企业"借方余额10 000元,应如何填列资产负债表中应收、应付项目?

12.3 利润表

12.3.1 利润表的性质与作用

利润表又称收益表或损益表,是反映企业在一定期间经营成果的财务报表。由于利润是企业经营业绩的综合体现,又是进行利润分配的主要依据,因此,利润表是财务报表中的主要报表。

利润表的作用主要体现在以下几个方面。

(1)利润表提供的信息,可用于反映与评价企业的经营成果与获利能力,预测企业未来的盈利趋势。

(2)利润表综合反映企业生产经营活动的各个方面,有利于企业管理当局改善经营管理。

(3)利润表是企业决策机构确定可供分配的利润或发放的股利和税务机关课征所得税的重要依据。

⇨ **想一想**

利润表存在哪些局限性?

12.3.2 利润表的编制方法

利润表"上期金额"栏内各项数字,应根据上年该期利润表"本期金额"栏内所列数字填列。如果上年该期利润表规定的各个项目的名称和内容同本期不相一致,应对上年该期利润表各项目的名称和数字按本期的规定进行调整,填入利润表"上期金额"栏内。

利润表"本期金额"栏各项数字一般应根据损益类科目和所有者权益类有关科目的发生额填列。

(1)"营业收入""营业成本""税金及附加""销售费用""管理费用""财务费用""其他收益""投资收益""净敞口套期收益""公允价值变动收益""信用减值损失""资产减值损失""资产处置收益""营业外收入""营业外支出""所得税费用"等项目,应根据有关损益类科目的发生额分析填列。

(2)"研发费用"项目,应根据"管理费用"科目下的"研发费用"明细科目的发生额,以及"管理费用"科目下的"无形资产摊销"明细科目的发生额分析填列。

(3)"其中:利息费用"和"利息收入"项目,应根据"财务费用"科目所属的相关明细科目的发生额分析填列,且这两个项目作为"财务费用"项目的其中项以正数填列。

(4)"其中:对联营企业和合营企业的投资收益"和"以摊余成本计量的金融资产终止

确认收益"项目，应根据"投资收益"科目所属的相关明细科目的发生额分析填列。

（5）"其他综合收益的税后净额"项目及其各组成部分，应根据"其他综合收益"科目及其所属明细科目的本期发生额分析填列。

（6）"营业利润""利润总额""净利润""综合收益总额"项目，应根据本表中相关项目计算填列。

（7）"（一）持续经营净利润"和"（二）终止经营净利润"项目，应根据《企业会计准则第 42 号——持有待售的非流动资产、处置组和终止经营》的相关规定分别填列。

▶ 想一想

其他综合收益项目具体包括哪些内容？

例 12-2 甲公司 2×20 年度有关损益类科目本年累计发生额如表 12-3 所示。

表 12-3　甲公司损益类科目 2×20 年度累计发生额　　　　　单位：元

科目名称	借方发生额	贷方发生额
主营业务收入		1 350 000
主营业务成本	850 000	
税金及附加	2 000	
销售费用	20 000	
管理费用	157 100	
财务费用	41 500	
资产减值损失	30 900	
投资收益		31 500
营业外收入		50 000
营业外支出	19 700	
所得税费用	84 300	

根据上述所给资料，可以编制利润表如表 12-4 所示。

表 12-4　利润表

编制单位：甲公司　　　　　　　　　　　2×20 年度　　　　　　　　　　　　单位：元

项目	本期金额	上期金额（略）
一、营业收入	1 350 000	
减：营业成本	850 000	
税金及附加	2 000	
销售费用	20 000	
管理费用	157 100	
研发费用		
财务费用	41 500	
其中：利息费用	41 500	
利息收入		

续表

项目	本期金额	上期金额（略）
加：其他收益		
投资收益（损失以"-"号填列）	31 500	
其中：对联营企业和合营企业的投资收益		
以摊余成本计量的金融资产终止确认收益（损失以"-"号填列）		
净敞口套期收益（损失以"-"号填列）		
公允价值变动收益（损失以"-"号填列）		
信用减值损失（损失以"-"号填列）		
资产减值损失（损失以"-"号填列）	-30 900	
资产处置收益（损失以"-"号填列）		
二、营业利润（亏损以"-"号填列）	280 000	
加：营业外收入	50 000	
减：营业外支出	19 700	
三、利润总额（亏损以"-"号填列）	310 300	
减：所得税费用	84 300	
四、净利润（净亏损以"-"号填列）	226 000	
（一）持续经营净利润（净亏损以"-"号填列）		
（二）终止经营净利润（净亏损以"-"号填列）		
五、其他综合收益的税后净额		
（一）不能重分类进损益的其他综合收益		
1. 重新计量设定受益计划变动额		
2. 权益法下不能转损益的其他综合收益		
3. 其他权益工具投资公允价值变动		
4. 企业自身信用风险公允价值变动		
…		
（二）将重分类进损益的其他综合收益		
1. 权益法下可转损益的其他综合收益		
2. 其他债权投资公允价值变动		
3. 金融资产重分类计入其他综合收益的金额		
4. 其他债权投资信用减值准备		
5. 现金流量套期储备		
6. 外币财务报表折算差额		
…		
六、综合收益总额	226 000	
七、每股收益：		
（一）基本每股收益		
（二）稀释每股收益		

12.4　现金流量表

12.4.1　现金流量表的性质与作用

现金流量表是以现金为基础编制的，反映企业一定期间内现金和现金等价物流入和流出情况的财务状况变动表。从编制原则上看，现金流量表按照收付实现制原则编制，将权责发生制下的盈利信息调整为收付实现制下的现金流量信息，便于信息使用者了解企业净利润的质量。从内容上看，现金流量表被划分为经营活动、投资活动和筹资活动三部分，每类活动又分为各具体项目，这些项目从不同角度反映企业业务活动的现金流入与流出，弥补了资产负债表和利润表提供信息的不足。现金流量表的作用体现在以下几方面。

（1）现金流量表能够说明企业一定期间内现金流入和现金流出的原因。

（2）现金流量表能够说明企业偿债能力和支付股利的能力。

（3）现金流量表能够分析企业未来获取现金的能力。

（4）现金流量表能够分析企业投资和理财活动对经营成果和财务状况的影响。

（5）现金流量表能够提供不涉及现金的投资和筹资活动信息。

12.4.2　现金流量表的编制基础

现金流量表是以现金及现金等价物为基础编制的，根据我国《企业会计准则第 31 号——现金流量表》的规定，现金流量表所指的现金是广义的现金概念，包括企业库存现金、可以随时用于支付的存款，以及现金等价物。

12.4.3　现金流量的分类

我国《企业会计准则第 31 号——现金流量表》将企业的业务活动按其发生的性质分为经营活动、投资活动和筹资活动，为了在现金流量表中反映企业在一定时期内现金净流量变动的原因，相应地将企业一定期间内产生的现金流量分为如下三类。

1. 经营活动产生的现金流量

经营活动是指企业销售商品或提供劳务、经营性租赁、购买货物、接受劳务、制造产品、广告宣传、推销产品、交纳税款等交易和事项。

2. 投资活动产生的现金流量

投资活动是指企业长期资产的购建和不包括在现金等价物范围内的投资及其处置活动。

3. 筹资活动产生的现金流量

筹资活动是指导致企业资本及债务规模和构成发生变化的活动，包括吸收投资、发行股票、分配利润等。

对于企业日常活动之外的，不经常发生的特殊项目，如自然灾害损失、保险赔款、捐赠等，应当在现金流量表中归并到相关类别中，并单独反映。

12.4.4 现金流量表的格式与编制方法

1. 现金流量表的格式

按照我国财务报表列报准则的规定，企业年度报告中的现金流量表格式如表 12-5 所示。

2. 经营活动现金流量的编制方法

经营活动产生的现金流量通常可以采用直接法和间接法两种方法反映。直接法是通过现金收入和现金支出的主要类别反映企业经营活动的现金流量，一般以利润表中的营业收入为起算点，调整与经营活动有关的项目的增减变动，然后计算出经营活动的现金流量。间接法是以本期净利润为起算点，调整不涉及现金的收入、费用、营业外收支等有关项目的增减变动，然后计算出经营活动的现金流量，实际上就是将按权责发生制原则确定的净利润调整为现金净流入，并剔除投资活动和筹资活动对现金流量的影响。

采用直接法编报的现金流量表，便于分析企业经营活动产生的现金流量的来源和用途，预测企业现金流量的未来前景；采用间接法编报的现金流量表，便于将净利润与经营活动产生的现金流量净额进行比较，了解净利润与经营活动产生的现金流量差异的原因，从现金流量的角度分析净利润的质量。所以，现金流量表会计准则规定企业应当采用直接法编报现金流量表，同时要求提供在净利润基础上调节经营活动产生的现金流量的信息。

表 12-5　现金流量表

编制单位：　　　　　　　　　　　　　　2×20 年度　　　　　　　　　　　　　　单位：元

项　目	本期金额	上期金额
一、经营活动产生的现金流量：		
销售商品、提供劳务收到的现金		
收到的税费返还		
收到其他与经营活动有关的现金		
经营活动现金流入小计		
购买商品、接受劳务支付的现金		
支付给职工以及为职工支付的现金		
支付的各项税费		
支付的其他与经营活动有关的现金		
经营活动现金流出小计		
经营活动产生的现金流量净额		
二、投资活动产生的现金流量：		
收回投资收到的现金		
取得投资收益收到的现金		
处置固定资产、无形资产和其他长期资产收回的现金净额		
处置子公司及其他营业单位收到的现金净额		
收到其他与投资活动有关的现金		

项　目	本期金额	上期金额
投资活动现金流入小计		
购建固定资产、无形资产和其他长期资产支付的现金		
投资支付的现金		
取得子公司及其他营业单位支付的现金净额		
支付其他与投资活动有关的现金		
投资活动现金流出小计		
投资活动产生的现金流量净额		
三、筹资活动产生的现金流量：		
吸收投资收到的现金		
取得借款收到的现金		
收到其他与筹资活动有关的现金		
筹资活动现金流入小计		
偿还债务支付的现金		
分配股利、利润或偿付利息支付的现金		
支付其他与筹资活动有关的现金		
筹资活动现金流出小计		
筹资活动产生的现金流量净额		
四、汇率变动对现金的影响		
五、现金及现金等价物净增加额		
加：期初现金及现金等价物余额		
六、期末现金及现金等价物余额		

12.5　所有者权益变动表

12.5.1　所有者权益变动表概述

所有者权益变动表是反映构成所有者权益的各组成部分当期的增减动情况的报表。所有者权益变动表不仅包括所有者权益总量的增减变动，还包括所有者权益增减变动的重要结构性信息，反映所有者权益变动的原因是资本性交易引起的，还是企业经营收益积累形成的，从而让报表使用者准确理解所有者权益增减变动的根源。

所有者权益变动表中，企业至少应当单独列示反映下列信息的项目：① 综合收益总额；② 会计政策变更和前期差错更正的累计影响金额；③ 所有者投入资本和向所有者分配利润等；④ 提取的盈余公积；⑤ 所有者权益各组成部分的期初和期末余额及其调节情况。

12.5.2　所有者权益变动表的格式和列报方法

1. 以矩阵的形式列报所有者权益变动表的比较信息

所有者权益变动表应当以矩阵的形式列示各组成部分当期的增减变动情况。一方面，按所有者权益变动的来源对一定时期所有者权益变动情况进行全面反映；另一方面，按照所有者权益各组成部分（包括实收资本、资本公积、其他综合收益、盈余公积、未分配利润和库存股等）及其总额列示相关交易或事项对所有者权益的影响。

根据财务报表列报准则的规定，企业需要提供比较所有者权益变动表，各项目分为"本年金额"和"上年金额"两栏分别填列。

2. 上年金额栏、本年金额栏的列报方法

所有者权益变动表"上年金额"栏内各项数字，应根据上年度所有者权益变动表"本年金额"栏内所列数字填列。如果上年度所有者权益变动表规定的各个项目的名称和内容同本年度不相一致，应对上年度所有者权益变动表各项目的名称和数字按本年度的规定进行调整，填入所有者权益变动表"上年金额"栏内。

所有者权益变动表"本年金额"栏内各项数字一般应根据"实收资本（或股本）""资本公积""盈余公积""利润分配""库存股""以前年度损益调整"等科目的发生额分析填列。

按照我国账务报表列报准则的规定，企业的所有者权益变动表格式如表12-6所示。

表12-6 所有者权益变动表

编制单位：　　　　　　　　　　　2×20年度　　　　　　　　　　　单位：元

项目	本年金额										上年金额（略）
	实收资本（或股本）	其他权益工具			资本公积	减：库存股	其他综合收益	专项储备	盈余公积	未分配利润	所有者权益合计	
		优先股	永续债	其他								
一、上年年末余额												
加：会计政策变更												
前期差错更正												
其他												
二、本年年初余额												
三、本年增减变动金额（减少以"-"号填列）												
（一）综合收益总额												
（二）所有者投入和减少资本												
1. 所有者投入的普通股												
2. 其他权益工具持有者投入资本												
3. 股份支付计入所有者权益的金额												

项目	本年金额											上年金额（略）
	实收资本（或股本）	其他权益工具			资本公积	减：库存股	其他综合收益	专项储备	盈余公积	未分配利润	所有者权益合计	
		优先股	永续债	其他								
4. 其他												
（三）利润分配												
1. 提取盈余公积												
2. 对所有者（或股东）的分配												
3. 其他												
（四）所有者权益内部结转												
1. 资本公积转增资本（或股本）												
2. 盈余公积转增资本（或股本）												
3. 盈余公积弥补亏损												
4. 设定受益计划变动额结转留存收益												
5. 其他综合收益结转留存收益												
6. 其他												
四、本年年末余额												

12.6　附注

1. 附注披露的基本要求

财务报表附注是财务报表的补充，主要对财务报表不能包括的内容，或者披露不详尽的内容作进一步的解释说明，以帮助财务报表使用者理解和使用会计信息。附注是财务报表的重要组成部分。附注披露的基本要求如下。

（1）附注披露的信息应是定量、定性信息的结合。

（2）附注应当按照一定的结构进行系统合理的排列和分类，有顺序地披露信息。

（3）附注相关信息应当与资产负债表、利润表、现金流量表和所有者权益变动表等报表中列示的项目相互参照，以帮助使用者联系相关联的信息，并从整体上更好地理解财务报表。

2. 附注披露的内容

（1）企业的基本情况。

① 企业注册地、组织形式和总部地址。

② 企业的业务性质和主要经营活动，如企业所处的行业、所提供的主要产品或服务、客户的性质、销售策略、监管环境的性质等。

③ 母公司以及集团最终母公司的名称。

④ 财务报告的批准报出者和财务报告批准报出日。

（2）财务报表的编制基础。

企业应当根据本准则的规定判断企业是否持续经营，并披露财务报表是否以持续经营为基础编制。

（3）遵循企业会计准则的声明。

（4）重要会计政策和会计估计。

① 重要会计政策的说明。

会计政策是指企业在会计确认、计量和报告中所采用的原则、基础和会计处理方法，是指导企业进行会计确认和计量的具体要求。

由于企业经济业务的复杂性和多样化，某些经济业务可以有多种会计处理方法，企业在发生某项经济业务时，必须从允许的会计处理方法中选择适合本企业特点的会计政策。企业选择不同的会计处理方法，将会影响企业的财务状况和经营成果，并形成不同的财务报表。为了有助于报表使用者理解，有必要对这些会计政策加以披露。

② 重要会计估计的说明。

会计估计，是指企业对结果不确定的交易或者事项以最近可利用的信息为基础所作的判断。由于商业活动中内在的不确定因素影响，许多财务报表中的项目不能精确地计量，而只能加以估计。估计涉及以最近可利用的、可靠的信息为基础所作的判断。

财务报表列报准则强调了对会计估计不确定因素的披露要求，企业应当披露会计估计中所采用的关键假设和不确定因素的确定依据，这些关键假设和不确定因素在下一会计期间内很可能导致对资产、负债账面价值进行重大调整。

企业应当披露的重要会计估计包括存货可变现净值的确定，采用公允价值模式下的投资性房地产公允价值的确定，固定资产的预计使用寿命与净残值，固定资产的折旧方法，生物资产的预计使用寿命与净残值，各类生产性生物资产的折旧方法，使用寿命有限的无形资产的预计使用寿命与净残值等。

（5）会计政策和会计估计变更以及差错更正的说明。

（6）报表重要项目的说明。

企业应当以文字和数字描述相结合、尽可能以列表形式披露报表重要项目的构成或当期增减变动情况，并且报表重要项目的明细金额合计，应当与报表项目金额相衔接。一般按照资产负债表、利润表、现金流量表、所有者权益变动表的顺序及其项目列示的顺序进行披露。

（7）其他需要说明的重要事项。

这主要包括或有和承诺事项、资产负债表日后非调整事项、关联方关系及其交易等，具体的披露要求须遵循相关准则的规定。

（8）有助于财务报表使用者评价企业管理资本的目标、政策及程序的信息。

练习题

1. 甲企业为增值税一般纳税企业，适用的增值税税率为 13%。2×18 年 11 月 30 日的科目余额如表 12-7 所示。

表 12-7　科目余额

单位：元

科目名称	借方余额	贷方余额	科目名称	借方余额	贷方余额
银行存款	27 000		短期借款		17 500
交易性金融资产	800		应付账款		10 000
应收账款	20 000		预收账款		25 600
坏账准备		80	应交税费	1 250	
预付账款	3 500		应付利息		3 920
原材料	10 000		实收资本		120 000
库存商品	45 000		资本公积		9 000
债权投资	27 000		盈余公积		5 500
固定资产	64 000		利润分配		4 950
累计折旧		13 000	本年利润		10 000
在建工程	21 000				

假定坏账准备均为应收账款计提。甲企业 12 月有关资料如下。

（1）本月销售商品不含税售价 25 000 元，增值税额 3 250 元，款项尚未收到，商品成本为 21 000 元；

（2）收回以前年度已核销的坏账 4 800 元；

（3）向承包商支付部分工程款 6 500 元，工程尚未完工；

（4）计提本月管理用固定资产折旧 1 250 元，另用银行存款支付其他管理费用 2 000 元；

（5）购入交易性金融资产，买价 5 000 元，另支付交易费用 60 元，款项用银行存款支付；

（6）本月支付已计提的短期借款利息 3 500 元；

（7）用银行存款偿还短期借款 5 500 元；

（8）发生财务费用 283 元，均以银行存款支付；

（9）企业经过对应收账款风险的分析，决定年末按应收账款余额的 1% 计提坏账准备；

（10）公司所得税税率为 25%，1—11 月的所得税费用已转入本年利润；本月应交所得税为 1 198.63 元，已用银行存款缴纳，假定不存在纳税调整事项；

（11）按规定计提的法定盈余公积和任意盈余公积的金额均为 1 359.59 元。

要求：根据上述资料，计算甲企业 2×18 年 12 月 31 日资产负债表中下列项目的金额（列出计算过程，计算结果出现小数的，均保留小数点后两位小数），并编制甲企业的有关经济业务会计分录。

(1) 货币资金；

(2) 交易性金融资产（以公允价值计量且其变动计入当期损益的金融资产）；

(3) 应收账款；

(4) 存货；

(5) 固定资产；

(6) 在建工程；

(7) 短期借款；

(8) 应付利息；

(9) 应交税费；

(10) 资本公积；

(11) 未分配利润。

2. 某股份有限公司（以下简称某公司）为增值税一般纳税企业，适用的增值税税率为 13%。商品销售价格中均不含增值税额。按每笔销售分别结转销售成本。该公司销售商品、零配件及提供劳务均为主营业务。该公司 2×18 年 9 月发生的经济业务如下。

(1) 以交款提货销售方式向甲公司销售商品一批。该批商品的销售价格为 20 万元，实际成本为 17 万元，提货单和增值税专用发票已交甲公司，款项已收到存入银行。

(2) 与乙公司签订协议，委托其代销商品一批。根据代销协议，乙公司按代销商品协议价的 5% 收取手续费，并直接从代销款中扣除。该批商品的协议价为 25 万元，实际成本为 18 万元，商品已运往乙公司。本月末收到乙公司开来的代销清单，列明已售出该批商品的 50%；同时收到已售出代销商品的代销款（已扣除手续费）。

(3) 与丙公司签订一项设备安装合同。该设备安装期为两个月，合同总价款为 15 万元，分两次收取。本月末收到第一笔价款 5 万元，并存入银行。按合同约定，安装工程完成日收取剩余的款项。至本月末，已实际发生安装成本 6 万元（假定均为安装人员工资）。

(4) 向丁公司销售一件特定商品。合同规定，该件商品须单独设计制造，总价款 175 万元，自合同签订日起两个月内交货。丁公司已预付全部价款。至本月末，该件商品尚未完工，已发生生产成本 75 万元（其中，生产人员工资 25 万元，领用原材料 50 万元）。

(5) 向甲公司销售一批零配件。该批零配件的销售价格为 500 万元，实际成本为 400 万元。增值税专用发票及提货单已交给甲公司。甲公司已开出承兑的商业汇票，该商业汇票期限为三个月，到期日为 12 月 10 日。甲公司因受场地限制，推迟到下月 24 日提货。

(6) 与乙公司签订一项设备维修服务协议。本月末，该维修服务完成并经乙公司验收合格，增值税发票上标明的金额为 213.7 万元，增值税为 27.8 万元。货款已经收到，为完成该项维修服务，发生相关费用 52 万元（假定均为维修人员工资）。

(7) C 公司退回 2×17 年 12 月 28 日购买的商品一批。该批商品的销售价格为 30 万元，实际成本为 23.5 万元。该批商品的销售收入已在售出时确认，但款项尚未收取。经查明，退货理由符合原合同约定。本月末已办妥退货手续并开具红字增值税专用发票。

(8) 计算本月应交所得税（结果保留两位小数）。假定该公司适用的所得税税率为

25%，本期无任何纳税调整事项。

除上述经济业务外，该公司登记 2×18 年 9 月（结转本年利润前）发生的其他经济业务形成的账户余额如表 12-8 所示。

表 12-8　账户余额

账户名称	借方余额/万元	贷方余额/万元
其他业务收入		10
其他业务成本	5	
投资收益		7.65
营业外收入		50
营业外支出	150	
税金及附加	50	
管理费用	25	
财务费用	5	

要求：

（1）编制某公司上述（1）～（8）项经济业务相关的会计分录。

（2）编制某公司 2×18 年 9 月的利润表。

（"应交税费"科目要求写出明细科目及专栏名称，答案中的金额单位用万元表示）

📑 案例与专题

某实业股份有限公司是一家以中药材的种植加工和葡萄种植、酿酒为主的企业。20 世纪 90 年代末，某公司开发利用超临界二氧化碳萃取技术对农副产品进行精深加工业务，使经营业绩迅速得到提升，一时间公司被笼罩在炫目的"高科技生物技术"的光环下。该公司在 2010 年再创"奇迹"，年度财务报告披露，全年实现净利润 4.18 亿元，比上年增加 2.9 亿元，增长 226.56%。在总股本扩张 1 倍的情况下，每股收益达到 0.827 元，比上年增长超过 60%。该公司这一令人咋舌的飞跃，即刻在证券市场上引起了极大的震动并被高度关注。该公司 2010 年度利润表的部分数据及相关财务指标如表 12-9 所示，该公司 2010 年年末资产负债表部分数据如表 12-10 所示。

1．"骄人"的业绩

表 12-9　该公司 2010 年度利润表的部分数据及相关财务指标

项　　目	2010 年	2009 年	2010 年比 2009 年增加或减少	
主营业务收入/亿元	9.09	3.84	5.25	136.72%
主营业务利润/亿元	5.78	1.79	3.99	223.00%
净利润/亿元	4.18	1.28	2.9	226.56%
每股收益/元	0.827	0.51	0.317	62.12%
净资产收益率/%	34.56	13.56		154.87%

表 12-10　该公司 2010 年年末资产负债表部分数据

项　目	2010 年年末	比 2009 年同期增加或减少	
应收账款/亿元	5.44	2.79	105.28%
货币资金/亿元	5.55	2.27	69.39%
短期借款/亿元	9.31	5.86	169.86%

2. "有趣"的同步增长

（1）公司 2010 年年末应收账款的金额占当年主营业务收入的 59.85%，且应收账款与主营业务收入保持了大体一致的快速增长幅度。

（2）公司 2010 年年末应收账款和货币资金的合计比上年同期增加 5.06 亿元，而短期借款也比上年增加了 5.86 亿元。

3. 难圆其说的解释

公司在会计报表附注中对公司 2010 年年末货币资金比上年同期增加 2.27 亿元，增加 69.39% 的原因，解释为"公司本年度的销售增加，且回笼现金较多所致"。而公司的现金流量表中显示 2010 年现金流量净增加额为 2.27 亿元，其构成为：来自经营活动的现金净流量额为 1.24 亿元（经营活动产生的现金净流量与营业利润的比值为 0.277），来自筹资活动的现金净流量额为 -2.56 亿元，因汇率变动对现金影响的增加额为 0.14 亿元。特别引人注目的是，现金流入中借款高达 7.85 亿元。

4. 令人生疑的税金

公司 2010 年年末应交增值税余额为负数，而在公司的现金流量中可以看到 2010 年度实际交纳的增值税额仅为 52 602.31 元，与公司当年高达 8.27 亿元的工业企业性销售收入极不匹配。如果是因产品外销退税，实际退税情况也应得到重点的特别披露，但在年报中未见令人信服的详细的披露。

要求：

（1）你认为该公司应收账款与收入同比例增长的现象，可能隐含的事实是什么？

（2）为核实该公司收入的可信度，你认为应从哪些方面进行验证？

（3）该公司 2010 年大幅度增长的货币资金主要来自哪些方面？对以后期间的现金流量会产生什么影响？

参考文献

[1] 财政部会计司编写组.《企业会计准则第 22 号——金融工具确认和计量》应用指南：2018［M］.北京：中国财政经济出版社，2018.

[2] 财政部会计司编写组.企业会计准则讲解：2010［M］.北京：人民出版社，2010.

[3] 财政部会计司.企业会计准则第 2 号：长期股权投资［M］.北京：经济科学出版社，2014.

[4] 财政部会计司编写组.《企业会计准则第 23 号——金融资产转移》应用指南：2018.北京：中国财政经济出版社，2018.

[5] 财政部会计司编写组.《企业会计准则第 42 号——持有待售的非流动资产、处置组和终止经营》应用指南：2018.北京：中国财政经济出版社，2018.

[6] 中国注册会计师协会.会计.北京：中国财政经济出版社，2019.

[7] 戴德明，林钢，赵西卜.财务会计学.12 版.北京：中国人民大学出版社，2018.

[8] 仲伟冰，赵洪进，张云.中级财务会计.北京：清华大学出版社，2019.

[9] 钱逢胜，叶建芳.中级财务会计.4 版.上海：上海财经大学出版社，2019.

[10] 路国平，黄中生.中级财务会计.3 版.北京：高等教育出版社，2018.

[11] 赵敏.中级财务会计.3 版.厦门：厦门大学出版社，2019.

[12] 盖地.财务会计.7 版.北京：经济科学出版社，2018.

[13] 刘永泽，陈立军.中级财务会计.6 版.大连：东北财经大学出版社，2018.

[14] 余恕莲，李相志.财务会计.3 版.北京：对外经济贸易大学出版社，2018.

[15] 陈德萍，高慧云.财务会计.9 版.大连：东北财经大学出版社，2019.

[16] 王秀芬，李现宗.财务会计学.2 版.北京：清华大学出版社，2019.

[17] 徐文丽.财务会计.4 版.上海：立信会计出版社，2019.

[18] 刘尚林，邓青.财务会计.6 版.北京：高等教育出版社，2018.

[19] 杨瑞平，李玉敏.中级财务会计.北京：中国财政经济出版社，2018.

[20] 王昌锐.中级财务会计.北京：中国财政经济出版社，2018.